ŞAKİR PAŞA AİLESİ

Orijinal adı: A Turkish Tapestry

Yazan: Şirin Devrim
İngilizceden çeviren: Semra Karamürsel

Bu kitabın ilk baskısı İngiltere'de Quartet Books Ltd. tarafından 1994 yılında yapılmış, Türkçe yayın hakları Onk Ajans Ltd. Şti. aracılığıyla satın alınmıştır.
1. baskı / Eylül 1998
35. baskı / Şubat 2025 / ISBN 978-625-6843-98-1
Sertifika no: 44919

Kapak tasarımı: Taylan Polat
Sayfa uygulama: Yeşim Ercan Aydın
Baskı: Ana Basın Yayın Gıda İnşaat San. ve Tic. A.Ş.
Mahmutbey Mah. Devekaldırımı Cad. 2622 Sk.
Güven İş Merkezi, No: 6/13 Bağcılar - İSTANBUL
Tel. (212) 446 05 99
Sertifika No: 52729

Doğan Yayınları Yayıncılık ve Yapımcılık Tic. A.Ş.
19 Mayıs Cad. Golden Plaza No. 3, Kat 10, 34360 Şişli - İSTANBUL
Tel. (212) 373 77 00 / Faks (212) 355 83 16
www.dogankitap.com.tr / editor@dogankitap.com.tr / satis@dogankitap.com.tr

Şakir Paşa Ailesi

Şirin Devrim

Çeviren: Semra Karamürsel

Doğan Kitap

İçindekiler

Önsöz

Sevgili okurlarım,

Uzun yıllardır yurtdışında yaşamaktayım. O nedenle bu kitabı İngilizce yazdım. Kitap İngiltere'de yayımlandı, sonra da Türkçeye çevrildi. Çevrilirken bazı ayrıntıları değiştirdim, budadım ya da ekledim. Örneğin, sizlere Boğaziçi'ni tanıtmama ya da Akdeniz kıyılarında Yunan ve Roma eserleriyle dolu antik kentler bulunduğunu anlatmama gerek yoktu.

Bu kitabı yazmak on beş yılımı aldı. Olayları anlatırken yanılgıya düşmemek için elimden geleni yaptım, gene de kusurlarım olduysa bağışlamanızı dilerim.

Şirin Devrim
New York, Ağustos 1995

Viyana'da bir gece
(1985)

Vakit gece yarısını hayli aşmıştı. Bütün ev halkı uyuyordu. Ben ise şimdi Viyana Büyükelçiliğimiz olan 103 odalı Rönesans mimarisi tarzında yapılmış sarayda, bir marketri yazı masasında, yılbaşı kartları yazıyordum. Birden, duyduğum bir iniltiyle irkildim. Ses, misafir odasında hasta yatan annemden geliyordu.

Koşup kapısını açtığımda dehşet içinde kaldım. Bir koltuğa oturmuş, hem soğuktan titriyor, hem de bütün gücüyle kuzenim Erdem'in bir buçuk metre boyundaki portresinin üzerinde çalışıyordu. İlk aklıma gelen onu yatağına yatırmak oldu. Ama annemin başladığı bir tabloyu, halsiz kalmadan bırakmayacağını bildiğim için, hemen sarı yaldızlı lake dolaba gidip uzun vizon mantosunu çıkardım ve ona giydirdim. Boyalara bulaşmaması için mantosunun kollarını kıvırdım, iyice ısınsın diye de dizlerine bir battaniye örttüm.

Şefkatle, "Teşekkür ederim yavrum. Senin pembe varlığın geceyi daha kolay geçirmeme yardım edecek" dedi. Kendine özgü bu dramatik betimleme yalnızca pembe sabahlığımdan ve pembe terliklerimden kaynaklanıyordu. Gözlerinde katarakt olduğu için loş odada renkleri de seçemiyordu. "Baksana, hangisi lacivert, hangisi siyah?" diye sordu. İşitme aletini çıkardığından, sorularına ancak işaretle yanıt verebiliyordum. Önce yatağının yanında yerde duran siyah krokodil çantasını, sonra da palette öbeklenmiş boyayı gösterdim. Hemen ince ve temiz bir fırça alarak siyah boyaya daldırdı. Çektiği ıstırabın derecesini anlatmak ister gibi Fransızca, *"Il faut aller contre le mal avec le mal"* (Acının üstüne acıyla gitmek gerek) diye mırıldandı. Sonra da inleye inleye fırçasıyla Erdem'in gözbebeklerine siyah renk vermeye başladı.

En sevdiğim kuzenim Erdem, Avusturya büyükelçisiydi. Annem Ürdün'den kardeşim Prens Raad ve ailesiyle, ben de New York'tan eşim Robert Trainer'la birlikte yılbaşı tatilini geçirmek üzere Viyana'ya gelmiştik. Ama ne yazık ki, seksen dört yaşındaki anneme yolculuk ağır gelmiş ve bir akciğer embolisi yüzünden hastalanarak yatağa düşmüştü.

Noel günü Hıristiyan damadını hayal kırıklığına uğratmamak için güçlükle yatağından kalktı. Viyana yolculuğu için Amman'daki terzisine diktirdiği uzun brokar elbisesini giydi. Getirdiği bütün mücevherleri taktı. Bana hep bir otomobil farını hatırlatan on iki kıratlık tektaşını, parmağından eksik etmediği şahane zümrüt yüzüğünü, altın ve inci kordonlarını, bileziklerini taktı. Kulaklarından uzun inci küpeler sarkıyor, yakasını da pırlanta saplı, üzüm salkımı şeklinde inci bir iğne süslüyordu. (O iğneyi bana on sekizinci yaş günümde armağan etmiş, ama birkaç yıl önce geri almıştı. Bu, ailemizde çok görülen bir âdetti diyebilirim, takılar elden ele dolaşırdı.) Bir hizmetkâr saçlarını elektrikli maşayla kıvırdı, annem de sararmış benzini kapatmak için bir hayli fondöten, pudra ve allık sürdüyse de makyaj, soluk yüzünde bir maske gibi asılı kaldı.

Bütün bu hazırlıklar onu epey yormuştu, ama yine de sofranın başına büyük bir zarafetle oturdu ve ağacın altındaki son paket açılıncaya kadar yorgunluğunu belli etmemeye çalıştı.

Erdem'in nazik eşi Gökçen, kocamın şerefine ilk kez bir Noel ağacı süslemiş, aşçısına da Amerikan usulü içli hindiyle erik pudingi hazırlatmıştı. (Doğrusunu isterseniz adam, bildiği baklavayı yapmayı yeğlerdi; erik pudingini yüzüne gözüne bulaştırmıştı.)

Bob (eşimin adı Robert'ın kısaltılmışı), bu Müslüman ailenin hizmetkârlarıyla birlikte seferber olup, ona gerçek bir Noel yaşatma çabalarından çok mutlu oldu. Gökçen'e teşekkür ederek, ağacı çok güzel süslediğini söyledi. Gökçen, "Doğrusu çok eğlenceliydi, keşke bizim de Noelimiz olsaydı. O renk renk paketlerdeki armağanları açmak, almak, vermek... İnsanı ne kadar sevindiriyor. Asıl, bu şenlikli havaya soktuğunuz için, biz size teşekkür ederiz" diye cevap verdi.

Tabii bütün bunlar annemi çok yormuştu. Tekrar yatağa düştü ve her gelişinde incelikle elini öpen Viyanalı doktor, ona, kesinlikle yataktan kalkmamasını önerdi. Diktirdiği gece elbiseleri, getirdiği kürkler hiç giyilmeden, dolapta öylece asılı kaldı.

Noel'den sonra kardeşim, ailesi ve kocam, Lech'e hareket ettiler. Hem Ürdün veliahtı Prens Hasan'la buluşacaklar, hem de kayak yapacaklardı. Ben anneme bakmak için Viyana'da kaldım, biraz iyileşirse yılbaşını onlarla Lech'te geçirmeyi umuyordum.

Annem elime kalın bir fırça tutuşturdu, "Ne olur bana yardım et, şu fonu kırmızıya boya. Kendim yapacak olursam yorgunluktan ölürüm, oysa portreyi bu gece bitirmek istiyorum" dedi.

Bütün ömrümce yaptığım gibi, onu memnun etmek için resmin önüne bir tabure çektim ve beyaz tuvali kalın fırçayla kırmızıya boyamaya başladım.

Saatlerce yan yana oturup çalıştık. Sessizliği arada bir onun hafif hafif inlemesi bozuyordu.

O gece, o haliyle resim yapmasının nedenini anlamıştım. Çektiği korkunç ıstıraba ancak resim yapmakla katlanabileceğini düşünüyordu. Bu kadar acı içindeyken o soğuk Viyana gecesinin sabahını başka türlü bekleyemezdi. Çabasına hayranlık duymuş, acısına da ortak olmuştum, ama yine de sinirlenmiş ve doğrusunu isterseniz, biraz da kızmıştım!

"Şimdi resim yapacağına sıcak yatağında yatsa daha doğru olmaz mı?" diye düşündüm. "İyileşmek için hiç çaba göstermiyor. Hepimiz etrafında pervane olmuş ona bakıyoruz. Erdem ile Gökçen geldiğimizden beri hemen hemen hiç elçilikten dışarı çıkmadılar. Doktorun, her gün gelip onu ziyaret etmesini sağladım. Hizmetçiler her an emrine amadeler. O da hiç olmazsa üstüne düşeni yapıp kendine biraz daha özen gösteremez mi?"

Ama tartışmaya girmeden onu caydıramayacağımı bildiğim için, hırsımı, gittikçe hoyratlaşan darbelerle sürerek, fırçadan çıkarıyordum. Neden bilmem, günün ilk ışıklarının odaya sızmasıyla durumumuzun garipliğini fark ettim. Önce sinirli sinirli, sonra da kendimi tutamayarak kahkahalarla gülmeye başladım. Birkaç saniye sonra vizon mantosu içinde resim yapmaya çalışan annem de gülmeye başladı.

"Halimize gülüyorsun değil mi? Gerçekten gülünecek haldeyiz" dedi ve bitap bir durumda fırçasını güzelim halının üzerine düşürdü. Yüzü kül gibi olmuştu; arkasına yaslandı; "Artık çalışamayacağım kızım. Bana yardım et. Önce fırçaları temizle, kurumasınlar. Biraz uyur, sonra devam ederim" dedi.

Banyoda fırçaları musluğun altına yatırıp üzerlerine terebentin döktüm. Al boya beyaz mermerin üzerinden kan gibi akıp gitti. O iş bittikten sonra annemi kocaman ampir karyolasına yatırdım. Yastıkların üstüne bayılır gibi düştü, nefes almakta zorluk çekiyordu. Acıdan kasılmış yüzü, yıllarca deniz tarafından aşındırılmış muhteşem bir kayayı andırıyordu. Gençliğindeki güzelliğinin kalıntılarını ve karakterinin gücünü yansıtıyordu.

"Allahım" diye içimden dua ettim; "Ne olur ona çektirme. Eğer onu alacaksan bunu kolayca yap. İnan ki, çekmesi gereken acının fazlasını çekti, artık çektirme."

Gözyaşlarımı içime akıtarak, titreyen vücudunu bulabildiğim bütün yorgan ve battaniyelerle örttüm. Ateş gibi yanan yüzünü öpüp kapısını kapadım. Holün karşısındaki odama giderken uşağın üst kattaki yemek odasında kahvaltı sofrasını hazırladığını gördüm. Sabahlığımı çıkarıp yatağıma girerken, acı içinde, annemin, beni bırakıp gitmesine nasıl dayanacağımı, onsuz bir dünyada nasıl yaşayabileceğimi düşünüyordum.

Soğuk yatağa girince ısınmak için kuştüyü yastığıma sıkı sıkı sarıldım. İçim geçmiş. Rüyamda genç ve güzel annemi, anne yerine koyduğum üç teyzemle birlikte Büyükada'daki köşkün bahçesinde, yasemin saksılarının yanında otururken gördüm.

Atalarım

Ailemin hikâyesi altı yüz yıllık Osmanlı Devleti'nin son yıllarını, imparatorluğun küllerinden Anka kuşu gibi yükselen yeni Türkiye'nin de yetmiş yılını kapsar. İmparatorluk devrinde dedelerim âlim, asker ve idareciymişler. Ama annem, babam ve benim kuşağım daha çok sanata yönelmişler. Yazar, ressam, gravürcü, müzisyen, seramikçi ve tiyatrocu olmuşlar.

Anne tarafım olan Şakir Paşa ailesinin ilk kayıtlarını 11. yüzyılın başlarında buldum. Antalya civarında, Elmalı denilen bölgede yaşarlarmış. Sonradan, ailede kuşaktan kuşağa aktarılan bilgilere göre, oradan kalkıp, manda arabalarıyla, Orta Anadolu'da, Kabaağaç köyüne yerleşmişler. Ora halkı her ne kadar onları, "Buraya yerleşmeyin, toprağı çok taşlıdır, ekip biçemezsiniz" diye daha ötelere göndermeye çalışmışsa da, dedelerim, "İstediği kadar kötü olsun, biz bu toprakları ekip biçmek için bir düzine öküzü bile gözden çıkarırız" deyip orada kalmışlar. Bugün hâlâ ailemizden biri inatçılık ettiğinde, yanındakiler, "Bir düzine öküzü unutma, onu hiçbir şey caydıramaz" diye takılırlar.

Kabaağaçlı denilen bu aile sonradan Afyon civarına gelmiş ve yüzyıllarca medreseler kurup oralarda dine, ilme hizmet etmiş. Çoğu bilgin ve hocaymış. Hele tasavvuf ehli dedelerimden biri uzun yıllar bir hücrede yaşamış. Bu devirden sonra 19. yüzyıla kadar aileme ait bilgilere ulaşamadım. Ama dedemin dedesi, "Artık bu kadar âlim yeter" deyip, karısından gizli, oğlu Asım'ı bir zerzevat arabasının içine saklayarak İstanbul'a kaçırıp askeri okula yazdırmış.

Okulu başarıyla bitiren büyük dedem Asım, albay rütbesine ulaşınca, gerektiğinde padişahın ve vezirin fikir danıştığı, çok saygın bir kuruluş olan Askeri Şûra'ya üye seçilmiş. İnce bıyıklı, ela gözlü, sarışın bir adammış. Kırmızı fesli yağlıboya portresini çok iyi hatırlıyorum. Şam'da görevliyken Suriye'nin ileri gelen ailelerinden Hattatzadelerin pek de güzel olmayan kızıyla evlenmiş. 1849'da büyük halamız Sara, 1851'de büyük amcamız Cevad, 1855'te ise, yine görevli olarak Şam'dan Bursa'ya atandığında, büyükbabam Şakir doğmuş.

Bursa'da büyükbabamın annesi Suriyeli hanım veremden yatağa düşmüş. Bir gün balkonda otururken, kocasını, aşağıda avluda bir beslemeyi sıkıştırıp öperken görmüş. Her ne kadar kocasını mahcup etmemek için gizlice içeri girmişse de, Asım karısının onu gördüğünü sezmiş. O pişmanlıkla atına atladığı gibi kendisini dörtnala dağa bayıra vurmuş. Fıtığı varmış, delinmiş, peritonitten hemen ölmüş. Hasta karısı da üç gün sonra vefat etmiş. Geride üç öksüz çocuk kalmış: On üç yaşındaki Sara, on bir yaşındaki Cevad ve sekiz yaşındaki Şakir. Çok genç olmasına karşın akıllı, kararlı ve cesur bir kız olan Sara, ne yapıp edip İstanbul'a gitmek için izin belgesi almayı başarmış. O devirde padişahın oturduğu İstanbul'a girmek için ayakbastı kâğıdı gerekliymiş. İstanbul'da Sara, kardeşleriyle birlikte babasının eski arkadaşı olan Atıfzade Hüsamettin Efendi'nin himayesine girmiş. Bir süre sonra şeyhülislam olan bu önemli kişi, bir baba gibi Sara'ya ve kardeşlerine kol kanat germiş. Daha sonra Sara'yı çok zengin ama çok şişman, büyük toprak sahibi bir adamla evlendirmiş. Adam o kadar şişmanmış ki yürüyemez, tekerlekli sandalyeyle gezermiş. Kocası öldüğünde Sara'nın hâlâ bakire olduğu rivayet edilir. Erkek kardeşleri Cevad ve Şakir ise askeri okula girmişler ve parlak derecelerle mezun olmuşlar.

Yirmi yaş gibi genç bir yaşta askeri okulu bitiren büyük amcam Cevad, zengin bir paşanın kızıyla evlenip onların konağına içgüveysi olarak girmiş. Kısa bir süre sonra Köstence'ye tayin olunca şımarık karısı, Balkanlar'ın bilinmedik bir köşesine gideceğine, ünlü ailesinin yanında, İstanbul'da kalmayı yeğlemiş. Bundan ötürü kısa bir zaman sonra da boşanmışlar.

Şakir ise Macar asıllı bir hanımla evlenmiş, fakat kadın Şakir'e bir erkek çocuk doğurduktan kısa bir süre sonra ölmüş. Çocuğa, büyükbabasının adı (Asım) verilmiş. Ailede kimsenin bu hanım hakkında başka bilgisi yok.

1877-1878 Türk-Rus Savaşı çıkınca, Rus ordusu Bulgaristan'a girmiş. Cepheye gidip savaşan Cevad, binbaşı rütbesine yükselmiş. 1878'de *Ma'lumat ül-Kafiye fi Memalik ül-Osmaniye*[1] adında geniş kapsamlı bir tarih kitabı yazınca padişahın dikkatini çekmiş. Bir yıl sonra da barış antlaşması yapmak için toplanan Berlin Kongresi'ne[2] görevli olarak katıldığında albay rütbesine ulaşmış. Kongrede o dönem hüküm süren "kayser"in torunuyla tanışmış. O zamanlar yirmi yaşında bir genç olan prens sonradan Kayser II. Wilhelm adıyla hükümdar olmuştur.

1881'de Cevad, Osmanlı İmparatorluğu'nun tarihini[3] yazmış. Kitabı Fransızcaya tercüme edilip ertesi yıl Paris'te basılmış. Bu, Yeniçeri Ocağı'nın ilk kuruluşundan son günlerine kadar olan devri kapsayan bir eserdir. Sonradan Karadağ Krallığı'nın[4] merkezi olan Çetine'deki elçiliğe atanmış. Bu arada büyükbabam Şakir de Romanya ve Karadağ Krallığı'na askeri ataşe olarak atanmış ve kardeşi gibi o da Askeri Şûra[5] üyesi seçilmiş.

1889 yılında her iki kardeş de Girit'te görev almışlar; Cevad, mutlak sorumlu askeri vali ve komutan, Şakir de onun yaveri olarak. O zaman ada, Türk ve Yunan halkının bitip tükenmeyen çatışmalarından patlamaya hazır bir volkan gibiymiş.

Şakir, Girit'te anneannem İsmet'le tanışmış. Büyükbabam onu ilk defa okulundaki diploma töreninde görmüş. Sarı dalgalı saçları beline kadar inen, şeffaf ciltli, bal rengi gözlü bu kıza vurulmuş. Şakir'in her yerde hazır ve nazır ablası Sara, adada acele bir araştırma yaparak İsmet'in ailesi hakkında bilgi edinmiş. Görmüş ki İsmet'in mütevazı bir ailesi var. O sıralar tümgeneral olan Şakir, 1890'da on dört yaşında olan İsmet'le evlenmiş. İlk

1. *Malumat ül-Kâfiye fi Ahval-i Memalik-i Osmaniye* (1871).

2. Osmanlı Devleti'nin yönetimindeki bazı Balkan uluslarına bağımsızlık veren Berlin Antlaşması (1878), bu bölgede daha sonra ortaya çıkacak kargaşaya da zemin hazırladı.

3. Cevad Paşa'nın ancak bir cildi yayımlanabilen *Tarih-i Askeri-i Osmani* (1882) adlı eseri.

4. Karadağ, Berlin Antlaşması'yla bağımsızlığına kavuşmuştu.

5. Teftiş-i Askeri Komisyonu.

çocuklarına da her açıdan parlak bir yaşamı olan amcasının adını koymuşlar: Cevat...

Cevad Paşa hak ve adalete son derece saygılı bir vali olduğu için Girit'te ortalığı, sürekli olmasa bile, hayli yatıştırmış. Onun bu başarısı, otuz yedi yaşında müşir, yani mareşal olmasını sağlamış. İstanbul'a döndüğünde gemisi limana girince yirmi bir pare top atışı ile karşılanmış, üstelik hemen orada, bir habercinin Sultan Abdülhamid'den getirdiği fermanla sadrazam ilan edilmiş.[6]

Anneannem, amcam Cevad Paşa'nın bu sadrazam oluş hikâyesini bizlere anlatmaya bayılırdı. Cevad Paşa'nın sadrazam ilan edilişinden birkaç gün sonra daha önce boşadığı şımarık karısının arabası Galata Köprüsü'nde bir merasim yüzünden durdurulmuş. Hanım, kimin için durdurulduğunu sorunca, "Yeni sadrazam Cevad Paşa" demişler. Kadıncağız oracıkta sinirden bayılıvermiş.

Cevad henüz kırk yaşındayken imparatorluğun en önemli yöneticisi olmuştu. Bu da gösteriyor ki zekâsı, yeteneği ve işine candan bağlılığı olan her genç, Osmanlı Devleti'nde yüksek görevlere ulaşabilirdi.

Nitekim 16. yüzyılın ortalarında Kutsal Roma-Germen İmparatorluğu'nun İstanbul'daki elçisi Ogilier de Busbecq, İmparator Şarlken'in Viyana'daki sarayına gönderdiği mektuplarda, Osmanlı liyakat sisteminden hayranlıkla söz eder. Der ki, "Sultanın sarayında tek bir kişi yoktur ki ulaştığı mevkiye kendi başarısı sayesinde gelmesin. Onun için atılımlarında bu derece başarılı oluyorlar. Bizde ise heyhat, böyle bir imkân yok. Bizler ancak doğduğumuz sınıf içinde bir yere ulaşabilir ya da ulaşamayız. Doğduğumuz sınıf bizi her bakımdan sınırlar".

Sadrazam, padişahın en etkili yöneticisiydi. Askerlerin ve sivillerin bütün önemli atamaları onun elinden çıkıyordu. Bu görevdeyken Cevad Paşa kardeşi Şakir'i Yunanistan'a elçi olarak atadı. "Halikarnas Balıkçısı" Cevat dayımın ilk anılarından biri, çocuk yaştaki annesiyle Akropolis'te saklambaç oynamasıdır.

6. 4 Eylül 1891.

Bu ara durup dinlenmek bilmeyen büyük halam Sara, kardeşi Cevad'a yeni bir eş aramaya başlar. Önce, Osmanlı adabına göre yetiştirilmiş güzel mi güzel bir Çerkez halayık satın alır. Ona Fransızca ve piyano dersleri aldırtır, giyinmesini öğretir ve elde ettiği nefis ürünü övünerek kardeşine sunar.

Kafkasya'da Müslüman bir topluluk olan Çerkezleri padişah Doğu Anadolu'ya yerleşmeleri için davet etmişti. Çünkü bunlar mükemmel asker ve çiftçi olurlardı. Kadınlarının güzellikleriyse dillere destandı. Çerkezler çocuklarını tutsak ticaretine hazırlar, kızlarını İstanbul piyasasında satarlardı. Hatta asil ve zengin Çerkez kızlar da saraya ya da öteki zengin ailelerin yanına girebilmek için kendilerini tutsak pazarında sattırırlardı.

Resim albümümde Çerkez büyük yengemin ve anneannemin bir resmi var. İkisi de ince uzun, saten saray elbiseleri içinde, güzel mi güzel kadınlar. İkisinin de göğsünü uzun inci kordonlar, başlarını da şık hotozlar süslemiş. Anneannem, elindeki devekuşu tüyünden yelpazesiyle güzelliğinden emin görünüyor. Büyük yengem Nimet Hanım'ın, daha güzel ve boylu olmasına rağmen, mahcup bir hali var.

Sadrazam olarak Cevad Paşa, Nişantaşı'nda büyük bir konakta oturuyordu. O bina şimdi Işık Lisesi'dir. Konakta seçkin antikalar vardı. Örneğin, Edmond de Rothschild[7] tarafından armağan edilmiş bir Aubusson[8] halı. Bu halı, Herzl'in[9] Yahudilere bir vatan temin etmek üzere Filistin'i padişahtan satın almak için İstanbul'a yaptığı ziyaretin bir anısıdır. (O zamanlar Filistin bir Osmanlı san-

7. Avrupa'nın ekonomik ve siyasi hayatında önemli rolü olan Yahudi asıllı banker bir aileden gelen ve siyonist idealleri paylaşan Edmond de Rothschild, Filistin'deki Musevi kolonizasyonunun da finansörü ve İngiltere Yahudilerinin gayriresmi lideriydi.

8. Orta Fransa'da Aubusson'da 17. yüzyıldan itibaren yalnızca saray için dokunan kalın havlı halı.

9. Siyasi siyonizmin kurucusu olan Theodor Herzl, Yahudilerin Filistin'de bağımsız bir devlet kurabilmeleri için çalıştı. Filistin'de Musevi kolonizasyonuna izin verilmesi ve Filistin'in Osmanlı İmparatorluğu'ndan satın alınması için Yahudi bankerlerden mali destek sağlayan Herzl, II. Abdülhamid'e Filistin toprağı karşılığında Osmanlı borçlarının konsolidasyonunu önermişti. Herzl Osmanlı Hükümeti ile toplam beş görüşme yaptı. Ancak Osmanlılar, dış borçların konsolidasyonu fikrini benimsemekle birlikte Filistin toprağını satmaya yanaşmayacak ve "kutsal topraklar"da Yahudi kolonizasyonuna engel olacaklardı.

cağıydı.) Bunun yanında Japon imparatorunun yolladığı, fildişi çiçeklerle süslü altı paravan, Çin imparatorunun yolladığı iki muazzam mavi-beyaz Ming Dönemi'ne ait vazo, Paris'te Osmanlı sarayı için yapılmış iki adet taht şeklinde yaldızlı koltuk ve muhteşem bir avize...

Cevad Paşa ile kardeşi büyükbabam Şakir Paşa tam bir Rönesans erkeğiymişler. İkisi de yetenekli asker, yazar ve tarihçiymişler. İkisi de altı dili fevkalade bilirlermiş: Türkçe, Arapça, Farsça, Rumca, İtalyanca ve Fransızca. Üstelik ikisi de amatör fotoğrafçıymışlar. Çektikleri resimleri kendi karanlık odalarında, kendileri banyo ederlermiş. Şakir 1903'te Paris'teki bir resim yarışmasında ikinciliği almış. Cevad, Türkiye'deki en büyük kütüphanelerden birine sahipmiş. Beş bin tane kitabı sonradan İstanbul Arkeoloji Müzesi'ne bağışlanmıştı. Şakir aynı zamanda 16. yüzyıl çini ve seramiklerine meraklıymış. Kil ile çalışır, değişik sırlama tekniklerini denermiş. Bir de orkideler yetiştirdiği, aşılar yaptığı serası varmış.

Zamanla Abdülhamid, Sadrazam Cevad Paşa'nın hükümeti, sarayın bütçesinden yönetmesini hoş görmemeye başlamış. Üstelik Cevad, imparatorluğun bazı yerlerde iyi yönetilmediğini açıkça söylüyormuş. İki kez istifa etmek istemiş. Sonunda padişah 1895'te istifasını kabul etmiş ve Cevad'ı göz hapsine almış. İki yıl sonra, 1897'de, Yunanistan'ın Girit'e bir tümen çıkarması üzerine, onu yeniden adaya komutan olarak yollamış. Bu kez devreye İngiltere, Rusya, Fransa ve İtalya girerek adayı ablukaya almışlar.

1898'de Kayser II. Wilhelm Türkiye'yi yeniden ziyaret etti.[10] Bu kez amacı Orta Anadolu üzerinden Konya-Bağdat demiryolunu inşa etmekti. Hükümdar oluşundan bir yıl sonra, yirmi yıl önce Berlin Kongresi'nde tanıdığı Cevad'la ahbaplığını tazelemişti. Bu nedenle kayser kendisine irtibat subayı olarak Cevad'ı önerince Abdülhamid kabul etmiş gibi görünmüş, ama içten içe tekliften kuş-

10. Siyonizm fikrini benimseyen II. Wilhelm'in bu ziyaretinin en önemli nedenlerinden biri de Filistin topraklarında bir Yahudi devleti kurulması konusunu Abdülhamid'e açmaktı. Böylece Almanya için önemli bir sosyal sorun çözümlenmiş olacaktı. Üstelik Herzl, Alman imparatoru ile görüşerek Musevilerin Berlin Hükümeti'nin Doğu'ya açılma politikasında yararlı olacağını söylemişti. Bu ziyaret sırasında kaysere eşlik eden Hariciye Nazırı Tevfik Paşa, II. Abdülhamid'in bağımsız bir Yahudi devletine karşı olduğunu da Alman imparatoruna açıklamıştı.

Şakir Paşa.

kulanmıştı. Çünkü, tebaasından birinin, bir yabancıyla, hele kayser gibi önemli bir kişiyle yakınlık kurmasından kaygılanmıştı. Bu dostluğun olsa olsa kendisine karşı bir komplo ile sonuçlanacağına inanıyordu. Paranoya hastası padişah, kayserin gezisinin hazırlığını yapması için Cevad Paşa'yı acele Girit'ten Beyrut'a göndermiş. Göndermiş ama kayserin Beyrut'a gelişinden bir gün önce Cevad'ı Şam'a, sonra da Kudüs'e yollamış. Öyle ki, kayser ile Cevad hiç karşılaşamamışlar. Hatta kayser, "Dostum ve irtibat subayım Cevad Paşa'ya ne zaman, nerede rastlayacağım?" diye sormuş.

Kayserin ziyareti sona erince Cevad Paşa İstanbul'a, evine gitmek için izin istemiş. Sultan Hamid onun ricasını reddettiği gibi, onu 5. Ordu komutanı olarak Şam'a atamış. Cevad da annesi gibi veremmiş. Şam'ın sıcak ve rutubetli havasına dayanamayıp yatağa düşmüş. İstanbul'a dönmek için padişaha defalarca rica etmişse de kabul edilmemiş. Sonunda büyük hala Sara, kimsenin gösteremeyeceği bir cesaretle saraya gidip padişahın karşısına çıkmış. "Eğer kardeşimin evine dönmesine müsaade etmezseniz, efendimiz, o ölecek, vebali de sizin boynunuza olacaktır" demiş. Sonunda izin çıkmış, ama artık iş işten geçmiş. Evine sedye ile getirilen Cevad Paşa kısa bir süre sonra, 1900 yılının Temmuz ayında, kırk dokuz yaşındayken ölmüş.

Büyükbabam Şakir Paşa, kardeşinin bu zamansız ölümü yüzünden kahrolmuş. Sultan Hamid'in, ağabeyine yaptığı haksızlığı affedememiş. O derece ki, padişah, Cevad Paşa'nın sadrazamken yaşadığı konağı kendisine vermek isteyince, reddetmiş. O, bundan sonra ağabeyinin hiç ayak basmadığı, onun anılarının olmadığı bir yerde yaşayacaktır. Böylece Büyükada'ya yerleşmeye karar vermiş ve orada büyük bir bahçe içinde ahşap bir ev satın almış. O zamana kadar dört çocukları olmuş: Cevat, Hakiye, Ayşe ve Suat. 1901 yılında bu cennet gibi güzel adada annem Fahrünnisa, iki yıl sonra da ailenin en küçüğü Aliye teyzem doğmuş.

İşte benim hikâyem, Büyükada'daki bu evde başlar.

ŞAKİR PAŞA AİLESİNİN SOYAĞACI

- Mustafa Asım
  - Sara, 1849-1916
  - Cevad Paşa, 1851-1900
  - Şakir Paşa, 1855-1914; İsmi bilinmiyor (1. eşi); İsmet (2. eşi)
    - Asım (1)
    - Cevat (2), 1890-1973; Aniesi (1. eşi); Hamdiye (2. eşi); Hatice (3. eşi)
      - Mutara (1)
      - Sina (2)
      - İsmet (3)
      - Suat (3)
      - Aliye (3)
    - Hakiye (2), 1893-1970; Emin Koral (eşi)
      - Füreya Şakir
    - Ayşe (2), 1894-1978; Ahmet Erner (eşi)
      - Nermidil Erdem
    - Suat (2), 1899-1972; Sayida Spreckels (1. eşi); Remzet (Mizu) Derman (2. eşi); Yvette Matalon (3. eşi); Remzet Derman (4. eşi)
      - Cem (2)
      - Tarık (2)
    - Fahrünnisa (2), 1901-1991; İzzet Melih Devrim (1. eşi) 1887-1966; Emir Zeyd el Hüseyin (2. eşi) 1898-1970
      - Faruk (1), 1921-1924
      - Nejad (1), 1923-1994; Maria Tarlovskiy (1. eşi); Janina Paluch (2. eşi)
      - Şirin (1), 1926-2011; Wesley Lau (1. eşi); Şehsuvar Menemencioğlu (2. eşi); Mücap Ofluoğlu (3. eşi); Robert Trainer (4. eşi)
      - Emir Raad Bin Zeyd (1), 1936-; Margareta (Maida) Lind (eşi)
    - Aliye (2), 1903-1974; Karl Berger (eşi)

1

Prens geliyor (1934)

Eskiden "Prinkipo" denilen ve Marmara Denizi'nde, İstanbul'a aşağı yukarı on deniz mili uzaklıkta bulunan Büyükada, Bizanslılar zamanında Prens Adaları diye bilinen ve dokuz adadan oluşan adalar kümesinin en büyüğüdür. Annem Nisa'nın (Fahrünnisa'nın kısaltılmışı) doğduğu yıllarda, kışın Büyükada'da pek az insan yaşardı. Bunlar Rum balıkçılar, mütevazı esnaf ve yıl boyunca orada yaşayan yarı emekli birkaç Türk ailesinden ibaretti. Ama yaz aylarında varlıklı şehirlilerin gelmesiyle adanın yıldızı parlar, nüfusu artardı. Rumlar, Levantenler, Ermeniler, Yahudiler, tabii paralı Türkler; hatta İtalyanlar, Fransızlar, İngilizler bile gelirdi. Bu zenginlerin, dönemin üslubunda yapılmış zarif, ahşap köşkleri vardı. Bahçelerinde akasyalar, zakkumlar, erguvanlar, begonviller, badem ağaçları ve güller Marmara'nın ışıltısıyla rengârenk parlardı.

Dünyanın hiçbir yerinde kendimi orada olduğum kadar rahat ve mutlu hissetmedim. Büyükbabamın oymalı süsleri olan üç katlı yayvan ahşap köşküne, köşkün geniş odalarına, kurnalı hamamına, lavanta ve hanımeli kokan bahçemize, evin önünden bizi iskele meydanına indiren parke taşlı dar yollara, turkuvaz renkli çamlık koylara bayılırdım. Ama her şeyden çok ailemi severdim. Anne tarafımın her bireyi sıcaklığıyla, yaratıcılığıyla, tutkusu ve coşkusuyla insanı büyülerdi.

Köşkteki en canlı anım, annemin prensiyle eve geldiği gündür. Altı ay önce, İstanbul'un dedikodusundan uzak kalmak için, Atina'da evlenmişlerdi. Ben sekiz yaşındaydım. O gün Emir Zeyd'i karşılamak ve "aramıza hoş geldin" demek için bütün Şakir Paşa ailesi köşkte toplanmıştı.

Yeni evlilere kırmızı kiremit damların üzerinden denize bakan bir köşe oda hazırlanmıştı. O devirde ahşap köşklerin ortak derdi olan tahtakurularından kurtulmak için, bahçıvan, yatacakları pirinç karyolayı bahçeye indirmiş, ayaklarını alazlamıştı. Odanın tabanları cilalanmış, soluk Acem halısı silkilmiş, yatağa anneannemin işlemeli keten takımları yayılmış, cibinlik de tertemiz yıkanıp, kolalanıp yeniden asılmıştı. Karyolanın başındaki küçük masanın üzerine kapaklı billur bir kâseyle gül reçeli, yanına bir bardak suyun içine de iki gümüş kaşık konmuştu. Çarşaflardan yükselen lavanta çiçeği kokusu, en küçük teyzem Aliye'nin bahçenin her köşesinden toplayıp odaya koyduğu çiçeklerin kokusuna karışıyordu.

Bu özel gün için yemek odasındaki uzun masa büyük bir özenle hazırlanmıştı. Cevad Paşa'dan kalma, yerden tavana kadar yükselen altın yaldızlı aynalar masanın ihtişamını yansıtıyordu. O gün, Suat dayımın yarı Fransız karısı Mizu'nun uzun parmaklı beyaz elleriyle masanın ortası için çiçek aranjmanı yapmasını seyrettim. O uzun, parlak tırnaklı, güzel beyaz eller, yarattığı çiçek dekorasyonunun üzerinde ak güvercinler gibi uçuşuyordu.

Hazırlıklar bitince aile öğle yemeği için, sarmaşıklarla kaplı çardağın altındaki masanın çevresinde toplandı. Her zaman olduğu gibi, herkes yaşına, mevkiine göre oturdu. Sofranın başında bütün haşmetiyle anneannem İsmet Hanımefendi, onun etrafında kızları ve oğulları eşleriyle, sofranın ucuna doğru da biz çocuklar mürebbiyelerimizle oturduk. Büyükbabam yoktu, çünkü o çoktan bir kurşuna kurban gitmişti. Onu yalnızca aşağıdaki salonda asılı, göğsü madalyalarla kaplı, resmi üniforması içinde yağlıboya portresinden tanıyordum.

İki büyük dayım da yoktu. Büyükbabamın Macar ilk eşinden olan Asım dayım genellikle aileden uzak dururdu. Şehirdeki Şakir Paşa Apartmanı'nın dairelerinden birinde bankada veznedarlık yapan, kendisinden hayli genç karısıyla otururdu. Bu uzun boylu, zayıf ve çökük görünüşlü dayımın yüzünde hafif bir deli ifadesi vardı. Onunla birkaç kez apartmanın girişinde karşılaşmıştım. Ama onu sinemada bilet keserken gördüğümde donakaldım. Öyle ya, çocukluğunda sadrazam dizlerinde hoplatılmış, sarayda padişahın ayakları dibinde oynamış, Fransa'da ünlü Saint-Cyr Askeri Uzmanlık Okulu'ndan mezun olmuş bir adamın, hayatını kazanmak için bu gibi işler yapmaya mecbur kalmasını bir türlü anlamamış, içime sindirememiştim.

Anneannemin en büyük oğlu Cevat dayımı ise hiç görmemiştim. Onun hakkında bildiğim tek şey, Ege sahillerinde Bodrum adında bir balıkçı köyünde yaşayıp, "Halikarnas Balıkçısı" takma adıyla yazılar yazdığı idi. Onun hakkında soru sormamıza izin verilmezdi. Bundan ötürü biz çocuklar aramızda ona "esrarengiz dayı" derdik.

Günlerdir, annemin yeni kocasının nasıl bir insan olduğunu düşünüp duruyordum. Üvey babalar hakkında çok fena şeyler duymuştum. Acaba ağabeyim Nejad'a ve bana nasıl davranacaktı? Bizi dövecek miydi? O gün öğle yemeğinde endişelerim beni o derece pençesine aldı ki, tabağımda gördüğüm patlıcan musakkası beni perişan etmeye yetti. Sapsarı kesildim ve titremeye başladım.

Mürebbiyem Matmazel Tina, "Herhalde bahçeden çok erik yedi" deyip sofradan kalkmamız için izin istedi.

Ciddi ve ağırbaşlı Hakiye teyzem, "Azıcık dinlensin, bir şeyi kalmaz" dedi.

Küçük teyzem Aliye, "Limonlu çayla kızarmış ekmek çok iyi gelir" diye lafa karıştı.

Ailenin piyanisti ve benim en sevdiğim teyzem Ayşe, "Tabii, zavallı çocuk annesini göreceği için çok heyecanlı" dedi.

Dünya şekeri Suat dayım çocukluğumda beni "Şangrila" diye çağırırdı. O gün de, "Şangrila, Şangrila, sana ne oldu yavrucuğum" diyerek kucağına alıp yatağıma götürmek istedi. Ama lalamız onu olduğu yerde durdurdu, beni kucakladığı gibi yukarı götürüp yatağıma yatırdı. Arkadan gelen Matmazel Tina da koyu yeşil panjurları kapattı. Odanın sessizliğini, bahçeden gelen pes perdeden konuşmalar ve çam ağaçlarının rüzgârla fısıldaşmaları bozuyordu. Bu sükûnet bana iyi geldi.

Lala, Sudanlı zenci bir harem ağasıydı. Yüzyılın başında birçok Osmanlı aile hâlâ zenci hizmetkâr kullanırdı. Bunların içinde erkekler genellikle yüksek mevkilere ulaşırlardı. En yüksek mevkiye gelenlere lalapaşa[11] denirdi. Genç yaşındayken Mekke'den satın alınan lalamız, büyükbabamın yanında kâhya ve vekilharçlığa kadar ulaşmış, emekliliğinde beyaz bir kadınla evlenmiş, ailenin yardımıyla da Kadıköy'de bir bakkal dükkânı açmıştı. Lala her hafta sonu bize gelir, hele özel günlerimizde ya da sıkıntılı zamanlarımızda bizi hiç yalnız bırakmazdı. Her gelişinde şekerler, çikolatalar getirir, biz çocuklar da hemen koşar elini öperdik. Ailede herkes lalayı çok severdi, onun da bizlere olan bağlılığı su götürmezdi.

İşte o gün de lala hazırlıklara yardım etmek için karısıyla köşke gelmişti. Öğle yemeğinden sonra kahvelerini içerken anneannemle bagajların nasıl eve getirileceğini görüşmeye başladılar. Annem bir sürü sandık ve valizle seyahat ettiği için, lala iskeleye inip dört hamal tutacağını ve işe nezaret edeceğini söyledi.

O anda anneannem, "Ben de iskeleye inip onları, vapurdan çıkarlarken karşılayacağım" diyerek herkesi şaşırttı. Yaşı ve sosyal durumu nedeniyle onun iskeleye inip kimseyi karşılaması söz konusu olamazdı. Ama yolcusu, Peygamber efendimizin soyundan gelen Şerif Emir Zeyd'di.[12] Peygamber soyundan gelen erkeklere şerif payesi verilirdi. Kökleri Hicaz'da, kutsal Mekke ile Medine şehirlerinin dinsel muhafızları olan Haşimi sülalesinin şerifiydi Emir Zeyd. Anneannem gibi beş vakit namazında niyazında olan bir hanımefendi, tabii ki onu iskelede karşılayarak onurlandıracaktı.

Ailenin diğer fertleri annemin bu parlak evliliğinden o kadar etkilenmiyordu. Ne de olsa imparatorluk devrinde Türkler Arapları dört yüzyıl yönetmemiş miydi? Ama Atina'ya, kızının düğününe giden annelerinin damadı hakkındaki övgülerini çok duy-

---

11. Lalalar Osmanlı şehzadelerini eğitmekle görevli devlet adamlarıydı. Tahta çıkan şehzadenin lalası lalapaşa unvanını alır ve bazen sadrazamlığa kadar yükselirdi. Saray ve konaklarda hizmete yeni alınanlara kuralları öğreten kişiye de lala adı verilirdi.

12. Haşimiler Hz. Muhammed'in birinci ve ikinci dereceden akrabalarının soyundan gelirler. Günümüzdeki Haşimi Hanedanı da bu soydandır.

dukları için emirle bir an önce tanışmak da istiyorlardı. Şakir Paşa ailesi için vapuru karşılamak bir sevgi göstergesiydi. Bunun için de hepsi seve seve yeni evlilere hoş geldin demek için iskeleye ineceklerdi.

Uyandığımda hâlâ ateşim vardı, titremem de geçmemişti. Baktım herkes rıhtıma inmiş. Yalvarmalarıma karşı koyamayan Matmazel Tina, yataktan kalkmama ve en güzel elbisemi giymeme izin verdi. Özel bir gün olduğu için de başıma kocaman fiyonklu pembe bir kurdele bağladı. Endişeyle köşedeki pencereden köşke çıkan yokuşu gözlüyordum.

Bir anda hepsi birden gözüktüler. Anneannem, annemin elini tutan tombul kardeşim Nejad ve üç teyzem... Arkadan erkekler geliyordu. Belkemiğindeki bir sakatlık nedeniyle hep dimdik yürüyen Hakiye teyzemin kocası emekli Orgeneral Emin eniştem, bastonuna dayana dayana yokuşu çıkmaya çalışıyordu. Onun yanında Ayşe teyzemin eşi Ahmet eniştem yürüyordu, Osmanlı devrinde valilik yapmış, asık yüzlü sert bir adamdı. Suat dayımın ve Ahmet eniştemin arasında, buruşuk beyaz keten elbiseli, bir denizci gibi sağa sola sallanarak yürüyen kişinin Emir Zeyd olduğunu anladım. Aslında bir sürü fotoğrafını görmüştüm ama boyunun bu kadar kısa olduğunu fark etmemiştim. Onların arkasında lala, kuzenlerim ve en arkada da valizlerin altında iki büklüm yürüyen hamallar geliyordu.

Bahçenin kırmızı demir kapısının çıngırağı çaldı. İçeri girdiklerinden artık onları göremiyordum. Az sonra, merdivendeki telaşlı ayak seslerini duymamla, annemin güneş ışığı gibi odaya dalması bir oldu. Lacivert-beyaz ipek emprime elbisesi ile bir örnek pardösüsünün içinde ne ince, ne güzeldi... Başındaki beyaz hasır şapkayı yatağın üstüne fırlattı ve beni öyle bir bağrına bastı ki az daha nefesim kesiliyordu. Hem büyük bir özlemle öpüyor hem de "Şirinakim, güzel yavrum, sana ne oldu?" diye endişesini dile getiriyordu.

Tam anlatacaktım ki Emir Zeyd yavaşça odaya girdi. Kapının yanında birkaç saniye durdu, sonra bana yaklaştı. Yüzüne bakınca yumuşak, iyi yüzlü bir adam gördüm. Yüzü oval, alnı açıktı. Saçlarının çoğu dökülmüş, yalnız şakaklarında biraz kıvırcık saçı kalmıştı. İri siyah gözleri ve kısa bir bıyığı vardı. Tek kelime söylemeden cebinden bir şey çıkarıp avucuma sıkıştırdı. Bu, oldukça iri pırlantalı altın bir yüzüktü.

Annem uzanıp yüzüğü elimden aldı ve küçük parmağıma takarken, "Bak, bu yüzüğü Zeyd senin için yaptırdı" dedi. "Bu tür yüzüğe şövalye diyorlar."

Belli ki bu annemin zevkine göre alınmış bir hediye idi. Ta küçüklüğümden beri annemin abartılı hediyelerine alışmış olduğum için pırlantalı yüzüğü de şaşırmadan, memnuniyetle kabul ettim. Emir Zeyd'e teşekkür ettiğim vakit başını önüne doğru eğdi, belli ki tepesinden öpmemi istiyordu. Ben de gülerek rasgele bir öpücük kondurdum. Burnuma hafif bir kolonya ve tütün kokusu geldi. O koku akşam hasta yemeği olarak bana verdikleri lapa ve kızarmış ekmeği bitirip de yatıncaya kadar odamdan çıkmadı. Emirin babamdan ne kadar farklı olduğunu düşünmeden edemiyordum. Babam olsa, yakışıklılığı, o eşsiz şıklığıyla odama azametle girer, yüzüğü elime sıkıştıracağına, saten kurdeleyle bağlanmış küçük bir kutuda sunardı. Babamdan çok farklı olmasına rağmen prense ısınmıştım. Galiba işler iyi gidecekti.

Evde herkes Emir Zeyd'i çok sevdi, çünkü o, kimseye yaranmak için gereksiz işler yapmıyordu. Akşamları çay vakti orta kattaki aydınlık salonda semaver yanar, bütün aile orada toplanırdı. Çay içilirken kimi resim yapar, kimi iş işler, kimi de sohbet ederdi. Anneannem çoğu Giritliler gibi temizlik hastasıydı. Belinde kilerin anahtarları, gün boyu aşçılara erzak yetiştirir, hizmetçilerin de arkasını toplardı. Ama çay zamanı ev elbisesini değiştirip ailesiyle birlikte keyfetmeye bayılırdı. Emir Zeyd, onun Kuran okumak dışında ender zevklerinden birinin de tavla olduğunu keşfedince, Cevad Paşa'nın Şam'dan getirdiği sedef kakmalı tavla ortaya çıktı ve akşamları karşılıklı oynamaya başladılar. Anneannemin yüzündeki ifadeden mutlu olduğunu anlamak hiç de güç değildi.

Biz çocuklardan tutun da evdeki hizmetkârlara kadar hepimiz Emir Zeyd'i sevdik. Nazikti, çok cömertti. Ama kimsenin onu yakinen tanıdığını söyleyemem. Bu, ileride de değişmeyecekti. Annem bile ona "Benim kapalı kutum" derdi.

Fahrünnisa, Emir Zeyd, Şirin ve Raad Bağdat'ta, 1938.

Her ne kadar Emir Zeyd hanımların bitmez tükenmez konuşmalarını daima büyük bir kibarlıkla dinliyorsa da, erkeklerin sohbetini tercih ediyordu. Bahçedeki büyük çam ağacının altında yeni kayınbiraderleri Emin ve Ahmet eniştelerle oturur, hem piposunu tüttürür, hem de saatlerce savaştan, politikadan söz ederlerdi. Kaderin bir cilvesi olarak Emir Zeyd, Birinci Dünya Savaşı'nda şimdiki kayınbiraderlerine karşı savaşmıştı. Emin ve Ahmet enişteler Osmanlı ordusunda savaşırken, Zeyd ve ağabeyleri Emir Faysal ile Emir Abdullah İngiliz Lawrence'la birlikte Arap ordusunun başında Mekke'den Şam'a kadar, Osmanlı İmparatorluğu'na başkaldırmışlardı.

Aile bu evliliği çok uygun gördüğü için annemin babamdan ayrılmasını haklı gösterecek nedenler bulmaya, yani babamı eleştirmeye başladı. Sadece anneannem bu konuda hiç ağzını açmadı.

Örneğin Hakiye teyzem şöyle derdi: "Şu hale bak, baban Türkiye'nin en güzel kadınlarından biriyle evlenmiş, öyle bir kadın ki Edouard Rothschild bile onu görünce, 'İşte Avrupa'nın en güzel başı' demekten kendini alamamış, ama baban ne yapardı? Dişi sineğin bile peşinden koşardı."

Suat dayım da, "Biliyor musun, baban, annene hep para sıkıntısı çektirdi. Ama kendine gelince hiç düşünmeden harcardı" diye lafa karışırdı.

Küçük teyzem Aliye bile laf dokundurmaktan geri kalmazdı, "Boşandıkları için sakın üzülme Şirin" derdi; "Bak, bizler varız, sonra Emir Zeyd var, çok iyi yürekli bir insan. Annene nasıl davranıyor görüyorsun. Cüzdanını eline vermiş, annen gönlünce harcayıp duruyor. Baban gibi her şeyi kuruşu kuruşuna hesaplayıp akşam kara deftere geçirmesi de yok. Gerçi baban için kötü söylemek istemem ama..."

Türk ailelerinde çocukların büyüklere cevap vermelerine izin verilmezdi. Yaşa hürmet her şeyin başında gelirdi. O yüzden babamı savunmak için ağzımı bile açamazdım.

Üstelik annem ile babamın boşanmaları sırasında teyzelerimin, dayılarımın Nejad'la bana gösterdikleri o sonsuz sevgi ve ilgi, bizim, o davanın çetrefil dönemlerinden hemen hemen hırpalanmadan çıkmamızı sağlamıştı. Bu nedenle onlara hiçbir şey diyemezdim.

Emir Zeyd'in gelmesinden birkaç gün sonra anneannem onun şerefine bir piknik düzenledi. Bu iş için köşke altı tane atlı araba çağrıldı.

Bizde bütün aile piknik yapmaya bayılırdı. O gün de her gün gibi başladı. Ayşe teyzem yine aşağı kattaki salonda piyano çalıyor, tuşlardan nefis Chopin melodileri yükseliyordu. Hizmetkârlar bahçeye sepet sepet yemekler, meyveler, rulo halinde Acem seccadeleri ve yastıklar taşıyorlardı. Nejad ile ben, Ayşe teyzemin çocukları Erdem, Nermidil ve matmazellerimiz onlara yardım ediyorduk.

İlk araba kapıya geldiğinde, aldığı kadar yüklendi, kalan yerlere de bir iki besleme sıkıştı. İkinci araba da hayli yük ve birkaç çocuk aldı. Adanın kırmızı toprak patikalarında neşeyle yola koyulduk. Araba tentesinin dans eder gibi oynaşan saçakları arasından masmavi denizi, yemyeşil çamları seyretmek çok hoşumuza gidiyordu. Piknik yapacağımız yere geldiğimizde kızlar Acem seccadelerini sermişler, etrafına yastıklar dizmişler, sepetleri açıyorlardı. Biz hemen yerleri kaplayan çam iğneciklerinin üzerinde oynamaya başladık. Ama öbür arabaların gelmesiyle sükûnet bozuldu, orası göçebe köyüne döndü. Bir iki çadır, bir iki baş hayvan da olsa görüntü tamamlandı.

Kimsenin elini tutmasını beklemeden arabadan atlayan Aliye teyzemin volanlı iç eteği tekerleğe takılıp yırtıldı. Karmakarışık kıvırcık sarı saçları, kenarlarına bolca siyah kalem çekilmiş mor hareli iri gözleri ve yırtık eteğiyle teyzem, oynanıp oynanıp bir kenara atılmış oyuncak bebeğe benziyordu.

Öte yandan beyaz flanel pantolonu, açık yakalı gömleğinin içine taktığı fuları ile çok şık görünen Suat dayım ise, kuğular kadar zarif karısı Mizu yengemin arabadan inmesi için elini uzatıyordu. Birbirlerine pek yakışırlardı. Her ne kadar Suat dayım arada bir çapkınlık hevesleriyle etrafta uçmaya çalıştıysa da, daima Mizu'ya döndü.

Sonra da Ayşe teyzem indi. Pembe keten eteğini geniş kalçalarının üzerinde şöyle bir düzeltti. Sarı saçlarını tutturmak için kullandığı pembe saten kurdele, o sert yüzlü ve sıradan giyimli kocasının yanında onu ne kadar kadınsı yapıyordu...

Anneannem arabadan Emir Zeyd'in kolunda indi. Kısa yokuşu oflaya poflaya çıkarak piknik yerine kadar geldi. Annem onların arkasından geliyordu. Üzerinde, güneşten yanmış omuzlarını açıkta bırakan, beyaz keten bir elbise vardı. *Carmen* operasından söylediği "Toreador" şarkısına elindeki çam dalıyla tempo tutuyordu.

Yıl boyu adadaki köşkte bekçilik yapan anneannemin kardeşi, emekli subay Mithat da kendisinden çok genç karısı ve beş yaşındaki kızıyla gelmişti. Çocuğa çekik gözlerinden ve perçeminden ötürü "Japon" derdik. Anneannemin iki bekâr kardeşi de onlarla beraber prensi görmek için şehirden gelmişlerdi.

Annemin kuzini Hamdiye ile oğlu Sina son arabayla geldiler. Hamdiye adadaki bir okulda öğretmenlik yapıyordu. Bir zamanlar Cevat dayımla evliydi ve oğulları Sina, Nejad'la yaşıttı. Her ne kadar Sina annesi ve okulun müdürü olan üvey babası ile yaşıyorsa da yazın her gününü köşkte bizimle oyun oynamakla geçirdiği için o da Büyükada'daki kuzenlerimizden biri gibiydi.

Bütün çocuklar gelince, bizlerden büyük oğlu Şakir'le sepetten meyve boşaltan Hakiye teyzem, Matmazel Tina'ya biz çocukları yemekten önce denize götürmesini söyledi. Şakir hevesle, "Anne, ben de denize gidebilir miyim?" diye sorunca Hakiye teyzem, "Hayır, sen çocuk değilsin. Burada kal ve bana yardım et" diye cevap verdi. Hakiye teyze en büyük abla olduğu için herkesten itaat ve iş beklerdi. İstanbul Belediye Meclisi'nin ilk ve tek kadın üyesi olan bu teyzemizden biz çocuklar bu nedenle mümkün olduğu kadar kaçardık.

Matmazel Tina ile iriyarı bir besleme olan Seher, bizi eğri büğrü patikalardan at nalı şeklindeki koya indirdiler. Çam ağaçları sanki, uzun saçlarını yıkamak isteyen kadınlar gibi denize doğru eğilmişlerdi. Seher suya girdi ve o iri gövdesiyle bir kaya gibi öylece kaldı; meğer sadece ayaklarını serinletmekle yetinecekmiş.

Biz o berrak sularda oynaşırken koya büyük bir kotra girdi, demir attı ve yelkenlerini indirdi. Güverteden Hakiye teyzemin zarif kızı Füreya bize seslenip el salladı. Biz de aynı coşkuyla ona karşılık verdik. Birkaç dakika sonra teknenin küçük botuyla salaş iskeleye çıktılar. Füreya abla beyaz pantolonu, kiraz kırmızısı blazeri içinde çok şıktı. Tepesine topladığı simsiyah saçları başında taç gibi duruyordu. Arkasından gelen kocası Kılıç Ali, her an patlayacak bir balonu andıran koca göbeği dışında, yakışıklı bir adamdı. Hem milletvekili hem de Atatürk'ün yakın arkadaşıydı.

Yemek vakti gelmişti. Biz çocuklar yine temiz temiz giydirildik ve Acem seccadelerinin uç kısmına doğru oturduk. Seccadelerin ortasına beyaz keten bir örtü yayılmış, yemekler üstüne konmuştu. Neler yoktu ki... Çeşit çeşit dolmalar, köfteler, börekler... Kıtlıktan çıkmış gibi büyük bir iştahla yemeklere saldırdık. Oysa büyüklerimiz sohbet ederek, yavaş yavaş yiyorlardı.

Annem ile Emir Zeyd'in nerede oturacakları tartışılıyordu. Sonradan Hicaz kralı olan babası Şerif Hüseyin'den Emir Zeyd'e İstanbul'da iki mülk kalmıştı. Bir tanesi Yeniköy'de bir yalı, öteki de Büyükdere sırtlarında viran bir köşk.

Emir Zeyd'in Mekke şerifi olan büyük dayısı 1893'te ölünce, babası Şerif Hüseyin onun yerini alacağını ummuş. Ama Abdülhamid onun yerine başkasını atadığı gibi, kargaşa çıkarmaması ve gözünün önünde olması için Şerif Hüseyin'e Boğaz'daki şahane yalıyı, baştan başa dayalı döşeli olarak hediye etmiş. Ama burnunun dikine gitmeyi seven Şerif Hüseyin, yalıya dudak bükmüş, padişah ve jurnalcilerinden uzak olmak amacıyla Büyükdere sırtlarında kendi zevkine göre bir köşk yaptırmış.

Nerede oturacakları konusu ne zaman açılsa, bizimkiler anneme ve Emir Zeyd'e fikir vermek için adeta yarışırlardı. Onlara sorulsun sorulmasın, ille de düşüncelerini kabul ettirmeye çalışırlardı. O gün de öyle oldu:

Ayşe, "Tabii yalıyı seçeceksiniz" dedi. "Öyle harika bir yer az bulunur."

Mizu, "Boğaz'da yaşamayı hep hayal etmişimdir" diye mırıldandı.

Suat dayım, "Canım yalı dururken Karadeniz'e yakın bir tepede oturmak çılgınlık olur" dedi.

Bütün bu akıl vermelere ne gibi bir tepki gösterecek diye anneme baktım. O çok sakin, uzanıp bir börek aldı ve "Biz tepedeki evi düşünüyoruz" diye cevap verdi. Böyle bir niyeti olduğunu ilk kez duyuyordum. İçimden, "İnşallah cayar" diye dua ettim; çünkü ben de yalıda yaşamak istiyordum. Bütün aile aynı anda annemin üstüne çullandı:

"Aman canım, ciddi olamazsın!"

"Orası tamamen viran, uzak. Kışın donarsınız."

"Oraya kışın kurtlar iner."

"Gidip gelmesi ne kadar zor, bir düşünsene..."

"O viraneyi onarmaya para yetmez."

Sonunda annemin sabrı taştı, "Canım ne biçim düşünüyorsunuz, hiç anlamıyorum! Harika bir yer! Üstelik Zeyd orada doğmuş büyümüş."

Emir Zeyd bu konuda ilk kez söze karıştı: "Yalnızca dokuz yaşıma kadar orada yaşadım; çünkü 1908'de Jön Türkler padişahı tahttan indirince biz de Mekke'ye döndük." Sonra şefkatle anneme sarıldı, "Nisacığım, biliyorum Büyükdere'deki köşkün eşsiz bir manzarası var. Ama ailen haklı, yalıda yaşamak senin için çok daha kolay olur" dedi ve herkes derin bir nefes aldı.

Konuyu değiştirmek için annem Füreya'ya dönüp sordu. "Geçen perşembe Atatürk için verdiğiniz davet nasıl geçti?"

"Çok iyi geçti. Yeni aşçı fevkalade! Atatürk pek memnun kaldı."

Kılıç Ali gururla itiraz etti, "Aşçının önemi yok Füreya, asıl senin fevkalade bir ev sahibesi olman paşayı memnun etti".

Suat muzip muzip sordu, "Kafayı çektin mi?"

Füreya duymazlıktan geldi, "Bana candan teşekkür etti, hatta banyoya koyduğum çiçekleri de beğendiğini söyledi" diye ekledi.

Ayşe, "Bu küçük şeyleri görüp takdir etmesi ne güzel, değil mi?" dedi.

Hakiye, "O çok ince, çok zarif bir erkektir" dedi. Bütün kardeşlerin içinde Atatürk'ü ilk o tanımıştı.

Annem de, "Ne yakışıklı ve çekici bir adam. Müthiş bir karizması var" dedi.

Emin eniştem bastonunun sapıyla şakağını kaşıyordu, "Hep düşünürüm, Atatürk olmasaydı halimiz nice olurdu diye".

Ahmet eniştem, "Ne olacak, mahvolmuştuk, bitmiştik" dedi. "Dünya Savaşı'ndan sonra Müttefikler ülkeyi bölüp bölüp paylaşacaklardı. İngilizlerin Ortadoğu'da yaptıkları gibi".

Aliye teyzem atıldı, "Uncle Karl diyor ki, Atatürk'ün anne kompleksi varmış. Anavatanını kurtarmakla annesini kurtarmış gibi olmuş". Büyükler birbirlerine bilmiş bilmiş baktılar. Nejad da çaktırmadan bana dirsek attı. Aliye'nin her zaman "Uncle Karl" dediği adam, sevgilisiydi. Freud'un sadık bir müridi olan Karl Berger,[13] Macar bir viyolonistti. On yıl önce kuzinimiz Füreya'ya keman dersi vermek için adadaki köşke gelmiş, Aliye teyzem de ona deli gibi âşık olmuştu! Berger de bu fildişi tenli, altın saçlı kıza canı gönülden vurulmuştu ama bir sanatçının evlenip bağlı kalmasını doğru bulmuyordu. Aliye teyzem de sevgilisi olarak yaşamaya razı oldu. Annesinin ve kardeşlerinin son derece üzülmelerine karşın, haftada bir iki gün Berger'in şehirdeki küçük apartmanına gidiyordu. Her ne kadar siyah tüllü şapkalar giyip yüzünü gizlemeye çalıştıysa da kimseyi kandırabildiği yoktu, bu ilişki herkes tarafından biliniyordu. Aile artık durumu kabullenmekten başka çare görememiş, bazen unutup çocukların yanında bile ondan konuşur olmuşlardı.

Suat dayım, "Aman Aliye, bıktım bu senin saçma sapan Freud teorilerinden" diye onu azarladı.

Ahmet enişte, "Anne kompleksi de neymiş?" diye sordu.

Ayşe teyzem de kocasını destekledi, "Komik oluyorsun, Aliye". Şimdi hepsinin dikkati ailenin yaramaz çocuğu Aliye'nin üstünde toplanmıştı.

"Allah rızası için çek şu saçlarını yüzünden, gözlerini göremiyoruz."

"Sahi, niçin o güzel gözlerini saçlarının altında saklamakta ısrar ediyorsun?"

"Yüzünü bu kadar boyamanın âlemi var mı? Apukurya maskaralarına dönüyorsun!"

Bu gibi durumlarda öfkelenmiş ailesini yatıştırmak anneanneme düşerdi: "Sakin olun çocuklar, küçük kardeşinize böyle çullanmayın."

Aliye omuzlarını silkti, "Aldırdığım yok anne, alıştım artık.

---

13. Tanınmış Macar kemancı. Halife Abdülmecid Efendi'nin çağrısıyla 1920'de İstanbul'a gelerek saray üyelerine müzik dersleri verdi.

Uncle Karl, 'Mademki en küçük sensin, büyüklerin sana daima sataşacaklar' diyor."

Hakiye teyzem birden ciddileşti, gülmemizi tutmaya çalışan bizlere sert sert baktıktan sonra, "Çok rica ederim Aliye, çocukların yanında Mösyö Berger'den söz etmekten vazgeç" dedi.

Anlaşılan Ahmet enişte de Aliye'nin sevgilisinden uluorta söz etmesini hoşgörmüyordu ki eski yara yeri ağrımış gibi yapıp ayağa kalktı ve kalçasını tutarak Emir Zeyd'e, "Bu, sizin çocuklardan birinin marifeti, beni kalçamdan fena vurdular" dedi. Ahmet enişte Bağdat'ta valiyken Arap milliyetçilerden biri tarafından vurulmuştu.

Emir Zeyd güldü, "Allah'tan ki iyi nişancı değilmiş."

Ondan sonra Ahmet enişte onu yaralayan adamı nasıl bağışladığını, hatta maiyetine aldığını anlattı. "Bağdat'ta valiyken iki kez az kalsın öbür dünyayı boyluyordum" diye ikinci anısını da anlatmaya kalkışırken Ayşe teyze, "Bu hikâyelere şimdi gerek yok, hadi biraz üzüm yiyelim" diye meyve tabağını gezdirmeye başladı.

Herkes yemeğini bitirip de hizmetkârlar ortalığı toplayınca, yakındaki çay bahçesinden askılı tepsilerle mis gibi kahveler geldi. Bu kadar yemek ve temiz hava hepimizin uykusunu getirmişti, gözlerimiz kapanıyordu. Emin enişte sakat sırtını bir ağaca dayamış, şekerleme yapmaya başlamıştı bile. Ötekiler de kendilerine birer ağaç bulup, battaniye ve yastık edinmeye koyuldular. Az sonra çamlı koyda herkes öğlen uykusuna dalmıştı.

Çay zamanı semaver yakıldı. İnce belli bardaklarda demli çaylar içtik. Sonunda biz çocuklardan şiir okumamız istendi. Ben İngilizce "Titi Fareyle Tati Fare"yi söyledim. Ama en çok yedi yaşındaki kuzenim Erdem'in "Küçük Mavi Kuş" şiiri beğenildi.

Sonra Suat dayım kurgulu gramofonu açıp bir tango çaldı. Mizu ile çay bahçesinin küçük terasında romantik bir tango yaptılar. O kadar ince ve zariftiler ki... O kadar da güzel dans ediyorlardı ki... Çılgınca alkışladık.

Böylece bu güzel gün sona eriyordu. Güneş iyice kızıllaşmış, batmaya yüz tutmuştu. Atların nal seslerini dinleyerek eve dönerken, cam gibi sakin denizin üzerinde kayan yolcu vapurları, şehirden adadaki yazlıklarına dönen insanları taşıyordu.

2

Büyükada (1914)

Büyükada benim için her günü güneşli "Çehovvari" bir hayat demekti. Annem içinse bu harikulade yer zaman zaman trajedilere sahne olmuştu. Annem ne vakit adadaki çocukluğundan söz etse, canlı yeşil gözleri hüzünle bulutlanırdı. "O olaydan sonra hiçbir şey eskisi gibi olmadı" derdi. "O" olayın ne olduğunu biliyordum. Biliyordum ki ağabeyi Cevat, babası Şakir Paşa'yı öldürmüştü.

Çocukken Cevat dayım annesinin, babasının ve çocuğu olmadığı için amcası Cevad Paşa'nın gözbebeğiymiş. Ona en iyi eğitim imkânlarını sağlamışlar. İlköğrenimini, İstanbul'da, Amerikalı misyonerler tarafından 1863'te kurulan Robert Kolej'de yapmış, sonra da İngiltere'de Oxford Üniversitesi'ne gitmiş. Yatılı okulun kısıtlamalarından nefret ettiği için Oxford'da da fazla mutlu olmamış. Üstüne üstlük İngiltere'nin soğuk, puslu havasını hiç sevmiyormuş. Uzun yıllardan sonra, âşık olduğu bir hanıma yazdığı bir mektupta şöyle diyor:[14]

"On yedi yaşlarındayken bir tatilde Oxford'dan İstanbul'a geliyordum. Londra'nın ve Paris'in berbat havasını geride bırakıp Marsilya'dan gemiye bindiğimde, Akdeniz önümde bütün görkemiyle pırıl pırıl parlıyordu. Gemiye öyle bir aceleyle atlamışım ki, bavullarım rıhtımda kaldı. Birkaç gün sonra Sicilya yakınlarında

14. Bu bölüm, Cevat Şakir'in Sabahattin Eyüboğlu'na gönderdiği 16 Haziran 1972 tarihli son mektubundan alıntılanmıştır ve Azra Erhat'ın *Mektuplarıyla Halikarnas Balıkçısı* adlı kitabında yer almaktadır.

gemimiz büyük balıkçı teknelerinin arasından süzülmeye başladı. Her teknenin bir feneri vardı. Geceleri gökyüzündeki yıldızlarla denizdeki yakamozlar birbirlerine göz kırpıyorlardı. Bazen teknelerin birinden bir şarkı yükseliyordu. Oh! Ne güzel... Oxford'un buz gibi havası geride kalmıştı."

Annem bütün yaşamı boyunca anılarını yazar, notlar alırdı. Bunları karıştırırken, Cevat dayımın İstanbul'da geçirdiği tatiller hakkında aşağıdaki satırları buldum.

"Ağabeyim Oxford'dan geldiğinde altı-yedi yaşlarındaydım. Kadife yakalı, kruvaze uzun paltosu ve ayakkabılarının üstüne giydiği beyaz tozluklarıyla çok şıktı. Ona yakışıklı diyemezdim, garip bir siması vardı. Yüzünün üst kısmı ağlarken, alt kısmı gülüyor gibiydi. Sanki biri bir dram maskesinin yarısını kesip, bir komedi maskesinin üst kısmına yapıştırmıştı. Davudi sesiyle Oxford aksanlı harika bir İngilizce konuşuyor, ağzından çıkan gevrek ve berrak sözcükler adeta havada patlıyordu. Kendinden emin olduğu için başı dimdik yürüyor, bu da onu olduğundan daha uzun boylu gösteriyordu. Kendimi onun yanında ufacık, anlamsız bir yaratık gibi görüyordum. Benim de önemsenecek biri olduğumu kanıtlamam gerekiyordu. Onun için bir gün dedim ki, 'Gel bir oyun oynayalım, senden daha kuvvetli olduğumu göstermek istiyorum'. Pek hoşuna gitmişti, güldü; 'Peki, hadi oynayalım' dedi. Hemen ayak parmaklarımın ucunda yükseldim, yumruklarımı sıktım ve iki elimle olanca kuvvetimle midesini yumrukladım. Canı öyle acımıştı ki rengi kül gibi oldu, gözlerine yaşlar doldu. Doğrusu bu kadar güçlü olduğuma ben de şaşırmıştım. Ama şimdi eşittik ve arkadaş olduk."

İkinci yıl Cevat Oxford'a döndüğünde zengin, aristokrat İngiliz gençleriyle kaynaştı ve onların yaşam tarzlarını benimsedi. Tabii onlardan geri kalmamak için aynı terzilerden giyiniyor, en pahalı ayakkabıcılardan ayakkabılar ve çizmeler ısmarlıyordu. Bu nedenle sağlığını bahane edip babasından devamlı para istiyordu. Bir öksüz olarak kendi kendini yetiştirmiş Şakir Paşa, onun bu sorumsuz davranışlarına çok içerliyordu.

Ertesi yaz Cevat tatile geldiğinde, annem, babasının yazı odasında tatsız bir sahneye tanık olmuş. Ordudan emekliye ayrıldıktan sonra Şakir Paşa zamanının çoğunu yazı odasına kapanıp dört ciltlik, *Yeni Osmanlı Tarihi* adlı bir eser yazmakla geçiriyormuş. Aliye teyzem küçücük bir çocukken anahtar deliğinden bakar, sakallı babasının başını eğmiş, gaz lambasının ışığında bir yığın kâğıt üzerinde çalışmasını seyredermiş. Bana bir gün, "Kulağımı anahtar deliğine dayayıp mürekkepli kalemin cızırtısını dinlemeye bayılırdım" demişti.

Annemin nasıl olup da o gün yazı odasında bulunduğunu açıklayamayacağım, çünkü çocukların o odaya girmeleri kesinlikle yasakmış. Ama anlattığına göre büyükbabam, üstü Cevat dayımın ödenmemiş faturalarıyla dolu kocaman masasının arkasında, kocaman koltuğunda oturmuş Cevat'ı fena halde haşlıyormuş. Yumruğunu masaya vurarak, "Bu ne rezalet!" diye bağırıyormuş. "Ben seni Oxford'a her gün at bin diye mi yolladım? Her gün birbirinden pahalı kıyafetler al diye mi yolladım? Ne tembel, ne savurgan bir adammışsın! Kendine gelip derslerine çalışmazsan ve bu çılgınca harcamalara da son vermezsen, seni oradan alırım!"

Cevat, babasının masasının önünde sessiz ve perişan duruyormuş. Yüzü kıpkırmızıymış, başını arkaya atıp gözlerinde biriken yaşları gizlemeye çalışıyormuş. Annem anılarında, "Ağabeyimin o haline içim sızladı" diye yazıyor. Şakir Paşa, azarlamanın Cevat'ı yola getireceğini ummuş ama hiç öyle olmamış, Cevat İngiltere'ye döner dönmez uçarı yaşamına devam etmiş. Buna çok kızan babası da sonunda onu geri çağırmış. Cevat bu buyruğa da uymayıp doğru Roma'ya gitmiş ve Güzel Sanatlar Akademisi'ne yazılmış. Eve yazdığı mektuplarda, "Nihayet mesleğimi buldum, sanat benim tutkum, ilk kez kendimi mutlu hissediyorum" diyormuş.

Hele ressamlara modellik eden Aniesi adında bir İtalyan kıza da âşık olunca, mutluluğun doruğuna erişmiş. Yirmi iki yaşında ev geçindirecek parası yokken evlenmesine babasının izin vermeyeceğini bildiği için kızın resimlerini çekip İstanbul'a gelmiş ve babasını razı etmesi için annesinden yardım istemiş. İstanbul'a bu gelişi sırasında annem Nisa, Cevat'ın yanında yerde oturur, ağabeyinin resim yapmasını seyredermiş.

Bu önemsiz sayılabilecek olay, Nisa'nın yaşamındaki sanat tutkusunun başlangıcı olmuş. 1940'ların ortalarında, ilk çalışmalarını sergilediğinde, gazeteciler resme nasıl başladığını sormuşlar, Nisa da ağabeyi Cevat'ın ona ilk ilhamı ve cesareti verdiğini söylemiş:

"Sekiz yaşındaydım. Bir gün onun çini mürekkebiyle sevdiği kızın profilini çizmesini izledim. O ince, zarif kalem darbeleriyle kâğıdın üzerinde yaşayan bir varlık oluşturması beni adeta büyülemişti. Bende de aynı şeyi yapmak için dayanılmaz bir istek uyandı. Ağabeyim, resim defterinden bir yaprak kopardı ve elime bir kalem vererek içimden ne geliyorsa çizmemi söyledi. O gün oturma odamızda ne varsa resmini yaptım. Eşyalardan lambalara, yerdeki halının motiflerine kadar her şeyi çizdim. Ağabeyime gösterdiğimde 'Aferin Nisa' dedi; 'Cesur kalem vuruşlarına bayıldım. Hele yaşına göre insana hayret veren bir görüş ölçün var'. Sonra başımı okşadı, 'Yeteneklisin yavrum, her zaman yanında defter kalem bulundur, hoşuna giden şeyleri durmadan çiz' dedi."

Annem onun özendirmelerini hiç unutmadı. O günden sonra sürekli çizdi. On dört yaşındayken yaptığı anneannesinin suluboya portresi her zaman sergilediği diğer resimlerinin yanında yer almıştır.

Şakir Paşa'nın Ostend'dan dönmesinden az önce Cevat, babasıyla karşılaşmamak için hemen Roma'ya hareket etti ve annesine, babasını Aniesi ile evlenmesine razı etmek gibi güç bir görev verdi. Ayşe teyzem çok kez annesi ile babasının geceleri odalarında bu konuyu tartıştıklarını duyarmış. Büyükbabamın öfkeli sesi zaman zaman odadan taşarmış. Bana, "Annem için çok üzülürdüm" derdi. "Cevat erkek olup babasıyla kendi konuşmalıydı. Zavallı annemin ne günahı vardı?"

Sonuçta büyükbabam, anneannemin yalvarmalarına dayanamayıp, Cevat'ın evlenmesine istemeyerek razı olmuş. Cevat Aniesi ile Roma'da evlenmiş. Büyükada'daki köşkün üst kat odalarından biri yeni evliler için hazırlanmış ve ailenin başına buyruk, savurgan oğlu, hamile karısı kolunda, pür neşe İtalya'dan dönmüş. Şakir Paşa'nın ikinci torunu Mutara da birkaç ay sonra 1912'de doğmuş.

Cevat Roma'daki akademide yaptığı ünlü resimlerini yanında getirmişti. Her ne kadar anneannem ipek kumaş üzerine manzara, meyve ve çiçek resimleri yapıyor idiyse de çıplak kadın resimlerini görünce dehşete düştü. Bu rezaletti! Hele kadınların yüzlerini peçe altında sakladıkları bir toplumda... Büyükbabamın görmesine bile fırsat vermeden hepsini tavan arasına kaldırttı. Nisa ile Aliye, müzik çalan kutularla oynamak bahanesiyle oraya giderler, ağabeylerinin yapmış olduğu çıplak kadın vücutlarına bakarlardı.

Resim tarzını değiştirmeyi amaçlayan Cevat, İstanbul Güzel Sanatlar Akademisi'nde minyatür çalışmalarına başladı. Sanatı ona bir gelir sağlayamadığı için kendisine ve ailesine büyükbabam bakıyordu. Baba-oğul para yüzünden tartışmaya başladılar. Cevat'ın hayatta ne yapacağını bilmemesi büyükbabamı endişelendiriyordu. Şakir Paşa'nın inancına göre her erkek çalışıp ailesini geçindirmeliydi. Ama Cevat'ın hiç böyle bir niyeti yoktu. O gereksiz işlerle vakit geçireceğine sanatçı olmak istiyordu. Ayrıca meslek yaşamları ne kadar parlak olursa olsun, babası ve amcası gibi asker olmak da istemiyordu. Oğlunun bu tutumu Şakir Paşa'yı çileden çıkarıyor, onu hep eleştirip azarlıyordu. Bu tartışmalar, kötü bir yatırım sonucu Şakir Paşa'nın servetini kaybetmesiyle daha da alevlendi.

Anneannemin kardeşi Mithat, girişimci Yahudilerin yaşadığı Selanik'teki jandarma birliğinde görevliyken, Ege sahillerinde gittikçe büyüyen şehrin ileride önem kazanacağını düşünerek, kayınbiraderi Şakir Paşa'yı turistik bir projeye para yatırmaya razı etmiş. Sonuçta Şakir Paşa, çocuksuz ölen ağabeyi Cevad Paşa'dan miras kalan ve ona gelir sağlayan bütün taşınmazları satıp Selanik'in kordonboyunda, büyük kubbeli, saray gibi bir otel yaptırmış. Kubbenin altındaki büyük salona da Cevad Paşa'dan kalan görkemli kristal avizeyi astırmış.

Ama büyük dayımız Mithat'ın Selanik'te otel yapma önerisi kötü netice verdi. Öncelikle, inşaatın giderleri sanıldığından çok fazla oldu. Binanın bitirilmesi için anneannemin damla zümrüt küpeleri bile elden çıkarıldı. Asıl felaket 1912'de Balkan Savaşı'nın patlamasıyla başladı. Bir yıldırım harekâtında Yunanlılar, Sırplar ve Bulgarlar, Osmanlılara üç yönden saldırdılar. Yunanlılar Selanik'i bir hamlede ele geçirip Osmanlıların beş yüzyıllık yönetimine son verdiler. Savaş sırasında Yunanlı bir tedhişçi de büyükbabamın oteline bomba koyup koca binayı kubbesiyle ve canım avizesiyle havaya uçurdu.

Otelin elden gitmesi sonucu Şakir Paşa hemen hemen bütün varlığını yitirdi. Ciddi parasal sorunlar baba-oğul arasındaki anlaşmazlığı büsbütün şiddetlendirdi. Cevat babasının bağırıp çağırmalarına karşılık vermeye başladı. Sesleri gittikçe yükseliyordu. Anneannem araya girmeye, onları yatıştırmaya çalışıyorsa da işe yaramıyordu. İkisinin de vahşi hayvanlar gibi birbirlerini paralamaya can attıklarını gördükçe içi kan ağlıyordu.

Ama bu arada Selanik fiyaskosunun bir de iyi yönü oldu. Mustafa Kemal'in kurmay okulundan sınıf arkadaşı ve Selanik'te jandarma komutanı olan Ahmet Bey ile Ayşe teyzem evlendi. Gösterişi pek seven Mithat dayımız bir gün komutanını kordonboyunda piyasaya davet etmiş. Orada yükselmekte olan otelin inşaatını gösterip, "Bu kayınbiraderim Şakir Paşa'nındır. Yaptırmasını ben önerdim" diye övünmüş. Komutanı Ahmet Bey de, "Aferin sana, bari paşanın evlenecek kızları var mı?" diye sorunca da, Mithat, "En büyük kızı bir subayla evli. Ama ikinci kızı, ki ablasından çok daha güzel ve henüz evli değil. Uzun sarı saçları, mermer gibi bir teni var. Paşanın en sevdiği kızıdır, ona 'prensesim' der, öyle kolay kolay kimseye vereceğini sanmıyorum" diye yanıtlamış...

Ahmet Bey de hemen oracıkta bir gün Ayşe ile evlenmeye karar vermiş. 1913'te İkinci Balkan Savaşı'nın sonunda, Ahmet, jandarma komutanı olarak İstanbul'a atanmış. Mithat'ın Ayşe'yi övmesini unutmamış. Şakir Paşa'nın da bu yeni görevini küçümsemeyeceğini düşünerek, yeğenini aileye aracı olarak yollamış. Ilımlı karşılandığını görünce Büyükada'ya Ayşe'yi istemeye kendisi gitmiş. Bu ziyaret sırasında, talibini görmesine izin verilmeyen Ayşe, anahtar deliğinden Ahmet'i arkasından az buçuk görebilmiş. Dik duruşu, pırıl pırıl çizmeleri ve başının iki yanından görülen palabıyıkları Ayşe'yi ürkütmüş. Sonradan hülyalı mavi gözlerinden yaşlar akarak babasına, "Evlenmek istemiyorum babacığım, ne olur, ne olur beni zorlamayın" diye yalvarmış.

Ama Paşa kararlıymış. "Kızım, Ahmet Bey geleceği olan şerefli bir erkek. Sana iyi bir eş olacak" demiş. Sonra tatlı tatlı, "Duydum ki anahtar deliğinden onu arkasından görmüşsün. Ama dur hele, yüzünü gör, çok yakışıklı" diye eklemiş.

O devirde bütün kızlar gibi Ayşe'nin de babasının uygun gördüğü erkekle evlenmekten başka seçeneği yoktu. Zamanla sevip saygı duyduğu Ahmet'le nişanlandı.

1914 Mayıs'ının sonlarına doğru büyükbabam, Suat ve Cevat dayılarım ile lalayı alıp Afyon'daki dededen kalma çiftliğine gitmeye karar verdi. Üründen gelen yıllık geliri alacak, Ayşe'nin düğün hazırlıklarına başlayacaktı. Beş yıl önce Hakiye teyzemle Emin eniştenin düğünü çok şahane olmuştu. Bütün parasal sıkıntılarına rağmen Şakir Paşa, küçük prensesinin de unutulmayacak bir davetle dünya evine girmesini istiyordu. Yola çıkmadan önce küçük kızlarıyla vedalaşmak istediği için lala, Nisa ile Aliye'yi yatılı okudukları Fransız rahibe okulundan[15] izin alıp köşke getirdi. Yıllar sonra Nisa olayı şöyle yazdı:

"Bütün ev halkı bahçe kapısının önündeki açıklıkta toplanmıştı. Bir çam ağacına yaslandığımı anımsıyorum. Babam hepimizle ayrı ayrı vedalaştı. Aliye ile beni öptükten sonra bize birer kutu İngiliz limon şekeri verdi. Önde köpeğimiz Tom, arkadan babam, ağabeylerim ve lala mor salkımların sardığı kırmızı bahçe kapısından çıktılar. Birden büyük bir hüzün duydum. Emekli olduktan sonra babam çok yolculuğa çıkmıştı; ama neden bilmem, bu kez onun bir daha dönmeyeceğini ve onu son kez gördüğümü hissettim."

15. Dame de Sion.

3

Öldürme olayı

Bu kitabı yazmaya karar verdiğimde öğrenmek istediğim ilk şey, ailenin, Şakir Paşa'nın ölümünü nasıl haber aldığıydı. Annemin bütün notlarını, anılarını araştırdım ve o geceye ait şu satırlara rastladım.

"Avrupa'nın üzerinde kara savaş bulutlarının dolaşmasına karşın, 1914 yılının güzel bir haziran gecesiydi. Annemin büyük pirinç karyolasında, cibinliğin altında yatıyor, mum ışığında en sevdiğim kalfanın anlattığı masalı sonsuz bir mutluluk içinde dinliyordum.

Babamın seyahatte olduğu geceler, Aliye ile ben sırayla annemizin koynunda yatardık. Bu gece sıra benimdi. Benden mutlu kim olabilirdi? Altımdaki keten çarşaf mis gibi lavanta çiçeği kokuyor, etrafımı saran cibinlik beni tülden bir ana rahmi gibi kucaklıyordu. Kalfamız harika masallar anlatırdı. Konuya göre sesini yükseltir, alçaltır, öykünün en heyecanlı yerinde akları kocaman gözlerini devirmeye başladı mı, gecenin karanlığında o aklar iki hilal gibi görünürdü.

Kalfanın tatlı sesiyle anlattığı masala kendimi öyle kaptırmıştım ki, ben de masaldaki yurdundan sürülmüş prensesle o eziyetli yolculuğu yapıyor, serüven serüven üstüne, yedi iklim dört bucağı geziyordum. Artık takatımız kalmamıştı, tam perilerin ülkesine sığınmak için kale kapısına yanaşırken başka biri kapıyı çaldı: 'Tak tak tak...' İçimden, 'Kapıya kim vuruyor, biz daha kapıya varmadık ki...' diye geçirdim. 'Tak tak tak...' Aşağıdan gelen bu ısrarlı vuruşlar beni masal dünyamdan ayırdı. Kalfa sustu, dikkatle dinledi. Ben de içimden, 'Allah Allah, gecenin bu saatinde kim olabilir ki?' diye düşündüm.

Birdenbire evin içinde sanki bir rüzgâr esti. Kapılar açıldı, kapılar çarpıldı, birtakım sesler yükseldi, alçaldı. Az sonra matmazelim Miss Schreiber odaya hızla girdi. 'Kalk Nisa, çabuk kalk' diye beni yataktan çekmeye başladı. 'Şimdi haber aldık; paşa çok hastalanmış; çiftlikten dönüyormuş; oda ona hazırlanacak'."

Şakir Paşa hiç dönmedi. Ertesi sabah onun yerine arkadaşı Sait Paşa elinde bir telgrafla geldi. Telgrafta Şakir Paşa'nın, oğlu Cevat'ın tabancasından çıkan bir kurşunla öldüğü yazıyordu.

O uğursuz gecenin sabahında Nisa, annesini yukarıdaki salonun ortasında diz çökmüş, öne arkaya sallanarak "Allahım, Allahım bana yardım et" diye ağlayıp inlerken gördü. Öbür yanda Ayşe, Cevat'ın fotoğraflarını çerçevelerinden çıkarıyor, bin parça edip üzerlerinde tepiniyordu. Aklınca ağabeyini öldürüyordu. Nisa büyük bir şaşkınlık ve korku içindeydi. Bütün bu garip davranışların anlamı neydi? Ama öğrenmeye fırsat kalmadan, Aliye ile birlikte Üsküdar'da yaşayan Sara halalarının evine yollandılar ve ancak cenaze kalktıktan sonra Büyükada'ya dönebildiler. Onlara babalarının çiftlikte bir kalp krizi geçirip öldüğü ve bu konu hakkında soru sormamaları söylendi.

Şakir Paşa'nın cenazesi adaya getirildi, oradaki camide basit bir tören yapıldı ve kendisinin yaptırdığı Müslüman mezarlığında toprağa verildi.

Cevat yargılandı ve adam öldürmekten on dört yıl yedi. Mahkemede anneannem oğlunun tarafını tuttu. "Ne kadar tartışırlarsa tartışsınlar, Cevat'ın karakteri hiçbir zaman kasıtlı olarak babasını öldürmeye uygun değildir" diye ısrar etti. İnatla bunun bir kaza olduğu görüşünü savundu. Lala ise tanıklığında, o sırada çiftlikte olmasına karşın hiçbir şey bilmediğini, çünkü uykusunun derin olduğunu ve gecenin bir vaktinde silah sesleriyle uyandığını söyledi. Neticede yargıç bunun önceden tasarlanmış bir cinayet olmadığına, ama kaza da olmadığına karar verdi. Yargıç, şiddetli bir tartışmanın heyecanıyla silahların patladığı sonucuna varmıştı.

Şakir Paşa ile Cevat (Halikarnas Balıkçısı).

Olay ülkede büyük yankılar uyandırdı. Herkes, o gece çiftlikte neler olup bittiğine dair tahminler yürütüyordu. Bu olayın arkasında yatan gerçeği aramak bence Japon filmi *Raşomon*'a çok benziyor. Orada izleyiciler tanıkları dinlerler ve her tanığın doğruyu söylediğine inanırlar. Oysa her tanık aynı olayı ayrı ayrı, o kadar değişik şekillerde anlatır ki, sonunda gerçek çok yönlü, karanlık ve çözülmez hale gelir. Tanıklar da gerçeğin ne olduğunu hiçbir zaman anlayamazlar.

Kimileri Şakir Paşa'nın genç karısı ile ilgisi olduğunu öğrenen Cevat'ın, kıskançlıktan bu işi yaptığını düşündü. Cevat hakkında 1994'te çevrilen *Mavi Sürgün* adlı film bu varsayıma dayanıyor. Ben buna katılmıyorum.

Başkaları Cevat'ın babasının hesabından zimmetine para geçirdiğini söyledi. Sözde sonradan Cevat, babası bunu öğrenirse o derece hiddetleneceğini düşünmüş ki, korkusundan babasını öldürmüş.

Kimileri bu işi soğukkanlı bir cinayet olarak algıladılar.

Kimileri de kaza dediler.

Çoğu kimse olayı, kontrolden çıkan bir hiddetin kaçınılmaz sonucu olarak nitelendirdiler.

Cevat ise nefsimi savundum diye ısrar ediyordu.

Ama oğlu Sina, bunun Şakir Paşa'ya bir meydan okuma olduğuna inanıyordu.

Suat dayım, kurşunların konuştuğu gece, çiftlikte bulunan tek aile bireyiydi. Uzun yıllar sonra onun ağzından alabildiğim öykü ise en korkuncudur. Cevat dayım, sözde babasını öldürmek ve işe politik bir suikast ya da hırsızlık süsü vermek için, kendisini, lalayı ve hatta köpekleri Tom'u ilaçla uyutmuş ve Şakir Paşa'yı uykusunda vurmuş. Bu duyduklarımı uygun dille aile üyelerine aktardığım zaman, her biri ayrı ayrı isyan etti.

"Suat nasıl böyle bir şey söyleyebildi?"

"Belli ki orada babasını kan revan içinde görünce aklı başından gitti, böyle olmayacak bir şeyi hayal etti."

"Zavallı Suat babasının ölümünden sonra sürekli bayılıyor, sayıklama nöbetleri ve titremeler geçiriyordu."

Cevat'ın kendi öyküsünü ağzından hiç dinlemedim. Ama klasik mitolojide bir otorite olan Azra Erhat Hanım'la,[16] önce Homeros üzerine, sonra gittikçe kişisel konulara değinen epeyce yazışmaları var. 1957'de yazdığı bir mektupta, öldürme olayı hakkında dayım şöyle diyor:

"Birçok şeyler var ki, onları sana söylemeye can atarım. Bunlar hep dilimin ucundadır. Bir kere temas etmiştim. Korkarım söylemeye, çünkü ya kendimi haksız olarak berbat etmek yahut kendimi tamamen haklı çıkarmaktan çekinirim de ondan... Sana verdiğim cevap sırf onların bakımından doğrudur. Gelgelelim hakikate yani bana. Çocukluktan çıkmaya başlar başlamaz, bende bir isyan belirdi. İlk önce müteessir olurdum, sonra *rèbellion*. Bu isyanlar muhtelif konular üzerinde olurdu. Bir imajla anlatayım. Al bir demir çubuk, 'Ben kuvvetliyim!' denirdi bana ve iki eliyle tutunca demir çubuğu bükerlerdi. Ben de 'Ben de kuvvetliyim' derdim –çünkü dayanamazdım– demir çubuğu tutunca açar ve gene dümdüz ederdim. Yalnız bu meselede demir çubuk ben idim. Gelelim fatal geceye. *Sürgün*'de bir cümle vardır Zekeriya hakkında. İnsan hayatında yolların ayrıldığı bir noktaya gelir. Bir yolda giderse Lucifer olur, şeytan olur insan, öteki yoldan giderse melek, evliya ve martyre olur. Amma yolun sağında veya solunda gitmeyi seçmek tamamen iradenizde olmayabilir. Bir çöp, terazinin bir kefesine ağır basabilir. Bu cümlem, büyük bir tecrübenin neticesidir. Eh canım münakaşa pek karışık konular üzerindeydi ve pek şiddetliydi. Babam çiftlikte, her zaman bir suikasttan korktuğu için, yanında müteaddit tabancalar ve silahlar bulundururdu. Evvela zengin bir adam, sonra asker. Münakaşa öyle bir raddeye vardı ki benim üzerime ateş etti. Ben rasgele oradaki bir tabancayı alarak, –amma onun eli tabancaya giderken yüzünden okudum– ona doğru nişan almadan ateş ettim. *İl y a eu deux coups*. İlkin onunki sonra –hemen sonra– benimki. Aynı zamanda gibi bir şey. Bu münakaşa götürmez, yoksa ölen ben olurdum. Hayır o öldü! Ben de ölümden beter mahvoldum. O kurtuldu. Korkunç bir acı duydum. Amma vicdan

16. Azra Erhat: *Mektuplarıyla Halikarnas Balıkçısı*.

azabı duymadım. Ondan daha korkunç bir şey oldu. Kendi kendime olan güvenimi kaybettim. Yani kendimi o gün bugün yalan sanıyorum. Beni methettikleri zaman kızarım."

Cevat'ın Azra Erhat'a yazdığı mektuplar kitap halinde yayımlanınca teyzelerim hop oturup hop kalktılar. "Öyle şey olmaz, babamız oğluna hiçbir zaman ateş edecek yaradılışta bir adam değildi" diye karşı çıktılar, sonra da kendi öykülerini tekrarlamaya devam ettiler.

Ben hiçbir zaman bu konuda annemin ağzından laf alamadım. Yetmiş yıl boyunca bir şey bilmediğini söyledi ve bu konuyu konuşmak istemedi. 1983 yazının sonlarına doğru, bu kitap için araştırma yaparken, annemle İtalya'da iki hafta beraber olduk. Abano'daki Royal Orologio adlı kaplıca otelinde çamur banyosu yapıyorduk. Bir öğleden sonra bahçede oturmuş elimde teyp, onunla söyleşi yaparken bütün cesaretimi toplayıp sordum, "Cevat dayımın büyükbabamı öldürdüğünü ne zaman öğrendiniz?"

Fütursuzca gözlerimin içine baktı, "Ben hiç böyle bir şey bilmiyorum" dedi.

"Oooo... Yapmayın anneciğim! Olayı herkes biliyor. Cevat dayım bu yüzden hapis yattı. Kendisi bile mektuplarında, onunla yapılan röportajlarda bunu itiraf etti" dedim. Annem hiç istifini bozmadı. Onu kabul etmeye zorlamak için ben, "Biz daha çocukken bunu biliyorduk" diye devam ettim. Birden tedirgin olmuştu. "Ne biliyordunuz?" diye sordu.

"Bir yaz günü adadaki bahçede, manolya ağacının altında bebeklerime çay partisi veriyordum. Nermidil üç tekerlekli bisikletiyle yanıma gelip, 'Biliyor musun, Cevat dayı büyükbabamızı öldürmüş' dedi ve kırmızı balıklı havuza doğru uzaklaştı."

Annem, "Çocuk oyunları bunlar, ben hiç öyle bir şey bilmiyorum" diye tekrarladı.

"Bilmek istemiyorsunuz da ondan" dedim.

"Haklısın belki bilmek istemiyorum" dedi ve başını çevirdi.

Duyduğu acıya saygı gösterip daha fazla üstüne varmadım.

Bana göre Cevat dayım, ancak babası olmazsa yaşamını istediği gibi sürdürebileceğini düşünüyordu. O gün de öfkeden gözleri dönünce ister istemez bu iş oldu. Cevat dayımın Azra Erhat'a yazdığı mektubun sonunda bu düşüncemi kanıtlayan satırlar var:

"Hapishanede gece rüyamda çocukluğumu görürdüm. Uyanınca rüya imiş diye sevinirdim, hapishanede olduğum halde, yani ondan kurtulduğuma sevinirdim."

4

Savaş yılları (1914-1918)

Büyükbabamın öldürülmesi uzun yıllar aileyi ve ülkeyi çalkaladı. Aile, hem başlarına gelen felaketten, hem de doğan skandaldan şaşkın ve perişandı. Bir süre sonra Birinci Dünya Savaşı patladı. Ayşe teyzemin nişanlısı Ahmet, Osmanlıların devamlı olarak tarafsız kalamayacaklarına, kendisinin de yakında cepheye gideceğine inandığı için, bir an önce evlenmek istiyordu. Ayşe ise, ailesinin başına gelen bu utanç verici olaydan dolayı, nişanlısına özgürlüğünü geri vermekte ısrar ediyordu. Ama Ahmet gönlü yüce bir erkekti. "Biz nişanlandık, sen benim karım olacaksın. Ömrümün sonuna kadar sana sadık kalacağım" diyordu.

Büyükannem damat adayının böyle karakterli bir adam olduğuna çok sevindi, iç rahatlığı duydu. Adadaki Rum terzi, yakınımızdaki caminin imamı tarafından kıyılacak nikâh için, Ayşe'ye sade beyaz bir elbise dikti. Ama düğün günü Ayşe, annesinin bütün yalvarmalarına karşın, birkaç hafta önce babasını kaybettiği günden beri giydiği siyah elbiseyi üzerinden çıkarmayı reddetti.

Annem o günü anlatırken, "Ay, ne korkunçtu" dedi. "Düşün, bir yandan Ayşe'nin odasından hıçkırık sesleri geliyor, öte yandan bahçede bir vaveyla kopuyordu. Ne olduğunu anlamak için koştum, Suat çiçek tarhının ortasında bayılmış, boylu boyunca devrilmiş mermer bir heykel gibi yatıyordu. Çevresinde hizmetkârlar, onu ayıltmaya çalışıyorlardı. Babam öldükten sonra Suat sık sık titremeler ve baygınlıklar geçirmeye başlamıştı." Sonra kadere boyun eğer bir ifadeyle ekledi: "Hale bak, bir yaş arası olan iki kız kardeş arka arkaya aynı evde evlendi. Birinin düğünü peri padişahının kızının düğünü gibiydi. O gece için neler yapılmadı ki... Bahçedeki ağaçlara Japon fenerleri asıldı. İki tarafı zakkum ağaçlarıyla süslü yola yüz kişilik sofra kuruldu. Havuzun üzerindeki mağara taklidi oyuğun içinde sazlar çalındı, gelinin başından çil çil altınlar atıldı... Zavallı Ayşe ablamın düğünü ise Garcia Lorca'nın trajedilerine benziyordu. Ne yaparsın, hayat bu işte..."

O sonbahar Nisa ile Aliye yine Dame de Sion'a gönderildi. Rahibelerin Nisa'ya gösterdikleri şefkat, babasının ölümünden sonraki zor günlerin daha kolay geçmesine yardım etti. Onların avluda tek sıra olup duaya gitmelerini seyretmeye bayılıyordu. Sessiz ve saygılı tutumları Nisa'da gizemli, dinsel duygular uyandırıyordu. Ne yazık ki iç rahatlığına erdiği bu ortam 5 Kasım 1914 günü son buldu. Osmanlılar Fransızlara karşı savaşa girmişti. Başrahibe sınıfa geldi ve "Çocuklar Notre Dame de Sion kapanıyor, çünkü savaştayız. Lütfen eşyalarınızı toplayıp evlerinize dönün" dedi.

Fransız okulunun kapanması belki de savaşın önemsiz bir sonucuydu. Ama Nisa'nın yaşamında bu olayın o kadar büyük etkisi olmuştu ki, yetmiş yıl sonra dahi anılarını yazarken her şeyi, noktasına virgülüne dikkat etmeksizin Fransızca olarak çalakalem şöyle kâğıda döktü:

"Başrahibenin sözlerinden sonra müzik odasına koşup kemanımı aldım ve Aliye'nin diğer çocuklarla beklediği ön kapıya yöneldim. Lala, buldog cinsi köpeğimiz Tom'la bizi bekliyordu. Okul çantalarımızı Tom'un ağzına verdik. Kuvvetli çenesiyle çantalarımızı hep o taşırdı. Çok sevdiğim okulumdan ayrılırken ağlıyordum. Yaşlı gözlerle yol üstündeki evlerin ışıklı pencerelerine bakıyor, acaba içerde oturanların başımıza gelen felaketten haberleri var mı diye düşünüyordum. O tatlı, nazik rahibeler bir gecede nasıl bizim düşmanımız olabilirlerdi? Hiç anlamıyordum. Ama anladığım tek şey vardı, o da savaşın anlamsızlığıydı."

Dame de Sion'un kapanmasından sonra anneannemin başlıca kaygılarından biri, kızlarının Fransızca derslerinden yoksun kalmasıydı. O zamanlar ileri gelen ailelerin kızlarının mutlaka Fransız kültürü almaları arzu ediliyordu. O yüzden Nisa ile Aliye'yi Madam Braggiotti'ye yazdırdı. Bu, Levanten bir kadının yönettiği pahalı bir okuldu. Suat da, 1868'de yine sayılı ailelerin oğulları için kurulmuş olan Galatasaray Lisesi'ne gidiyordu. Üç çocuğu özel okullarda okuduğu ve savaş yüzünden hayat pahalılığı çok arttığı için, anneannem parasal sıkıntılara düştü. Ölen kocasından bağlanan dul maaşı ve şehirdeki Şakir Paşa Apartmanı'ndaki birkaç daireden aldığı kiradan başka bir geliri yoktu. İki besleme dışında çalışan bütün hizmetkârlara yol verdi. O iki besleme de zaten aileden sayılırdı. Köşkün odalarının çoğunu kapatıp kömürden de tasarruf etti.

O kış ailenin bütün erkekleri savaşta etkin görevlere çağrıldılar. Hakiye teyzemin kocası Emin enişte, 1915'in ilk aylarında, Osmanlı İmparatorluğu'nun doğu bölgesinde Çar kuvvetleri tarafından istila edilmiş olan Rus cephesine, anneannemin en küçük kardeşi Nedim, İngiltere ve Fransa'nın en ağır saldırılarda bulunduğu Gelibolu'ya gitti. Ayşe teyzemin kocası Ahmet enişte de, İngilizlerin Basra Körfezi yoluyla almayı düşündükleri Bağdat'a vali vekili ve 13. Ordu komutanı olarak atandı.

Kocası ölen, en büyük oğlu hapiste yatan, damatları da savaşa gitmiş olan anneannem, kendini iki büyük kızıyla avutmaya çalışıyordu. Ama ne Hakiye ne de Ayşe, kardeşleri Cevat'a karşı duydukları hıncı saklayamıyorlardı. Aralarında hep, "Annem nasıl Cevat'ın bu kadar üstüne titrer, nasıl alçakça işlediği cinayeti bağışlar, nasıl her fırsatta hapishaneye onu görmeye gider" diye konuşup sık sık annelerine sitem ediyorlardı. Bir gün yine aynı konu yüzünden büyük tartışmalara girdiklerinde anneannem onları evden kovdu ve haftalarca onlarla konuşmadı. Sonunda zavallı anneannem bir tekkedeki hasta ve fakirlere yardım ederek, kendini tamamen dine verdiği bir yaşam yolu buldu.

Savaş yıllarından konuşurken o sırada küçük bir çocuk olan Aliye teyzem, yamalı elbiseler ve pençeli ayakkabılarla okula gitmekten nefret ettiğini söylerdi. Ürpererek "Şehir kapkaranlıktı ve kömür olmadığı için sürekli üşürdüm" derdi.

Annem ise yakınmazdı. Madam Braggiotti'de okumaktan çok mutluydu. Annesinden para almamak için renkli kartpostallar yapıp yakındaki bir kırtasiyeciye sattığını, karşılığında boyalar, fırçalar ve defterler aldığını anlatırdı.

Kardeşlerin içinde bu konuda en dertli olan Ayşe teyzemdi. Ne zaman Birinci Dünya Savaşı'ndan konuşsak, sesi hüzünle dolar ve "Ah, yavrum" derdi. "Bilsen ne kadar acı çektim. Babamın ölümünden duyduğum ıstırap sanki beni uyuşturmuştu. Parmaklarım bile donmuş gibiydi, uzun süre piyano çalamadım. Babamın yasını tutmaya vakit kalmadan bu uğursuz savaş üstümüze çöktü. Hemen arkasından Ahmet eniştem Bağdat'ta bir Arap milliyetçisi tarafından vuruldu. O yetmiyormuş gibi, Enver Paşa'nın buyruğuna karşı geldiği için askeri mahkemeye verildi ve ölüm cezasına çarptırıldı."

1915'te Musul'daki petrol kaynaklarını ele geçirmek isteyen İngilizler, Basra Körfezi üzerinden kuzeye, Bağdat'a doğru ilerliyorlardı. Harbiye Nazırı Enver Paşa, Ahmet'e, şehri, Dicle Nehri'nin karşı yakasından savunmasını emretti. Bu, düşman kuvvetlerine tümüyle açık bir alandı. Ahmet durumu gözden geçirdi. İngilizlerin silahları ve donanımları Türklerinkinden kat kat üstündü. Ahmet'in ordusu ise koleradan hayli kayıp vermişti. Düşündü taşındı, şehri Dicle'nin yakın sahilinden savunacaktı. Ordusunun bu konumda daha az şehit vererek işi başarabileceğini umuyordu. Gerçekten de harekât oldukça az askerin ölümüyle sona erdi. Ama bu kez Enver Paşa, daha önce de iki kez bildiğinden şaşmayan Ahmet'le pençe pençeye geldi ve ondan kurtulmak için durumu fırsat bilerek, "Emrime karşı geldi" gerekçesiyle askeri mahkemeye sevketti. Savcı ölüm cezası istedi ve Ahmet mahkûm oldu. Kurşuna dizilmesine ramak kalmışken, Harbiye Nezareti'ne Türk-Alman Müttefik Kuvvetleri Komutanı General Von Hindenburg'dan bir telgraf geldi. Telgrafta Bağdat'ı çok akıllıca savunan komutanı övüyor ve ona Liyakat Madalyası verilmesini istiyordu. Enver Paşa'nın bütün karşı çıkmalarına rağmen Ahmet serbest bırakıldı, hemen arkasından da Suriye'ye vali vekili olarak atandı.

Bu yılları konuştuğumuz zaman Ayşe teyzem, Ahmet enişte ile buluşmak için, savaştan yorgun düşmüş Anadolu'da lala ile yaptığı yolculuklardan söz ederdi. Bir keresinde Ermenilerin Doğu Anadolu'daki evlerinden çıkartılıp Suriye'ye sürülmelerine, başka bir sefer de, Orta Anadolu'nun önemli bir ili olan Sivas'ta 30.000 Türk'ün açlıktan ölümüne tanık olmuş. "Etrafa saçılmış ölülerin ot yemekten karınları şişmişti" derdi.

Ailemizin en cefakârı Hakiye teyzemdi. Savaştan fazla söz etmezdi. Emin eniştem cephedeyken bir askeri hastanede gönüllü hemşire olarak çalışmış, o arada çok sevdiği kızı Füreya'yı sessiz sedasız büyütmüştü.

Kanlı Gelibolu harekâtı bir yıl sürmüştü. Mustafa Kemal'in yönetimindeki Türkler, Müttefik kuvvetlerini yenerek Gelibolu'dan sürmüşlerdi. Bu savaşın sonunda Winston Churchill'in yıldızı bir süre için sönecek, o zamanlar henüz adı duyulmamış, fakat sonradan Atatürk olarak tanınacak, Mustafa Kemal'inki parlayacaktı! Gelibolu zaferi Türklerin üzerinden hiç olmazsa Batı'dan gelen baskıyı kaldırmıştı. 1917'deki Bolşevik İhtilali de doğu sınırlarındaki düşman kuvvetlerinin çekilmesine neden oldu. Ama ne yazık ki Türkler hiç dinlenmeye fırsat bulamadan, güneyde Araplara karşı üçüncü bir cephe açmak zorunda kalacaklardı.

Osmanlı İmparatorluğu, "millet" dediğimiz, çeşitli uluslardan yapılmış bir salataya benzerdi. Her ulus kendi yönetimi, dini, dili ve kültürü altında ayrı ayrı yaşardı. Birinci Dünya Savaşı sırasında bugünkü Suriye, Lübnan, İsrail, işgal altındaki topraklar, Ürdün, Irak ve Arap Yarımadası'na yayılmış olmaları nedeniyle geniş bir nüfusa sahip olan Arap milletinin önemi büyüktü. Arapların çoğu Türkler gibi Sünni Müslüman'dı. Onlar için Osmanlı padişahı yalnızca devlet başkanı değil, aynı zamanda halifeydi. Buna karşın son elli yılda Arap milliyetçiliği adı altında bir kıpırdanma başlamıştı. Her zaman Türkleri bu topraklardan atmak isteyen İngilizler Arap milliyetçiliğinden yararlanarak Emir Zeyd'in babası Şerif Hüseyin'e yanaştılar.

1908'de Jön Türkler Abdülhamid'i tahttan indirince, on altı yıl önce Mekke'yi terk etmiş olan Şerif Hüseyin yerine döndü ve elli altı yaşında Mekke emiri oldu. Ama zamanla Jön Türklerin "Türkiye Türkler içindir" diyen Pan Türkist sloganlarından kuşkulanmaya başladı. Çünkü gördü ki bu akım Türk olmayan azınlıkları, özellikle Arapları, zayıflatmayı amaçlıyordu. Bu yüzden Arap milliyetçiliğini desteklemeye karar verdi. Birinci Dünya Savaşı'ndan az önce, oğlu Abdullah'ı Kahire'deki İngiliz ajanı Lord Kitchener'a[17] göndererek Osmanlılara karşı savaş açıldığı takdirde, Haşimilerin İngilizlere yardım edeceklerini bildirdi. Kitchener bu habere son derece sevindi. Sonradan arka arkaya yazdığı mektuplarla, İngiltere'nin Şerif Hüseyin ve dört oğluna (Ali, Faysal, Abdullah ve Zeyd) askeri yardım yapacağına ve Arap kabilelerini Osmanlılara karşı ayaklanmaya kışkırttıkları takdirde, zaferden sonra bütün Arap topraklarını Hüseyin ve oğullarına[18] bırakacağına dair söz verdi.

1916'da Şerif Hüseyin hem Arap isyanını, hem de Hicaz'ın Osmanlı İmparatorluğu'ndan bağımsızlığını ilan etti. Türkiye'de "Casus Lawrence" diye bilinen Albay T. E. Lawrence ve Haşimilerin topladığı Bedevilerden oluşan ordu İngilizlerin verdiği silahlarla, Kızıldeniz'de önemli bir Türk limanı olan Akabe'yi ele geçirdi. Bu harekât, isyanın ikinci ve en etkili devresini başlattı. Çünkü bu ikinci devrede Araplar tren yolunu izleyerek Ürdün'ü kuzeyden ellerine geçirdiler. Amman'a ilk giren Emir Zeyd oldu, sonra da Suriye'nin başkenti Şam'a doğru ilerlediler. Bu arada General Allenby[19] komutasındaki ordu da Filistin ve Lübnan'ı işgale başlamıştı. 1 Ekim 1918'de Faysal, Lawrence ve Emir Zeyd büyük sevinç gösterileri arasında Şam'a girdiler.[20]

---

17. İngiltere'nin Mısır genel valisi.

18. Arabistan Yarımadası'nı ele geçirerek Hindistan yolunu güvenceye almak isteyen İngiltere, Mekke şerifinin girişeceği ayaklanmayı destekledi. Şerif Hüseyin ile İngiliz yöneticileri arasında yapılan yazışmalara göre (Hüseyin-McMahon yazışmaları) Şerif'e halifelik verilecek ve Araplara bağımsızlık tanınacaktı. Ancak Filistin'in de içinde bulunduğu Suriye'nin batı kısımlarının antlaşmaya dahil olup olmadığı konusu Hüseyin ve İngiltere arasında ihtilafa neden olacaktır.

19. Mareşal Edmund Allenby; Birinci Dünya Savaşı'nda İngiliz harekâtını yöneten İngiliz süvari birlikleri komutanı, daha sonra Mısır yüksek komiseri.

20. Savaştan sonra Şam'da başında Şerif Hüseyin'in büyük oğlu Faysal'ın bulunduğu bir askeri yönetim kuruldu. İngilizlerden bağımsızlık sözü alan Araplar, 1920'de Şam'da toplanarak Faysal'ı kral ilan ettiler. Ama 1916'da yapılan Sykes-Picot Antlaşması uyarınca Filistin'in İngiliz, Suriye ve Lübnan'ın da Fransız manda yönetimine verilmesi kararlaştırılmıştı... Fransızlar Suriye'yi işgal ederek Faysal'ı yönetimden uzaklaştırdılar.

İki gün sonra General Allenby, Şam'a, Arapları çok şaşırtan bir haberle geldi. İngilizlerle Fransızlar gizlice, 1916 Sykes-Picot[21] Antlaşması'nı imzalamışlardı. Bu antlaşmaya göre Fransa, Suriye ile Lübnan'ı yönetecek, İngiltere'ye de Filistin, Ürdün ve Irak, Milletler Cemiyeti mandası altında verilecekti. Bunun yanında Balfour[22] Bildirisi de Filistin'i zaten Siyonistlere vermeyi sağlamıştı. Bütün bu gelişmeler İngiltere'nin Şerif Hüseyin'e verdiği sözleri sıfıra indirdiği için, Araplar, dost ve müttefikleri İngilizler tarafından fena halde aldatıldıklarını gördüler.

Tabii, öbür yanda Türkler haklı olarak, Şerif Hüseyin'in yükselmek için anavatanın en zayıf zamanında, İngilizlerin yardımıyla bu darbeyi vurmasını ihanetle nitelendirdiler. Çünkü Yunanistan ve Balkan ülkelerinden sonra Arapların da ayrılması, imparatorluğun tam çöküşü olmuştu. Bu nedenle Türkler başlıca suçluyu Şerif Hüseyin olarak gördüler. Annem bile bazen Emir Zeyd'e kızdığı zaman, "Annesinin soyundan bir vagon dolusu yaralı Türk askerini bombalayıp havaya uçuran birinden ne beklenir?" diye bunu başına kakardı. Emir Zeyd'in annesi, Şerif Hüseyin'in üçüncü karısı, Osmanlıların parlak ve ünlü sadrazamlarından Büyük Reşid Paşa'nın torunuydu. Reşid Paşa 1839'da İslam ülkelerine ilk defa olarak anayasayı getirmiş, arkasından da Tanzimat Dönemi'ni başlatmıştı.[23]

---

21. Birinci Dünya Savaşı sırasında Çarlık Rusyası'nın onayıyla İngiltere ve Fransa arasında yapılan Sykes-Picot Antlaşması Osmanlı topraklarının paylaşılmasını öngörüyordu. Rusya'da 1917'deki Bolşevik ihtilalinden sonra yeni hükümet, bu gizli antlaşmanın koşullarını deşifre ederek antlaşmadan çekilmişti. Arap kaynakları, Arap isyanının başarıya ulaşması için Sykes-Picot Antlaşması'nın İngilizlerce Hüseyin'den gizlendiğini ileri sürse de o sırada Suriye-Filistin genel valisi olan Cemal Paşa, Emir Faysal'a yazdığı mektupta İngilizlerin söz verdiği bağımsızlığının Sykes-Picot Antlaşması'yla telif edilemeyeceği konusunda uyarıda bulunmuştu.

22. 1917 Kasım'ında İngiliz Dışişleri Bakanı Balfour tarafından Lord Rotschild'e gönderilen ve Osmanlı yönetimi altında bulunan Filistin toprağının Yahudilere devredilmesi anlamına gelen mektup, tarihe Balfour Bildirisi olarak geçti. Balfour Bildirisi, Yahudiler tarafından İsrail'in tapusu olarak adlandırılır. Bildiriyi uluslararası bir akit olarak kabul eden Yahudiler Filistin'de sistemli biçimde Yahudi yerleşimlerinin kurulması için teşebbüse geçtiler.

23. Tanzimat Fermanı olarak adlandırılan Gülhane Hattı Hümayunu'nun hazırlanmasında ve uygulanmasında önemli rol oynayan Mustafa Reşit Paşa, 3 Kasım 1839'da Gülhane'de fermanı okuyarak Tanzimat'ı ilan etti.

Emir Zeyd savaştaki rolünden pek söz etmezdi, alçakgönüllü bir adamdı. Üstüne üstlük bizler de Türk'tük. Onun savaşta gösterdiği yararlılıklarla övünmesi, aşırı saygısızlık olurdu. Ama ne zaman aile içinde savaşta çekilen sıkıntılardan konuşulsa, "Siz sıkıntıyı ne bilirsiniz? Hiç çölde susuzluktan diliniz damağınıza yapıştığında, deve sidiği içtiğiniz oldu mu?" derdi.

1918'in sonlarında Osmanlı İmparatorluğu iyice küçülerek Anadolu Yarımadası ve Trakya'da küçük bir toprakla sınırlanmıştı. Bir zamanlar Fatih'lerin şehri olan İstanbul dahi İngiliz, Fransız ve İtalyanların işgali altındaydı.

Bu ara Emin eniştem Boğazlar komutanlığına terfi etmişti. Boğaz'dan giren çıkan bütün gemilerden sorumluydu. İngilizlerin dikkatli gözetimlerine karşın, eniştem Kurtuluş Savaşı hazırlıklarının başladığı Anadolu'ya silah kaçırıyordu. Fransızlar Karadeniz'de önemli bir Anadolu limanı olan Samsun ile İstanbul arasında düzenli vapur seferleri başlatmışlardı. İşte bu seferler, eniştemin silah kaçırmasında kolaylık sağlıyordu.

1919 kışında kömür kıtlığı nedeniyle ada vapurlarının işlemediği bir öğleden sonra, on sekiz yaşındaki genç kız Nisa, her zaman yaptığı gibi, geceyi ablası Hakiye'nin Şakir Paşa Apartmanı'ndaki dairesinde geçirecekti. Zili çaldığında Hakiye hemen kapıyı araladı ve parmağını dudaklarına götürerek sus işareti yaptı. "Salona gitme, önemli konuklar var. Odamda gitmelerini bekleyelim, sonra çıkarız" dedi ve anlattı: Konuklardan biri Gelibolu kahramanı Mustafa Kemal'di. Bunu duyunca Nisa, anahtar deliğinden olsun bakmadan edemedi. Mustafa Kemal, güzel başını çerçeveleyen yüksek arkalıklı, koyu kırmızı kadife koltukta dimdik oturuyordu. Altın rengindeki saçları sağa doğru taranmış, insanın içine işleyen çelik mavisi gözleri, gür kaşlarının altından parıltılar saçıyordu. Kesimi kusursuz, gri, sade bir takım elbise giymişti. Bıçak gibi ütülü pantolonunun altından özenle boyanmış ayakkabıları görünüyordu. Nisa bu son derece şık giyinmiş, yakışıklı kahramandan hayli etkilenmişti. Bir gün onunla karşılaşmayı canı gönülden istiyordu. Öbür konuk, karısı Fransız olan, Mizu yengemin babası, Marsilya başkonsolosu Seyfettin Bey'di.

Üçüncü konuk ise Samsun'a silah kaçırması için rüşvet verdikleri bir Fransız kaptandı.

Mayıs 1919'da Yunan kralı Konstantin, İngiliz ve Amerikan savaş gemilerinin koruması altında, Türkiye'nin ikinci büyük şehri olan İzmir'e bir ordu çıkardı. İstanbul'u, yani I. Constantinus'tan adını alan Konstantinopolis'i yeniden fethetme amacıyla İzmir'e çıkan Konstantin, Haçlı Seferleri'nden bu yana bu amaçla Anadolu'ya ayak basan ilk Hıristiyan kraldı. O sırada İstanbul'un, Sultanahmet Meydanı'nda, ülkenin parçalanmasını protesto amacıyla düzenlenen mitingde ünlü yazar Halide Edip halkı Yunanlılara karşı savaşa çağırıyordu. Müslüman bir kadın ilk kez halkın önüne çarşafsız çıkıyordu. Vatandaş, bu değerli Türk kadınının konuşmasına son derece olumlu ve coşkulu bir karşılık verdi. Yunan işgalinden tam dört gün sonra 19 Mayıs 1919'da Mustafa Kemal Samsun'a ayak bastı. Yalnızca kendi kişiliğinin gücüyle, bütün ulusu arkasından sürükleyerek Kurtuluş Savaşı'nı başlattı. Bu tarih şimdi ülkemizde ulusal bir bayram olarak kutlanıyor.

Emin enişte, İngilizlerin kendinden kuşkulandıklarını anlar anlamaz, öteki birçok subay gibi, Osmanlı Ordusu'nu terk edip Anadolu'ya geçti ve Mustafa Kemal ile Kurtuluş Savaşı'na katıldı. Ahmet eniştem ise o kadar şanslı değildi. Mayıs ayında birçok Türk ileri gelenleri ile birlikte İngilizler tarafından Malta'ya sürüldü. Bunların içinde eski bir sadrazam, divan sözcüsü, kurmay başkanı, birkaç bakan, profesörler ve yazarlar vardı. Aşağı yukarı yüz on beş kişiydiler. Hepsi de değişik suçlarla yargılanacaklardı. Ama orada üç yıl kalmalarına karşın ne yargılandılar, ne de mahkûm oldular.

1920'de İtilaf Devletleri, Osmanlı Meclisi'ni dağıttılar. Hükümeti ve yönetim organlarını denetimleri altına aldılar. Padişah güçsüz bir simge olarak kaldı. Türkler artık tam anlamıyla işgal kuvvetlerinin ezici gücü altındaydılar.

5

İzzet Melih

Her nasılsa bütün bu kargaşanın içinde Nisa kendini buldu. Yüksek bröve alması için gerekli kursları bitirir bitirmez Sultan Reşad'ın (saltanatı: 1908-1918) kadınlar için kurduğu İnas Sanayii Nefise Mektebi'ne[24] girdi. Şehirdeki yaşam koşulları pek iç açıcı değildi. Kışın adadan şehre vapurla gidip gelmek, bazı günler iki ila beş saatini alıyordu. Ondan sonra mektebe erişmesi için uzun ve dik Babıâli Yokuşu'nu tırmanması gerekiyordu. Ama bütün bu zorluklara karşın o yıl, Nisa için son derece mutlu bir yıldı.

Nisa okulda bütün gün şövalesinin başında resim yapmaya bayılırdı. Herkes evine döndükten sonra, ak sakallı hademe atölyeyi süpürürken onun durduğu yere gelinceye kadar çalışmaya devam eder, sonra eşyalarını toplar, yokuştan aşağı koşmaya başlardı. Koşarken ciğerlerine dolan temiz hava ve sakin deniz yolculuğu başının ağrısını geçirirdi. Adada vapurdan indiğinde tekrar canlanmış halde köşkün yolunu tutardı.

Nisa şimdi on sekiz yaşında güzel bir genç kız olmuştu. Orta boylu olmasına karşın, başı dik, kendinden emin yürüdüğünden, olduğundan daha uzun görünürdü.

Yaşıtı ve ondan büyük bütün Müslüman kadınlar gibi Nisa da çarşaf giyiyordu; ama özgür ruhlu olduğundan çarşafının peçesini kaldırır, daima yüzü açık gezerdi. Ancak ne kadar özgür ruhlu olursa olsun, evlilik konusunda serbest davranabileceğini sanmı-

24. Sanayii Nefise Mektebi 1928'de Güzel Sanatlar Akademisi'ne dönüştürüldü.

yordu. Oysa evliliklerin yapılma biçimi onu adeta çılgına çeviriyordu. Yüzyıllardır kadınlar görücü usulüyle evleniyorlardı. Bazı kadınlar, "aracılığı" meslek edinmişler, nerede evlilik çağına gelmiş bir kız görseler, evlenme yaşında oğlu olan tanıdıklarına öneriyorlardı. Çoğu zaman onların birleşmelerini de sağlarlardı. Nisa da akademiye giderken iki aracı tarafından "görüldü". Kadınlar çekinmeden onu evine kadar izleyip kim olduğunu öğrendiler. Sonra da oğulları için uygun kız arayan bir aileye bildirdiler. Nisa hakkında söylenenleri beğenen aile de anneannesinin bir ahbabını aracı olarak Büyükada'ya, köşke gönderdi. O hanım, anneanneme iyi bir ailenin evlenmek isteyen uzun boylu, Apollon gibi yakışıklı bir oğlu olduğunu, mühendislik öğrenimini Almanya'da henüz tamamlayıp yurda döndüğünü ve ailenin, geline, dayalı döşeli bir ev açacaklarını söyledi.

Sonradan annesi Nisa'ya durumu anlatınca Nisa karşı gelmedi, çünkü araya giren hanımı severdi. Onu düş kırıklığına uğratmak istemedi. Hemen arkasından damat adayı, ailesiyle birlikte çaya geldi. Dedikleri kadar yakışıklı olan genç adam, ilk başta Nisa'nın ilgisini çekmişti. Fakat Nisa ona yapmış olduğu nü'leri ve disk atıcısı eskizlerini gösterdiğinde adam, saçlarının dibine kadar kızarıp utançtan ne yapacağını şaşırdı. Gittikleri zaman arkalarından Nisa "Ne toy, ne burjuva bir tip! Ben gerçek bir erkekle evlenmek isterim, böyle utangaç bir oğlanla değil. Öyle bir erkek olmalı ki sanatın değerini bilsin, kültürlü ve entelektüel olsun" dedi.

Annesi omuzlarını silkerek "Sen bilirsin yavrum" dedi. Ne Nisa'ya ne de Aliye'ye zorla bir koca bulmak niyetinde değildi. Çünkü kendine ve iki büyük kızına bu konuda baskı yapılmıştı. Ayrıca Nisa ve Aliye'nin ne kadar dik başlı olduklarını çok iyi biliyor, kendi kocalarını kendileri bulsunlar diye düşünüyordu. Üstelik zaman da değişmişti.

Sanki Nisa'nın sözleri gereken yerden duyulmuştu. Birkaç gün sonra Seyfettin Bey, genç ve dinamik, Fransızcayı bir Fransız kadar iyi bilen, başarılı edebiyatçı, Osmanlı Tütün Rejisi İdaresi'nde müdür olan İzzet Melih'in, Nisa ile tanışmak üzere aileyi ziyaret etmek istediğini bildirdi.

Nisa bunu duyunca sevinçten havalara uçtu, çünkü hem genç adamın kitaplarını okumuş hem de yıllar önce onu Dame de Sion'un önünden güzel bir lando arabayla geçerken görmüştü. İçi kürklü paltosu ve başında çapkınca yana eğilmiş fesiyle pek şık, pek yakışıklıydı. Arabası okulun önünden geçerken kızların heyecanına sıcak bir gülümsemeyle karşılık vermiş, "selam" verir gibilerden de elini burma bıyıklarının ucuna hafifçe değdirmişti.

Babam İzzet Melih 1887'de Kudüs'te doğmuş. Babası Esad Bey, o zamanlar imparatorluğun sancağı olan Kudüs'te defterdarmış. 1880'lerin ortalarında Kudüs'e gelmeden önce de Girit defterdarıymış. Orada, arazi sahibi zengin bir adam olan Uzun Melek Bey'in kızıyla evlenmiş. Kayınpederi Girit'in Hanya bölgesinde üç köy sahibi olduğu gibi, bütün Akdeniz ülkeleri içinde, dünyanın en iyi kahvesi sayılan Yemen kahvesinin tek bayii imiş. Annem istemeyerek de olsa, babamın ailesinin kendisinin mütevazı Giritli anne tarafından daha üstün olduğunu itiraf ederdi.

Baba tarafı ise, Selçuk Türklerinin başkenti, ünlü ozan Mevlana ile Mevlevi dervişlerinin şehri olan Konya'dan gelmişler.

İlkokulu Kudüs'te okuyan babam İzzet Melih, sonradan İstanbul'a Galatasaray Lisesi'ne gönderilmiş. Orayı bitirir bitirmez hukuk öğrenimini görmek için soluğu Paris'te almış. Bundan sonra da ömrünün sonuna kadar Fransız olan her şeye, özellikle edebiyatına ve sanatçılarına meftun olmuş.

İmparatorlukta iyi okumuş, atılımcı gençler için çok olanaklar vardı. İzzet de döner dönmez, Fransızların sahip olduğu Reji İdaresi'nde iş buldu. Şirketin umum müdürü asil bir Fransız-Musevi ailesinden gelen Mösyö Weil, babamın hem koruyucusu hem de örnek aldığı insan oldu.

Genç bir bekâr olan İzzet, o zamanın en saygın semtlerinden biri olan Şişli'de üç katlı, ahşap bir evde oturuyordu. Bakmak zorunda olduğu dul annesi, teyzesi ve evlenmemiş kız kardeşiyle düzenli bir hayatı vardı. Annesiyle teyzesinin dul maaşları olduğu halde, evin geçimini İzzet sağlıyordu.

Tam karşılarında tanınmış yaşlı bir adamla ondan çok genç karısı Seniye ve iki küçük kızları oturuyordu. Gelip giderken penceresinden İzzet'i gözleyen Seniye, onu elde etmeye karar verdi. Bir pusula yazarak hiç çekinmeden hizmetçisiyle ona gönderdi. Pusulada, o zamanlar Pera denilen Beyoğlu'nun ünlü mağazalarından biri olan Bon Marché'nin eldiven satılan bölümünde buluşmaları için randevu veriyordu. İzzet, bu cesur hareket karşısında şaşırdıysa da kadının güzelliğini daha önce duyduğu için meraktan, kararlaştırılan saatte mağazanın eldiven satılan bölümüne gitti. Seniye orada iki küçük kızıyla bekliyordu. İzzet yaklaşınca peçesini kaldırdı. Kızıl saçlı, şeffaf tenli bu kadının güzelliğini görünce İzzet'in gözleri kamaştı. Bir iki buluşma daha ve Seniye'nin çevirdiği dalavereler sonunda Seniye kocasını ve çocuklarını terk edip İzzet'le evlendi. 1912'de bir kız çocukları oldu, adını Remide koydular.

Umum müdürü Mösyö Weil'in yardımı ve cilveli karısı Seniye'nin hırsıyla yükselme basamaklarını dörder beşer atlayan İzzet, otuz yaşında Reji İdaresi'nin başkanı oldu. Hayatında hiçbir kadına duymadığı tutku ve aşkla Seniye'yi hediye ve mücevherlere boğuyordu. Babamın bir kuramı vardı: bazen kadınla erkeğin teni öylesine uyum sağlar ki, bundan bir elektriklenme oluşur ve gerçek şehvet doğar. Yaşlılık yıllarında Fransızca *"Cest une question de peau"* (Bu bir ten anlaşmasıdır) derdi. Kesin olan bir şey varsa, Seniye ile İzzet'in tenleri çok iyi anlaşmıştı.

Birinci Dünya Savaşı'ndan sonra İzzet, Seniye, Remide ve Remide'nin İngiliz mürebbiyesi Avrupa'ya seyahate çıkmışlar. Venedik'te Otel Danieli'de kalırken Seniye İspanyol gribine yakalanmış. Ona yakışıklı bir İtalyan doktor bakıyormuş. Seniye adama vurulmuş ve onunla çılgınca bir maceraya girişmiş. Herhalde genç doktorla da tenleri çok iyi uyuşmuş olmalı ki, gözü dünyayı görmez olmuş. Bu durum karşısında zavallı babam mahvolmuş, çareyi hemen İstanbul'a dönmekte bulmuş. Ama Seniye Venedik'te kalmaya kararlıymış. Uzun yıllar sonra, Ankara'da Fransız Elçiliği'nde çalıştığı sıralarda, baba bir anne ayrı ablam Remide, bastonuna dayanarak acı dolu bir sesle bana Venedik'teki olayı şöyle anlattı: "Annemin aklı fikri seksteydi. O tarihte ben sekiz yaşındaydım. Babam İstanbul'a dönmesi için ağlayarak anneme yalvardığında odadaydım. Anneme onu terk etmemesi için ne dil döktü bilsen! Hata ettiğini, evli, Katolik ve iki çocuklu doktorun onu hiçbir zaman almayacağını, kendisinin sonra çok pişman olacağını anlatmaya çalıştı. Ama şehvetten gözü dönmüş anneme söz kâr etmiyordu. Dediğim gibi onu ilgilendiren tek şey seksti. Hayvanlar bile yavrularına karşı ondan daha sorumludur."

Seniye'yi Venedik'te bırakmak zorunda kalan babam, Remide'yi ve mürebbiyesini alarak perişan bir halde İstanbul'a dönmüş. Onu bağışladığını ve beklediğini söyleyerek altı ay daha beklemiş. Bakmış ki gelmeyecek, kalbi kırık bir halde ondan boşanmış.

Seyfettin Bey'in eşi olan Mizu yengemin Fransız annesi bu yakışıklı ve Fransız hayranı genci Alliance Française'de tanımış ve hemen sevmiş. Hoş, ince zevkli ve yakışıklı bu genç adam niçin böyle mahzun duruyor diye merak etmiş. Sonra çok sevdiği karısının onu terk ettiğini öğrenince, yardım etmek istemiş. Nisa'dan söz etmiş ve "Fevkalade iyi bir aileden gelen, güzel, tahsilli, evlilik çağında bir kız tanıyorum. Seyfettin Bey, babası Şakir Paşa'nın yakın arkadaşıydı. Eğer ilgilenirseniz kocam araya girmekten memnun olacaktır" demiş.

İzzet Melih ilgilenmişti. Evet, karısını unutmak için en iyi yol başka bir kadınla ilişki kurmaktı. Seyfettin Bey'den aile ile tanıştırılmasını rica etti.

İzzet Melih Büyükada'daki köşke geldiğinde, alt kattaki resmi misafir salonunda kabul edildi. Büyükannem dört kızıyla, Cevad Paşa'nın Şam'dan getirdiği sedef kakmalı takımların bulunduğu bu odada İzzet'i bekliyordu. Kasvetli odanın pomponlu, nefti renkte ağır kadife perdeleri vardı. Odanın dibindeki duvara seramikle mağara süsü verilmiş, üstlerindeki yarım ay şeklindeki ceplere toprak ve yosun doldurulmuştu. Bu ceplerden sardunyalar ve fujerler sarkardı. Üzerlerinden devamlı akan hafif su, küçük bir şelaleyi andırırdı. Mağara taklidi duvarın sonunda piyano, sağında da piyanoyu dinlemek isteyenler için rahat koltuklar vardı. Şakir Paşa, kızlarının loş odada notaları rahat görmeleri için tavanın o kısmına bir tepe penceresi açtırmıştı. Beyaz-mavi Çin saksıları içine dikili bütün yeşillikler, o tepe penceresinden gelen ışıktan paylarını alırlar ve pek güzel büyürlerdi. Odanın o bölümü sera gibiydi.

Küçükken bu odanın, yaşamın iki yönünü simgelediğini düşünürdüm: karanlık tarafı kötüyü, aydınlık tarafı iyiyi. Bebeklerime kızdığımda onları ceza olsun diye odanın karanlık tarafına oturturdum. Onları sevdiğim zaman da aydınlık tarafta oynardık.

Annemle babamın tanıştıkları gün Suat dayım misafiri karşılamak için iskeleye indi. İzzet, anneannemin kızlarıyla oturduğu salona girince hepsinin ellerini öptü. Aliye'nin elini bile. O sıralar Aliye en fazla on yedi yaşındaydı. Alaturka bir adam olsa yalnızca anneannemin elini saygıyla öper, kızların elini sıkardı. Ama İzzet iliklerine kadar alafrangaydı. Anneannem ona piyanonun yanında bir koltuk gösterdi. Az sonra bir besleme kız, küçük Meissen[25] fincanlar içinde herkese kahve getirdi. Nisa İzzet'in karşısına oturmuş kahvesini içerken, İzzet belli etmeden onu inceliyordu. Nisa'nın çarpıcı güzelliğinden çok etkilenmişti. Uzun yıllar sonra babam ilk tanıştıkları günü bana anlatırken "Annen gibi klasik hatları ve güzellikleri olan kadınlar genellikle mermer gibi soğuk olurlar. Ama annenin öyle canlı, öyle sıcak bir kişiliği vardı ki, herkesin aklını başından alırdı" demişti.

Öbür yandan annem tanıştıkları gün için şöyle söyledi: "Babanın yakışıklılığı, kibarlığı, kusursuz kıyafeti ve konuşması öyle hoşuma gitmişti ki anlatamam. Ona eskizlerimi gösterdiğimde beni övdü ve 'Avrupa'daki müzeleri mutlaka gezmelisiniz' dedi. Ben onun ne dediğini anlamıştım. Bunu evlendiğimizde birlikte yaparız demek istemişti."

Ayşe teyzem, grubu güzel bir Chopin mazurkası ile şenlendirdi. Geri kalmamak için Hakiye teyzem de Mozart'ın *Türk Marşı*'nı kıvrak bir şekilde döktürdü. Sonra yukarı çıkıldı. Nisa İzzet'in koluna girip duvarda asılı, annesinin ipek üzerine yaptığı peyzajları, kendisinin on dört yaşındayken yaptığı annesinin suluboya portresini ve Cevat Abimin minyatürlerini gösterdi. Semaver yanmıştı. Çay masası anneannemin en güzel keten takımları ve Rosenthal fincanlarıyla kurulmuştu. Bu takımlar yalnızca özel misafirler için ortaya çıkardı. Tabaklarda incecik hazırlanmış çeşitli sandviçler, tatlı

25. Dresden yakınlarında üretilen ilk Avrupa porseleni; 18. yüzyıl ortalarına kadar Avrupa'daki en gözde porselendi.

İzzet Melih ile Fahrünnisa Venedik'te balayında.

tuzlu bisküviler ve büyük bir çikolatalı pasta vardı. Anneannem semaverden fincanları doldururken, Nisa pastayı kesiyordu. Aliye de evin genç kızı olduğu için çay fincanlarını dağıtıyordu. İzzet fincanını alırken teşekkür etmek için başını kaldırınca Aliye'nin menekşe rengi kocaman gözlerini ve nilüfer çiçeğini andıran beyaz yüzünü gördü. Fincanı alırken eli Aliye'nin parmaklarına değdi ve İzzet müthiş bir elektriklenme hissetti. O anda içinde bu periler kadar güzel, masum, uzun altın saçlı kızı kucaklamak, onu her türlü fenalıktan korumak isteği duydu. Öyle zayıf ve yardıma muhtaç bir hali vardı ki, fırtınalı bir gecede yolunu şaşırmış küçük bir kuş gibiydi. Nisa elinde pasta tabağıyla yaklaşınca Aliye yana çekildi. Meydana gelen boşluğu bir eklips gibi Nisa'nın güzel yüzü doldurdu. Pastasını alırken ona çok yakından bakan İzzet, "Tanrım ne kadar güzel! Bir an önce karım olsa da o biçimli dudakları öpebilsem. Demin küçük kız kardeş için duyduğum bir anlık bir şeydi, geldi geçti" diye düşündü. Ama içindeki bu çelişkiler onu rahatsız etmişti. Koltuğundan kalkıp ablalarla sohbet etmeye başladı.

İzzet nezaketle eşleri hakkında soru sorduğunda, Hakiye, kocasının Anadolu'da Mustafa Kemal ile beraber savaştığını söyledi. Her Türk entelektüeli gibi İzzet de koyu bir Mustafa Kemal hayranıydı. Çünkü Mustafa Kemal yalnızca büyük bir asker değil, aynı zamanda edebiyat meraklısıydı. İzzet ona bütün kitaplarını kalbinden taşan coşkuyla imzalayıp yollamıştı. Yakında kendisi de savaşa katılmak istiyordu. Ayşe, kocası Ahmet'in Malta'ya sürüldüğünü anlattı. Orada İzzet'in birçok gazeteci ve yazar arkadaşıyla sürgün hayatı yaşıyordu. İzzet her ne kadar politikayla ilgili değilse de, İngiliz kuvvetlerinin bütün sömürgeciler gibi, Türk halkına ne kadar aşağılayıcı davrandığından uzun uzun yakındı. Az sonra konuşma daha hafif konulara yöneldi. Suat, grubu, eğlenceli öyküleriyle güldürmeye başladı.

Adadan dönerken İzzet vapurda düşünüyordu. Tanıştığı bu insanlar Çehov'un kahramanlarına benziyordu. Hepsi de ayrı müzik ve sanat dallarından hoşlanıyordu, doğrusu çok etkilenmişti. Ziyaretin ayrıntılarını düşünürken, Aliye'ye karşı bir an hissettiği şiddetli çekimi anımsadı, ama derhal aklından sildi.

Annemle babamın düğünleri İzzet'in şehirdeki evinde yapıldı. Önce imam dini nikâhı kıydı, sonra da iki aile ve en yakın dostları için ufak bir davet verildi. Anneannem üçüncü kızına da güzel bir çeyiz hazırlamak için elinden geleni yaptı. Ketenler, güzel porselenler ve gümüşlerin yanı sıra Büyükada'daki evden Japon imparatorunun Cevad Paşa'ya yolladığı altı paravandan birini, taht şeklinde yapılmış iki yaldızlı koltuğu ve İzzet'in sonraları bastonlarını koymak için kullandığı Ming Dönemi'ne ait mavi-beyaz büyük vazoyu verdi.

Şişli'deki ev halkı, İzzet'in dul annesi, teyzesi, sekiz yaşındaki kızı Remide, onun İngiliz mürebbiyesi ve öteki hizmetkârlardan oluşuyordu. İzzet'in ilk karısı Seniye'nin varlığı her yerde hissediliyordu.

6

Yirmilerin başları

Nisa, yeni evinde sevgiyle karşılanmadı. Aksine, huysuz kayınvalidesi onun gençliği ve sadeliğiyle sürekli alay ediyordu. İzzet'in ilk karısı, cilve konusunda çok usta olduğu için, kadın erkek herkesi kendine bağlamıştı. Örneğin, Seniye evde uzun dekolte kıyafetler içinde gezerken, henüz on dokuz yaşında ve ilk çocuğuna hamile olan Nisa, koyu renk, dik yakalı elbiseleri yeğliyordu. Seniye'nin renkli kişiliğine alışmış olan kayınvalide, kız kardeşine açık açık, "Şu yeni geline bak, ne gösterişsiz değil mi?" diyordu. Sonra da daima siyahlar giyen iki dul, kargalar gibi keh keh gülüyorlardı.

İzzet'in annesi tarafından terk edilmiş olan kızı Remide, Nisa'nın yaşamlarına girmesinden son derece gocunuyor ve bunu sürekli belli ediyordu. Yine bir sinir krizi sırasında, Nisa'nın pembe pırlanta yüzüğünü tuvalete atmış, çıkartmak için muslukçu çağırmak zorunda kalmışlardı. Nisa'ya devamlı, "Bu ev benim annemin evi, benim annemin, senin değil!" deyip duruyordu. İngiliz mürebbiye bile annemi düş kırıklığına uğratmıştı. Bu pısırık ve cahil kadın, Remide'yi azarlamak yerine, onun bir dediğini iki etmiyordu.

En kötüsü, İzzet kendini düşman çizmesi altındaki İstanbul'un sosyal etkinliklerine alabildiğine kaptırmıştı. Halkın durumu ne kadar kötüleşiyorsa, sosyal yaşam o kadar hareketleniyordu. Fransız, İngiliz ve İtalyan subaylarının aileleriyle birlikte katıldıkları balo ve suarelere bir de 1917 Devrimi'nden kaçan Beyaz Rus muhacirleri eklenmişti. Karadeniz'deki bütün Rus limanlarından İstanbul'a gemiler dolusu kadın, erkek, çocuk ve ordudan kaçan subay alayları geliyordu. Kadınların bazıları aristokrat olmakla beraber, servetleriyle gelmeyi başaramadıkları için, dadılık ya da hizmetçilik gibi işleri kabul etmek zorunda kalmışlardı. Bazılarıysa, Rusya'da durum çok kötüye gitmeden, paralarını ülke dışına çıkarmayı başarmış ve böylelikle İstanbul sosyetesinde yerlerini almışlardı. Rus kadınlarının güzelliği ve zarafeti Türk erkeklerinin gözlerini kamaştırmıştı. Bunların arasında hamile karısını sık sık evde bırakıp soluğu partilerde alan İzzet de vardı.

Bir gece yarısı Nisa, baktı ki kocası hâlâ gelmemiş, yataktan kalkıp sokak kapısının dışındaki merdivenlere oturdu. Hava buz gibiydi, bekledi bekledi. Nihayet şafak sökerken, randevusundan dönen ve gürültü etmeden eve girmeye çalışan İzzet göründü. Nisa'yı görünce şaşıran İzzet, geç kalışının nedenini kırık dökük cümlelerle anlatmaya çalıştı: "Eski bir Galatasaraylı arkadaşım evleniyor da yakın arkadaşları ona Chat Noire'da (Kara Kedi) bir parti verdiler. Bekâr partilerinin nasıl olduğunu bilirsin... Uzar da uzar..." Nisa ona inanmayı çok isterdi ama yalan söylediğini biliyordu. Ertesi sabah da mendilinde ruj lekeleri bulunca, ona hiçbir şey söylemedi. Kocası işe gittikten sonra derhal bir valiz hazırladı ve annesinin evine döndü. Kocasının çapkınlıklarıyla ve yalanlarıyla uğraşacağına, boşanmayı yeğleyecekti.

Annesi ve ablaları, her ne kadar başında ona hak verdilerse de birkaç gün sonra usul usul karnındaki çocuktan, kocasını bağışlamaktan ve eş olmanın sorumluluklarından söz etmeye başladılar. Annesi, "Böyle şeyler olur yavrum, bak ben nelere katlandım. Babanın Belçikalı metresini unuttun mu? Her yıl ille Ostend'a gidip onu ziyaret ederdi. Sen bile bir gün babanın, postalaman için verdiği mektubu bana getirmedin mi? Ama ben ne yaptım? Yine de görmezlikten geldim. Ailemizi, çocuklarımı düşündüm. Aslında doğru olan budur. Her kadın aldattı diye kocasını boşasa, dünyada pek az evli çift kalırdı" diye öğüt verdi.

Annesinin sözlerini mantıklı bulan Nisa, on beş gün sonra ayakları geri geri giderek İzzet'e döndü. Bu arada İzzet her gün elinde çiçeklerle adaya gelmiş, karısından defalarca af dilemişti. İleride annem yine yalanlarla, aldatılmalarla karşılaşacaktı ama bunlara gözünü yummayı öğrenecekti.

En tatsız olay evliliklerinin birinci yılında, Nisa'nın hamileliğinin sonuna doğru oldu. Bir öğleden sonra bir arkadaşlarının evinde danslı çaya gitmişlerdi. Nisa'nın bulantısı tuttu ve dansı yarıda bırakıp yukarı, banyoya koştu. Banyoya açılan oturma odasına girer girmez, batan güneşin ışıkları önünde birbirlerine sarılmış bir erkek ve kadın silueti gördü: O kadın ve erkek, kapının açıldığını hisseder etmez fırlayıp ayrıldılar. Nisa'nın hayretten ağzı açık kaldı; çünkü biri kocası İzzet öbürü de küçük kardeşi Aliye idi! "Burada işiniz ne? Ne yapıyorsunuz" diye bağırdı!

Aliye çok bozulmuştu; durumu kurtarmaya çalıştı: "Nisa şekerim, hiçbir şey değil! İnan ki hiçbir şey değil. Banyoya gidiyordum, bir de baktım ki İzzet burada kitapları inceliyor. Beni şakadan öpmeye kalkıştı. Bilirsin İzzet iş olsun diye herkesle flört eder. Bu çok önemsiz bir şey, aslında hiçbir şey değil, emin ol, ne olur kızma, üzülme..."

İzzet de fütursuzca söze karıştı, "Doğru söylüyor Nisa, hiç önemli bir şey değil, yalnızca oynaşıyorduk".

Nisa onların hesabına utanmıştı, fazla üstlerine varmadı. Ama içi içini yiyordu. Nasıl olur da İzzet'in, kız kardeşiyle ilişkisi olabilirdi? Çevrede ilişki içinde olduğu bu kadar kadın varken... Ama daha kötüsü, çok sevdiği küçük kardeşi, hayatta ona en yakın insan Aliye, ona nasıl böyle ihanet edebilirdi? Duyduğu acı dayanılır gibi değildi.

Nisa ile Aliye çocukluklarından beri derin, adeta tutku gibi bir bağ ile büyümüş iki kardeştiler. Bir gün kedi köpek gibi kavga edip birbirlerinin kafasına öteberi atsalar, birbirlerinin saçlarını yolsalar, ertesi gün kumrular gibi sevişip, oynarlardı.

İki kardeş aynı evde büyümüşlerdi. Aynı odayı paylaşırlar, aynı okula giderler, aynı öğretmenlerden Kuran ve piyano dersleri alırlardı. Ama birbirlerine ne fizik yapısı ne de karakter bakımından benzerlerdi. Nisa daima ne istediğini bilen bir insandı. Bir şeyi istedi mi, dünyaları yıkar, istediğini elde ederdi. Korkusuz bir kaplan gibiydi. Öbür yanda Aliye, sanki Nisa'ya karşı kişiliğini savunmak için, tamamen ayrı bir yol seçmişti. Kendini adeta çaresizliğin ve kararsızlığın simgesi haline getirmişti. Onu kaç kez odanın ortasında, başında şapkası, sırtında mantosu belki bir saat, sokağa çıksın mı çıkmasın mı diye karar vermeye çalışırken görmüşümdür. Böyle olduğu halde, Aliye teyzemin inkâr edilmez gücünü nasıl anlatabilirim? Onun gücü, çaresiz görünmesinden kaynaklanıyordu. Bu, küçük âciz bir kuşun insanda uyandırdığı duygu idi. Durur, masum bakışlı, kocaman menekşe gözlerini açar, "Ne yapacağımı bilmiyorum ki, bana yardım edin n'olur, yapamıyorum. Nasıl yapacağımı bilemiyorum" diyerek etrafa bakınırdı. Herkes de yardımına koşardı.

Çocukken Aliye öyle garip şeyler yapardı ki, bir gün büyükbabam onu doktora götürmek zorunda kaldı. Çocuklarına fazla yüz vermeyen, sakallı, yaşlı paşa babasının yanında Aliye o gün korkudan büzülmüştü. Doktorun muayenehanesinde onu, soyunması için küçük bir odada yalnız bıraktılar. Ama o zamana kadar hep dadılar, hizmetkârlar elinin uzanamadığı yerlerdeki düğmeleri, fiyonkları çözüp soyunmasına yardım ettikleri için, Aliye odanın ortasında hareketsiz durup yardım bekledi. Kendi kendine soyunamıyordu bile! Doktorla paşa babası odaya girince şaşırdılar. Aralarında konuştular ve karar verdiler ki, aptal olmasa bile ona yakın bir durumu var. Bundan sonra babası ondan hiçbir şey beklemiyor, aile de ona geri zekâlı diye bakıyordu. Her yaptığı hoş görülüyor, herkes tarafından "Zavallı küçük Aliye, Alyoşa Alyoşa" diye yere göğe kondurulmuyordu. Oysa Aliye teyzem son derece akıllı, zeki bir kadındı. Çoğu zaman sonunun neye varacağına hiç aldırmadan, yaşamında her istediğini elde ederdi.

Yıllarca anneme, Aliye ile babamın ilişkisini sormadım. Yarasını deşmek istemiyordum. Yalnızca son konuşmalarımızın birinde konuya değindim ve onun ne kadar derinden yaralanmış olduğunu öğrendim.

"Evliliğimizin ilk yılıydı" dedi. "Faruk'u henüz doğurmuştum. Baban hastaneye Aliye ile geldi. Tabii, oğlu olduğu için sevinçten uçuyordu. Aliye de bebeği büyük bir sevgiyle kucakladı. Üçümüz

1910'lar... Şakir Paşa, kızı Aliye'yle.

de ilk çocuğun mutluluğunu yaşıyorduk. Ama babanla Aliye'nin, hastaneden çıkınca, birlikte bir yere gideceklerinden emindim. Suat bana zaten aralarındaki ilişkiden söz etmişti. Birden hıçkıra hıçkıra ağlamaya başladım. Bana bakan genç hastabakıcı ne olduğunu anlayamadı. Öyle ya, en iyi odada yatıyordum, etrafım çiçeklerle doluydu. Dört kiloluk sağlıklı bir oğlum olmuştu. Beni seven yakışıklı kocam, kız kardeşimle ziyaretime gelmişti, böyle tıkanacak gibi ağlamamın ne anlamı vardı? Ama nasıl bilebilirdi, duyduğum acı o derece kuvvetliydi ki, çocuğu doğururken ölmek istemiştim."

Kimsenin kargaşası sonsuza dek sürmez. Aliye'nin de eniştesiyle kaçamakları anneannemin, büyük teyzelerimin, Suat dayımın araya girmesi ve Füreya'nın keman öğretmeni Karl Berger'in Şakir Paşa'nın köşküne gelmesiyle sona erdi. Nisa olabildiğince yaralarını sardı ve nispeten huzura kavuştu. Kayınvalidesi ile kız kardeşinin olmadığı ayrı bir eve çıkıp, yeni bebeğiyle avunmaya çalıştı.

İzzet ona zamanın en güzel apartmanlarından biri olan Şişli'deki Sebunyan Apartmanı'nda bir daire tutmuştu. Adını Ermeni sahibinden alan bu apartmanın yerleri parke, antresi, mutfağı ve banyosu mermer döşeliydi. Üstelik henüz çoğu yerde bulunmadığı halde, kaloriferi ve kuş kafesi gibi bir de asansörü vardı.

Nisa geniş odalardan birini atölye yaptı, oraya şövalesini koydu. Sosyal ve aile sorumluluklarından fırsat buldukça resim yapmaya başladı. O sıralar kendi portresini yapmıştı. Günün modasına göre kesilmiş kısa saçları, beyaz teni ve koyu kırmızı dudaklarıyla bu portre yıllarca evlerimizin duvarlarını süsledi. Sonra nasıl oldu bilmiyorum, öteki birkaç resmi gibi bir süre sonra ortadan kayboldu. Kaybolan bu resimler, daha sonra, İstanbul, Londra ve Paris müzayedelerinde ortaya çıkacaktı.

Bu sıralarda Cevat hapisten çıktı. Sağlığı bozulmuştu, kan kusuyordu. Hapisteyken intihara kalkışmış, kurtarılmıştı. Anneanneme "Ya bırakın öleyim ya da beni buradan çıkarın" diye yalvarmıştı. Ona af çıkarmak için sürekli çaba gösteren anneannem ne yazık ki bir sonuç alamamıştı. Ama 1921'de genel af çıkınca, on dört yılın yedisini içerde geçirip hapisten kurtuldu.

Nisa ağabeyini hem çok sever, hem de çocukken onu resim yapmaya özendirdiği için ona minnet duyardı. Hapisten çıktığı ilk gün, Cevat annesini görmeye Şakir Paşa Apartmanı'na gitti. Ama önce, kabul edilip edilmeyeceğini öğrenmek için kapıcıyla yukarı haber yolladı. Kendisi de kapıcı dairesinde oturup yukarıdan gelecek cevabı bekledi. Nisa onu ilk kez orada gördü. Ağabeyinin üzerinde siyah bir pelerin ve geniş kenarlı siyah fötr bir şapka vardı. Nisa, ne romantik bir kıyafet diye düşündü. Ama onun melul mahzun yukarıdan gelecek haberi beklemesi pek gücüne gitti. Hemen koşup boynuna sarıldı ve onu çok sevdiğini söyledi.

Hapisten çıktıktan sonra Cevat da annesi gibi bir tekkeye bağlandı ve fakirlerin arasında, onlar için çalışmaya başladı. Bu ara Üsküdar'a en büyük dayısı Vecihi'nin yanına taşındı. Vecihi dayısı 1911'de Trablusgarp'ta savaşırken gözlerini kaybetmişti. Cevat, ihtiyar askerin kızı Hamdiye, yani kuzini ile evlendi. Sina adını verdikleri bir de oğulları oldu. Cevat hem gazeteci olarak çalışıyor, hem de İngilizceden Türkçeye kitaplar, oyunlar çeviriyordu. En sevdiği eser Bernard Shaw'un *İnsan ve Üstün İnsan*'ı idi. Ondan her zaman alıntılar yapardı. Bunların yanı sıra siyasi karikatürler çiziyordu. Türkiye'de ilk renkli mecmua kapağını o hazırladı. Boş zamanlarında ise minyatür yapıyordu.

O yaz Ayşe teyzemin kocası Ahmet enişte de eve döndü. Üç yıl Malta'da hakkında en ufak bir soruşturma dahi açılmadan bekletilmişti. Sonuçta o ve on beş mahkûm, İtalya'ya domuz taşıyan küçük bir tekneyle kaçmışlardı. Teknenin sahibi, adam başına 2.500 lira istemişti. Bu para İstanbul'da sürgünlerin aileleri tarafından sağlandı. Ayşe de mücevherlerinden birini bu iş için sattı. Mahkûmların tahmin ettiği gibi, Malta muhafızlarından kimse tekneyi aramadı. Türklerin domuzlarla aynı yerde bile duramayacakları kanısındaydılar.

Sağ salim İtalya'ya geldiler. Ahmet enişte oradan Münih'e geçti. Ayşe teyzem de kocasıyla Münih'te buluştu. Daha sonra Lloyd Tristino şirketinin bir gemisiyle İstanbul'a hareket ettiler. Ama limana girmeden önce, Ahmet İtalyan garson kılığına girdi, çünkü İstanbul'u hâlâ işgal altında tutan İngilizlerin eline tekrar geçmek istemiyordu. Oradan da Samsun'a gitti.

Bu ara uzaklardan yani ta San Francisco'dan kopup Orient Express'le Şakir Paşa ailesine beklenmeyen yeni bir kişi daha eklendi. Bu uzun boylu, son derece çekici Amerikan güzelinin adı Sayida Spreckels'dı. İlk adını Mısırlı anneannesinden alan Sayida, Kaliforniya şeker kralının oğlu Jack Spreckels'ın eski karısıydı. Suat dayıma Roma'da Excelsior Oteli'nin barında rastlamış, Suat da onun aklını başından almıştı. Roma'da çılgınca bir aşk macerasından sonra Amerika'ya dönen Sayida, Suat için vatanını, o zamanki kocasını ve evini terk edip, tek çocuğu olan altı yaşındaki kızı Geraldine'i alıp Suat'ı bulmaya İstanbul'a gelmişti.

Annem olayı şöyle anlattı: "O sıralarda Sabunyan Apartmanı'nda oturuyorduk. Bir akşam yemek yerken kapı çaldı ve hizmetçi gelip yanında bir kız çocuğu olan uzun boylu yabancı bir hanımın Suat'ı aradığını söyledi. Hizmetçi her ne kadar Suat'ın burada oturmadığını söylediyse de, yabancı kadın anlamadığı için 'Suat Bey, Suat Bey' diye tekrar edip duruyormuş. Merakla kapıya gittim. Bir de baktım ki kloş şapka, yakası ve kol ağızları çinçilya kürklü bir manto giymiş, çok şık bir kadın, sarı dağınık saçlı bir kız çocuğunun elinden tutuyor. Arkasında bir sürü bavul... Kalmaya gelmişe benziyorlardı. Kadın beni görünce şaşırdı, karısı sandı! Hafif bir sesle 'Suat Bey acaba burada mı?' diye sordu.

Onu rahatlatmak için hemen, 'Kardeşim Suat şu anda burada değil; ama lütfen içeri gelin, ona telefon edelim, hemen gelir' dedim. Kadıncağız rahatlayınca gülümsedi, beyaz düzgün dişleri göründü. İçimden, 'Aman ne güzel bir yaratık, doğrusu Suat sevgili seçmekte çok usta' dedim.

Amerikalı hanım holden içeri girince, neler olup bittiğini merak eden İzzet de geldi. 'Bu kocam' diye tanıştırdım. İzzet onu baştan aşağı beğeniyle süzdü. Hemen büyük bir nezaketle elini öptü ve 'Madam sizinle tanıştığıma memnun oldum, izin verin mantonuzu alayım' dedi. Ben de yüzü gözü kirlenmiş çocuğu banyoya sokup bir güzel yıkadım ve uyusun diye yatağıma yatırdım. Bunları yaparken içerden Suat'ın sesi gelmeye başladı. 'Sayida! Canım sevgilim, gelmekle ne iyi ettin. Bu ne güzel bir sürpriz' diyordu."

Gerçi Suat dayım annesi ve Aliye ile Şakir Paşa Apartmanı'nda oturuyordu ama nedense adres olarak annem ile babamın evini vermiş. Herhalde Sayida'nın arkasından geleceğini tahmin ettiği için, iyi bir ilk izlenim yaratmak istemişti. Eski moda Şakir Paşa Apartmanı'nı, İngilizce bilmeyen şişman annesini, uçuk ve derbeder kardeşini hemen göstermek istememiş olmalıydı. Aslında bunu yapmasına hiç gerek yoktu. Sayida, Suat'a öyle vurulmuştu ki, Suat iki keçiyle bir çadırda yaşasa, ona yine vız gelecekti.

Sayida, gelişinden kısa bir süre sonra Suat'la nikâhlandı. Anneannem ile Aliye'nin yanına taşındılar. Yazları bütün aile bireyleri gibi Büyükada'ya geliyorlardı. Yaşamımıza kolaylıkla ve hevesle uyum sağlaması ve iyi tabiatı nedeniyle herkes Sayida'yı seviyordu. Onu her şeyde örnek alıyorlardı.

Örneğin annem, birden boy attığım vakit "Sayida da senin gibi uzun boyluydu Şirinaki, ama boyunu nasıl kullanacağını bilirdi. Uzun bacaklarını üst üste attığında, zarafetini görmeliydin! Şimdi sen de şu uzun bacaklarını içeri doğru çek ve doğru dürüst otur bakayım. Odaya girerken asker gibi yürüme! Onun gibi süzülerek gir. Sayida odaya meltemle uçuşan ipek bir eşarp gibi girerdi. Onu Suat ile Yat Kulüp'te çarliston yaparken görmeliydin. O kadar hoştular ki, herkes durur onları seyrederdi" demişti.

O sıralarda Nisa'nın yaşamında yeni bir kriz baş gösterdi. Bir gün, artık öğrenci olarak kadınları da kabul eden Güzel Sanatlar Akademisi'nden dönerken, sanatçı bir arkadaşı İzzet'in eski karısı Seniye'nin İtalya'dan döndüğünü, İzzet'in de ona bir apartman tutup sık sık ziyaretine gittiğini anlattı. İtalyan sevgilisi tarafından terk edilen Seniye, soluğu İstanbul'da almış ve ağlayarak, sızlayarak İzzet'in ayaklarına kapanmıştı. İtalyan'a duyduğu aşkın geçici bir çılgınlık olduğunu, aslında yalnız İzzet'i sevdiğini söylüyordu. İzzet ise, Seniye'nin tenindeki büyüye yeniden kendini kaptırmıştı.

Bu sefer Nisa ültimatomu çekti: Ya İzzet, Seniye ile ilişkisini kesecek ya da Nisa oğlunu alıp ayrılacaktı. İzzet ilk öneriyi seçti, Seniye'yi terk etti ve ortalık bir süre için yatıştı.

O günler ulusumuz için kutlama günleriydi ve annemle babam şenliklere sevinçle katılıyorlardı. Üç yıl sürekli mücadeleden sonra Türk ordusu işgalci Yunan kuvvetlerini yenmiş, İzmir'i geri almış, Yunanlıları geldikleri yere, Ege'nin ötesine yollamıştı.

Emin eniştem, Fahrettin Paşa'nın kolordusunda kurmay başkanı olarak İzmir'e girmiş, generalliğe yükselmiş, sonra da İzmir komutanlığına atanmıştı. Yirmi sekiz yaşındaki Hakiye de kızı Füreya ve oğlu Şakir'i alarak kocasının yanına gitti. Karşıyaka semtinde, İzmir'in geri alınmasından sonra çıkan büyük yangından kurtulmuş güzel bir eve taşındılar. İzmir, Ege Denizi'nin uygar bir limanıydı. Burada yüzyıllar boyu okumuş ve görgülü Türk, Levanten, Rum, Ermeni ve Yahudi aileleri hep birlikte uyum içinde yaşamışlardı. Gemicilik ve tütün ihracatı yapan işadamlarının bütün dünyayla iş ilişkileri vardı. Hakiye, burada yaşayanların İstanbul'da tanıdığı insanlardan farklı olmadığını gördü ve hiç yabancılık çekmedi.

Hakiye teyzemin ilk arkadaşlık ettiği hanımlardan biri Latife Hanım'dı. İzmir'in ünlü ve zengin ailelerinden birinin çok iyi öğrenim görmüş, yirmi üç yaşındaki kızları Latife, çok geçmeden Mustafa Kemal'in eşi olacaktı.

10 Eylül 1922'de Gazi Mustafa Kemal (artık ona zafer kazanan komutan olarak "Gazi" deniyordu) İzmir'e üstü açık bir otomobil-

le girdi. Arabanın her tarafı kırmızı ve beyaz karanfillerle donatılmıştı. Halk adeta sevinçten çılgın gibiydi. Mustafa Kemal doğru ordu karargâhına gitti. Orada bütün personel arı gibi, yapılması gereken binbir işi başarmaya çalışıyordu. Yıkıma uğramış vatanda yapılacak ne çok şey, verilecek ne çok karar vardı...

Bütün bu kargaşanın arasında Latife Hanım, mor bir çarşaf içinde, yüzü açık olarak sokaktaki kalabalığı yardı. Nöbetçilerden, emir erlerinden ve yaverlerden geçerek Gazi'nin odasına girip, Uşakizade Muammer Bey'in kızı olduğunu söyledi. Mustafa Kemal bu genç kadının cesur tutumuna hayret ettiği halde iyi bir aile kızı olduğunu da fark etti. Belli ki Latife Hanım, sokakta peçesini aralayıp ona aygın baygın bakan genç kızlardan değildi. Oturmasını işaret etti.

Latife Hanım açık konuştu: "Annemle babam yazı Biarritz'de geçiriyorlar. Göztepe'de geniş ve rahat bir evimiz var. Şehrin gürültüsünden ve kargaşasından uzaktır. Maiyetinizle orada kalırsanız rahat edersiniz. Sonra bildiğiniz gibi İzmir'in içinde savaş henüz tam bitmedi. Hâlâ yakılan, yıkılan yerler var. Ben şahsen her bakımdan rahat etmenizi sağlayacağım." Sonra heyecanla "Kuvvetlerimizin İzmir'e yaklaştığını duyar duymaz, Paris'te yaptığım hukuk öğrenimini bıraktım; soluğu burada aldım. Zaferinizi gözlerimle görmek istiyordum" dedikten sonra, Gazi'ye boynundaki madalyonu gösterdi ve "Resminizi hep üzerimde taşıyorum" diye ekledi.

Mustafa Kemal, bu son derece kendinden emin davranışlı zarif genç kızdan etkilenmişti. Önerisini kabul etti. Latife Hanım'ın "Beyaz Saray" diye anılan evi, tepe üzerinde inşa edilmiş geniş bir binaydı. İzmir Körfezi'ni ve ötesini görüyordu. Bütün etrafı bağlık bahçelik ve ağaçlıktı. Ev, Gazi için her bakımdan elverişliydi. Kendisine iyi bakılıyordu, yemekler güzeldi, Latife, kusursuz yetiştirilmiş hizmetkârlarıyla evi çok güzel idare ediyordu. Yalnızca Gazi'nin sağlığı ve kişisel bakımıyla ilgilenmiyor, onun sekreterliğini de yapıyordu. Sabahları yerel ve yabancı gazeteleri okuyup, kahvaltısını eliyle götürüyor, o yerken de haberlerin özetini veriyordu. Mustafa Kemal Latife'yi "gazetem" diye çağırıyordu. Genç kız güçlü İngilizcesi ve Fransızcasıyla diplomatik mektupları da yazıyordu. Gazi onun durumları hakkındaki görüşlerini, yorumlarını, düşüncelerini, keskin zekâsını ve akıllıca tartışmalarını çok beğeniyordu.

Latife'nin kafasındaki erkek beynine Türk kadınlarında pek sık rastlanmazdı. Bu, Mustafa Kemal'in hoşuna gidiyordu. Ama yalnızca kafası değildi onun ilgisini çeken. Latife, Mustafa Kemal'in içinde arzu da uyandırmıştı; Latife'yle birlikte olmak istiyordu. Latife'yi istiyordu. Bu yönde bir iki adım attı, ama onu delice sevmesine karşın Latife, metresi olmayı reddetti. Ya eşi olurdu ya da hiç... Mustafa Kemal onu istiyordu, böylece evlenmeye razı oldu.

29 Ocak 1923'te Beyaz Saray'da evlenen Mustafa Kemal ile Latife Hanım düğünlerine, sadece en yakın arkadaşlarını ve yaverlerini çağırmışlardı. Bunların içinde Hakiye ile Emin Paşa da vardı (Emin enişte artık paşa olmuştu). Teyzeme göre basit bir törendi. İmam, nikâhlarını kıydı. Latife sade bir elbise giymiş, saçlarını tülle örtmüştü. Beyaz eldivenli eline de uzun saplı bir gül goncası almıştı. Çok güzel bir gelin sayılmayabilirdi, kısa ve kalınca idi, ama anlamlı, iri gözleri ve keskin bir zekâsı vardı. Onun cazibesi, güzelliğinden ziyade kişiliğindeydi. Latife, idealindeki modern Türk kadını simgesi olduğu için Gazi onunla evlenmişti. Yeni ulusunun kadınlarına örnek olacaktı. Törenden sonra İzmir valisi, Latife'nin elini heyecanla sıktı ve "İzmir fatihini siz fethettiniz!" dedi.

Yeni evliler ilk sokağa çıktıklarında Hakiye teyzemle Emin Paşa'yı ziyaret ettiler. Çay vakti olmasına karşın, teyzem onlara buzlukta sakladığı şampanyayı ikram etti. Komşular, gelen geçen, komutanın evinin önünde bütün nöbetçileri ve yaver arabalarını görünce, içeride Gazi'nin olduğunu anlayıp balkonun altında biriktiler. "Gazimiz, çok yaşa!... Çok yaşa Mustafa Kemal!" diye sevinç ve heyecanla bağırmaya başladılar. Gazi pencereye gelip elindeki şampanya kadehiyle halkı selamladı. Kadehini halkına kaldırıyordu.

Latife odanın öte yanından azarlar gibi bağırdı: "Kemal, Kemal, halka elinde kadehle görünme!"

Hakiye teyzem hayretler içinde kalmıştı. Olayı bana anlatırken, "Mustafa Kemal gibi bir adama ne yapıp ne yapamayacağını söy-

Ön sıra: Geraldine, Mutara; arka sıra: Emin Paşa, Sayida, Fahrünnisa, Ayşe, İsmet Hanım, Aliye, Füreya, Hakiye, İzzet Melih Bey.

leyemezsin" dedi. "Hem Latife, Mustafa Kemal'e 'Paşam' diye hitap etmeliydi. Geleneğimiz böyle gerektirir, başkalarının önünde bir paşa ilk adıyla çağrılmaz. O gün anladım ki bu evlilik yürümeyecek..."

Teyzem haklıydı, nitekim evlilik iki buçuk yıl sürdü. Gazi, Latife Hanım'ı boşadı ve bir daha evlenmedi.

Yunanlılara karşı zafer kazanıldıktan sonra, 1922 yazının sonlarına doğru, savaşı başarıyla yöneten Mustafa Kemal'in gözde generallerinden Refet Paşa, İstanbul'a girdi. Halk damlardan pencerelerden sarkıyor, çığlık çığlığa Paşa'yı selamlıyor, İstanbul'un dört yıl süren işgalden kurtulmasını büyük bir mutlulukla kutluyordu! Atın üzerinde ilerleyen Refet Paşa'nın arkasından gelen Mehmetçikler de, ayakta alkışlanan aktörlerin gururunu duyuyorlardı. Annem, sevinçten yerinde duramıyor, bütün askerleri sevgiyle kucaklayıp bağrına basmak istiyordu. İstanbulluların bunca yıl Müttefikler tarafından yaralanan onurları sonunda onarılıyordu.

Sultan VI. Mehmet'le görüşen Refet Paşa, artık etkisiz kalan padişahın hükümetini dağıtmasını, Türkiye'nin iki hükümete gereksinimi olmadığını bildirdi. Çünkü bir, Ankara'da Mustafa Kemal'in kurduğu Ulusal Hükümet, bir de İstanbul'da sultanın hükümeti vardı. Refet Paşa'nın İstanbul'a saltanatlı girişini ve halkın sevgi gösterisini gören padişah, canından olmaktan korkup İngilizlere başvurdu ve 17 Kasım 1922'de bir savaş gemisiyle San Remo'ya kaçırıldı.[26] Böylece altı yüzyıl egemen olan bu hanedan, sessiz sedasız bir şekilde sona erdi ve yeni bir devletin doğmasına yol açtı.

29 Ekim 1923'te Türkiye Cumhuriyeti ilan edildi, Mustafa Kemal ilk cumhurbaşkanı seçildi.

Cumhuriyet'in ilanından dört ay önce, 1 Temmuz 1923'te Nisa ikinci oğlu Nejad'ı dünyaya getirmişti.

---

26. Sultan Mehmed Vahdeddin, 17 Kasım 1922'de bir İngiliz gemisiyle önce Malta'ya sonra Mekke'ye gitti. Orada bir süre kaldıktan sonra San Remo'ya gönderildi ve bu şehirde öldü.

7

Felaket üstüne felaket

Her ne kadar annem ile babamın evlilikleri kusursuz olmaktan uzak idiyse de başlarına gelen felaket onları kısa bir süre için de olsa yakınlaştırdı. Evliliklerinin üzerinden üç yılı biraz aşkın bir süre geçmişti ki on iki yaşında geçimsiz, mutsuz bir çocuk olan Remide, kızıla yakalandı! Annem üvey çocuğunu şefkatten yoksun bırakmamak için hastaneye göndermeden evde tedavi etmek istedi. Ne yazık ki iyi niyeti ona çok pahalıya mal oldu! Çünkü bulaşıcı hastalık Faruk'a geçti ve yavrucak iki buçuk yaşında yaşamını yitirdi. Resimlerinden gördüğüm kadarıyla ışıltılı kumral saçları, cıvıl cıvıl ela gözleriyle son derece sevimli bir bebekti.

Bende, babamın, kısa hikâyelerini derlediği *Her Güzelliğe Âşık* adlı kitabı var. Üçüncü eşi Fatma Hanım'ın sevgiyle işlediği goblen kabın içindeki sayfaları yılların etkisiyle sararmış. "En Büyük Acı" başlıklı öyküsünde babam, Faruk'un ani ve acıklı ölümü üzerine Nisa'yı İstanbul'dan alıp götürüşünü ayrıntılarıyla anlatıyor. Annem ve babam SS Leopolis adlı gemiye binip Fransa'ya hareket etmişler. Limandan ayrılırken yaşlı gözlerini minicik Faruk'un yattığı Eyüp sırtlarından ayıramamışlar. Babam, gemide duyduğu acıyı kitabında şöyle ifade ediyor:

"İşte kaçıyoruz Faruk... Parçalanan kalplerimizi başka denizlerle başka semaların renk ve ziyasında tedavi etmek için yabancı yerlere gidiyoruz. Senin vücudunu ta orada, Eyüp'ün tenha bir tepesinde, dedenin yanına bırakarak uzaklaşıyoruz. Geçen defa, seyahate çıkarken, gülüşlerinle çınlayan evimiz cihetine bakıyorduk.

Bugün, bedbaht ana ve babanın gözleri, Haliç'in esrarlı derinliklerinde güzel bir çocuğun incecik vücudunu taşıyan tepeyi ve kabri arıyor ve orada Abdülhak Hamid'in şu nefis kitabesini hayalen okuyarak ağlamak ihtiyacıyla yanıyor:

Kuş kadar cismi uçup gitti, o fani ruh
Yerde terk etti fakat bir ebediyet yuvası,
Sanki toprak da zevalinden o ruhun mecruh,
Kabridir Mustafa Faruk Melih'in burası.

Ah, Faruk! Her sabah ve her akşam sevinçle kollarımda sıktığım vücudunu artık düşünmek istemiyorum. İki ay oluyor ki onu kendi elimle toprağa, her güzelliği çürüten lakayt toprağa gömdüm. O zarif vücut şimdi ne haldedir... Yeter, yeter... Düşünmeyeceğim; tahammülün, sabrın da hududu var.

Zavallı Faruk'un validesi yanıma sokuldu, yüzüme bakarak: 'Sana ne kadar benzerdi' dedi ve gözleri yaşla doldu. Yaralı kalbimde bir sıcaklık duydum; en büyük acının kalın buz tabakası biraz eridi. Felaketin sonsuz boşluğunda yalnız değildim; beraber hatırlayacak, beraber ağlayacak iki arkadaştık...

Leopolis vapuru, 1924."

Altmış yıl sonra bile, annem o zamanki acısını şöyle anlatır: "Kendimi, bütün dalları balta ile kesilmiş bir ağaç gibi hissediyordum. Duyduğum ıstırap öylesine şiddetliydi ki, o zamana kadar ve ondan sonra çektiğim bütün acılar onun yanında hiç kaldı. Yaşam boyu acıya bağışıklık kazanmıştım."

Babam anlatırdı, Paris'te Claridge Oteli'ndeki odalarında annem zaman zaman, "Yanıyorum İzzet, yanıyorum. Nasıl dayanacağımı bilemiyorum" diye üstünü başını paralar, kendini yerlere atarmış. O zaman babam ona sarılır, gözyaşlarını siler, teselli etmeye çalışırmış. "Zavallı annen çok çekti" derdi. "Evlat acısı hiçbir şeye benzemiyor, insan unutamıyor, üstesinden gelemiyor."

İzzet Paris'te Nisa'yı avutmak için onu tiyatrolara, şık restoranlara götürdü, yazar arkadaşlarıyla tanıştırdı ama hiçbir şeyin yararı olmadı. Eve dönünce Nisa ancak resim yapmakta biraz teselli buldu. Resim yapmak onu sanki onarıyordu. Kendini tümüyle sanatına veriyor, dünyayı unutuyordu. İçine bir yaşam gücü girmişti. O güç, sanki Nisa'nın bedenini bir kanal olarak kullanıyor, onun içinden geçerek renkler ve şekiller halinde tuvalde canlanıyordu. Çay zamanı ailesi ya da arkadaşları onu yoklamaya gelirlerdi. Keyifli ise onunla gülerler, acı içindeyse birlikte gözyaşı dökerlerdi. Eğer o gün yaptığı resmi beğenmişse, konuklarına gösterip onların fikrini alırdı.

İşte o sıralar, Nisa'yı altüst eden bir olay daha oldu. Ağabeyi Cevat tutuklandı ve sürgüne yollandı. Onun "Kafkavari" tutuklanması, 1925'teki Kürt isyanının[27] bir sonucuydu. Türkiye'nin doğusunda, Suriye, İran ve Kuzey Irak'ta yaşayan Kürtler, yeni kurulan Cumhuriyet'e başkaldırdılar.

Aşırı dinci Sünni Müslüman oldukları için, her ne kadar Ankara'daki laik Cumhuriyet'i dinsizlikle suçlayıp cihat açtıklarını söylüyorlarsa da, gerçek amaçları Türkiye'nin Doğu illerini de içine alan bağımsız bir Kürt devleti kurmaktı. Bu nedenle iki ay içinde, iki ilin garnizonlarını yerle bir ettiler. Durum karşısında Mustafa Kemal, ulusunu bir kere daha arkasına ve komutayı eline alıp isyanı bastırdı. Ama ne yazık ki Anayasa'nın bir süre için askıya alınması gerekti. Meclis, cumhurbaşkanına tam yetki tanıdı. İstiklal Mahkemeleri kuruldu ve ertesi yıl birçok siyasi suçlu yargılandı. Kılıç Ali eniştem İstiklal Mahkemeleri yargıçlarından biriydi. Bu yüzden dayımın kaderinde bilmeyerek rol oynadı.

Cevat dayım dört yıl önce hapisten çıkmış, aynı zamanda kuzini olan karısı Hamdiye ve iki yaşındaki oğlu Sina ile Üsküdar'da oturuyordu. Çalıştığı *Tan* gazetesinin sahibi Zekeriya Sertel solcu olarak bilinen, tanınmış bir yazardı. Cevat, hapisteyken, bir hikâye duymuştu. Bu hikâyeye göre, savaş sırasında içinde bulundukları tren, köylerinden geçerken Mehmetçikler trenden atlayıp kaçarlarmış. Erlerin, yakalandıkları zaman asker kaçağı olarak sorgusuz sualsiz vurulup asılmaları Cevat'a çok dokunmuş, o yüzden bunu

27. Şeyh Said İsyanı.

makale olarak yazmış. Aslında Cevat, bunu politik bir suçlama olarak değil, ailelerini, evlerini, sevdiklerini özlemiş genç askerlerin ölümü dahi göze alarak kaçmaları karşısında onlara duyduğu saygıyı dile getirmek için yazmıştı.

Kürt isyanının ülkede yarattığı tedirginlik ve makalenin çıktığı gazetenin sol görüşlü olarak bilinmesi Cevat'ın aleyhine oldu. Hükümet, yazıda orduya hakaret ve kışkırtıcılık gibi öğeler buldu ve Cevat garip bir şekilde tutuklandı. Dayım olayı şöyle anlatır:

"Şeker Bayramı arifesiydi. O gün gazetede geç vakte kadar çalışmıştım. Çıkınca ev halkına birkaç kutu şeker aldım, ceplerime doldurdum. Niyetim bir an önce eve dönmek ve dinlenmekti, çok yorgundum. Yemekten sonra da biraz minyatür yapıp keyiflenecektim. Üsküdar'daki evin köşe odalarından biri hem Kız Kulesi'ni ve Topkapı Sarayı'nı, hem de arka taraftaki sokağı görürdü. Ceketimi çıkartmak üzereyken, bir polisin beni görmek istediğini söylediler. Şaşırmıştım. Ön camdan baktım, Sina'yı hava aldırmak için götürdüğüm büyük çınar ağacının altında iki sivil memur duruyordu. Yan pencereden bakınca orada iki sivil polis daha gördüm. Birden her şey korkulu bir rüyaya dönüştü. Ne ağır bir suç işlemiştim ki, beni tutuklamak için dört polis birden gönderiyorlar! Ceketimi çıkarmadan gidip kapıyı açtım. Adamlardan biri, 'Bizimle karakola geleceksiniz' dedi.

– Neden?

– Size orada söylerler.

– Ama önemli bir şey mi var? Bilmek istiyorum.

– Biz bilmiyoruz, komiser söyler.

Karakolda komisere sorduğumda da 'Zamanı gelince öğrenirsin' dedi ve beni odadan çıkarttı. Geceyi karakolda bir sıranın üzerinde geçirdim. Gün ağarırken içeri irikıyım bir adam girdi, 'Yürü, Ankara'ya gideceksin. Seni Haydarpaşa'ya götürüyoruz' diye bağırdı. İşlediğim suçun cezasını çekmem için beni başkente çağırıyorlardı. Ama suçum neydi, ne yapmıştım?"

Bu garip komedi, Cevat kendini o çok korkulan İstiklal Mahkemesi'nde buluncaya kadar sürdü. Sonunda, suçunun, "Yazdığı makale ile isyana kışkırtmak" olduğu gerekçesiyle hapis cezasına çarptırıldı. Aklı başından giden annesi, küçük kardeşi Nedim'i Ankara'ya yolladı. Onun, Trablusgarp Savaşı'ndan beri arkadaşı olan, İstiklal Mahkemeleri yargıçlarından Kılıç Ali Bey'le görüşmesini istiyordu. Her ne kadar sonradan kuzinim Füreya ile evlendiyse de o sıralarda Kılıç Ali Bey aileyi tanımıyordu bile. Büyük dayım Kılıç Ali'ye durumu anlattı, o da Nedim'in hatırı için Cevat'ın cezasını üç yıl Bodrum'da sürgüne çevirdi. O zamanlar Bodrum, Güney Ege'de güneş altında uyuyan, adı bile duyulmamış minicik bir balıkçı köyü idi. Çok eskilerde ise Mausolos'un[28] başkenti. Halikarnassos diye anılan büyük bir kentti. *Mavi Sürgün* adlı kitabında, Bodrum'da geçirdiği ilk geceyi Cevat dayım şöyle anlatır:

"Aylardan beri muhafaza altında, karakol gibi, koğuş gibi yerlerde yatmıştım. Ama artık her gün jandarmaya gözükmek ve köyden çıkmamak koşuluyla özgür olabilecektim. Hemen kutu gibi, beyaz badanalı bir ev kiraladım. Evin solunda bir avlusu vardı. Sokaktan avluya, avludan da eve giriliyordu.

Avlunun tabanı kayrak taşlarıyla döşeliydi. Sokağa açılan kapısının tam karşısında denize açılan bir kapısı daha vardı. Evin avluya açılan kapısının yanı başında, bel boyu duvar bilezikle çevrili bir de kuyusu vardı. Avluya girdim, sokak kapısını kapadım. Avludan denize açılan kapıyı açtım.

Heyyy! Açılan kapı, birdenbire gözlerime ve gönlüme açık denizleri, kıyı ve adaları verdi. Batı göğünde, günün ufka veda edişi, turuncu ve kıpkızıl çizgiler çekmişti. Onların üstünde Bodrum Kalesi kapkara bir siluet kesinliğinde yükseliyordu. Kıyıda beyaz evler pembeleşmiş, denizin mavisi de koyu menekşe olmuştu. Dalgalar eve doğru gelirken, tepeleriyle güneşin son ışığını kapıyorlar, uçlarından kırmızı kırmızı kıvılcımlar savurarak, kapının iki adım ötesini pembe köpükleriyle yalıyorlardı. Köpükle kapı arasında, kum ve gümüş teller gibi parıldayan kuru yosunlar vardı.

Çocukluktan beri ilk defa çocuk gibi hıçkıra hıçkıra ağlayarak

---

28. Persler döneminde Karia satrabı olan Mausolos'un anıtmezarı Mausoleion dünyanın yedi harikasından biri sayılır. Mausoleion'un bugün yalnızca temelleri Bodrum'da bulunuyor. Birçok parçası British Museum'da sergileniyor.

kapıya diz üstü düştüm. Şiddetle hayret ettim. İçimde hayranlık! Gönül açıklığı! Şükran! Kıyamet kopuyor. Parmaklarımı yosunlara, kumlara daldırdım. Güzel dünyanın kumlarını, deniz çakıllarını, yosunlarını, sanki inci, pırlantaymışlar gibi yüzüme gözüme sürdüm, üstüme başıma avuç avuç akıttım. O deniz, o adalar güzellikte en aşırı hayalin cennet diye göz önüne getirilebileceğinden bir kat daha güzeldi. Hele o berrak gök, uzaklıklarda ne uysaldı! Denizi, asma yapraklarının fısıltısını duyuyordum. Burada ölmeyecek kadar kuru ekmek ve suyla yaşamak mutluluğunu özlüyordum.

Diz üstü düşmek, bir çeşit fırlamak, havalanmaktır. Babıâli Yokuşu'nun boyunduruğuna vurulmuş olan Cevat, boş bir kalıp olarak yerde yığıladururken, onun ortasında –içinde sanki bir milyar kuş sevinçle cıvıldaşarak– Halikarnas Balıkçısı irkilip, dikilmeye koyuluyordu. Yerde bir kalıp kalıyordu. Onun içinden başka bir insan kalkıyordu. Üsküdar'dan altı ay önce ayrılmıştım. Oysaki yalan! Yerden kalkan 'Balıkçı', Üsküdar'dan binlerce yıl önce ayrılmıştı!... Üsküdar çarşısından omuzları çökük olarak geçen adamdan, ta o kadar uzaktı ki... Oydu, ama tepeden tırnağa yepyeni.

Şiddetli bir içgüdüyle avludan dışarıya fırladım. Aceleyle bir dükkâna koştum, bir büyük su kovasıyla bir kuyu ipi aldım. Avluya seğirttim. Kuyudan kova kova su çektim. Kovalar dolusu suları cömert cömert kayrak taşlarına savurdum. Gene denizden, gene kuyudan fışıl fışıl savurdum.

O dakikada birisi karşıma çıkıp da 'Yahu sen deli misin? Bu suları niye savurup duruyorsun böyle?' dese, mutlaka ben adama acaba deli midir diye bakar, 'Görmüyor musun, suları savurmayıp ne yapayım? Gönül suları bunlar, elimden şimdi avluya savurmak geliyor. Taşlar sulara kansın, elimden gelse, ta göklere, yıldızlara savuracağım, serin serin, gözleri açılsın da neşeyle gülsünler!' yollu gönül cevabı verirdim."

Üç yıllık sürgün bittikten sonra da Cevat dayım uzun yıllar Bodrum'da yaşadı. Kuzini olan karısı Hamdiye'yi terk edip Bodrum'da annesi gibi Giritli bir kızla evlendi. Yunanistan ile Türkiye arasındaki değiş tokuş nedeniyle kızın ailesi 1912'de Girit'ten Bodrum'a gelmişti. Yeni karısı Hatice'den üçüncü çocuğu olan Cevat, artık devamlı yazıyordu. Balıkçıların serüvenlerini, sünger avcılarının ekmek paralarını çıkarmak için nasıl oksijen tüpünü kullanmadan derinlere daldığını ve bu yüzden çoğunun vurgun yiyerek felç olduğunu ya da öldüğünü yazıyor. "Halikarnas Balıkçısı" takma adıyla on beş roman, bir sürü deneme, kısa öykü ve çeşitli konularda makaleler yazdı. Ülkede yazar olarak ün saldı ve halk tarafından çok sevildi. Türk halkının sadece duygularını dile getirmekle kalmıyor, eski Anadolu uygarlıklarını da ele alıp, derinden araştırıyordu.

Cevat'ın büyük merakı Homeros'tu. Bu konuda en çok vurguladığı nokta, Homeros'un Anadolu'da doğmuş bir İyonyalı olarak Anadolu kahramanlığının özünü temsil ettiğiydi. Truvalıların da Akhalar kadar *İlyada* destanının yiğitleri olduğunu savunurdu.

Cevat'ın diğer tutkusu Bodrum'u yeşillendirmekti. Oraya ilk gittiğinde köyde tek bir ağaç bile yoktu. Elinde fazla para olmadığı halde, kendi gereksinimlerinden fedakârlık ederek tarım kitapları alıp, onları elinde paralanıncaya kadar okudu. Bodrum'dan ayrılmasına izin verildiğinde, tohum ve fide almak için İstanbul'a gitti. Döner dönmez hiç zaman kaybetmeden köyü ve yarımadayı yeşillendirmek için getirdiklerini ekmeye, sulamaya ve ektiklerini yaşatmaya çalıştı. Gerektiğinde civar adalardan kayıkla gübre taşıyordu. Hava koşullarına aldırmadan tepelere çıkıp küfelere iyi toprak dolduruyor, bunları eşek sırtlarına yükletip aşağı indiriyor ve diktiği ağaçların dibine döküyordu. Bahçıvanlıkta hem öncü, hem öğretmen olmuştu. Bu konuda yazdığı üç yüz sayfalık defter elden ele, köyden köye dolaşıyordu. Bodrum'un ağaçlarla, duvarlarının begonvillerle, sahillerin de zakkumlarla donanması onun rüyasıydı. Bu rüya da gerçekleşiyordu. Sonuçta oradan ayrıldığında, yarımada narenciye cenneti olmuştu. Özellikle greyfurt, uzun palmiye ve okaliptüs ağaçları her tarafta gölgelikler oluşturuyordu. Şimdi bile orada burada görülen korular onun eseridir. Cevat, Hemingway, Mark Twain ve Thoreau'nun karışımı bir filozof, bir bilge, bir doğacı ve ateşli bir insan hakları savunucusuydu.

8

Nisa, İstanbul'un yıldızı

Faruk'u kaybettikten ve geçirdiği korkunç yas döneminden bir buçuk yıl kadar sonra, Nisa'da büyük bir değişiklik oldu. Resim yapmayı bir süre için bıraktı ve işgal günlerinden sonra hayli değişen İstanbul sosyetesinin etkinliklerine daldı. Türkler cumhuriyeti kutlarken, elçiler de yakında yeni başkent Ankara'ya taşınacakları için eski güzel sefaret binalarında birbiri arkasından veda partileri veriyorlardı. Ankara o zamanlar ilkel bir kasaba görünümündeydi. O yüzden de elçiler İstanbul'daki canım binalarını terk etmeyi hiç mi hiç istemiyorlardı.

O sıralarda Nisa bana hamile olduğunu anladı. Ama hamilelik, son günlerine kadar onu eğlencesinden alıkoymadı. Bana derdi ki, "Hiçbir bebek için senin şerefine olduğu kadar şampanya içilmemiştir. Davetlerde hep senin için kadeh kaldırılırdı. *'To the baby! Pour le bébé!* Kısmeti çok iyi olsun!' dilekleri hep senin içindi. Tevekkeli değil, sen de şampanya gibi fıkır fıkırsın."

Ben 1926 yılının 3 Mart'ında *la Parisienne* (Parisli Kadın) adlı piyesin iki perdesi arasında doğmuşum. Henry Becque'in yazdığı piyes, İstanbul'da bir Fransız grubu tarafından oynanıyormuş. Başrollerde de o zamanın ünlü artistlerinden René Alexandre ile Gabrielle Robin varmış. Gala gecesine babam bir loca ayırtmış. Akşam yemeğini Hakiye teyzem ile Emin eniştemde yemişler. Tatlı yerken annem çok şişkinlik hissetmiş, o derece ki, saten gece elbisesinin tüm düğmeleri kendiliğinden atıp dört bir yana saçılmış. "Ayy... Galiba çocuk iniyor!" diye bağırmış, sonra babama dönüp

"Sen tiyatroya yalnız gitsen daha iyi olur" demiş. Babam da en ufak bir sakınca görmeden, karısının lafını iki ettirmeyip tiyatroya koşmuş. Az sonra annem yemek masasının etrafında dört dönüp "Çabuk bana bir makas, bir makas!" diye bağırmaya başlamış. Hakiye teyzemden makası alınca, elbisesinin önünü boydan boya kesmiş.

Emin eniştem bu manzara karşısında utancından pancar gibi kızarmış. Teyzem hemen annemin üzerine çinçilya pelerinini örttüğü gibi onu "Manara Kliniği"ne götürmüş. O gece bütün İstanbul sosyetesi gibi Doktor Manara da tiyatrodaymış. Haberi alır almaz doktor da, babam da kliniğe koşmuşlar. Doktor smokinin üzerine beyaz gömleğini geçirip beni doğurtmuş. Ben de zaten dünyaya gelmek için acele ediyormuşum. Doğumdan sonra Doktor Manara ikinci ile üçüncü perde arasındaki antrakta tiyatroya dönmüş. Fahrünnisa Hanım'ın bir kız doğurduğu haberi tiyatroda hemen yayılmış. İtalyan Elçiliği'ndeki kültür ataşesi Kont Bonarelli de locadan locaya gidip haber vermiş ve masallardaki kâhinler gibi "Doğan bebeğin adı Şirin, o büyük bir aktris olacak ve 'la Chirina' diye anılacak" demiş.

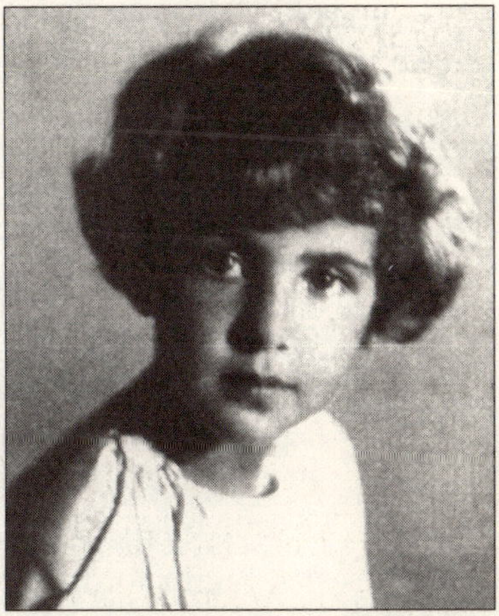
Şirin Devrim, dört yaşında.

Güzel bir kehanet! Ama o zamanlarda ülkemizde olmayacak bir şeydi bu! İlk Müslüman tiyatro oyuncusu Afife Hanım, iki yıl önce sahneye çıktığında polisler tiyatroyu basmışlardı. Zavallı kadın arka kapıdan kaçıp, isyan halindeki halkın elinden zor kurtulabilmişti. Benim doğduğum yıllarda Müslüman bir kızın oyuncu olması, kendini sergilemesi, öncelikle Kuran'da yasaklanmıştı. Ama tabii zamanla çok şey değişti. Her ne kadar Kont Bonarelli'nin öngördüğü gibi 'la Chirina' olmadıysam da, onun kehanetini boşa çıkarmayıp, kendimi tatmin edecek yetenekte bir aktris oldum.

Dünyaya gelişim aileme geçici bir mutluluk getirmiş, ama aslında değişen bir şey yokmuş. Babam yine bildiğini okuyor, annem de buna göz yumup kendi hayatını yaşıyormuş. Ben doğduğum zaman annem zaten bambaşka bir kadın olmuş, İzzet'in evlendiği saf ve masum kız değilmiş artık. Yaptıkları Avrupa seyahatleri onun ufkunu genişletmiş ve kendine güvenini artırmıştı. Annemin bana defalarca söylediğine göre o yolculuklar evliliklerinin en iyi yönüymüş. "Görmek ve öğrenmek bana iksir gibi geldi. Yolculuklarda babanla daha iyi anlaşırdık. Nerelere gitmedik ki... Baban bana nereye gitmek istediğimi sorar, Prado Müzesi'ni gezmeye Madrid'e veya Floransa'ya giderdik. Floransa'da Fra Angelico fresklerini gördüğümde neredeyse aklımı kaçıracaktım, o derece güzeldiler. Sonra Hollanda'ya gittik, müzeleri dolaştık ve işte orada en sevdiğim ressam Bruegel'i keşfettim" diye anlatırdı.

İzzet yazar olduğu için Paris'te edebi toplantılara katılıyorlardı. Nisa, Paris'in en iyi terzilerinden giyiniyor, gittikleri her yerde en lüks otellerde kalıyorlardı. Riviera kıyılarına indiklerinde mihraceler, prensesler, İngiliz lordları, leydileri ve Amerikan milyonerleriyle ahbaplık ediyorlar, davet ve ziyafetten baş alamıyorlardı.

İstanbul'da da çok aranılan, sevilen bir çifttiler. Özellikle diplomatik çevrelerde, ne zaman yabancı bir hükümet büyüğü veya ünlü bir sanatçı gelse, modern Türkiye'nin örnek çifti olarak davetlere çağırılıyorlardı. Böylelikle annemle babam, Avrupa'nın en önemli siyasal kişileri, yazarları ve sanatçıları ile ahbaplık, arkadaşlık kurmuşlardı.

O ara annem Türkiye'nin en güzel kadını olarak tanınıyordu. Arkadaşları onun saçaklı ve boncuklu Chanel elbisesi içinde çarliston yaparkenki güzelliğini hâlâ anlatırlar. Çoğu erkekler, gönlünün kahramanı Mustafa Kemal dahil, ona hayrandılar.

Bir yaz günü annem ile babam Fransız büyükelçisi Kont de Chambrun'ün Tarabya'daki sefaretinde, Türkiye'yi dolaşan bir grup Fransız gazeteci şerefine verdiği öğle yemeğine davet edilmişlerdi. O günler bütün dünya "Yeni Türkiye" ile genç ve karizmatik lideri Mustafa Kemal hakkında yazılar yazıyordu. Annem ile babam akşamüstü davetten çıkıp Büyükada'ya döndüklerinde Cumhurbaşkanlığı yatı Ertuğrul'un o yaz kaldıkları Yat Kulübü'nün önünde demir atmış olduğunu gördüler. Odalarına henüz girmişlerdi ki, Türk Ocakları'nın kurucusu ve başkanı, İzzet'in Galatasaray'dan en yakın sınıf arkadaşı, ünlü yazar Hamdullah Suphi kapılarını tıklattı ve "Cumhurbaşkanımızla birlikteyim. Kulübe geldiğinizi gördü, sizi masasına davet ediyor" dedi.

Annem ile babam buna çok sevindiler. Nihayet bu büyük adamla tanışacaklardı. Nisa'nın onu Hakiye ablasının evinde anahtar deliğinden gözetlemesinden, İzzet'in de coşkulu notlarla kitaplarını göndermesinden bu yana sekiz yıl geçmişti.

Kulübün salonunda kurulmuş, çeşitli meze tabaklarıyla donanmış uzun masada, Mustafa Kemal, bakanları, milletvekilleri ve yaverleriyle oturuyordu. Her zaman olduğu gibi masada yazarlar ve gazeteciler de vardı.

Nisa sofraya yaklaşırken herkes ayağa kalktı. Bazı kimseler, onun cumhurbaşkanının yanında oturması için yerlerini değiştirdiler. Nisa o anda Mustafa Kemal'in erkek olarak olağanüstü yakışıklılığını ve çekiciliğini gördü. O çelik mavisi gözleriyle yüzüne baktığında, Nisa ürperdiğini hissetti. Bana sık sık, "Hayatta gördüğüm en çarpıcı erkektir" demiştir.

Sofraya oturur oturmaz Mustafa Kemal, "Güneşten ne güzel yanmışsınız" diye anneme iltifat etti, sonra da ne içeceğini sordu. Nisa tereddüt etmeden, "Sizin içtiğinizden" yanıtını verdi ve masada rahat bir nefes alındığını hissetti. Sonradan Hamdullah Suphi'nin anlattığına göre, annemle babam gelmeden az önce Mustafa Kemal, belediye başkanının eşine ne içeceğini sorduğunda, belediye başkanı da yetkili bir eda ile karısının yerine, "Karım içki içmez efendim" diye yanıt vermiş. Bu yanıt cumhurbaşkanını sinirlendirmiş. Herkesin önünde belediye başkanına verip veriştirmiş. "Karınız dilsiz mi ki siz onun yerine cevap veriyorsunuz? Karınızın kendi fikrini söyleme hakkı yok mu?" diye adamı azarlamış, o nedenle annemin yanıtı masadakileri rahatlatmış.

Rakı masası cumhurbaşkanının en sevdiği sosyal etkinlikti. Bu toplantılar bazen sabahın erken saatlerine kadar sürerdi. Konuklarına çeşitli konularda sorular sorar, yanıtlar tartışılır, ilginç saatler

Fahrünnisa, Aliye, Ayşe.

yaşanırdı. O gece belediye başkanı dersini aldıktan, Nisa da yanına oturduktan sonra daha neşeli bir havaya girildi. Ortaya atılan konularda, oradaki herkes, birbirlerinden daha zeki ve esprili görünmek için adeta yarışıyordu.

Cumhurbaşkanı İstanbul'a gelip Dolmabahçe Sarayı'nda kaldığı zamanlar, annemle babam onun sosyal yaşamının bir parçası haline geldiler. Boğaz'ın kıyısında düğün pastasını andıran rokoko üslubundaki sarayda her beraber olduklarında, Mustafa Kemal'in yağdırdığı iltifatlardan annem son derece onur duyuyordu. Cumhurbaşkanı annemi poker oynadığı gruba bile almıştı. Genç lider doğuştan sohbet sever, etrafında insanlar olsun isterdi. Aynı zamanda da çapkındı. Ama Nisa öteki kadınlar gibi kendini onun kollarına atmak istemedi. Aksine, ağırbaşlı davranışlarıyla Mustafa Kemal'in saygısını kazandı.

Annem ile babamın Mustafa Kemal ile geçirdikleri en önemli akşam, 1928 yılının Ağustos ayındadır. İkisi de Dolmabahçe Sarayı'nda bir konferansa davet edilmişlerdi. Birçok bilim adamının, milletvekillerinin, yazarların ve gazetecilerin çağırıldığı bu toplantının amacı, alfabenin değiştirilmesiydi. Kuran Arapça olduğundan, yüzlerce yıldır Türkçede Arap harfleriyle yazılırdı. Oysa dilimizin sözcükleri Arap alfabesine uymuyordu. Daha önce de alfabenin Batı ülkelerindeki gibi Latin harfleriyle düzenlenmesi için girişimler olmuş, fakat dini çevreler buna karşı çıkmışlardı. Bu geniş kapsamlı reformu ancak Mustafa Kemal gibi sevilen, iradeli ve kudretli bir lider gerçekleştirebilirdi.

Konferans, sarayda, Muayede Salonu'nda yapıldı. Kocaman avizenin altına kurulan uzun ziyafet sofrasında Nisa, cumhurbaşkanının sağında oturuyordu. Masanın karşısında, üzerinde Latin harfleri yazılmış ayaklı karatahtalar vardı. Bütün gece Türkçenin seslendirilmesi konusunda hangi harflerin kullanılacağı tartışıldı. Örneğin, Fransızcada sedil denilen çengel şeklindeki işaret, sessiz harflerden "c" ile "s" için önerildi ve kabul edildi. Geriye "ö" ve "ü" için ne yapılacağı kalıyordu. Bu ara gün ağarmak üzereydi, herkes çok yorulmuştu. Mustafa Kemal, "Başka seçeneğimiz yok, Almanların *'umlaut'* dedikleri yan yana iki noktayı almamız gerekecek" dedi. Bu öneri kabul edildi. Bunun üzerine Mustafa Kemal elindeki karta bir şeyler yazıp İçişleri Bakanı Şükrü Kaya'ya uzattı. O da kartı okuyup Nisa'ya "Cumhurbaşkanımız yeni Türk alfabesiyle ilk olarak sizin adınızı yazmışlar" diyerek ona verdi. Umlaut, Türkçede ilk defa böyle kullanılmıştı. Fahrünnisa! Annem kartı çantasına koydu, sonra da kaybetti ya da birine verdi.

Konferans amacına ulaşarak sona erdi. Davetliler dışarı baktıklarında güneşin Boğaz sularının üzerine doğduğunu görünce şaşırdılar. Cumhurbaşkanı, manevi kızlarından biri olan Nebile'den ilahi söylemesini istedi. Seherin sessizliğinde Nebile'nin bülbüller gibi gür ve güzel sesi Muayede Salonu'nda şakırken, annem o anı yaşam boyu unutamayacağını biliyordu. Mustafa Kemal de duygulanmıştı, çelik mavisi gözlerinden yaşlar süzülüyordu.

O sabahın erken saatlerinde özel bir motor annemi, babamı ve arkadaşlarını Büyükada'ya geri götürdü. Gecenin olağanüstü öneminden o kadar etkilenmişlerdi ki adaya döndüklerinde heyecandan uyuyamayacaklarını anladılar ve üç araba kiralayarak ada turu yaptılar. O saatlerde Türk ulusuysa yeni bir dünyaya uyanıyordu.

9

Paris faslı

Mustafa Kemal, Türk ulusuna radikal reformlar getirmeye devam ediyordu. Tarihte hiçbir topluluk, bu kadar kısa süre içinde bu kadar yeniliğe kucak açmamıştır. Önce dünya Müslümanlığının liderliği olan hilafeti kaldırdı ve Türkiye'yi laik yaptı. Meclis, şeriatın yerine, İsviçre'yi örnek alarak Batı kanunlarını kabul etti. Şapka Kanunu'nu çıkarttı; fes giymek suç oldu. Her ne kadar 1925'te halkın önünde, peçeli gezmenin gülünç olduğunu belirttiyse de, Mustafa Kemal o kadar zekiydi ki, yüzyıllarca İslam dini gereği peçe arkasında yaşamış kadınların bu konuda duyarlı olabileceklerini düşündü ve peçeyi yasaklamak için kanun çıkarmadı. Yalnızca çevresindeki kadınların Batılı tarzda giyinmelerini önerdi. Zaten Latife Hanım onun arabasının yanında yüzü açık olarak ata binmişti.

Reformları arasında yabancıların sahip olduğu şirketleri millileştirmek de vardı. Bunların en başında Osmanlı Tütün Şirketi, yani Reji İdaresi geliyordu. Bunun sonucunda babam işini kaybetti. Ama yine de varlıklıydı. Yirmi yıllık çalışmasının karşılığı olarak Fransızlardan iyi bir ödenek aldı. Parasının bir kısmıyla New York Borsası'nda iyi yatırımlar yapmıştı. Yıllar sonra ulusal olacak birkaç yabancı bankanın da idare heyetinde şimdilik çalışmaya devam ediyordu.

Babamın yakın arkadaşlarından yazar Yakup Kadri ile Hamdullah Suphi, büyükelçi olarak dış ülkelere atanmışlardı. Babam da artık cumhurbaşkanının yakınlarından olduğu için, yeni hükümette iyi bir mevki umuyordu. Özellikle İçişleri Bakanı Şükrü Kaya'nın onu bu konudaki ihtimalleri görüşmek için çaya davet etmesi, babamı daha da umutlandırdı. Çaydan sonra özel bir motorla Boğaz'da gezinti yaparken, Dolmabahçe Sarayı'nın da önünden geçtiler. O sırada Mustafa Kemal balkondaydı. Şükrü Kaya, "Bak" dedi, "cumhurbaşkanı sana el sallıyor." Belli ki cumhurbaşkanı motor gezisinin nedenini biliyordu. Onlar da ellerini salladılar ama o görüşmeden sonra babama hiçbir teklif gelmedi.

Mustafa Kemal bütün yazarlara ve kültürlü adamlara değer verdiği için İzzet Melih'i de beğeniyor, takdir ediyordu. Kendisine verdiği üniformalı, astragan kalpaklı resmine "Kitaplarınızı zevk ve ilgiyle okudum" diye yazmış, altına da imzasını atmıştı. Babam o resmi yaşamı boyunca gümüş bir çerçevenin içinde, yazı masasının üzerinde sakladı. Fakat benim düşünceme göre, her ne kadar babam Kurtuluş Savaşı sırasında gizlice Almanya'dan Anadolu'ya uçak motorları kaçırarak yararlı olduysa da, İstanbul'u, bütün işini gücünü bırakıp kaderini onun kaderiyle birleştirmediği için, Atatürk onu affetmedi. O istedi ki mücadelenin ilk gününden itibaren, herkes her şeyini terk edip Ankara'da onunla buluşsun ve ülkeyi kurtarmak için savaşsın. Büyük adamlar tümüyle içten bağlılık isterler, ancak böyle yapanlar önemli yerlere getirilerek ödüllendirildiler.

Anneme, babamın niçin savaşa katılacak kadar vatansever olmadığını sordum. Sorumu yanıtlarken kullandığı sözcükleri dikkatle seçti: "Baban savaşa katılmayı çok düşündü, gitmeye de karar verdi. Hatta bu konuda Atatürk'e bir mektup bile yazdı. Ama Yunanlılar Eskişehir'i de alınca, işler öyle ümitsizleşti ki, inancını yitirdi. Güzel bir evimiz, iyi bir işimiz ve dolgun bir maaşımız vardı. İstanbul'da yaşam iyiydi. Bütün bunları bırakarak Ankara'ya gidip ne olacağı belirsiz bir maceraya atılmak, o sırada delilik olacaktı. Doğrusunu istersen baban ne yapması gerektiğini bana sordu, ama şimdi utanarak söylüyorum ki ben de kendisini bu konuda yüreklendirmedim."

Annemin babamı bu yönde etkilemesine çok şaşırdım, çünkü tam tersini yapacağını sanırdım. Korkusuz bir kadındı, çoğu zaman kararlarını, sonucu düşünmeden verirdi. Onun için öyle sanıyorum ki, o da İstanbul'daki güzel yaşamını bırakıp o sıralarda herhangi bir Anadolu kasabasından farklı olmayan Ankara'ya gitmek istemedi.

Yeni hükümette görev alamayınca babam ile annem bir süre için Paris'e gitmeye karar verdiler. Geride iki yaşındaki beni, beş yaşındaki ağabeyim Nejad'ı, dadılarımızı, hizmetçi ile aşçıyı ve başımıza büyük olarak da Aliye teyzemi bırakarak Marsilya vapuruna bindiler. Babamın iki amacı vardı. Birincisi orada çalışma olanağı aramak, ikincisi de doktora tezi hazırlamaktı. Yazdığı tez beğenildi ve 1938'de Fransız Akademisi ona fahri doktorluk unvanını verdi. Ayrıca edebi çalışmaları nedeniyle de "Les Palmes Académiques" ödülünü kazandı.

Nisa'nın tutkusu resim, İzzet'in tutkusuysa yazarlıktı. İzzet, on iki yaşındayken çocuk dergilerine şiirler yazmış ve bir çocuk gazetesi çıkarmaya başlamıştı. On beş yaşındayken dergi çıkarmış ve Fecr-i Âti denen edebi grubun en genç üyesi olmuştu. İlk ve en çok sevilen kitabı *Tezat*'ı yazdığı zaman henüz yirmi iki yaşındaydı. Bu kitap dört kez basıldı. İkinci kitabı *Sermet*'i aynı zamanda Fransızca olarak da yazdı ve kitap Paris'te basıldığında önsözünü ünlü Fransız yazar Pierre Loti kaleme aldı.

Siyasetten şiddetle nefret eden İzzet, politika dışında her konu üzerinde denemeler, kısa öyküler, makaleler yazardı. Hatta tek perdelik *Leyla* adlı bir oyun bile yazmıştı. Birçok dilde oynanan bu oyun, İngilizce çevirisinde *The Disenchanted* adıyla oynadı. Piyes, aynı adama âşık olan Müslüman ve Hıristiyan iki kadının psikolojik farklarını ortaya koyuyordu. Önce, Blanche Toutain'nin İstanbul'daki Varyete Tiyatrosu'nda çok beğenilerek oynandı. Aynı yıl Paris'teki l'Oeuvre Tiyatrosu'nun ünlü sanat yönetmeni Lugne Poe İstanbul'a geldi, İzzet'le görüştü ve *Leyla*'yı Paris'te, Sarah Bernhardt Tiyatrosu'nda sahneye koymaya karar verdi. O devrin parlak yıldızlarından Suzanne Despres başrolü oynadı. Babamın yazı odasının duvarlarını ünlü sanatçıların imzalı resimleri süslerdi. Suzanne Despres de onlardan biriydi. Piyes 1912'de Fransızca basıldığında, İzzet, Türk tiyatrosu hakkında uzun bir önsöz yazdı.

Babamın bu kadar işinin gücünün, seyahatlerinin, ailesinin sosyal yaşamının ve çapkınlıklarının arasında nasıl zaman bulup da o kadar yazabildiğine doğrusu akıl erdiremiyorum. Onu daima tiril tiril ve şık, yüksek arkalıklı kadife koltuğunda oturmuş okuyor ya da kitap dolu yazı odasında masasının başında yazıyor olarak gözümün önüne getiriyorum. 1957'de, babamın son derece saygın bir kuruluş olan Société des Gens de Lettres'e daimi üye olarak kabul edilmesi onu çok mutlu etmiş, çok onurlandırmıştı. Yaşamının son günlerinde kafası artık eskisi gibi çalışmadığı halde, masasının başında bir şeyler yazmaya çabalaması, buna karşılık anlamsız karalamalar dışında bir şey yazamaması beni çok üzüyordu.

Paris'te ilk öğrencilik günlerinde İzzet sık sık tiyatrolara gitmiş, tanınmış kadın artistlerle ilişkileri olmuştu. Bunlardan birisi ünlü primadonna madam Lampé, diğeri de ünlü aktris Marie Belle idi. Marie Belle babamı uzun Selanik donları içinde gördüğü zaman kahkahalarla gülmüş ve ona Sulka'dan ilk kısa iç donunu hediye etmişti.

İzzet'in Fransız kadınları üzerindeki güçlü etkisini 1948 yazında, Amerika'da Maine eyaletinde bir tiyatroda staj yaparken gördüm. Başrejisörün Fransız annesi, oğlunu görmeye gelmişti. Benim Türk olduğumu öğrenince bu hanım 1900'lerin başında, ünlü bir Fransız aktrisi olan annesi Rejanne ile İstanbul'a gidişini anlattı. Annesi İstanbul'da bir pi-

Nejad Devrim.

yeste oynadığı sıralarda, kendisi de çok yakışıklı bir Türkle ateşli bir aşk yaşamış. Tabii o çok yakışıklı Türk çıka çıka çapkın babam çıktı. Madam Rejanne'ı yaşlı bulan İzzet kızıyla sevişmişti.

İzzet Paris'te yazmakta olduğu tezi üzerinde uğraşırken, Nisa da Akademi Ranson'a yazılıp ünlü ressam Roger Bissière ile çalışmalarına başladı. Roger Bissière, Nisa'nın olağanüstü yeteneğini hemen görmüştü. Bir akşamüstü atölyede öğrenciler, o günkü konuları olan çıplak model üzerine çalışmalarını bitirmiş hocalarının görüşlerini bekliyorlardı. Bissière gelip de Nisa'nın yanındaki sehpalarda çalışan iki Japon'un çizdiklerini övünce, annem hayretler içinde kaldı. Bunlar hiçbir özelliği olmayan ruhsuz resimlerdi. Sonradan Bissière'e nasıl olup da onları övdüğünü sorduğunda üstat, "O iki öğrenci yapabileceklerinin en iyisini yapmıştı, onlardan daha fazlasını bekleyemem ki, tabii öveceğim" yanıtını verdi.

Bu sırada Nisa'nın şövalesinin önüne gelmişti, çizmiş olduğu nü'yü uzun uzun süzdü, sonra tuvali şövaleden aldığı gibi hızla yere çaldı. Nisa'nın aklı başından gitmişti. Hoca bunu nasıl yapardı, çıldırmış mıydı?

Bissière, "Biliyorum ki bundan çok daha iyisini yapabilirsiniz" dedi ve ekledi, "bu yalnızca bir kopya. Ben size doğayı kopya etmemenizi söylemiyor muyum?" Nisa da çekinmeden karşılığını verdi: "Öyleyse neden önümüzde model var? Onun resmini yapmayacaksam niye karşıma koyuyorsunuz?" "Model sizin için bir araç olmalı. Eğer gerçekten gönlünüzde bir öykü, bir türkü varsa, onu modelin içinden geçirerek dışarı vuracaksınız."

O gün ressam bir arkadaşı Bissière'e, "O Türk hanıma neden öyle sert davrandınız?" diye sorunca, Hoca, "O bir sosyete kadını. Ben onun resmi yalnızca bir hobi olarak değil, meslek olarak seçmesini istiyorum. Çünkü çok yetenekli" diye yanıt verdi.

Annem ile babam Paris'e hareket edince, Aliye teyzem ötesini berisini alıp Nejad'la bana annelik etmek üzere bizim eve taşındı. Evlenmemiş, annesiyle oturan tek çocuk o kalmıştı. Kendine ait bir geliri de olmadığından, giyim kuşam konusunda ablalarının verdikleriyle idare ediyordu. Sevgilisi Karl Berger'i haftada iki defa ziyaret ederdi. Dindar ve sofu büyükannem çaresiz kalmıştı. Kızını evden atacak değildi ya, onun için bu tutumuna katlanıyordu. Berger, Aliye'nin yalnızca kalbini değil, ruhunu da tutsak etmişti. Berger'e olan tutkusu, Aliye'nin yaşama nedeni olmuştu. Onun yüzünden, evlenmek için karşısına çıkan kaç önemli ve zengin kişiyi reddetmişti. Berger'e olan aşkı adeta efsane olmuştu. Her ne kadar insanlar bu beraberliği skandal olarak nitelendiriyorlarsa da, yine de içlerinde romantik duyguların kıpırdadığını hissediyorlardı.

Aşklarının başladığından bu yana dört yıl geçmiş, Aliye yirmi beş yaşına gelmişti. Annem ile babam Paris'teyken, bir gün öğrendi ki bir rakibesi var! Berger'e piyanoda eşlik eden kadın! Artık kıskançlıktan içi içini yiyordu. Ne yemek yiyebiliyor ne de uyuyabiliyordu. Sonunda işi halletmeye karar verdi. Babamın bir tabancasını bulup Üsküdar'da oturan kadının evine gitti. Bir ağacın arkasına saklanıp bekledi. Ev sakindi, sanki kimse yoktu, ama az sonra içerisini çok iyi seyredebildiği pencereden, kadınla Berger'in odaya girdiklerini gördü. Berger bir koltuğa oturdu, kadın da eğilip onun çoraplarını, ayakkabılarını giydirmeye başladı. Gördükleri, onların az önce seviştiklerini kanıtlıyordu. Deliye döndü! Saklandığı yerden fırladığı gibi ön kapıya koşup zili çaldı. Rakibe kapıyı açınca Aliye de tabancayı sıktı. Kurşun kadının kalçasına saplandı; ama kadın, çok şükür, ölmedi.

Hadiii... Müthiş bir skandal daha Şakir Paşa ailesini sarstı! Gazeteler, "Aliye Marie'yi vurdu" diye koca koca manşetler attılar ve aile bir kez daha dillere düştü! Allahtan, Marie evliydi ve bir oğlu vardı. Teyzemi mahkemeye vermedi. Kanuni işlem falan da yapılmadığından olay, kaza süsü verilerek geçiştirildi.

Berger, teyzeme arka çıktı. Ondan ayrılırsa belki de Aliye'nin aklını kaçıracağından korkuyordu. Bilmiyorum, belki de aşkının derinliğini görmek, kendisi için Aliye'nin neler yapabileceğini keşfetmek onu duygulandırmıştı. Her ne hal ise, aşkları eskisi gibi devam etti.

Annem ile babam müthiş haberi alır almaz, Aliye'ye yardım etmek ve bakımımızı üstlenmek için acele İstanbul'a döndüler. Ailede herkes Aliye'nin tarafını tuttu. Onun yaptığını doğru bul-

Aliye Berger.

masalar bile onu anlamaya çalıştılar. En çok anlayan Suat dayımdı. Bana bir defasında, "Tutku" demişti, "berbat bir şeydir. Seni eline geçirdi mi, onun esiri olursun. Sana korkunç şeyler yaptırabilir." Aliye'nin skandalı sırasında Suat Amerika'dan ikinci kez dönmüş, bu sefer Sayida'yı tam olarak kaybetmişti. Yedi yıllık evliliklerinde Sayida hayli zorluklara göğüs germişti. Eski bir evde kocasının ailesiyle oturmak, devamlı parasal sıkıntılar ve en kötüsü Suat'ın bitmez tükenmez çapkınlıkları... Son gidişlerinde Suat, Sayida'nın en yakın arkadaşı, ünlü film yıldızı Bebe Daniels ile Kaliforniya'da dedikodusu ayyuka çıkan bir macera yaşayınca, Sayida'nın canına tak dedi ve Suat'ı İstanbul'a geri yolladı. Kızı Geraldine'in dediğine göre de, Suat'ı hayatı boyunca sevdi.

Aliye'nin skandalı durulunca annem ile babam İstanbul'daki yaşamlarına eskisi gibi devam etmeye başladılar. Ne var ki bu kez de 1929 sonbaharında, New York Borsası'nın çökmesiyle babam servetini yitirdi. Bütün parasını yatırdığı hisse senetleri, bir gecede yüzde yirmi beş, yüzde otuz değer kaybettiler. Komşusu Bay Süleymanoviç, birçok kimsenin yaptığı gibi, pencereden atlayarak intihar etti. Bütün İstanbul nefesini kesmiş, İzzet Melih'in bu parasal yıkımı nasıl karşılayacağını bekliyordu. Acaba o da intihar mı edecekti? Nisa, onun, küçük bir çocuk gibi kucağına kapanıp ağladığında ne kadar üzüldüğünü hatırlar. Ama annem şom ağızlı insanların kehanetlerini boşa çıkarmak için, derhal danslı bir çay daveti planladı. Sonra ikisi de çok şık giyindiler ve İtalyan şoför Manuel'in kullandığı Alfa Romeo arabalarına binip, davetiyeleri ahbaplarına kendileri dağıttılar.

Nisa'nın durumu cesaretle karşılaması gerçeği ortadan kaldırmıyordu. Nitekim anımsıyorum, birkaç gün sonra ızbandut gibi iki adam gelip o günlerde pek ender bulunan mekanik piyanoyu götürdüler. Manuel onun başına oturur, kendi çalarmış gibi yapar, Necad'la beni eğlendirirdi. Ondan sonra Alfa Romeo, Manuel ve Bolulu aşçımız da piyano gibi yok oldu!

Altı yıl içinde İzzet Melih önce oğlunu, sonra işini ve servetini kaybetmişti. Derler ki felaket üç kez arka arkaya gelir. Oysa onu bir dördüncüsü de bekliyordu.

10

Emir Zeyd

Babam olanca gayretiyle iş arıyordu. Osmanlı Tütün Şirketi'nin yöneticilerinden Mösyö Weil'in Avrupa iş dünyasında çok tanıdığı vardı. Babamın imdadına yetişti, onu Tramvay Tünel ve Elektrik Şirketi'nin başına getirdi. Bu şirket, Belçika'daki Sofina Holding'in bir şubesiydi. İçleri rahat edince annem ile babam, tatsız anıları geride bırakmak ve yeni bir yaşama yeni bir evde başlamak için, Ayaspaşa'da "art deco" üslubundaki Park Otel'in karşısına düşen Hayırlı Apartmanı'na taşındılar.

Geniş bir apartmandı. Önde caddeyi gören balkonu arkada da camla kapanmış büyük bir terası vardı. Teras mezarlığa bakıyordu ama her gün yeni bir bina yapmak için kazılan mezarlık gittikçe yok oluyordu. Evin gürültüsünden patırtısından kaçan annem, o camlı terasa şövalesini kurdu. Artık ciddi olarak resim yapmayı düşünüyordu.

Hayırlı Apartmanı'na taşınmamızdan az önce, Irak kralı I. Faysal, Atatürk'e saygı gösterisi olsun diye, küçük kardeşi[29] Emir Zeyd'i, Türkiye Cumhuriyeti'ne Yeni Irak Krallığı'nın ilk büyükelçisi olarak gönderdi. Emir Zeyd'in Türk annesinden olan iki küçük kız kardeşi de ağabeyleriyle birlikte Türkiye'ye geldiler. Ama

---

29. Fransızlarca Suriye'den çıkarılan Emir Faysal, yardım için yeniden İngilizlere başvurdu. Kendi güdümlerinde bir monarşik yapı kurulması İngilizlerin bölgedeki hedefleriyle örtüşüyordu. Böylece Faysal 1922'de Irak kralı olarak tahta geçmiş ve İngilizlerle yirmi yıl süreli bir ittifak anlaşması imzalamıştı. İngilizler, Filistin'in doğusunda, Şeria Irmağı'ndan itibaren yeni bir mülki yapı oluşturmuş (Ürdün) ve Faysal'ın kardeşi Emir Abdullah da Ürdün kralı ilan edilmişti.

Ankara'da elçilikte oturmak yerine, Ayaspaşa'da bir kat kiralamayı tercih ettiler.

1930'ların başlarında Ankara memur ve diplomatların oturduğu Bauhaus tipi beton evlerden oluşuyordu. Fazlaca kültürel etkinlikleri olduğu da söylenemezdi. Ünlü şair Yahya Kemal'in dediği gibi, Ankara'ya gitmenin zevki, İstanbul'a dönebilmekti. Emir Zeyd de şairimizin düşüncesine katılıyor, sık sık İstanbul'a, kardeşlerini görmeye geliyordu. Kardeşleri Ayaspaşa'da, bizim apartmana bitişik Park Apartmanı'nda bir kat tutmuşlardı, balkonlarımız yan yanaydı. İşte emir ilk kez Nisa'yı orada, balkonda gördü. Birkaç gün sonra da, Yunan elçisinin eşi Madam Polikraniyodis'in verdiği öğle yemeğinde tanıştılar.

Annem şöyle anlatır: "Arkadaşım Militzia, yemeğine gelmem için çok ısrar etti. 'Ankara'dan bir meslektaşımız geldi. Kendisi bekâr bir Haşimi prensi. Onuruna bir öğle yemeği vereceğiz, Nisa n'olur sen de İzzet Bey'le gel. Sizler her topluluğa canlılık katıyorsunuz' dedi. Doğrusunu istersen canım hiç gitmek istemiyordu. Yorucu bir hafta geçirmiştim; yeni yaptığım bir portrenin ortasındaydım, bırakmak istemiyordum. Üstelik hiç mi hiç prens görmemiştim! Ama Militzia'yı kırmak da olmazdı, en iyi arkadaşlarımdan biriydi. Babanla kalktık gittik. Mavi krep bir elbise giyiyordum, üzerimde kısa, beyaz bir bolero vardı. Başım beyaz bir türbanla sarılıydı. Ayakkabılarım da elbisemin rengindeydi."

Annem daima ne giydiğini, nasıl göründüğünü en ince ayrıntısına kadar hatırlardı. Sergilediği görüntü onun için çok önemliydi. Ne giyeceğine, nasıl görüneceğine karar verdikten sonra da her ayrıntı belleğine yazılır, bir daha hiç unutmazdı. Daima en iyi şeklinde görünmeye özen gösterirdi. Yatağının başucundaki komodinin üzerinde kutu kutu pudralar, rujlar, kaş kalemleri, rimel tüpleri ve farlar bulunurdu. Uyandığı anda gümüş el aynasına uzanır, saçını tarar, makyajını yapar ve kahvaltısını getirecek olan her kimse, ona iyi görünmeye çalışırdı.

Ölüm döşeğinde bile, çok sevdiği Türk büyükelçisinin ziyaretine geleceğini öğrenince kaşlarına kalem çekmemi, yanaklarına allık sürmemi istedi. Çok hasta olduğu için leylak rengindeki ipek yatak ceketini giydiremedik, sinirlendi, çünkü o rengin kendisine yakıştığına inanıyordu. Ancak ceketi çengelli iğnelerle geceliğine tutturduğumuzda sakinleşti, düzenli soluk almaya başladı.

Annem sadece kendi görünüşüyle değil, çevresindeki herkesin görünüşüyle de ilgilenirdi. Odadan içeri girdiğimiz anda, "Bu renk sana yakışıyor" ya da "Bu etek seni tıknaz gösteriyor, saçların daha kısa olmalı, kaşlarını almalısın", "Eşarbını çok güzel bağlamışsın" "Allığını elmacık kemiklerinin altına sürmelisin" diye herkese fikrini söylerdi. Onu memnun etmek için hepimiz en iyi halimizde görünmeye, onun beğeneceğini bildiğimiz elbiseleri giymeye çaba gösterirdik. Yengem Maida Amman'da kendisine ve çocuklarına çekidüzen vermeden annemi ziyaret edemediğinden yakınırdı. Bana öyle geliyor ki onun renk ve giyim konusundaki titizliği, eğitilmiş sanatçı gözü ve estetik duygusunun çok kuvvetli oluşundan kaynaklanıyordu. Yoksa hiç de yüzeysel bir kadın değildi.

Yunan elçisi ile eşinin, Emir Zeyd'in onuruna verdikleri öğle yemeği son derece neşeli ve canlı geçti. Ama emir hemen hemen hiç konuşmadı. Sofrada Nisa'nın karşısında oturuyor, iri siyah gözleriyle hep anneme bakıyordu. Nisa, babam ve onun arkadaşları gibi daima şık giyinen, ince zevkli, zekice espriler yapan, kadınlara iltifat eden, kozmopolit erkeklere alışık olduğu için, üzerine bol gelen gri bir takım elbise giymiş, siyah kravat takmış bu sessiz esmer prensten hiç etkilenmemişti. Ama annem o bahar, Emir Zeyd'le birçok sosyal etkinlikte karşılaştı ve ona karşı ilgi duymaya başladı. Bana bir gün, "Tanıdığım insanlardan o kadar farklıydı ki... Bana o zamana kadar hiçbir erkeğin bakmadığı gibi bakıyordu. Bu esrarlı, esmer, sakin prensi düşünür olmuştum" dedi.

İstanbul'daki eski İtalyan Elçiliği'nin güzel bahçesinde büyükelçi, şehri ziyarete gelen bir harp gemisinin subayları için bir davet veriyordu. O gece Nisa bir de baktı ki Emir Zeyd bir çam ağacına yaslanmış yine onu seyrediyor. Duruşu ve bakışı annemde onunla konuşmak isteği uyandırdı, yanına gitti, "Emir hazretleri, ben ve arkadaşlarımla tenis oynamak ister misiniz?" diye sordu. Emir gülümseyerek, "İsterim, hem de çok isterim" yanıtını verdi.

Annem onun gülümsediğini ilk kez görüyordu; "Beni yarın sabah saat onda alın, Tarabya'daki Sümer Palas'ın kortlarında oynarız". Emir Zeyd'in beklediği fırsat çıkmıştı, o günden sonra annemi kendine âşık etmek için elinden geleni yaptı.

O yaz Avusturyalı bir diplomat birkaç tekne kiralayıp, konuklarını Boğaz'da bir piknik sefasına davet etti. Konuklar arasında annem, babam ve Emir Zeyd de bulunuyordu.

Annem o günü şöyle anlattı: "Emir Zeyd'e âşıktım. Âşık olduğumu nasıl mı biliyordum? Onu birçok geceler rüyamda gördüm. Bir defasında ikimizi birbirine yapışık ikizler gibi gördüm. Ben üşüyordum, o da beni ısıtmaya çalışıyordu. Piknik günü teknede, yanımda oturdu. O gün, boyundan askılı, arkası açık bir bluz giymiştim. Zeyd ceketimin altından elini geçirip çıplak sırtımı koluyla sardığında aynen rüyamda duyduğum sıcaklığı hissettim."

Avusturyalı diplomatın konukları tepelerden inip Boğaz sularına karışan deresiyle, Anadolu kıyısında pek sevimli küçük bir köy olan Göksu'ya çıkıp piknik yaptılar. Kuzu çevirmesi ve çeşitli güzel yemekler yediler, şarap içtiler. Tatlıdan ve kahveden sonra, Emir Zeyd anneme kayıkla derenin yukarılarına doğru bir gezinti önerdi. Tahta iskeleye bağlı küçük bir kayığı ödünç aldılar. Ama Zeyd küreklere öyle hızla asılmıştı ki, az sonra kendilerini karşı sahilde buldular. (Emir, Oxford'da Balliol Koleji'nin kürek takımındaydı.) Tenha bir yere gelince Zeyd kayığı karaya çekti. Söğüt gölgelerinin suya vurduğu güzel sahilde biraz yürüdüler. Nisa, Emir Zeyd'e birdenbire "Öpün beni" dedi. Emir Zeyd onu öyle bir öptü ki, Nisa'nın başı döndü.

Şimdi artık ikisi de birbirine âşıktılar. Hiçbir şey onları gizli bir maceraya atılmaktan alıkoyamazdı. Bu beraberlik gittikçe ateşli bir ilişkiye dönüştü. Bütün arkadaşları Nisa'ya yardım ediyorlardı. Çünkü evlendiklerinden beri İzzet'in onu ne kadar sık aldattığını biliyorlardı. Şimdi sıra ilk kez Nisa'daydı.

1933'ün baharında Bükreş Büyükelçisi Hamdullah Suphi Bey, annemle babamı oraya davet etmiş, mektubunun sonunda da "Türk güzeli Nisa ile burada gururlanmak için can atıyorum" demişti.

Fahrünnisa, 1921.

Bu arada babamın çok popüler romanı *Sermet*'in de Romanya'da yayımlanması işiyle ilgileneceklerdi. Annem, kitap için özenerek çok ilginç bir poster çizmiş, yolculuk için de birkaç yeni elbise diktirmişti. Yolculuk hazırlıkları sona ererken, babam Romanya'ya yalnız gitmesinin daha doğru olacağı yolunda laflar etmeye başlamış. Anneme söylediği kadarıyla, Tramvay, Tünel ve Elektrik Şirketi'nin ait olduğu Sofina Holding, şirketle ilgili önemli planları tartışmak için onu Brüksel'e çağırıyormuş. Bu yüzden Bükreş'te ancak bir iki gün kalabilecekmiş. Nisa'nın elçilikte, eşinden ayrılmış olan Hamdullah Bey'le yalnız kalması yakışık almazmış. O nedenle İzzet'in bu yolculuğu yalnız yapması gerekiyormuş. Böyle diyerek Nisa'yı evde bıraktığı gibi soluğu Romanya'da almış.

İzzet Nisa'yı geride bırakmakla ona atacağı adım için zemin hazırlamış oldu! Şehirdeki apartmanımıza derhal kiracı bulan annem, Yeniköy'de bir ev kiraladı. Sonra da Nejad'la bana çok güzel bir sürprizi olduğunu, yazı Boğaz'da geçireceğimizi söyledi. Aslında o sürpriz bize beklemediğimiz bir tokat gibi geldi, çünkü yazı her zamanki gibi adada büyükannemizin yanında geçirmeyi bin kez yeğlerdik.

Nisa'nın, yazı Yeniköy'de geçirmek isteyişinin belirli bir nedeni vardı. Orası Emir Zeyd'le beraber olması için en uygun yerdi; çünkü Ankara'nın sıcağından kaçan bütün diplomat arkadaşları Yeniköy ve civarındaki yalılarda ve büyük bahçeli villalarda kalıyorlardı. Bu villalar 19. yüzyılın ortalarında inşa edilmiş, bazıları yabancı hükümetler tarafından elçiliklerin yazlık mekânı olarak satın alınmıştı. Nisa ile Emir Zeyd Tarabya'daki Sümer Palas'ın kortlarında tenis oynuyorlardı. Yüzyılın sonunda yapılmış olan bu binanın çevresi mavi, pembe ve eflatun ortancalarla çevrilmişti. Marmara'nın sakin bir kadını andıran denizinden farklı olan Boğaz'ın hırçın sularında sık sık yelkenle geziyorlar ve civarda yaşayan arkadaşlarının evlerinde verdikleri partilere gidiyorlardı.

Annem ona tutkuyla bağlanmış olan Zeyd'le aşkını sürdürürken, Miss Tina da Nejad'la beni Yeniköy'den biraz ilerideki Tarabya'da, beyaz ahşap, ufak bir bina olan deniz hamamına götürürdü. O zamanlar oranın kadınlar ve erkekler kısmı ayrı idi.

Boğaz'da, Karadeniz'e çıkarken kuzeye doğru rota kıran gemileri seyrederdik. Boğaz trafiği tankerler, şehir hatları vapurları, yük gemileri, kayıklar, yatlar, kotralar ve mal taşıyan takalarla çok renkliydi. Nejad'la Boğaz'daki yaşamımızdan memnunduk. Büyükada'yı da öyle korktuğumuz kadar özlemedik.

Babam ise Brüksel'den döndüğünde, şehirdeki apartmanın kiraya verilmiş olduğunu öğrenince çok şaşırdı. Yeniköy'den vapurla işine gidip gelmek zorunda kaldığı için sürekli söyleniyordu; ama bu Nisa'nın umurunda bile değildi. İlk kez kendi isteğini yapmıştı.

O yaz annemizi mutlu ve hareketli görmek bizi de sevindiriyordu. Her gün yüzmeye gidiyor, saatlerce güneşin altında yatıyordu. Bir keresinde uyuyakalmış, ciddi bir şekilde yanmıştı. Yanığın acısını dindirmek için o gece, bütün yüzüne yoğurt sürdü, yalnızca gözleri, burun delikleri ve ağzı açık kaldı.

Kıkırdayarak güldüm, "Anne palyaçoya benzemişsin" dedim. O yoğurda bulanmış yüzüyle yanıma geldi ve "Sen annenle nasıl alay edermişsin" diyerek yüzüme bir tokat attı. Ben ağlamaya başlayınca, babam bana sarıldı, anneme, "Sana hakaret etmek istemedi ki, o daha çocuk!" diyerek beni savunmaya çalıştı. Annemin eleştiriye gelemediğini o gün anladım ve onunla nasıl konuşacağıma daima dikkat ettim.

Bütün evlilikleri boyunca annem ile babam devamlı kavga ettiler. Onların kavgaları, evliliğin bir parçası olan ve çoğu zaman tatlıya bağlanan karı koca kavgalarından farklıydı, son derece kırıcı olurdu. Konu genellikle babamın çapkınlıkları ve parasal sorunlardı. Annem çok müsrif ve hovardaydı. Ona göre para son kuruşuna kadar harcanmalıydı. Bittiğinde tekrar nereden geleceğini hiç düşünmezdi. Babam ise tutumluydu. Giderlerini dikkatle ayarlar, parasını biriktirir, yatırımlar yapardı. Her gece de o güzel el yazısıyla, günlük giderlerini kuruşu kuruşuna deri kaplı defterine geçirirdi. O defter bir tutanak gibiydi. Sulka'dan aldığı bir şeyin faturası, tren bileti, çocuklara oyuncak, restoran hesapları, her şey orada görülürdü, o defterden yaşamını izleyebilirdiniz.

O sonbahar Hayırlı Apartmanı'na döndüğümüzde kavgaların

şiddeti daha da arttı. Bir keresinde seslerini adamakıllı yükselttiklerini duydum, arkadan bir şangırtı geldi. Salona koştum. Bir de baktım ki annem bayılmış, yüzü bembeyaz, düşerken farkına varmadan devirdiği kristal vazonun parçaları ve kırmızı güller arasında yatıyor. İşler kontrolden çıktığında annemin bayılma huyu vardı. Bu, ya baş edemediği durumlardan kurtulma yolu ya da sıkıntı içindeki ruhunun bir göstergesiydi. Nedeni ne olursa olsun, onu öyle cam kırıkları içinde baygın yatar görünce korkudan bir çığlık attım! Babam bana önce boş gözlerle baktı, sonra da beni avutmaya çalıştı. Annem o arada hiç kıpırdamıyordu, ben ise hâlâ bağırıyordum. Miss Tina ile Rum hizmetçi Theodosia yanımıza koştular. Annem gözlerini açtı ve sanki hiçbir şey anımsamıyormuş gibi ne olup bittiğini sordu. Ben de öylelikle rahatladım.

Olaydan birkaç gün sonra Nejad'la Taksim Bahçesi'nden döndüğümüzde annemi salonda şık bir sokak kıyafetiyle oturmuş görünce şaşırdık. Elindeki resim defterine kırmızı şekiller çiziyor, o güzel gözlerinden de yaptığı resmin üzerine ip gibi yaşlar akıyordu. Bir ara gözlerinden akan yaşın kan olduğunu sandım. Sonra usulca yaklaştım, çizmiş olduğu alevlerin arasında döktüğü gözyaşları beyaz resim kâğıdının üzerinde kan lekeleri gibi gözüküyordu. Alevlerin arasında da kara, çirkin küçük şeytanlar vardı. Dante'nin *Cehennem*'inden bir sahneyi andırıyordu. Resmin en tepesine büyük kırmızı harflerle "SAKIN YALAN SÖYLEME" diye yazmıştı. Çok şaşırdığımı görünce, yanaklarımı okşadı. "Al bunu odana as, sana hiç yalan söylememeyi hatırlatsın!" dedi. "Ben burada olmayabilirim, ama bu resim sana daima hatırlatır."

Eskizi korkutucu ve ürkütücü buldum. Niye yalan söyleyecektim ki... Ben bir çocuktum, o da bana çocuk muamelesi yapıyordu. Bir ara azarlıyor, arkasından hemen suçumu bağışlıyordu. Hem sonra "belki burada olamam" demekle neyi kastetmişti? İçime bir korku, bir kuşku düştü. Kısa bir süre sonra yanılmadığımı anladım.

Cehennem eskizi olayının hemen ardından bir akşam yemekten sonra babam beni dizlerine oturttu ve "Bak Şirin" dedi, "ben uzun bir süre için Avrupa'ya gidiyorum. Gittiğimde annenizle birlikte her gün oynadığınız Taksim Bahçesi'nin karşısında güzel, yeni bir apartmana taşınacaksınız. Kasımda ben dönene kadar anneniz sizinle kalacak, ben dönmeden az önce Ayşe teyzenize taşınacak. Ayrılıyoruz. Çok yazık, ama ne yapalım, hayatta böyle şeyler olur".

Kendi kendime, babam nasıl bu kadar sakin olabiliyor, diye düşündüm. Bu garip bir durumdu. O anda onun rahat mobilyalarla döşenmiş yazı odasındaydık. Radyomuzdan Viyana valsleri melodileri yükseliyordu. Annem, kadife koltuğa oturmuş çok sakin, ıhlamurunu içiyor, babam da sanki pek önemsiz bir şeyden söz edermiş gibi ayrılacaklarını söylüyordu. Bu sözler o şiddetli kavgaların birinden sonra söylenmiş olsaydı, daha bir anlam taşıyacaktı.

İçime bir korku girdi. Biz ne olacaktık? Babam bu konuda hiçbir şey söylemedi. Biz çocuklar nerede, kiminle yaşayacaktık?

Babamın kucağından atlayıp annemin koltuğunun önüne gidip durdum. Kendim bile duymakta güçlük çektiğim titrek bir sesle "Anne, siz de uzaklara gidip bizi yalnız mı bırakacaksınız?" diye sordum. Yüzüne acı bir ifade geldi, içini çekti, "Hayır, sizleri bırakmıyorum. Bunu nasıl yapabilirim? Hiç üzülme Şirinaki, baban da, ben de sizlere eksikliğimizi duyurmamak için elimizden geleni yapacağız. Şimdi bir yerine iki eviniz olacak. Daima birimizden birini ziyaret edeceksiniz. Hem de biliyorsun, konuklar özel kişilerdir, özel davranış görürler". Sonra bana sıkı sıkı sarıldı, sanki bütün sevgisini ve sıcaklığını aktarmak istiyordu. İki yanağımdan öptü, her zamanki gibi çok güzel kokuyordu, Guerlain'in Mitsouko'su. Şefkatle, "Bana güven Şirinaki" dedi. "Her şey çok iyi olacak. Haydi şimdi koş bakayım, yatma zamanın geçti bile".

Yasak olmasına karşın Nejad'ın odasına girip yatağının üstüne oturdum. Nejad kabakulak geçiriyordu. "Sana söylediler mi?" diye sordum. "Babam ayrılacaklarını sana da söyledi mi?" Nejad ciddi ciddi, "Ona boşanmak diyorlar, tabii bana da söylediler, ama ben inanmıyorum! Hallerine bir bak. Sanki hiçbir şey olmamış gibi beraber oturuyorlar. Boşanacak insanlar genellikle birbirlerine çok kızgın olurlar." Nejad bu konuda uzmanmış gibi konuşuyordu.

O gece yatağıma yattığımda ayrılacaklarına gerçekten inanmıyordum. Her zaman olduğu gibi yine barışırlar, diye düşünüyordum. Annem kaç kez babama kızıp büyükanneme gitmemiş miydi? Ama her seferinde dönmüştü. Kavgalardan sonra günlerce konuşmadıkları olmuyor muydu? Birkaç gün sonra her şey unutuluyordu.

Gene de planladıkları gibi babam Avrupa'ya gitti. Yıllar sonra annem bir gün, pek de istemeyerek, beraber geçirdikleri son saatleri anlattı. "Düşünebiliyor musun" dedi; "Avrupa'ya gideceği günün gecesinde benimle sevişmek istedi. Son kez vedalaşalım diyordu. Ben de bunu önemsemediğimi hem ona hem de kendime kanıtlamak için kabul ettim."

Ertesi sabah annem onu geçirmeye gitti. Marsilya'ya hareket eden gemi rıhtımdan ayrılırken İzzet başından şapkasını çıkarıp eline aldı, öbür elini de veda için sallamaya başladı. O anda Nisa müthiş bir acı duydu ve hıçkıra hıçkıra ağlamaya başladı. İyi ya da kötü, yaşamının on güzel yılını geçirdiği adam, gemi uzaklaştıkça bir nokta kadar kalmıştı. Bayılacak gibiydi. Bu kadar acı duyduğu için kendi kendine kızdı ve alışverişe çıkarak oyalanmaya çalıştı.

Babamın gidişinden az sonra ev halkı, yani annem, Nejad, ben, Miss Tina, Theodosia ve Ermeni aşçımız Paulina yeni apartmana taşındık. Annem en ince ayrıntısına kadar her şeyi babamın zevkine göre yerleştirdi. Çekmecelerinin içine örtüler kaplayıp gömleklerini kolalanmış, ütülenmiş olarak içlerine sıraladı. Kitaplarını kütüphanesine aynen bıraktığı gibi dizdi.

O yıl Cumhuriyet'in onuncu yılı kutlanıyordu. Bu önemli bayram için Mustafa Kemal, İstanbul'daki vatandaşlarına taşradan aileler davet etmelerini önermişti.

Tabii bu arada da bizim yeni yaşam düzenimize uyum sağlamamız pek kolay olmuyordu. Annem Nejad'a, bana, belki kendine de bir değişiklik, bir eğlence olsun diye, köyden Cumhuriyet Bayramı'nı birlikte geçirmemiz için bir aile çağırdı.

Konuklarımızdan hiçbiri o zamana kadar elektrik görmemişti. Sürekli düğmeleri açıp kapamaya başladılar. Mutfağa üşüşüp buzdolabını seyrettiler. Radyo akıllarını başlarından aldı. Evin içinde ayakkabıyla dolaşmamıza hayretler ettiler. Köyde evlerin yerlerini temiz tutmak için ayakkabılar kapıda bırakılırmış. Çünkü yerde oturup, yemeklerini yerde yiyip, yerde namaz kılıyorlarmış. Bir de bakıyorduk çoraplı ayaklarıyla odada sessizce beliriyorlardı.

O yıl, yani 29 Ekim 1933'te, bütün Türk ulusu Cumhuriyet Bayramı'nı büyük bir coşkuyla kutladı. Biz geçit törenini siyah demirden yapılmış süslü parmaklıkları olan geniş balkonumuzdan seyredecektik. Çünkü kortej önümüzden geçecekti. Balkonu bayraklar ve kırmızı beyaz ampullerle süsledik. Tören alayı uzaktan görününce, hepimiz balkona üşüştük. Marşlar söyledik. Bayraklarla, bandolarla geçen askerlerimize coşkuyla el salladık. Sonra da masaya oturup Paulina'nın hazırladığı dört türlü öğle yemeğini iştahla yedik. Kuzenlerim Nermidil ile Erdem de geçit törenini izlemeye bize gelmişlerdi. Onlar, iki köylü konuk çocuk, Nejad ve ben, saklambaç oynadık. Saklambaçtan bıkınca da uzun koridorda sırayla bisiklete bindik.

Taksim'deki Cumhuriyet Apartmanı'nda yaşam her yönden o kadar hoştu ki, artık annemiz ile babamızın ayrılmayacağına iyiden iyiye inanır olmuştuk. Babam, her zaman olduğu gibi, Avrupa'dan dönecek, biz de mutluluk içinde yaşamımıza devam edecektik. Ama ne yazık ki, babam dönmeden az önce, annem iki sokak ötedeki Şakir Paşa Apartmanı'na, Ayşe teyzemle Ahmet eniştemin yanına taşındı. Boşanma sonuçlanıncaya kadar da orada kaldı.

Kendine ait eşyaları bir depoya gönderdi, yalnızca giyeceklerini ve resim takımlarını aldı. Ama giderken babamın bastonlarını koyduğu Ming vazoyu bıraktı. "Ne yapayım, içim elvermedi" dedi, "bastonlarını yerinden oynatmak istemedim."

Yeni yaşamımızda her sabah Nejad'la Ayşe teyzeme gidiyor, günümüzü annemiz, Nermidil ve Erdem'le geçiriyorduk. Akşam da yemek ve yatmak için babamızın evine dönüyorduk. Doğrusunu isterseniz hayatımızda şikâyet edilecek pek bir şey yoktu. İki evin de sevilen konukları olmuştuk. Ama tek celsede, tek avukatla biten mahkemeden sonra annemiz büyükannemle Atina'ya, Emir Zeyd'le evlenmeye gidince, anladık ki ailemiz gerçekten parçalanmıştı! Annesiz yaşamak, insanın, bir uzvundan eksik olarak yaşaması gibiydi!

Irak kralı I. Faysal 1933 Eylül'ünde ölmeden önce, küçük kardeşi Zeyd'in evli ve iki çocuklu bir kadınla ilişkisi olduğunu öğrenmişti. Buna çok kızmış ve Nisa'dan ayırmak için Zeyd'e Türkiye'yi terk edip, Mısır'a tam yetkili elçi olarak gitmesini bildirmişti. Emir Zeyd ağabeyinin isteğini reddetti. Türkiye elçiliğinden de istifa ederek gemiyle Yunanistan'a gitti. Sözde, annesinin babası, yani Türk dedesi Sadrazam Reşid Paşa'dan kalan arazileri bulmaya gidiyordu.

Annem ile prens, Atina'da 1934 yılının Temmuz ayında evlendiler. Annem yeni eşini ailesiyle tanıştırmak için Büyükada'ya getirdi. Emir Zeyd annemin bir dediğini iki etmiyordu. Nisa'nın yaşamında yeni bir dönem başlıyordu.

11

Şerifler Köşkü
(1934)

Ailenin bütün ısrarlarına karşın Nisa, Boğaz'daki yalıda oturmak yerine, Şerif Hüseyin'in Büyükdere sırtlarında yaptırttığı, Boğaz'ı tepeden gören köşkte oturmayı yeğledi. Büyükannemin Emir Zeyd için Büyükada'da verdiği piknik partisinden az sonra, bir yaz sabahı annem, "Gel Şirinaki seninle şehre inelim, oradan Büyükdere'ye gideriz. Sana yeni evimizin şahane yerini göstermek istiyorum" dedi. Bu köşk hakkında o kadar çok şey duymuştum ki, sevinçten zıpladım.

Köprüde vapurdan inince Emir Zeyd'in fıstıki yeşil Studebaker arabasına binip, Maslak yolundan Büyükdere'ye indik. Annem bir tepenin üstünde sur gibi duvarla çevrili bir koruyu gösterdi. Duvar uzaktan taç gibi duruyordu. "İşte yeni evimiz o korunun içinde" dedi. Ev, uzak ve erişilmez görünüyordu. "Orada nasıl yaşarız, kim bizi ziyarete gelir? Herkesin bizim gibi arabası yok ki" diye düşündüm.

Şerif Hüseyin'in kırk yıl önce kayaları dinamitleyip açtırdığı yoldan arabayla gittik. Yol bitince dik yokuşu oflaya poflaya çıktık. Köşkün oymalı demir kapısına gelince durup soluk aldık. Oradan görünen Boğaz'ın ve çevrenin manzarası nefesimi kesti, büyülenmiştim. Altımızda Büyükdere koyu görünüyordu. Denizin üzerindeki trafik, sahilin çıkıntısını izliyor, Anadolu kıyısının tepeleri de öne doğru gelerek Boğaz'ın o kısmına bir göl görünümü veriyordu. Köşke doğru yükselen yokuşta koyunlar otluyordu.

Rüzgâr uğulduyor, binlerce kuş cıvıldıyor ve ağaçlar harap olmuş köşkün kırık camlarını zangırdatıyordu. Annem haklıydı, burası inanılmayacak güzellikte bir yerdi.

Köşkte ilk olarak, Şerif Hüseyin'in konuklarını ağırladığı selamlığa girdik. Her taraf küf kokuyordu. Duvarlar soyulmuş, dam kevgire dönmüş, yerler perişan olmuştu. Çaresizlik içinde etrafa bakındık.

Selamlığın arkasındaki bahçede, ağaçların arasında, hemen hemen hiç görünmeyen demir bir kapı ve iki yanında arazi boyunca uzanan taş bir duvar vardı. Annem ağır demir kapıyı zorlukla itip açtığında daha da tepeye, köşkün arazisinin bittiği yere doğru giden iki tarafı dut, kestane, mavi çam ve meşe ağaçlı bir yol gördük. Yolun iki yanında bir zamanlar harem daireleri olan yanmış iki binanın kalıntıları vardı.

Köşkün durumunu gördükten sonra annemin, burayı nasıl yaşanacak hale getireceğini merak ettim. Ama her zaman olduğu gibi zorluk ona güç verdi. Müteahhit olarak büyükannemin kardeşi Mithat dayıyı seçti ve ona yığınla direktif verdi. Aklı başında yetenekli ve eski bir asker olan Mithat dayım, annemin istediği şeyleri duyunca neye uğradığını şaşırdı. Çünkü annem her şeyin çabucak olup bitmesini istiyordu. Mithat dayı önce yolu kullanılır duruma getirerek işe başladı. Eve gidiş geliş olanağı sağlanınca, ustalar hemen girip çalışmaya başladılar. Eve ilk kez elektrik gelebilmesi için tepelere kadar kablo çekildi. Marangozlar duvarları, yerleri onardılar; yeni kapılar ve pencereler taktılar. Tesisatçılar tüm paslanmış boruları yenilediler, boyacılar evi pırıl pırıl boyadılar. Odalara büyük büyük çini sobalar kuruldu. Mutfağa kocaman, siyah demirden üstü ocaklı, altı fırınlı bir kuzine, banyolara da küvetler ve lavabolar kondu.

O sonbahar, Mithat dayımın sonsuz çabasıyla evin onarımı yıldırım hızıyla yapılırken, Emir Zeyd ile annem, Hakiye teyzemlerde yani Şakir Paşa Apartmanı'nda, ben ise iki sokak ötede oturan babamla kalıyordum. Nejad'ı yatılı olarak Ortaköy'deki Galatasaray Lisesi'ne vermişlerdi, o nedenle koca Cumhuriyet Apartmanı'nda sadece babam, ben, Miss Tina ve Theodosia kalıyorduk. Theodosia artık hem aşçımız, hem de hizmetçimiz olmuştu. Ablam Remide evden ayrılalı çok olmuştu. Önce, Dame de Sion'dan kaçıp evlendiği kocasından ayrılmış, şimdi de iyi bir ailenin genç fakat veremli oğluyla nikâhsız yaşıyordu. O zamanın ölçülerine göre babasının adına leke sürmüş sayıldığından babam onunla görüşmediği gibi, bizim de konuşmamızı yasaklamıştı.

Mürebbiyem Tina bana İngilizce, tarih, coğrafya ve aritmetik öğretmeye devam ediyordu. Ama ben, Nejad ve kuzenlerim Erdem ile Nermidil gibi ille de okula gitmek istiyordum. Beni acaba ne zaman yollayacaklardı? Tek avuntum, annemle beraber köşke eşya almak için sık sık Kapalıçarşı'ya antikacılara gitmekti.

O yıllarda Kapalıçarşı üç nedenle kıymetli antikaların dolup taştığı bir yerdi. Bu nedenlerin birincisi Bolşevik Devrimi, ikincisi Osmanlı İmparatorluğu'nun çöküşü, üçüncüsü de Türkiye'nin Batılılaşmasıydı. Rus muhacirleri ve Osmanlı Sarayı mensupları mücevherlerini ve kıymetli parçalarını satmak üzere Kapalıçarşı'ya getiriyorlardı. Atatürk ülkeyi Batılılaştırdığı için de varlıklı aileler, eskiye ait eşyalarını, değerli ya da güzel olup olmamalarına bakmadan satıp yerlerine Gallé lambalar, 1930'ların kübik stilinde sade mobilyalar ve art deco parçalar alıyorlardı.

Annem, tahmin edileceği gibi, bu akımın tam tersine giderek antika toplamaya başladı. Eski silahlar, Kuran'lar, işlemeli kumaşlar, içinde sultanların minyatürleri olan fildişi çerçeveler, eski makaslar, antika saatler ve nefis oymalı kavukluklar alıp duruyordu. Alışverişten yorgun düştüğünde, Beyazıt'ta, üniversitenin karşısında, dünyanın en büyük çınar ağacının altındaki bir açık hava lokantasında öğle yemeğimizi yiyorduk. Kuşlar ayaklarımızın dibinde hoplar, tepemizdeki dallarda cıvıl cıvıl öterken, annem resim defterini, çini mürekkebini çıkartır, eskizler yapardı. Benim için bundan büyük mutluluk olabilir miydi?

Kasım ayının sonlarına doğru evin bitmesi herkesi hayretler içinde bırakmıştı. Her şey tamamlanınca işçi ordusu dağıldı ve Mithat dayım derin bir nefes aldı. Güneşli bir sonbahar günü Studebaker arabamızla, asfaltlanmış yoldan bahçe kapısına kadar çıktık. Oymalı siyah demir kapıyı açtığımızda, beyaz mermer merdivenleri bile cilalanmış, annemin aldığı eşyalarla donanmış, yepyeni, pırıl pırıl bir ev, yaşanmaya hazır, bizi bekliyordu.

Kışın Ukrayna ormanlarından Bulgaristan kıyılarına inen kurtlar, Boğaz'ın Avrupa yakasında otlayan sürüleri avlamak için evimizin yakınlarına geliyorlardı. Tehlikeyi önlemek amacıyla Eskişehir'deki bir çiftlikten canavar gibi iki kurt köpeği getirtildi. Boyunlarına sivri demirli tasmalar takılan ve geceleri serbest bırakılan bu güçlü hayvanlar bulunduğumuz tepeye yaklaşan kurtları uzaklaştırıyorlardı. Dışarıda soğuk, fırtına, kış kıyamet koparken, büyük çini sobalarla ısınmış sıcacık köşkte rüzgârın sesini ve kurtların ulumasını dinlemek insana hem korku hem de keyif veriyordu. Sonunda hepimiz mutluyduk! Mayısın sonlarına doğru bir sabah annem bize, hamile olduğunu söyledi. Bana küçük bir kardeş geleceğine çok sevindim. Emir Zeyd de baba olacağı için heyecanlanmıştı; o da bütün Ortadoğu erkekleri gibi, adını sürdürecek bir oğlu olsun istiyordu.

Mehtaplı bir temmuz gecesinde annem ile Emir Zeyd yeni evlerinde ilk davetlerini verdiler. Annem, Hakiye teyzemin Büyükada'daki düğününden anımsadığı gibi, ağaçları Japon fenerleriyle donatmış, Boğaz'a bakan terasa ve bahçeye ferforje küçük masalar, iskemleler koymuştu. Yiyecekler bol ve nefis olduğu gibi, tabaklar iyi cins porselen, bardaklar da Baccarat idi. Kadınlar emprime elbiseler, erkekler beyaz keten takımlar giymişlerdi. Konuklar bahçede dolaşarak Boğaz'ın soluk kesen manzarasını seyrediyorlardı. Unutulmayacak bir geceydi!

Yaz pek keyifli geçiyordu. Mürebbiyemiz Miss Tina ile oturduğumuz tepeden Nejad'la aşağı inip ahşap deniz hamamına gidiyorduk. Orada bir sürü arkadaş edinmiştik, onlarla oynuyorduk. Ama Miss Tina Fransa'ya dönünce, benim için işler bozuldu. Annem hemen atletik görünümlü, Beyaz Rus bir genç kadını bana mürebbiye olarak tuttu. Başlangıçta Matmazel Tatyana'yı seviyordum, çünkü ağaçlara tırmanmama izin veriyordu. Oysa Matmazel Tina kesinlikle böyle bir şeye göz yummazdı. Büyükdere'nin güzel ağaçlarını ve ağaçlardan görünen şahane manzarasını iyice tanımamı Matmazel Tatyana'ya borçluyumdur. Ama sonra, sürekli yatağımı ıslattığımı görünce, bu durumumun önüne geçmeye karar verdi ve kararını şöyle uyguladı: Yatağımı ıslattığım her gecenin ertesi günü, iki yüz kere "Bir daha yatağıma çiş yapmayacağım" diye yazacaktım.

Tabii cezalarımı yazarken evde kalmak zorundaydım. Böylelikle de evde neler olup bittiğini görmeye başlamıştım. Fazla bir şey olduğu söylenemezdi. Penceremden Emir Zeyd'i hâki renkli şortlarını giymiş, ağaçları budarken görürdüm. Bunun dışında vaktini, piposunu tüttürerek, gazetesini okuyarak ve akşamları da rakısını yudumlayarak geçirirdi. Yalnızlığı seviyordu, kalabalık odalardan sessizce sıvışırdı. Dikkat ettim, annemle pek konuştukları da yoktu. Dayılarım, eniştelerim geldiğinde canlandığını görürdüm. Onlarla siyasetten konuşmayı, hikâyeler anlatıp hikâyeler dinlemeyi severdi.

Annem, köşkü restore ettirip, dayayıp döşedikten ve büyük davetini verdikten sonra adeta boşlukta kalmıştı. Büyükdere'nin zevkine varmak ya da resim yapmak için bol vakti olmasına rağmen huzursuzdu. Şimdiye kadar Emir Zeyd'le pek baş başa kalmamışlardı. Çevrelerinde her zaman bir sürü insan olurdu ve Nisa evin restorasyonunu, döşenmesini planlamakla meşguldü. Ama her şey bitip de ikisi baş başa kalınca, birlikte yapacakları ya da zevk alacakları pek bir şey bulamamaya başladılar. Evliliğinin umduğu gibi çıkmadığı kaygısına kapılan ve elinden geldiğince Zeyd'i kurtarmaya çalışan annem, günlüğüne şöyle yazmış: "Zeyd'in günleri ağaç budamakla, benim günlerim de resim yapmakla geçiyor. Yüksek bir tepede herkesten uzak, emekliler gibi yaşıyoruz. Bu böyle olmaz, ikimiz de daha otuz küsur yaşlarındayız. Yaşantımız böyle olmamalı. Zeyd kendine çekidüzen vermeli ve şimdiye kadar yaptığı gibi siyaset dünyasında etkin bir rol almalı."

Her zaman olduğu gibi Nisa, durumu değiştirecek bir çıkış yolu buldu. Emir Zeyd'i ikna edip, yeğeni Kral Gazi'den diplomatik bir görev istetti. Kral da onu Almanya'ya, Irak'ın ilk elçisi olarak atadı.

O kadar para ve emek harcadıkları canım köşkü, içinde bir yıl bile oturmadan kapattılar. Sadece annemin sevdiği birkaç parça antika ile yeşim taşı ve gümüş koleksiyonlarını alarak Berlin'e hareket ettiler.

Köşkün nasıl kapatıldığını, annemin Berlin'e nasıl gittiğini hiç hatırlamıyorum. Bildiğim tek şey, beni babamın evine götürdükleri gün duyduğum korkunç yalnızlıktı! Bir gün belki annem söz verdiği gibi gelip beni alacaktı... Ama ne vakit?

12

Berlin (1935-1938)

1930'ların ortalarında Berlin, diplomatlar için çok önemli bir görev yeriydi. Almanya bir kez daha büyük güç olarak ortaya çıkıyordu. Bütün dünya Adolf Hitler ile yandaşlarını, onların geçit törenlerini, gamalı haçlarını, gösterilerini, bayraklarını, selam şekillerini, siyah üniformalı hücum kıtalarını büyülenmiş gibi hayretle izliyordu. Kimse, o zamanlar oyuncağa benzeyen Alman askerlerinin birer öldürme makinesine dönüşeceklerini, Hitler'in başlattığı savaşta da elli milyon insanın öleceğini tahmin etmiyordu.

1935 sonbaharında[30] Nisa Berlin'e gelir gelmez burasının büyük oyuncuların oynadığı bir arena olduğunu gördü ve kendisi de bu oyunculardan biri olmaya karar verdi. Üç yıl öncesine kadar İngiliz mandasında olan Irak, yeni ve küçük bir devletti. O nedenle temsilciliği fazla dikkat çekmeyebilirdi. Nitekim Mussolini'nin büyükelçisinin eşi Madam Attolico, Nisa'nın ziyaretine karşılık vermedi. Bu, İtalyan sefire tarafından yapılmış bir protokol hatasıydı. Onun bu tavrı Nisa'da meydan okuma duygusu uyandırdı ve içinden, "Yemin ediyorum, Madam Attolico bir gün Irak Krallığı Elçiliği'ne davet edilebilmek için ricada bulunacak" dedi.

30. 1935 sonbaharının Berlin'i: Hitler, 1933'teki düzmece Reichstag yangınıyla siyasi muhaliflerini temizlemiş, Parlamento'dan hükümete olağanüstü yetkiler tanıyan bir yasa çıkardıktan sonra ordunun da desteğini alarak başbakanlığın yanı sıra cumhurbaşkanı görevlerini de üstlenmişti.

Tabii Raad'a hamile olduğundan kampanyasını başlatmak için en az altı ay beklemesi gerekecekti. Bu arada elçiliği açtı, dayadı döşedi, personel tuttu. Berlin'deki, Nürnberg'deki hatta Münih'teki müzeleri ve sanat galerilerini gezdi. Kendini iyice Germen kültürüne, edebiyatına verdi. Rilke'ye ve Nietzsche'ye hayran oldu. Hele sürekli alıntılar yaptığı Nietzsche'nin *Böyle Buyurdu Zerdüşt* kitabını başucundan hiç ayırmadı. Resme devam etmek istediği için sanat kurslarına yazıldı. Yatak odasının bir köşesine de şövalesini kurdu. Bu sürede yaptığı bir genç kadın portresi hâlâ Füreya'nın evinde asılıdır. O kadar klasik tarzda yapılmıştır ki kimse resmin onun elinden çıktığına inanamaz.

Fahrünnisa, Berlin, 1937.

Nisa her zaman operayı konser müziğinden çok sevmişti. Kahramanlık ve büyük çaptaki yapıtlar onun romantik ruhunu okşardı. Wagner'in operalarında kalbine seslenen ateşi, hırsı ve aşkı bulurdu. Yatak odasındaki gramofonunda sürekli *Tristan ile İsolde*'den aryalar dinler, hele *Das Liebesverbot*'u her dinleyişinde ağlardı.

1936 Şubat'ında Raad'ı doğurduktan sonra zayıflamak için Dresden'de bir sanatoryuma gitti. Oradan Paris'e geçti, en son model, en güzel elbiseleri alıp Berlin'e döndü. Artık Berlin sosyetesine girmek için hazırdı; mükemmel de bir fırsat çıktı. Hitler bütün diplomatlar için Reichskanzlei'de resmi bir akşam yemeği veriyordu. Nisa şahane tuvaletiyle, Emir Zeyd de frakı, nişanları ve Kraliyet kurdelesiyle Reichskanzlei'ye girdiklerinde çiçeklerin çokluğu karşısında hayretler içinde kaldılar. Görkemli holün ortasındaki açelyalar sanki bir halı deseni oluşturmuştu. Sarı gül demetleri her yeri süslüyor ve havayı mis gibi kokutuyordu. Uzun ve yavaş giden kabul kuyruğuna girdiler. Nisa, Hitler'le karşı karşıya geldiğinde, Hitler onu tanıdı. Birkaç gece önce *Die Walküre*'yi seyrederken diplomatlar locasında oturan Nisa'nın kusursuz profili dikkatini çekmişti. Şimdi de karşısında görünce onu "güzel profilli kadın" olarak hatırladı. Belladona damlatıp parlaklaştırdığı gözleriyle Nisa'nın gözlerinin içine uzun uzun baktı, sonra eğilip elini öptü ve "Berlin'e hoş geldiniz prenses hazretleri" dedi. Annem gördüğü iltifattan gurur duymuştu; çünkü Hitler önden giden hanımlardan hiçbirinin elini öpmemiş, yalnızca başını hafifçe eğip ellerini sıkmıştı. Herkes Führer'in bu kadar ilgi gösterdiği gümüş lamé Chanel tuvaletli, pırlanta taçlı güzel kadının kim olduğunu merak ediyordu. Nisa istediğine ulaşmıştı. Bütün davetliler onu fark etmişlerdi.

Resepsiyonu, at nalı şeklinde hazırlanmış görkemli bir masada yenilen nefis yemek izledi. Sofradan kalkınca hanımlar salona geçtiler. Rastlantı sonucu Nisa'nın yanında oturan Mareşal Göring'in eşi Emmy Göring, Nisa'yla ahbaplık ettikten sonra onu evine çaya davet etti.

Emmy Göring'in evi Carinhall, mareşalin ilk eşi İsveçli Carin'in[31] adını taşıyan saray yavrusu bir binaydı. Çayda önemli Nazi bakanlarının eşleri vardı. Tek yabancı Nisa idi; bu ona garip geldi. Çay içildikten sonra konuklarına katılan mareşal, yakası aynı renk saten kapitone, bordo kadife bir smokin ceketi giymişti. Odada bulunan konuklar ve sırma işlemeli yeşil üniformalarıyla Lehar operetlerindeki uşaklara benzeyen hizmetkârlar, onun içeri girmesiyle tedirgin oldular. Nisa, ona göre tombiş bir opera tenorunu andıran Göring'den,[32] herkesin niye bu kadar çekindiğini anlayamadı. Mareşal konuklarının hatırını sorduktan sonra etrafına gururla bakıp Nisa'ya, "Evimi nasıl buldunuz?" diye sordu. Annem bu barok stili uçsuz bucaksız ve paha biçilmez antikalarla dolu saray yavrusundan hiç etkilenmemişti. Yutkundu ve nazik bir şekilde, "Harikulade" diye yanıt verdi. Sonra kapının üzerindeki manzara resmine işaret ederek, "Ama bu tabloyu hiç beğen-

31. Barones Carin von Rosen.

32. Nazi Partisi önderlerinden ve Gestapo'nun kurucusu olan Hermann Göring, o tarihlerde Hitler'in emriyle hem ekonomik ilişkileri hem de dış ilişkileri düzenliyor, yabancı ülke temsilcileriyle görüşmek için sık sık yurtdışına gidiyordu. Göring, Almanya'daki diplomat ve elçiler için en önemli Nazi lideriydi.

medim" diye ekledi. Salona girdiği anda o sevimsiz resmi görmüştü. İş resme gelince diplomatlıkta zorlanıyordu.

Bir sessizlik oldu. Bakanların eşleri hemen, Nisa'nın yanıldığını, resmin çok değerli olduğunu ve asıldığı kapının üstüne pek yakıştığını belirtmeye çalıştılar. Oysa Göring hiç alınmışa benzemiyordu, hatta Nisa'nın açıksözlülüğünü beğenmiş gibiydi. Kolunu uzatarak, "Gelin, size öteki resimlerimi göstereyim, epey bir koleksiyonum var"[33] dedi. Böylece onlar kol kola önde, öteki hanımlar arkada, evi dolaşmaya ve resimlere bakmaya başladılar. Nisa tabloların çokluğu ve güzelliği karşısında şaşırmıştı. "Göring'in nasıl böyle bir koleksiyonu olabilir, bu kadar kısa zamanda bütün bunları alacak parayı nerden bulabilir" diye düşündü. Bilmiyordu ki bu eserlerin çoğu Almanya'dan kaçan zengin Yahudilerden ya zorla ya da yok pahasına alınmış yahut çalınmıştı.

Carinhall'daki salonlardan birinin duvarları çok değerli Acem halılarıyla kaplanmış, başka biri de dünyanın değişik haritalarıyla süslenmişti. Bir odada ise aslan yavruları oynuyordu. Göring'in tepesine çıktılar, o hiç aldırmadı. Kadınların hayretten açılmış gözleri karşısında onları sevdi, okşadı.

Sonra dar bir merdivenden çıkıp tavan arasında geniş bir odaya geldiler. Odanın tabanı akıl almayacak ayrıntıları olan bir oyuncak tren şebekesiyle kaplıydı. Tek basamak merdivenle çıkılan platform gibi bir yerde kontrol masası vardı. Göring birbiri arkasına kontrol düğmelerine basıyor, trenler rayların üzerinde çeşitli yönlere gidiyor, köprüler açılıyor, köprüler kapanıyordu. Bomba atan model uçaklar bile vardı. Derken Göring, Nisa'yı yanına çağırdı, onun da kumanda düğmelerine basarak oyuna katılmasını istiyordu. Nisa, iki eliyle bir piyanonun bütün tuşlarına birden basıyormuş gibi aynı anda basınca kıyametler koptu. Trenler raylardan çıktı, devrildi. Raylar ortadan ayrıldı, evler yıkıldı. Konuk hanımlar feryat etmeye başladılar, ama Göring kahkahalarla gülüyordu. Nisa'nın eğlendiğini görmek hoşuna gitmişti.

---

33. Göring Alman Yahudilerinin mallarına elkonulması işlemini de yürütüyordu. Yahudi zenginlerinden aldığı değerli tablolar ve sanat eserlerini Carinhall'da toplamıştı.

Yıllar sonra annem Carinhall'u ziyaretini anlatırken, ikimiz de aynı şeyi söyledik. Kim derdi ki, aslan yavrularıyla, trenleriyle oynayan, parmakları yüzüklü tombiş Göring, Hitler'in uğursuz savaşının ve yönetiminin başmimarlarından biri olacaktı?

1936 Olimpiyatları'nda Berlin dünyanın her yanından gelen ünlü, önemli kişiler, spor ve şenlik sevenlerle doldu. Nisa da bu heyecana ve şenliğe tanık olabildiği için Berlin'de yaşamanın mutluluğunu duyuyordu. Herkes için bulunması güç olan biletler, diplomatlar için daima el altındaydı. O nedenle Nisa, elinden geldiği kadar bütün yarışmaları izledi. Gerçi yarışmalar hoşuna gidiyordu ama aslında diplomatik locada görünmekten hoşlanıyordu.

Olimpiyatlar bittiğinde Amerikan büyükelçisi atletlere muhteşem bir yemek verdi. Ama Nisa zenci atletlerden hiçbirinin, hatta Jesse Owens'ın bile, davet edilmediğini duyunca çok şaşırdı. Jesse Owens Amerika Birleşik Devletleri için her atletten fazla altın madalya kazanmıştı. Bunu Berlin'de tanık olduğu en tatsız olay olarak niteledi. Ya bir de o Berlin'den ayrıldıktan altı ay sonraki Kristallnacht[34] olayında orada olsaydı?

Oyunlar sona erip de şehir yavaş yavaş her zamanki haline dönünce, annem Nejad'la beni Berlin'e getirmenin zamanı olduğuna karar verdi. Kararlarını derhal uygulamaya koyduğu için, aynı gün babama mektup yazdı. Babam mektubu yaşamının çetin bir devresinde aldı; çünkü müdürü olduğu Elektrik ve Tramvay Şirketi pek yakında millileştirilecekti. Çocuklarının, anneleri ve Emir Zeyd'le Berlin gibi bir şehirde daha iyi koşullar altında yaşayacaklarını düşünerek razı oldu.

Yaz sonunda Nejad'la Büyükada'dan babamın apartmanına döndüğümüzde, babam bize haberi hemen vermedi. Önce bizi bir fotoğrafçıya götürüp ayrı ayrı küçük resimlerimizi çektirdi (sonradan anladık ki pasaportlarımız için vesikalıkmış). Ertesi gün Aliye teyzem bir terziyle geldi. Kışlık bir kıyafet için ölçüm alındı. Babam da Nejad'ı bir erkek terzisine götürüp ona bir tüvit takım

34. "Kristal Gece" ya da "Kırık Cam Gecesi"; 9-10 Kasım 1938'de Naziler, Alman Yahudilerine ilk toplu şiddet eylemini gerçekleştirdiler. Kırık cam parçalarının gece yerde parlamasından dolayı bu adla anılır. Kristal Gece'den sonra Yahudi kıyımı arttı.

ısmarladı. Bize gösterilen bu ilgiyi hayretler içerisinde izliyorduk. Derken bir öğleden sonra babam bizi salondaki kanepeye oturttu. Theodosia çay ve keklerimizi verirken, annemin, bizi Berlin'e götürmek için geleceğini söyledi.

"Bu her ikiniz için de güzel bir fırsat olacak" dedi. "Yabancı bir ülkede, yabancı bir kültürle ilk kez karşılaşacaksınız. Sakın bazı şeyler alıştığınızdan farklı olduğu için eleştirmeye kalkmayın. Açık fikirli olun. Gördüklerinizden sürekli bir şeyler öğrenmeye çalışın." Birden sesi titredi, ağlamamak için kendini güç tutuyordu. Toparlanıp konuşabilmesi biraz zaman aldı; sonra şefkatle, "Ama babanızı unutmayacaksınız değil mi? Ben sizi çok, ama çok özleyeceğim çocuklar" diye ekledi.

O anda aldığım haberin büyüklüğü ve babamın ender olarak karşılaştığım duygusal hali bana çok dokunmuştu, ağlamaya başladım. Nejad da hıçkırıyordu. Babamın artık tutamadığı gözyaşları uzun kirpiklerinin arasından damla damla dökülüyordu. Cebine uzandım, tertemiz beyaz keten mendilini çıkarıp önce onun gözlerini kuruladım, sonra kendi gözlerimi, sonra da mendili Nejad'a verdim. Nejad mendili alır almaz büyük bir gürültüyle sümkürdü.

Annemin İstanbul'a gelmesi uzun sürmedi. Çok keyifliydi. Büyükannem, teyzelerim ve dayılarımla veda partileri içinde harika bir hafta geçirdik. Bu partiler bekleyişimize daha da heyecan katıyordu. Gidiş günü bütün aile Sirkeci İstasyonu'na bizi geçirmeye geldi. Orient Express, peronunda duruyor, siyah bir canavarı andıran lokomotifi buhar püskürtüyordu. Vagonların içi ne kadar güzeldi! Duvarları cilalı tahtadan, kapı tokmakları pırıl pırıl parlatılmış pirinçtendi. Döşemeleri tertemiz, halılar da yumuşak ve kalındı. Bütün bu güzellikler bizi bekliyordu. Ailede herkes kompartımanımızı çiçekler, meyve sepetleri, kutu kutu çikolatalar, dergiler ve kitaplarla doldurmuştu.

Üç gün iki gece trenimiz kuzeybatıya doğru göz gönül açan, nefis manzaralar arasında yol aldı. Yunanistan, Bulgaristan, Yugoslavya ve Çekoslovakya'dan geçerek kuzeye, Almanya'ya yöneldik. Saatlerce Nejad'la dağların ovaya dönüşmesini, nehirlerin göl olup tekrar nehirleşmelerini seyrettik. Annem de bu güzel yolculuğu okuyarak, resim çizerek ve günlüğünü yazarak geçirdi. Üçüncü günün akşamı tren Berlin'in demir ve camdan yapılmış kocaman istasyonunda durdu. Peronda Emir Zeyd, gri çizgili takım elbisesi ve rölöve şapkasıyla bizi bekliyordu. Tam bir büyükelçi görünümündeydi, arkasında şoförü yer almıştı. Şoförün sarı metal düğmeli lacivert üniforması, kasketinin önünde de sırmayla işlenmiş Haşimi Kraliyet kokartı vardı. Arkalarında da birkaç irikıyım hamal duruyordu.

Berlin'de gökyüzüne vuran ışıkların parlaklığı, binaların yüksekliği, trafiğin hızlı akışı, caddelerin genişliği İstanbul'dan gelen biz iki çocuğu şaşkınlığa düşürmüştü. Öyle ya, Nejad on üç, ben on yaşındaydım. İstanbul, o zamanlar, bir iki cadde dışında öyle pırıl pırıl bir şehir değildi. Güneş battıktan sonra karanlık ve sessizlik çökerdi. Arnavutkaldırımlı dar, loş sokaklar küçük eski evlerin arasından geçerdi. Evet, babamın oturduğu gibi büyük birkaç apartman vardı ama onlar kentin geleneksel mimari tarzında değildi.

Irak Elçiliği Berlin'in Charlottenburg semtinde, Fasanenstrasse'de, demir parmaklıklı bir bahçenin az gerisinde yapılmış, dört katlı sevimli bir binaydı. Bizi, en üst kattaki odamıza çıkardılar. Emir Zeyd yaşımıza göre kitaplar, oyuncaklar ve şekerlemeler aldırtmıştı. Yataklarımızın üzerine Nejad için mavi pijama, benim için de pembe gecelik serilmişti. Onun bu inceliği ve bizi karşılamasındaki içtenlik, kalplerimizi minnetle doldurmuştu.

Ertesi sabah kuştüyü yorganlarımızın altında mışıl mışıl uyurken kapı gürültüyle açıldı. Izbandut gibi bir kadın karşımıza dikilip kendini Fraulein Gerlach diye tanıttı. Hemen yatağımdan çıkmamı emredip beni banyoya soktu. Neye uğradığımı anlamadan, sert bir fırça ve buz gibi suyla baştan aşağı yıkadı. Sıra kardeşimdeydi. Böylelikle sabah programımızı öğrenmiş olduk. Kadının gri üniforması, sımsıkı topuz yapılmış gri saçları, ortopedik ayakkabıları, bir de haykırarak her şeye "Nein" (hayır) demek gibi berbat bir âdeti vardı.

Küçük kardeşimizi görmek istedik, "Nein!" Annemizin odasına dalmak istedik, "Nein!" Kahvaltıda peynir istedik, "Nein!"

Yemek odasında uşağın servis yaptığı kahvaltımız bitince, Fraulein bir süre için ortadan kayboldu. Ben de merakımı yenemediğimden, doğru ikinci kata çıkıp annemin odasının karşısındaki kapıyı açtım. Bez değiştirdikleri masanın üzerine konmuş minicik lazımlıkta yeni kardeşim Raad oturuyordu. Küçük, şirin bir Buda heykeline benziyordu. Artık sekiz aylıktı. Siyah kıvırcık saçları, kocaman siyah gözleri vardı. Sanki hık demiş Emir Zeyd'in burnundan düşmüştü.

Bembeyaz kolalı üniforma giymiş Alman dadısı ayakta dimdik, küçük prensin kaka yapmasını bekliyordu. İş tamamlanınca, oturmaktan kızaran küçük poposunu güzelce yıkadı, kremledi, pudraladı ve onu kucağıma verdi. Sıcacık, dipdiri bir vücudu vardı. Kardeşim saç buklelerimden birini minik eliyle yakalayıp dikkatle beni incelemeye başladı. Mutluluktan uçuyordum ama kapıyı hışımla açan Fraulein Gerlach bir elinde Nejad ve ağzında bir sürü "Nein!"la içeri girdi ve beni ite kaka odadan çıkardı.

Allah'tan annem de kadının "Nein!"larına fazla dayanamadı ve üç ay sonra kovdu. Onun yerini utangaç, soluk yüzlü bir Danimarkalı aldı. Danimarkalı bütün gününü Emir Zeyd'in ofisinin yanındaki verandada çiçeklere su vermekle geçiriyordu. Annem onun Emir Zeyd'e âşık olduğundan kuşkulandı ve ona da yol verdi. Daha sonra tatlı bir İspanyol kadın geldi. O, bize bakmaktan çok, başımızda bulunuyor, bize arkadaşlık ediyordu. Onu seviyorduk, çünkü ne istersek yapıyordu.

Çocuklarını güzel giydirmeye meraklı olan annem, bizi bir öğleden sonra Kurfürstendamm üzerindeki KaDeWe'ye götürdü. Burası Wertheim gibi çok büyük bir mağazaydı, ne arasanız vardı. Bir defasında, bana birkaç tane belden büzgülü, bol etekli elbise, okul için etek, bluz, bir iki tane de dantel yakalı kadife parti kıyafeti aldı. Nejad'a deri pantolon, devetüyü bir palto ve lacivert bir takım alındı. İlk kez böyle çok giysimiz oluyordu.

Başından itibaren okulun her şeyini sevdim. Kısacık yaşamımın yarısını okul özlemi içinde geçirmiştim. Berlin'deki Fransız Lisesi (Französische Gymnasium) Reichstag'ın köşesini döner dönmez, dört katlı kırmızı tuğla bir binaydı. Spree Nehri, lisenin önünden geçiyordu. Bu okul 1685'te 14. Louis, Protestanlara birtakım ayrıcalık tanıyan Nantes Fermanı'nı geçersiz kıldıktan sonra Fransa'yı terk eden Huguenot'lar tarafından kurulmuştu. Aslında erkek okuluymuş ama ancak asılları Huguenot'lara dayanan ailelerin ve diplomatların kızları kabul ediliyormuş. Benim sınıfımda otuz üç erkek ve üç kız vardı.

Oğlanların listesinde başı çektiğimi hemen anladım. Her sabah sınıfa girdiğimde karatahtada içinden ok geçmiş kanayan bir kalp resmi, altında da Friedrich Şirin'i seviyor, ya da Otto Şirin'i seviyor gibi yazılar görüyordum. Biliyorum çocukluk aşklarıydım. Ama on bir yaşına gelmişseniz bu gibi şeyler size derin ve önemli gelir; romantik arzularınızı uyandırır. Nitekim bir süre sonra kendime Nejad'ın sınıfından bir erkek arkadaş seçtim, Joachim Cyliax! Saçları ve gözleri kestane rengi, daima deri pantolon giyen Bavyeralı tatlı bir çocuktu. Her gün sıramda ondan gelmiş bir aşk mektubu ve bir kutu çikolata bulurdum. Babasının şekerleme mağazaları zinciri vardı. Mektupları da on üç yaşındaki bir çocuktan umulmayacak, inanılmayacak kadar ateşli ve romantikti. Sonunda ben de karşılık verdim. En beğendiğim fotoğrafımın altına "Ben de seni seviyorum" diye yazdım ve kalp şeklinde kırmızı tahtadan yapılmış, kapağı çıt diye açılan bir çerçeveye koyup ona verdim. Her ne kadar mektuplar ve hediye alışverişleri büyüklerin yaptığı şeylerse de, bizim yaptığımız ancak birbirimizi görünce saçlarımızın dibine kadar kızarmaktı. Dilimiz tutulduğundan bir kelime bile konuşabilmiş değildik. Yalnızca benim verdiğim partilerin birinde "şişe döndürme oyunu" oynanırken Joachim'in çevirdiği şişe benim önümde durunca, Joachim yanağıma bir öpücük kondurdu, dudaklarının değdiği yere ateş düştü sandım.

1936, Hitler iktidarının üçüncü, benim de okuldaki ilk yılımdı. Herkes artık sağ kolunu kaldırarak "Heil Hitler" diye selam vermek zorundaydı. Yabancı öğrencilerin "Heil Hitler" demeleri gerekmiyordu; ama koridorlarda bir öğretmenle rastlaştığımızda durup sağ kolumuzu kaldırıp Nazi selamı vermek zorundaydık.

Bir hocanın içtenlikle Nazi olup olmadığı, Hitler'i sevip sevmediği selam verişinden anlaşılıyordu. Örneğin, yaşlı bir tarih öğretmenimiz vardı; sınıfa girer girmez üstüne basarak "Günaydın çocuklar" derdi, ardından eliyle sinek kovar gibi bir hareket yapıp, ağzının içinde "Heıl Hıtler" dıye bir şeyler gevelerdi. Ona karşılık, genç bir Fransızca öğretmenimiz vardı; koluna gamalı haç işlenmiş kahverengi gömlek giyer, sınıfa selam verirken pırıl pırıl cilalanmış çizmelerinin topuklarını şrak diye birbirine vurur, sağ kolunu dimdik kaldırır ve ciğerleri sökülürcesine "Heil Hitler" diye haykırırdı. Bu kadar askeri bir tutum, çocuklardan oluşan sınıfımız için aslında yersizdi ama aramızda Hitler'in gençlik üniformasını giymeye başlamış arkadaşlarımız bile vardı. Evet, siyah fitilli kadife pantolonlarını hançer takılı kemerlerle tutturuyorlardı. Tabii onlar da aynı heyecanla sağ kollarını dimdik havaya kaldırıp olanca güçleriyle "Heil Hitler" diye bağırarak karşılık veriyorlardı.

Berlin çocuklar için sonsuz olanaklara sahip, cennet gibi bir şehirdi. Burada çocukların kendilerine özgü bir yaşantıları vardı. Örneğin en güzel oyunların en iyi şekilde sahneye konup profesyonel aktörler tarafından başarıyla oynandığı çocuk tiyatroları olduğu gibi, çocuklar için muhteşem partiler de veriliyordu.

Orada olduğum ilk Noel'de Fransız büyükelçisinin eşi Madam Poncet bütün diplomatların ve yüksek mevkideki Almanların çocuklarına kıyafet balosu düzenledi. Sükse yapmamızı isteyen annem, bizlere 16. Louis ile Marie-Antoinette kıyafetleri ısmarladı. Pembe ve beyaz satenden giysilerimiz, beyaz perukalarımız ve kırmızı deri topuklu beyaz saten ayakkabılarımızla o kadar çok beğenildik ki, kostüm yarışmasında birinciliği aldık. Annem de tabii çok sevindi.

Annem için parti vermek bir sanat, bir yaratıcılıktı. O da çocuklar için bir kıyafet balosu düzenlemeye karar verdi. Ama onun partisi Madam Poncet'ninkinden mutlaka daha üstün olmalıydı. Parti için Berlin'in en iyi kukla oynatıcısını tuttu. Almanya'dakiler yetmiyormuş gibi Londra'dan çatapatlar, oyuncaklar getirtti. Sonra da üzerinde binbir çeşit pasta ve kek olan kocaman bir sofra donattı. Salon ile yemek odasını renkli krepon kâğıdından bantlar, küçük bayraklar ve renk renk hediye paketleriyle süsledi.

Ama annemin en çok konuşulan partisi, Dışişleri Bakanı Baron Von Neurath'ın onuruna verdiği yirmi dört kişilik yemekti. Davet günü öğleden sonra okuldan döndüğümde garsonumuz Karl, annemin yemek salonuna gidip hazırlıkları izlememi istediğini söyledi. Bu gibi şeylerin nasıl yapıldığını görmemi istiyordu.

Yemek salonundaki uzun masaya Gaziantep'te elde işlenmiş nefis bir dantel örtü yayılmıştı. Örtünün kırık beyaz rengini sağlamak için hafif bir çaya batırmışlar sonra kolalamışlardı. Gümüşler altın yaldızlı, tabak takımları Meissen'di. Sofranın ortasını, Büyükada'daki köşkten gelen antika Meissen kâsenin içine konmuş, eflatun orkideler süslüyordu. Kâsenin iki yanından aynı orkidelerin daha ufak cinslerinden yapılmış gırlantlar altı kollu gümüş şamdanlara gidiyor, şamdanlardan da uzun eflatun mumlar yükseliyordu.

Her tabağın yanına parmak kalınlığında ufacık ekmekler leylak rengi saten bir kurdeleyle bağlanıp demet halinde konmuştu. Yine her tabağın önünde üzerlerine altın yaldızlı Haşimi arması basılmış ve güzel bir el yazısıyla yazılmış yemek mönüsü vardı. Yemekte önce kaplumbağa çorbası, arkasından kaz ciğeri (Fransa'nın Perigord yöresinden getirtilmiş), ıstakoz (Amsterdam'dan uçakla getirtilmiş), sülün (ünlü restoran sahibi Horcher tarafından hazırlanmış), Fransız peynirleri, *bombe glacé* denen dondurma ve pötifurlar verilecekti. Pötifurlar eflatun orkidelerin renginde şekerden yapılmış küçük sepetlerin içinde büfenin üzerinde sergilenmişti. Yemek, Güney Afrika'dan, Cape Town'dan getirtilmiş meyvelerle sona erecekti. Annem günlüğüne, "Meyvenin az bulunduğu bu memlekette, getirtmiş olduğum şeftaliler ne kadar lezzetliydi, ne de güzel kokuyorlardı! Hele o koca siyah üzümler... Davet gününe kadar tahta sandıkların içinde çürümesinler diye üzümleri mahzende iple tavana astırdım ve her gün gidip onları kontrol ettim" diye yazmıştı.

Nisa o gece orkidelerinin renginde eflatun şifondan bir tuvalet giymişti. Böylelikle eflatun ve leylak renkleri ahenk içinde tamamlanmış oldu. Karl yemeğin hazır olduğunu yüksek sesle bildirip, yemek salonunun da kapılarını ardına kadar açınca, Fransız Büyükelçisi Monsieur François Poncet gördüğü manzaranın güzelliği karşısında, "Bu şahane görünüm alkışlanmadan geçilemez" deyip heyecanla alkışladı. Öteki davetliler de büyük coşkuyla ona katıldılar. Yemek bitip de sıra tatlıya gelince Emir Zeyd şampanya kadehini konuklarının şerefine kaldırdı ve onların sıhhatine içti. Sonra Baron Von Neurath, Emir Zeyd'e, konukseverliğinden dolayı teşekkür etti ve Nisa'ya dönerek, "Güzel ev sahibemiz, Binbir Gece Masalları'nın prensesine teşekkür ve minnetlerimi iletmek istiyorum" dedi. Davetliler dağılırken Avusturya Büyükelçisi Herr Tauschnitz annemin kulağına, "Sevgili prenses, hepimizi bastırdınız" diye fısıldadı.

Nisa amacına ulaşmıştı. İki yıldan az bir süre içinde Berlin sosyetesini cazibesi, esprisi, zarafeti ve şıklığıyla etkilemişti. Doğulu güzel bir prenses, bir sanatçı, kişiliği güçlü bir kadın ve harikulade bir ev sahibesi olarak ün salmıştı. İtalyan sefire Madame Attolico dahil, herkes Irak Elçiliği'ne davet edilmek için can atıyordu.

Nisa'nın davetleri, kıyafetleri, hovarda jestleri Berlin'de efsane haline gelmişti. Bir sefer Hitler'e doğum günü hediyesi olarak, dört tarafından uzun ipek püsküller sarkan mor kadife bir yastığın üzerinde, ucu kıvrık, gümüş sapı fevkalade güzel işlemeli bir hançer ile kınını gönderdi.

Başka bir sefer, Alman Dışişleri'nde çalışan Herr Bülow Schwante'nin eşine pembe güllerden bir buket yolladı. Güller pembe saten kurdeleyle bağlanmış ve Türk işi yakutlu, incili bir broşla tutturulmuştu. Annem, özellikle çok sevdiği kişilere, kendi yaptığı eskiz ya da resimleri çerçeveletip yollardı.

Emir Zeyd ise aksine, meslektaşları arasında yumuşak başlılığı ve alçakgönüllülüğüyle seviliyordu. Özellikle Arap ülkelerinin diplomatları onu çok sayarlar, siyasi konularda ona danışırlardı. Unvan meraklısı Almanlar onun Irak kralının amcası olduğunu öğrenince çok etkilenmişlerdi. Tabii bu etkilenmenin bir nedeni de Irak'ın, İngilizlerin tekelinde olan petrol zenginliğiydi. Nisa istediği kadar dünyanın dört bir yanından, az bulunan yiyecekleri uçakla getirtsin, Paris'in en ünlü terzilerinden giyinsin, istediği kadar savurganlık etsin, Emir Zeyd'in banka hesabı, fışkıran petrol gibi dolup taşıyordu. Bir gece yine Reichskanzlei'da bir davete giderken, odamıza şöyle bir girdi. Üzerinde Schiaparelli'nin meşhur ettiği çingenepembesi renkte nefis bir gece elbisesi, rengârenk taşlarla işlenmiş kadife bir ceket, omuzlarında da şarap rengi kadife bir pelerin vardı. Başını "egret" denen, ender bulunan kuşun uzun tüyleri süslüyordu. Bu kıyafetiyle annem bir bale kahramanını andırıyordu, mesela Ateş Kuşu'nu...

Bütün sosyal etkinliklerine karşın annem bizi ihmal etmiyordu. Türkiye'deyken pek seyahat etmezdik. Ama burada Potsdam'a, Köln'e, Karaormanlar'a gittik. Müzeleri gezdik, oralarda bize uzun uzun değişik resim tekniklerini gösteriyor ve anlatıyordu. Pazar günleri büyük otellerin salonlarında çayımızı içiyor, oda müziği dinliyorduk. Yazları matmazelimizle Warnemünde'ye yüzmeye gidiyorduk. Hatta bir kış, annemiz bizi Garmisch Partenkirchen'e kayak yapmaya bile götürdü. Üç harika gün tepelerde kaydık; mutluyduk. Üçüncü günün sonunda annem oteli ve oteldeki insanları beğenmediğini söyleyerek bizi apar topar geri götürdü. Bir gece de tiyatroda yatak odasında geçen bir sahneyi adi bulduğu için, daha birinci perde bitmeden bizi çekip çıkardı; oysa Nejad'la ben olacakları heyecanla bekliyorduk. Ne istediğimiz, ne hissettiğimiz bize hiç sorulmazdı.

1937'nin sonlarına doğru bir gün coğrafya öğretmenimiz "Haftaya çarşambaya okul pikniğimiz var. Sırt çantalarınızı da alın yürüyüş yaparız" dedi. Sonra biraz durup hafifçe öksürdü ve "Tabii bazılarınızı istemiyoruz" diye lafını bitirdi.

Tabii ben bu "bazıları" sözcüğünden dersleri iyi olmayan arkadaşları kastettiğini sandım. Ama sınıfın en çalışkan öğrencilerinden arkadaşım Grünfeld'in çilli yüzü, kırmızı saçlarının rengi gibi kızarınca anladım. Etrafıma bakındım, bütün Yahudi çocuklar başlarını eğmişlerdi. Yanımda oturan Weinstein'ın gözlerinde, tutmaya çalıştığı yaşlar parıldıyordu.

Okuldan eve dönünce doğru annemin odasına koştum. Yatağına uzanmış hem müzik dinliyor, hem de son günlerde gezdiği katedrali çiziyordu. Yanağına öpücük kondurdum ve heyecanla okuldaki olayı anlattım.

"Bu seni niye üzüyor?" dedi. "Belli ki pikniğe gidemeyen çocuklar derslerine çalışmamış. Okul da onları cezalandırıyor."

"Hayır hayır" diye karşı çıktım, "onlar sırf Yahudi oldukları için gelemiyorlar."

"Bundan saçma bir şey olamaz!"

"Hayır, saçma değil. Öğretmen öyle söyleyince, bütün Yahudi çocuklar üzüntüyle başlarını eğdiler."

"Hemen karar verme. Onların Yahudi olduklarını ne biliyorsun?"

"Biliyorum, çünkü onlar da Nejad'la benim gibi din derslerine girmiyorlar. Ama niye onlar Yahudi oldukları için pikniğe gelemiyorlar da biz Müslümanlar gidebiliyoruz, haksızlık bu!"

Annem, "Doğrusu hiç bilmiyorum" diye yanıt verdi.

"Haydi git, çayını iç."

Joachim dahil, arkadaşlarımın çoğu pikniğe gidiyorlardı. Bu, kaçırılacak bir eğlence değildi. Sonunda Grünfeld'i, Weinstein'ı ve öteki Yahudi arkadaşlarımı aklımdan çıkarıp ben de gitmeye karar verdim. O zamandan beri ne vakit Almanya'daki Yahudi soykırımından söz açılsa, hep o çocukların ne olduğunu merak ederim.

Piknikten kısa bir süre sonra kızıla yakalandım. Alman yasalarına göre çocuk hastanelerinin karantina bölümünde yatmam gerekiyordu. O bölümün duvarları camdandı, etrafımda yatan bütün çocukları görebiliyordum. Birbirimize oyuncaklarımızı gösteriyorduk. Geceleri de cep fenerlerimizi kullanıp Mors alfabesiyle haberleşiyorduk. Benim odam, bölümün en ilgi çeken kısmıydı; çünkü sepet sepet çiçekler ve meyvelerle doluydu. Annem beni neşelendirmek için elinden geleni yapıyordu. Her gün Emir Zeyd, Nejad ve şoför Franz'la ziyaretime geliyordu. Odama girmek yasak olduğu için, camın dışından bana türlü komiklikler yapıyorlardı. Sınıf arkadaşlarımdan kartlar, Joachim'den de aşk mektupları ve kutu kutu çikolatalar geliyordu. Tabii çikolataları hastabakıcılara veriyordum. Hastaneye ve gördüğüm ilgiye de bayılıyordum.

Üç hafta sonra beklenmedik bir tatsızlık oldu, boğazım şişti ve ateşim çok yükseldi. Şişen boğaz bezlerini röntgen ışınlarıyla tedavi etmek için beni sedyeyle röntgen bölümüne götürdüler. Ama ne durumum iyiye gitti, ne de ateşim düştü. Hastalığım o kadar ağırlaştı ki, anneme destek olmak için Ayşe teyzem İstanbul'dan geldi.

Aynı hastalıktan ilk oğlunu kaybeden annem, "Şirin'e bir şey olursa kendimi öldürürüm. Bir çocuğumu daha kaybetmeye dayanamam. Zavallı Şirinaki, cayır cayır yanıyor, ateşini bir türlü düşüremiyorlar" diyordu. Ayşe teyzem, "Fahrünnisa şekerim, telaşlanma. Bak Almanya'dayız, en iyi doktorlar burada. Faruk evde sıradan bir doktor tarafından bakılıyordu. Burada durum tümüyle farklı. Göreceksin iyileşecek. Allah'a inancını kaybetme! Ben de dua ediyorum" diye onu avutmaya çalışıyordu.

Annem sonunda, "Şunu bilin ki o ölürse ben de intihar ederim" diye konuya son verdi. Hazırlıklı olmak için de çantasında bir hançer taşımaya başladı.

Bir sabah ateşten çakmak çakmak bakan gözlerimi açtım ve hayal görüyorum sandım. Camın arkasında bana gülen ve komiklikler yapmaya çalışan babam duruyordu. Ona karşılık veremeyecek kadar halsizdim. Durumdan haberi olur olmaz, Orient Express'e atladığı gibi Berlin'e gelmiş. Üç günlük yolculuğu sırasında acaba geç mi kalıyorum diye de çok endişe etmiş.

Işın tedavisinin işe yaramadığını gören doktorlar, boynuma sıcak patates püresi koymaya başladılar. Tekrar tekrar ısıtılıp kullanılan püreden ekşi ve mide bulandırıcı kokular gelmeye başladı. Her ne kadar hastabakıcıya püreyi kullanmaması için yalvardımsa da "Nein!" diyordu; "Bu seni iyileştirecek!" Haklıydı, hastaneye yattıktan iki ay sonra boğazım normale döndü ve ateşim düştü. Annem gelip de beni yatakta zayıf ve sarı benizli, ama oturuyor ve konuşabiliyor görünce öyle sevindi ki, derhal hastaneden fırlayıp bütün doktor ve hemşirelere hediyeler aldı.

Bu süre içinde babam Berlin'de kaldı, her gün beni görmeye hastaneye geldi. Çalıştığı şirket millileştirilmişti, kendine yeni bir iş arıyordu. O nedenle serbestti ve Almanya'da gerekli süre kalabildi. İstanbul'da daha ufak bir apartmana taşınmış, başında aile sorumluluğu olmadığı için de oldukça rahat geçiniyordu.

Hastaneden çıktıktan bir süre sonra gücüm yerine gelince, iyileşmemi kutlamak için babam, Nejad'la beni Weisse Traube (Beyaz Üzüm) adında o sıralar çok moda olan bir restorana götürdü. Girişte üzüm salkımı şeklinde bir avize asılıydı. Garson bizi güzel bir köşe masaya oturttu, yemek siparişlerimizi aldı. Bütün masalar doluydu. Konuşma sesleri, çatal bıçak gürültüleri, garsonların koşuşması, kısacası, kalabalık şık bir restoranın patırtısını duymak üç ay hastane yaşamından sonra beni çok mutlu etmişti.

Tam yemeklerimize başlarken hoparlörden bir tıkırtı geldi ve gür bir ses yükseldi: "Sayın bayanlar baylar, Führerimiz!" Hemen arkasından Hitler'in çınlayan sesi restoranı doldurdu. Sanki Tanrı konuşuyormuş gibi herkes bir anda durdu. Garsonlar duvarlara doğru gerileyerek hazırola geçtiler. Artık kimse ne yiyor, ne içiyor, ağzındaki lokmayı bile çiğnemeden Hitler'i dinliyordu.

Babam hayretle etrafına baktı. Hitler bile olsa, insanların yemeklerini bırakıp nutuk dinlemelerine inanamamıştı. Sinirlendiğini belli etmek için yüksek sesle, "Bu rezalet!" dedi. "Biz buraya nutuk dinlemeye değil, yemek yemeye geldik." Yan masadakiler onu hemen susturdular.

Lokantanın içine baktı, bazı insanların onun gibi sinirlenip gitmelerini ya da protesto etmelerini bekledi. Ama protesto edip gitmek şöyle dursun, kimse yerinden bile kıpırdamadı. Aksine herkes büyülenmiş gibi dinliyordu. Belli ki Hitler'in gücü, konuşma yeteneğinden kaynaklanıyordu.

Babam kalktı, masanın üzerine peçetesini ve birkaç mark attı, "Gelin çocuklar, buradan çıkalım" dedi. Yemeğimizi küçük bir sokak lokantasında bitirdik. Sosis, patates salatası ve siyah ekmek yedik. Bu hiç de İzzet Melih'in tarzı değildi.

Babamı böylesine kızdıran konuşma, Hitler'in 11 Mart 1938'de Avusturya'yı Almanya'ya ilhak ettiğini bildirmesiydi. *Kavgam* (Mein Kampf) adlı kitabının ilk paragrafından anlaşılacağı gibi de *anschluss* (ilhak) Hitler'in tutkularından biriydi. Avusturya'yı Almanya'ya katacağı tehdidi Avusturya Şansölyesi Kurt von Schuschnigg'in istifasına neden olmuştu. Üç gün sonra Hitler, büyük bir zafer kazanmış gibi sırıtarak arabasıyla Viyana caddelerinden geçiyordu. İşin garibi, halkın çoğu onu coşkuyla, sevinçle karşılıyordu. Dünya da madalyonun yalnızca bu yanını izledi. Ülkesini kaybetmenin acısını çekenleri hiç görmedi.

Annem, ailesini bırakıp yardımına gelen Ayşe ablasına minnettardı. Onu gezdiriyor, alışverişe çıkarıyor, konserlere götürüyordu. Bir öğleden sonra iki kardeş alışverişten döndüklerinde Nisa, Emir Zeyd'in makamına uğradı. Kocası elinde bir telgrafla masanın önünde duruyordu. Donuk bir sesle, "Geri çağrıldık" dedi. Nisa anlamamıştı: "Ne demek oluyor, geri çağrıldık; kim, nereye çağırıyor?"

"Dışişleri Bakanı Es-Sveydi."

"Ama bu saçma bir şey, seni nasıl geri çağırabilirler? Nedenini sorsana!"

"Ben öyle sorular sorup kendimi küçültmem."

"Irak için yaptıklarımızdan sonra değil çağırmak, bize minnettar olmalılar. Hak, adalet bu mu? Es-Sveydi Berlin'e geldiğinde hastaydım, onun için yemek veremedim. Herhalde onu hiçe saydığımızı sanıp buna içerledi ve Bağdat'ta aleyhimize çalıştı." Emir sükûnetle, "Nedeni bu olmayabilir, ama her halükârda gidiyoruz" dedi. Nisa da, "Peki, öyleyse Bağdat'a gider hepsiyle yüzleşiriz" yanıtını verdi.

Hiçbirimiz Emir Zeyd'in neden geri çağrıldığını öğrenemedik. Bir söylentiye göre, annemin hükümet parasını çok israf etmesi yüzündendi. Ama bana kalırsa asıl neden, Irak'ın iplerini hâlâ elinde tutan İngilizlerdi. Nisa'nın Nazi liderleriyle olan yakınlığı hoşlarına gitmiyordu; çünkü Irak'ta da Alman taraftarlığı hızla artıyordu. Bu yüzden İngilizler, Emir Zeyd gibi kral ailesinden önemli birinin bu kritik dönemde Almanya'da kalmasını sakıncalı buldular.

Berlin'den ayrılacağımızı duyduğumda çok üzüldüm. Okuluma, Joachim'e, bale derslerime dönmeyi dört gözle bekliyordum. Bir de tabii, bu güzel kentin sunduğu birçok şeyi arayacaktım.

Gidişimiz bildirilince resmi ziyaretler ve veda partileri birbirini izledi. Nisan ayının ortalarına doğru bir sabah, anneme Hitler'in yaveri Von Kivitz'den bir telefon geldi. Gayet güzel bir Fransızca ile, "Prenses hazretleri, Führer sizi görmek istiyorlar" dedi. Nisa bir an düşünebilmek için, "Öyle mi?" diye sordu. Sonra, "Kocamla mı, yalnız mı?" diye ekledi.

Bir an sessizlik oldu. Kivitz'in duraklamasından, Führer'in kendisini yalnız görmek istediğini anladı. "Memnuniyetle kabul ediyorum" diye kesin yanıt verdi. (Bana kalırsa erken karar verdi, ama Hitler'le baş başa olmak onun merakını uyandırıyordu. Nasıl bir adamdı? Onun hakkında bir şeyler öğrenmek istiyordu.)

"Yirmi nisan günü saat beşte mi, beşi çeyrek geçe mi, beş buçuk mu? Hangisi sizin için uygun prenses hazretleri?"

Ortası olsun diye düşünen Nisa, "Beşi çeyrek geçe" diye yanıtladı.

"Size hatırlatmak isterim prenses hazretleri, yirmi nisan Führer'in doğum günüdür. Reichskanzlei'nın[35] etrafındaki bütün sokaklar trafiğe kapalı olacak. Yalnızca sizin arabanız CD82 geçecek." Nisa, "Teşekkür ederim" dedi ve görüşme sona erdi.

Aynı gün öğle yemeğinde Nisa olayı anlatınca, Emir Zeyd şaşırdı. Her devlet başkanı ayrılan bir diplomatı karısıyla davet ederdi, bu bir nezaket gereğiydi. Karısını yalnız davet etmek ise işitilmiş şey değildi. Ama Nisa daveti kabul etmişti, bundan vazgeçmesi diplomatik kurallara aykırı kaçardı. Onun için hoşnutsuzluğunu belli etmedi, her zamanki ölçülü tavrıyla kabul etti. Zaten Nisa'nın her istediğini yapmasına izin verirdi, böylesi daha kolaydı.

Gün yaklaştıkça Nisa ne giyeceğini, ne konuşacağını düşünmeye başladı. Sonunda uzun etekli siyah kadife tayyörünü ve Paris'ten son aldığı şapkayı giymeye karar verdi. Üzerine de arjante tilki ceketini alacaktı. Baştan aşağıya siyah giyinmek çok dramatik olur diye düşündü. Onunla ne hakkında konuşayım, Hitler'e ne söyleyeyim? En iyisi sanattan söz açarım, zaten o da kendisini ressam sanıyor. Evet, en iyisi bu. Ona Almanya'da gördüğüm müzelerden ve sanattan bahsederim, herhalde ilgilenir diye karar verdi.

Konuşulan gün geldi çattı. Nisa biraz sinirli olduğunu fark edince kapıdan çıkarken küçük bir kadeh konyak içti. Son günlerde Hitler gibi bıyık bırakan, saçını onun gibi taramaya başlayan şoför Franz, anneme pırıl pırıl parlayan mavi Buick'in kapısını gururla açtı.

---

35. Başkanlık Sarayı.

Fahrünnisa, Hitler'in bir resepsiyonunda.

Sokaklarda hiç trafik yoktu. Reichskanzlei'dan bir iki sokak önce polis geçmeleri için işaret verdi. Oraya yaklaşırken Nisa binlerce insanın barikatların arkasında biriktiğini gördü. Merakla arabanın içine bakıyorlardı. Kimdi bu kadın? Böyle bir günde Reichskanzlei'ya nasıl yalnız gelebiliyordu?

Araba kapıda durur durmaz, subaylar cilalı çizmelerinin topuklarını vurarak selam verdiler. Von Kivitz, Nisa'yı kocaman kabul salonuna götürdü. Führer, salonun öbür ucundaki balkonda duruyor ve "Yaşasın Hitler" diye coşkuyla bağıran kalabalığı selamlıyordu. Von Kivitz koşup kendisine konuğunun geldiğini haber verdi. O arada Nisa ne yapması gerektiğini düşünüyordu. Onu beklemeli miydi yoksa ona doğru yürümeli miydi?.. Tavandaki görkemli avizeyi görünce onun altına kadar gidip Hitler'le yarı yolda karşılaşmaya karar verdi. Hitler döndü ve ona doğru yürümeye başladı. Annem, ne kadar gergin bir hali var, bu adam hiç gevşeyemez, doğal olamaz, diye aklından geçirdi. Tam düşündüğü gibi, Hitler onunla avizenin altında karşılaştı. Sert bir hareketle başını hafifçe eğdi, elini öptü ve onu şöminenin karşısındaki oturma köşesine yöneltti. Orada küçük bir masanın üzerinde zevkle hazırlanmış pastalar duruyordu.

Oturacağı zaman Nisa, iki kişilik bir kanepe ve bir koltukla karşılaştı; koltuğu yeğledi. Düşündü ki, kanepeye oturursa Führer'i yanına davet etmiş gibi olacaktı. Sonra elini tutmak isterse ya da daha yaklaşmak isterse ne yapabilirdi?

Von Kivitz Nisa'ya çevirmen isteyip istemediğini sordu. Nisa bir an durakladı; her ne kadar Almancası pek zayıf idiyse de çevirmen önerisini reddetti. Başka bir insanın aracılığıyla konuşmak fikri hoşuna gitmemişti. Cesaretle, "Hayır, teşekkür ederim" dedi; "sanırım tercümansız idare edebilirim". Bütün Akdenizliler gibi, el hareketleri ve gözleriyle kendini ifade edebileceğinden emindi.

Bir subay Nisa'ya yaklaşıp, "Kürkünüzü çıkarmayı arzu eder misiniz prenses hazretleri?" diye sordu.

Herhalde ceketimin altında silah olup olmadığını anlamak için almak istiyorlar diye düşünen Nisa, "Hayır, teşekkür ederim, üstümde kalsın" diye yanıtladı.

Uşaktan başka herkes salondan çıkınca annem dramatik bir tavırla kürkünü çıkarıp cilalı parkenin üzerine fırlatmış. Ceket de, sanki binlerce ayağı olan bir hayvan gibi, odanın ortasına doğru büyük bir hızla kaymaya başlamış. Hitler'le annem hayretler içinde uzaklaşan ceketi seyrediyorlarmış. Uşak kürkü yakalayıp bir koltuğun üzerine koymuş ve çay servisi yapmaya başlamış. Annemin fincanına çay, Führer'in fincanına da sıcak kakao koymuş.

Konuşmaya başlamış olmak için Nisa şaka yollu, "Führer" demiş, "küçük bir çocuk gibi kakao mu içiyorsunuz?" Führer hiç gülmemiş, ona ciddi ciddi bakmış, kakaosundan bir yudum aldıktan sonra, "Duyduğuma göre ressammışsınız, ben de ressamım" demiş. Nisa, hazırladığı konu açılacağı için memnun olmuş, arkasına yaslanmış ve Almanya'da görmüş olduğu müzelerden bahsetmeye başlamış. Özellikle Münih'teki Pinakotek Müzesi'ni ne kadar beğendiğini söyleyince, Hitler'in yüzü asılmış ve demiş ki, "Ama orası kışın çok soğuk olur". Annem hemen onun hoşuna gitmeyen bir şeyden söz ettiğini anlamış, ama neden olduğunu anlayamamış. Bildiği kadar Münih Hitler'in savaş çalışmalarına başladığı ve güce eriştiği ilk yermiş. Führer sözüne devam etmiş, "Ben Almanya'daki müzelerde bulunan sanat eserlerinin çoğunu sevmem. Çürümeye başlamış bir sanat! Nürnberg'de bir müze kurmayı ve yeni bir milliyetçi sanat hareketini desteklemeyi düşünüyorum. Resim yapmaya devam edecek misiniz?"

Nisa, "Tabii" demiş. "Şimdiki halde aile sorumluluklarım fazla ama daha sonra kendimi tamamen sanata adayacağım." Sonra, görkemli salonda etrafına göz gezdirerek, "Bakın" demiş "bütün bu yaldızlı süsler tümüyle Bizans stili. Bana İstanbul'daki Ayasofya'yı anımsatıyor. Doğrusu bu dekorasyondan ötürü sizi kutlamalıyım".

Mimarlık, tutkularından biri olduğu için Hitler memnun oldu. Mimarı Speer'le birlikte Reichskanzlei'yı dekore etmek için aylarca çalışmışlardı. Gençliğinde Viyana'daki barok mimari tarzı onu çok etkilemişti. Oradaki birçok güzel binanın resmini çizmiş, hatta onları kartpostal yapıp satmıştı. Birdenbire sordu, "Anschluss hakkında ne düşünüyorsunuz?" Nisa Hitler'in Avusturya'yı Almanya'ya ilhak ettiği gün sevinçten ağladığını duymuştu. Henüz Avusturya Şansölyesi Schuschnigg'in ve binlerce Yahudi'nin Gestapo tarafından tutuklandığını duymamıştı. Onun için, "Bir mucize idi" dedi. "Ne bir silah patladı ne de bir damla kan döküldü."

Hitler o öğleden sonra ilk defa gülümsedi; sonra yüzünden sanki kara bir bulut geçti ve yere bakarak, "Şansölye Schuschnigg için üzgünüm" dedi.

Nisa ne demek istediğini anlamadı. Uzunca bir sessizlik oldu. O da gitmesi gerektiğini düşündü, diplomatik ziyaretler on beş dakikayı geçmemeliydi. Zamanı aştığını anladı ama gitmeden önce, "Führer" dedi, "Büyükelçi Poncet her gittiği yerde gaipten haber veren Cassandra gibi, savaş olacak, bunu çok iyi hissediyorum, savaş patlayacak diye yakınıyor, doğru mu bu? Gerçekten savaş çıkacak mı?"

Hitler gözünü kırpmadan yanıtladı: "Mösyö Poncet Fransa'nın Almanya'ya yollamış olduğu en zeki ve en akıllı büyükelçidir."

Ayağa kalktığında, Von Kivitz hemen ortaya çıktı ve kürkünü Nisa'nın omzuna koydu. Hitler koltuğun yanındaki küçük sehpayı işaret etti: "Hani buraya bir vazo sarı gül koyacaktınız?" Sonra yaverinin omzunu şefkatle okşadı, "Unuttunuz, değil mi?" Von Kivitz kızardı, özür diledi. İkisi birden Nisa'yı kapıya kadar geçirdiler. Hitler elini iki kez öptü ve "Teşekkür ederim prenses hazretleri, geldiğiniz için teşekkür ederim" dedi.

Annem hepimize bu olayı en ince ayrıntısına kadar anlatırken, "İşte Hitler'le çay partim böyle sona erdi" diye bitirdi. "Ama anlamadım, Münih'ten bahsederken niye öyle bozuldu?"

Emir Zeyd, 1923'teki ünlü *"Beerhall Putsch"*[36] olayından söz etti. Hitler ve arkadaşları Weimar Hükümeti tarafından kısa bir süre hapse mahkûm olmuşlardı. "Belli ki," dedi Emir Zeyd, "*Kavgam*'ı orada yazmış olmasına karşın Münih'i pek sevmiyor."

Annem sordu: "Peki Schuschnigg'den bahsederken ne kastediyordu?"

"Söylentiler var" dedi Emir Zeyd, "Schuschnigg Gestapo tarafından tutuklanmış ve hapse atılmış."

---

36. Birahane Darbesi; Nazilerin iyice güçlendiği 1923'te Hitler, Münih'teki bir birahanede Weimar Hükümeti'ne yönelik darbe planını açıklamıştı. Darbeyi gerçekleştirmek için ertesi gün tasarladığı yürüyüş hükümetçe bastırıldı.

Annem şaşırdı, "Böyle bir şey nasıl olur? Her yerde okuduğuma göre Avusturyalılar Almanlara sevinçle kucak açmış". Emir Zeyd "Senin öyle düşünmeni istiyorlar" diye yanıt verdi. "Onların her dediklerine inanma. Propaganda makineleri çok güçlü çalışıyor! Şimdi söyle bakalım ziyaretinden memnun kaldın mı?"

"Doğrusunu istersen pek memnun kaldım diyemem. Örneğin Atatürk'ün büyüleyici bir benliği ve müthiş bir karizması vardı. Bu adamda hiçbir şey yok. En azından ben öyle düşünüyorum. Soğuk bir yönü var. Gözleri, sonu olmayan gri tüneller gibi. Ama yine de Alman halkına yaptığına hayranım. Unuttun mu, olimpiyatlardan önce halk imaretlerde çorba içerdi. Bir yıl içinde yepyeni bir ülke yarattı."

"Bütün bunlar doğru ama," dedi Emir Zeyd, "onları savaşa sokarsa, yaptıklarının hiçbir değeri kalmaz. Bana kalırsa Anschluss yalnızca bir başlangıç. Çekoslovakya[37] ikinci kurban olacağa benzer." Sonra her zaman olduğu gibi sakin sakin, piposundan bir nefes çekti ve "Doğrusunu istersen Hitler'e ve bütün bu Nazi mizansenlerine ben hiç güvenmiyorum" dedi.

Ayın sonunda gitme zamanımız gelmişti. Aile Berlin'i grup grup terk edecekti. Herkesten önce Ayşe teyzem ile Nejad İstanbul'a hareket ettiler. Annem son iki ay içinde geçirdiği heyecan ve yorgunluktan bitkin hale gelmişti. Toparlanmak için Prag'a, arkadaşları Yakup Kadrilere (Karaosmanoğlu) gidecekti. Yakup Kadri Bey, Çekoslovakya'da Türk büyükelçisi idi. Karı koca annemin çok sevdiği iki arkadaşı idi. Hem onları ziyaret edecek, hem de birlikte Karlsbad'a, kaplıcalara gideceklerdi. Annem onları babamın zamanından, Yakup Kadri Bey'in yazarlığından ötürü tanıyordu.

Geçirdiğim hastalıktan dolayı henüz yolculuk yapamayacak kadar halsiz olduğum için, Berlin'i Emir Zeyd'le birlikte en son ben terk edecektim. Üç günlük tren seyahatinden sonra Emir Zeyd beni İstanbul'a bırakıp Bağdat'a hareket etti. Ben de Büyükada'daki köşke, yazı geçirmek üzere bir daha kavuştum.

---

37. Çekoslovakya'nın Südet bölgesi 1938 Münih Konferansı'ndan sonra Fransızlar ve İngilizler tarafından Almanlara bırakıldı. Hitler ülkenin geri kalanını da 1939'da işgal etti.

13

Cevat eve geliyor!

Büyükada'da her şeyi bıraktığım gibi bulduğuma çok sevindim! Anneannem yine her akşamüstü işleri bittikten sonra incecik beyaz başörtüsünü örtüp mis gibi odasında Kuran okuyordu. Batan güneşin kızıl ışıkları her zaman olduğu gibi odasına yansıyordu. Akşam yemeğinden az önce, yine aynı ihtiyar yoğurtçu, "Yoğuuuuurt..." diye bağırarak geçiyordu. Her gün çay zamanı evdelerse semaverin etrafında, bahçedelerse çardağın altında teyzelerim, dayılarım, eniştelerim bitmeyen, tükenmeyen konuşmalarını, tartışmalarını sürdürüyorlardı. Konu çoğu zaman dönüp dolaşıp, Avrupa devletleri savaşa yönelirken, Türkiye'nin savaşa katılıp katılmayacağına geliyordu.

Temmuzun sonuna doğru annem Karlsbad'dan neşe içinde döndü. Hepimize güzel armağanlar getirmişti. Büyükada'ya döndüğü için mutluydu. Çamlı koylarda resimler çiziyor, kış hastalıklarına karşı doktorların önerdiği otuz deniz banyosunu ihmal etmiyordu.

Çok sıcak bir ağustos öğleden sonrası, anneannem dışında bütün aile, çay içmek için üst katta, oturma odasında toplandı. Ama bugün çay içilmeyip dondurma yenecekti. Bahçıvan dondurmacıyı bulmaya yollandı. Adam her gün önünde beyaz önlüğü, sırtında bir sırığın iki ucuna bağlanmış tahta kovalarla, sokak sokak "Dondurmaaaa! Kaymaaaak..." diye bağırarak elde dövülmüş, nefis dondurma satardı. O gün de bahçıvanın peşinden içeri girince kovalarını yere bıraktı, tahta sıraya oturdu ve hizmetçinin büyük gümüş tepsi içinde getirdiği camdan dondurma kaplarına kaymaklı ve meyveli dondurma koymaya başladı.

Emin enişte hizmetçi kızın uzattığı dondurmayı alırken, "Bak bakalım kızım, kimse unutulmasın. Bahçıvana, herkese dondurma gitsin e mi!" diye tembih etti.

Aliye teyzem annesine çok yakındı. Bütün yıl birlikte yaşarlardı. Ağzına bir kaşık vişneli dondurma attı ve "Annem niye hâlâ dönmedi?" diye sordu. Dondurmasını kenara koyup eline çini mürekkebiyle kalemini alan annem, "Herhalde üç buçuk vapurunu kaçırdı" yanıtını verdi.

Aliye bilmek istiyordu. "Evet ama bu sıcak günde şehre niye indi?" Mizu ağzından baklayı çıkardı. "Doktorla randevusu vardı" dedi. Hakiye çok şaşırdı, "Ne randevusu? Bana bir rahatsızlığı olduğundan bahsetmedi". "Bana da" dedi Ayşe teyzem. "Doktora gittiğini nerden biliyorsun?" "Ben de tesadüfen öğrendim" dedi Mizu. "Seher'e ütületmek için elbiselerimi vermek istedim, yapamayacağını, çünkü hanımefendi ile erkenden doktora gideceklerini söyledi. Bu sabah ilk vapurla indiler." Hakiye, "Niye bizden gizliyor ki?" diye sordu. Aliye, "Annemi bilirsin, bizi üzecek hiçbir şey söylemek istemez" diye cevap verdi.

Nisa çok endişelenmişti, "O zaman önemli bir şey olmalı" diye lafa karıştı. Mizu, "Canım telaşa kapılmayın, belki de yalnızca bir doktora görünmek istedi" dedi. Nisa, "Öyle bir şey olsaydı, bizlere söylemekte sakınca görmezdi. Doğrusu bu iş hiç hoşuma gitmiyor" diyerek yaptığı resme devam etti.

Bir saat sonra telefon çaldığında hepsi yerlerinden fırladılar! Ama âdetleri olduğu gibi en büyükleri Hakiye'nin telefonu açmasını beklediler. Telefon yakın bir aile dostumuz olan doktordandı. Hakiye teyzem, "Allah'a şükür telefon ettiniz!" dedi. "Kuzum ne olup bitiyor? Annem niye sizi görmeye geldi? Bize niçin bir şey söylemedi, meraktan ölüyoruz!"

Aliye odanın öbür ucundan, "Nesi varmış, asıl onu sor" diye seslendi. Ayşe, "İşin aslını öğrenmek istiyoruz" diye söze karıştı. Nisa, kararlı, "Bizden hiçbir şey saklamamasını rica et, bilmek hakkımız" dedi.

Hakiye telefonun ahizesini eliyle kapatarak, "Allah aşkına, susun da öğreneyim" diye bağırdı.

Bir süre pek ciddi dinledi, derken yüzü bembeyaz oldu, sonra nefesi kesilircesine "Ameliyat mı olmuş, ne ameliyatı?" diye sordu. Kardeşler donakaldılar. Hakiye korku dolu bir sesle, "Ne, kanser mi?.." diye bağırdı. Üç kız kardeş Yunan tragedyalarındaki korolar gibi, "Kanser! Kanser! Kanser!" diye tekrarladılar. Sonra dehşet içinde feryat edip ağlayarak Hakiye'nin etrafında toplandılar.

Hakiye telefonun ahizesini eliyle kapatarak, yüksek sesle "Lütfen susun, sakin olun, adamın dediğini duyamıyorum!" diye tekrarladı.

Üç kız kardeş hemen sustular. Hakiye uzun uzun doktoru dinledi. Telefonu kapadıktan sonra oldukları yerde donup kalan kardeşlerine, "Önce doktor bilmenizi istiyor ki, annem Şişli Hastanesi'nde yatıyormuş ve iyiymiş" dedi. Ayşe, "Allah'a bin şükür" diye inledi. Nisa, "Niye doktor hemen ameliyat etti, bu kadar aceleye ne gerek vardı" diye sorunca, Hakiye doktordan aldığı bilgileri aktardı: "Annem yıkanırken sağ göğsünde bir sertlik hissetmiş. Kimseye haber vermeden Aziz Bey'e telefon edip bugün için randevu almış. Aziz Bey muayene ettiğinde sertliğin boyutları onu ürkütmüş ve hemen ameliyat etmiş."

Aliye, "Evet ama" dedi, "neden ille de bugün? Hiçbirimize haber vermeden, böyle şey olur mu?"

Hakiye teyzem, "Herhalde annem öyle istedi. Ameliyat bitsin, aileye sonra bildirilsin, demiştir" diye cevapladı.

Kardeşler aralarında, "Zavallı annem, kim bilir ne korkular geçirdi" gibi laflar etmeye başladılar. Bir suskunluk oldu, sonra Aliye dayanamadı: "Ne olursa olsun, doktorun bize haber vermeden, ikinci bir doktorun fikrini almadan ameliyat etmeye hakkı yoktu."

Hakiye teyzem, "Söylenme Aliye!" diye onu susturdu. "Aziz Bey hem İstanbul'un en iyi doktoru, hem de aile dostu. Bilirsin annemi ne kadar sever, hiç ona zarar gelsin ister mi? Şimdi heyecanı kenara bırakın da ne yapacağımızı düşünelim. Bir kez olan olmuş, inşallah hakkında en hayırlısıdır. Ben bu gece son vapurla şehre inip geceyi apartmanda geçiririm. Sabah da erkenden hastaneye gider, anneme öteberisini götürürüm." Ötekiler de ertesi sabah ilk vapurla ineceklerini söylediler.

Hastaneye gittiklerinde büyükannemin rahat rahat yattığını gördüler. Morali de çok iyiydi; herkesin yüreğine su serpildi. Görünüşe göre, hayati tehlike atlatıldıktan sonra büyükannemin odası buluşma yeri olmuştu. Her gün aile bireyleri ve arkadaşları çiçekler, çikolatalar, kolonyalar, hatta evde yapılmış çorbalarla ziyaretine geliyorlardı. Bazen kalabalığın koridora taştığı oluyordu. Hastabakıcılar tüm gayretleriyle hastane kurallarını çiğnetmemeye çalışıyorlarsa da pek başarılı olamıyorlardı.

On gün sonra ne yazık ki büyükannem, ameliyat sonrası tehlikelerinden biri olan, zatürreeye yakalandı. Durumu hızla kötüye gittiği için doktorlar, kızlarından başka kimsenin odaya girmesine izin vermediler. Kızları nöbetleşe yanında yatıyorlar ve her şeye karışıyorlardı. Hepsi de her şeyi doktorlardan ve hastabakıcılardan daha iyi bildiklerine inandıkları için, tedavi konusunda onlarla sürekli tartışıyorlardı.

Durumun ciddiyetini gören büyükannemin kardeşi Mithat, Bodrum'da yaşayan Cevat dayıma telgraf çekti.

Cevat, hakkında kısa öyküler, makaleler yazdığı sünger avcılarıyla üç gündür denizdeydi. Küçük balıkçı teknesi Bodrum'daki salaş iskeleye yanaşınca, kahveden bir çocuk, "Balıkçı! Balıkçı! Sana telgraf var!" diye bağırdı. (Cevat, Halikarnas Balıkçısı diye bilindiği için Bodrumlular onu yalnızca Balıkçı diye çağırırlardı.) Cevat telaşlanmadı. Telefonu yoktu, onunla görüşmek isteyen telgrafa başvuruyordu. Bu, o günlerde, haberleşmenin en ucuz ve en hızlı yoluydu. Onun için eve gitmeden önce rıhtımdaki kahveye uğrayıp balıkçılarla bir çay içti ve acele etmeden, gezine gezine evine geldi. Karısı Hatice çamaşır asıyordu, onu görür görmez göğsünden telgrafı çıkarıp kocasına uzattı, "Bak" dedi, "bu, dün geldi." Cevat, "Mithat" imzalı, "Annen Şişli Hastanesi'nde ağır hasta" haberini okur okumaz beyninden vurulmuşa döndü. Hatice'ye, "Annem hasta" deyip odasına koştu. Tahta sandıktan giyile giyile parlamış, lacivert gabardin takımını çıkardı. Emektar deri bavuluna da biraz çamaşır, tıraş malzemesi, kalem kâğıt attığı gibi soluğu köy meydanındaki otobüs durağında aldı. Uzun, sıcak ve tozlu bir yolculuktan sonra İstanbul'a, oradan doğru hastaneye geldi. Doktor, annesinin durumunun iyi olmadığını söyledi. Odanın kapısını açtığında annesinin başında dört kız kardeşiyle Mizu'yu buldu. Gözyaşlarını içlerine akıtarak dualar mırıldanıyorlardı. Annesi gözleri kapalı, yanakları al al olmuş, nefes almakta güçlük çekiyordu.

Ayşe ile Hakiye babalarının öldürülme olayından sonra, yirmi dört yıldır, Cevat'ı ne görmüş ne de onunla konuşmuşlardı. Birdenbire karşılarında görünce şaşırıp, odanın bir köşesine doğru çekildiler. Ama Nisa ile Aliye koşup boynuna sarıldılar, içtenlikle, "Hoş geldin ağabey, seni gördüğümüze çok sevindik" dediler.

Mizu nazikçe elini sıktı, "Hoş geldiniz, yorgun görünüyorsunuz, herhalde uzun bir yolculuktu" dedi.

Cevat karyolaya ilişti. Annesinin iki elini ellerinin arasına aldı, davudi sesiyle, "Ben geldim anne, sana Ege'nin kokusunu, Neptün'ün selamlarını getirdim" dedi.

Büyükannem gözlerini açtı, dudaklarından hafif bir gülümseme geçti, güçlükle, "Teşekkür ederim, oğlum" dedi. Cevat annesinin ellerini kendi göğsüne bastırdı. Ayşe usulca Hakiye'ye "Çıkalım" dedi, sessizce odayı terk ettiler.

O gece büyükannem gittikçe fenalaştı. Cevat onu kollarında tutuyor, ölmemesi için yalvarıyordu. Son nefesini bile oğlunun kollarında verdi. Cevat eğilmiş, umutsuzca, hayat öpücüğü tekniğini uygulamaya çalışıyordu. Doktorlar onu yavaşça artık yaşamayan annesinden ayırdılar.

Ertesi gün kızları annelerinin naaşını bir motor kiralayarak adaya götürdüler. Tekne yol alırken onlar da hem ağlıyor, hem de birbirlerini teselli etmeye çalışıyordu. Benizleri sapsarı olmuş, yaralı kuşlar gibi titreşiyorlardı. Her biri kendi acısını ikinci plana itip kardeşlerine güç vermeye çabalıyordu. Hakiye, Ayşe'yi üzmemek için duyduğu korkunç üzüntüyü ona göstermemeye çalışıyor, Aliye de hıçkırıklarını zorlukla zapt ediyordu. Birbirlerini gözetiyorlardı, kim fenalaşır gibi olursa hepsi birden şefkatle onu iyileştirmeye çalışıyordu.

Dördü de ayrıca kardeşleri Suat için üzülüyorlardı. Suat, 1938'deki New York Dünya Fuarı'na Türkiye'den özel delege olarak gönderilmişti. Acı olay sırasında gemideydi, New York'tan Türkiye'ye geliyordu, tabii hiçbir şeyden haberi yoktu.

Ayşe, "Burada olamadığı için kendini hiç affetmeyecektir" dedi. "Annesine öyle düşkündü ki..."

Mizu lafa karıştı, "Ben şahsen burada olmadığına memnunum. Annesini kaybetmek yetmiyormuş gibi bir de Cevat'la karşılaşacaktı. Çiftlikte geçirdikleri o gece, olduğu gibi gözünde canlanacaktı. Kim bilir ne hale gelecekti zavallı!"

Bu konu onları hırpalıyordu. Ayşe teyzem, "Keşke gelmeseydi" dedi. "Onu görmek beni altüst etti. Yaptığını hiçbir zaman affetmeyeceğim!"

Hakiye daha mantıklı konuşuyordu: "Seni çok iyi anlıyorum ama tabii ki annesinin ölüm yatağında koşup yanına gelecekti. Tabii ki ölürken başında bulunmak istedi. Annem onun için az mı çırpındı? Ama artık evine dönsün ve bizi rahat bıraksın."

Nisa sinirlenmişti, "Evet ama sevgili ablalarım, unutmayın ki o da annemin oğlu!"

Aliye, "Bizim de ağabeyimiz" diye ekledi.

Ayşe teyzem, "Doğrusunu isterseniz Cevat'ın Bodrum'da, kendisini görmeyeceğimiz bir yerde yaşaması çok iyi. Hep orada kalsın ve bir daha dönmesin" dedi.

Aliye, "Ben öyle düşünmüyorum, keşke o kadar uzaklarda yaşamasa. Ne zeki, kültürlü, pırıl pırıl bir adam. Hem çok ilginç hem de çok bilgili. Karamazof gibi, insan onun yanında neler öğrenir. 'Uncle Karl' diyor ki, her genç adam şu ya da bu zamanda babasını öldürmek istemiştir. Yani bu o kadar olmadık bir şey değilmiş" diye konuşunca, Nisa kızdı, "Saçmalama Aliye!" dedi, "şimdi 'Uncle Karl'ın ağzından düşürmediği Freud teorilerini tartışmanın zamanı mı? Bazen çekilmez oluyorsun!"

Yolculuklarının sonuna doğru kardeşlere bir suskunluk geldi.

Motor adaya yanaşınca, başta ağlayan lala ile birçok adalı, tabutu iskeleden alıp köşke çıkardılar. Serin ve loş salonda bir masanın üzerine yerleştirdiler. Tabutun üstüne, kenarlarına altın sırmayla Kuran'dan sureler işlenmiş, yeşil kadifeden bir örtü örttüler. Haber duyulunca, imam ve hocalar dahil, herkes bir bir geldi; büyükannemin ruhu için dua etmeye başlandı. Biz çocuklara da orada oturmamız için izin verdiler, ama o kasvetli ve üzüntülü havaya fazla dayanamayıp birer birer sıvıştık.

Müslümanlıkta cenazeyi fazla bekletmemek gerektiğinden defin hazırlıkları hemen başladı. Ev artık gelenden gidenden dolup taşıyordu. Büyükannem, sessiz sedasız, birçok insana yardım ederdi. Bütün onu sevenler, yardımlarını görmüş olanlar, kimi adadan, kimi de şehirden akın akın son ziyaretine geliyorlardı. Tabutun başında saygıyla durduktan sonra üst kata çıkıyorlar ve orada onlara çeşitli içecekler ikram ediliyordu. Evin her tarafında tepsiler içinde kullanılmış çay ve kahve fincanları duruyordu. Mutfakta aşçılar harıl harıl gelenler için yemek ve helva yapmaya çalışıyorlardı.

Üst katlarda hizmetçiler kollarında çarşaflarla yorganlar oradan oraya koşuşarak gece şehre dönemeyecek yakınlara yatak hazırlıyorlardı.

Cevat, geleni gideni tedirgin etmemek, ailesini utandırmamak için gece geç vakit geldi. Misafirlerin, hatta ailesinin bir kısmının, arkasından fısıldaşmaları hoşuna gitmeyecekti. Mithat dayımla üst kattaki oturma odasına çıktı. Hakiye ile Ayşe henüz alt katta, duada oldukları için, Nisa, Aliye ve Mizu yalnızdılar. Ama Cevat oraya girmeden önce annesinin yatak odasının kapısında uzunca bir süre durdu, sonra tokmağı çevirerek tertemiz, mis gibi kokan odaya girdi. Hiçbir şey yerinden oynatılmamıştı. Sedirin üzerinde annesinin yuvarlak camlı eski moda gözlükleriyle Kuran'ı, yatağının başucundaki masada da taze yasemin dolu vazosu duruyordu. Özenle düzeltilmiş pirinç karyolayı çeşit çeşit, beyaz dantelli keten yastıklar süslüyordu.

Cevat cibinliği aralayıp yatağa uzandı. Kimbilir gözünün önünden ne acı, ne pişmanlık dolu anılar geçti. Birkaç dakika sonra kalkıp kararlı bir tavırla oturma odasına girdi.

Ben ise üçüncü kattaki odamda yatıyor ve o kadar sevdiğim büyükannemi kaybettiğim halde ağlayamadığım için kendimi suçlu hissediyordum. Etrafımda olan biten olaylar beni heyecanlandırıyor, adeta hoşuma gidiyordu. Bunun bilincine varmak beni daha da rahatsız etti. Birdenbire aşağıdan, hafif dua sesleri arasından, kulağıma daha önce hiç duymadığım davudi bir ses geldi. Kendi kendime bu kesinlikle o, dedim. Nihayet geldi.

Annesine kavuştuğunu, hatta annesinin son nefesini onun kollarında verdiğini duymuştum. Cenazeye de geleceğini söylemişlerdi; sonunda esrarengiz dayımı görebilecektim!

Yataktan fırladığım gibi merdiven başına koştum, aşağıyı dinlemeye başladım. Güçlü ses, anlamadığım konular hakkında bilgiç bir tavırla konuşuyordu.

"Homeros Anadolulu idi" diyordu. "Yunanlılara ait olduğu kadar bize de aittir. Truvalılar da Akhalar kadar *İlyada* kahramanıdırlar."

Cevat'ın güçlü sesinden öteki konuşanların kim olduklarını çıkaramıyordum.

"Bernard Shaw ne der biliyor musun, Nisacığım: 'Herkes kırkından sonra azar.' Sen şimdi kaç yaşına geldin şekerim? Ben azalı yıllar oldu. Ne deha bu Shaw! Asrımızın en büyük adamı!"

Önce Aliye teyzem, sonra annem, derken yine dayımın gevrek sesi odada patladı, "Çünkü o kadar çok şeyi önceden görmüş ve söylemiş ki... En iyi yapıtları 1900'lerin başlarındadır. Hatırlarsanız *İnsan ve Üstün İnsan* 1903'te yayımlandı. O zaman söylediği şeyleri şimdi yaşıyoruz. Allah'tan ki atom henüz parçalanmadı, yoksa iktidardaki delinin biri aklına esip de atom bombasını patlatırsa hepimiz yerle bir oluruz. Dediğimi unutmayın, bu asrın en büyük olayı atomun parçalanması olacaktır".

Meraktan ölüyordum, ayaklarımın ucuna basa basa merdivenlerden indim. Oturma odasının kapısı aralıktı, ince uzun boylu bir adam odada bir aşağı bir yukarı dolaşıyor, hem yüksek sesle konuşuyor hem de eliyle koluyla coşkulu hareketler yapıyordu.

Yuvarlak, güzel biçimli bir başı vardı, alnı açıktı. Tepesi açılmıştı ama kafasının etrafında kalan saçlar gür ve siyahtı. İri kahverengi gözleri fazla kaynatılmış kestanelere benziyordu. Güneş yanığı yüzü derin çizgiler doluydu. Dudaklarının uçları yukarı doğru kalkık olduğu için, gamlı bakan gözlerine karşın hep gülümsüyor gibiydi.

Kapıda beni görünce yine yüksek sesle "Sen kimsin?" diye sordu.

"Ben Şirin'im."

Annem atıldı, "O benim kızım."

Dayım elini Romalılar gibi kaldırıp "Merhaba Şirin!" dedi. "Gel bakayım buraya, seni göreyim! Ne kadar uzun boylusun böyle! Uzun boylu olmak iyidir, insanların tepesinden bakarsın. Kısa boylu olsaydın bütün yaşamını göğüs ve göbek seyretmekle geçirirdin." Yaklaşırken beni belimden tuttuğu gibi havaya kaldırdı, iki yanağımı içtenlikle öptü, "Ben, senin Cevat dayınım" dedi.

Dayım beni çok etkiledi. Onu bir kahraman olarak görüyor, duyduğum kötü şeylere inanmak istemiyordum. Canlılığı, dinamizmi yanında herkes ister istemez uyuşuk kalıyordu, annem bile.

Ertesi sabah cemaat toplandı. Cenaze, çıngıraklı kırmızı demir kapıdan çıkartıldı. Erkekler sırayla tabutun altına girerek tepeye, büyükbabamın yaptırdığı Müslüman mezarlığına doğru yola koyuldular. Bizler de kalabalık halinde onları izliyorduk. Köy artık geride kalmıştı, son evleri de geçtikten sonra tarlaların arasından dik yamaçları tırmanmaya başladık.

Her ne kadar İslam ülkelerindeki şeriat yasalarına göre kadınlar mezarlığa gelemezlerse de, biz laik Türkiye'de bunu yapabiliyorduk. Büyükannemin cenazesinde annem, Aliye teyzem ve ben yan yana yürüyorduk. Nejad önden gidiyor, zaman zaman tabutun altına girip taşımada yardım ediyordu. Cevat dayım bu hizmeti kimselere bırakmak istemiyor, tabutun bir ucu omzunda, tepeyi tırmanıyordu. Açık mezarın önüne gelindiğinde durduk, tabut yere bırakıldı. Cevat dayımın yüzünden ter, gözlerinden yaşlar boşanıyordu. Öyle bir şeye izin olsaydı, eminim annesinin naaşını tepeye kadar seve seve kollarında taşıyıp mezara teslim ederdi.

Eve döndüğümüzde herkes yorgun ve üzüntülüydü. Yakınlarımız ve dostlarımızla oturup bazen ağlayarak, bazen de gülerek dinlenmeye çalıştık.

Bir ara sessizce bahçeye çıktım. Büyükannemin en sevdiği yasemin saksılarının durduğu köşeye gittim, bir avuç yasemin koparıp burnuma tuttum. O koku sanki büyükannemi yanı başıma getirmişti. Gözlerimden yaşlar boşandı. Ben de artık yas tutanların arasına karışmıştım.

Büyükannemi kaybettikten sonra adadaki köşk hiçbir zaman eskisi gibi olmadı. O, muhabbetiyle aileyi bir arada tutan kuvvetti, ailenin direğiydi.

14

Bağdat
(1938)

Cenaze töreninden iki hafta sonra annem, Raad, Raad'ın dadısı Schwester Edith ve ben Toros Ekspresi'ne binecek, Anadolu'yu ve Toroslar'ı aşıp üç günlük bir seyahatten sonra Emir Zeyd ile Bağdat'ta buluşacaktık.

Irak'ın, masallarda sık sık adı geçen başkenti Bağdat'ın adı bile beni daima Ali Baba ile Kırk Haramiler'in mağarasına, Alaeddin'in lambasının sihirli dünyasına götürürdü. Gözümün önüne hep Şehrazat'ın şifon şalvarlar içinde oryantal danslar yapması ve babamın kütüphanesinden aşırıp gizlice baktığım, hiç sansürden geçmemiş, *Binbir Gece Masalları* kitabındaki açık saçık resimler gelirdi.

Annem de kendi hesabına, arkeolojik yerleri, antik kentleri ve Batı uygarlığının beşiğini keşfedeceği için bir an önce Bağdat'a varmak istiyordu.

Trene Haydarpaşa'dan bindiğimiz gün yine bütün aile bizi geçirmeye gelmişti. Tam kalkarken keskin düdük çalınca Nejad anneme sıkı sıkı sarıldı, bir türlü bırakmak istemiyordu. On beş yaşının verdiği tüm erkeklik havalarını olduğu gibi bir kenara bırakmış, çocuk gibi hıçkıra hıçkıra ağlamaya başlamıştı. Onun hıçkırıklarından kimsenin veda için söylediği sözler duyulmuyordu. Annem çok üzülmüştü, çünkü Nejad'ı karşısına almış, saatlerce okulunu İstanbul'da tamamlamasının doğru olacağını anlatmıştı. Sonunda Nejad'ı buna inandırdığına emin olmuş ve yolculuk hazırlıklarına başlamıştı.

Bir yandan, "Nejad, yavrum kendine gel, beni üzüyorsun" diyor, bir yandan da Nejad'ın kollarından sıyrılmaya çalışıyordu.

Şakir ailesi derhal imdada yetişti. Nejad'ı tatlılıkla annesinden ayırdılar, "Üzülme Nejad, bak biz varız, yalnız kalmıyorsun ki, sana çok iyi bakacağız" gibi laflar ederek onu yavaşça merdivenlerden perona indirdiler.

Bu sahneler beni altüst ediyordu. Neden sanki her zaman böyle ayrılmak zorunda kalıyorduk? Hayatımız sürekli vedalaşmakla geçiyordu. Neden biz de öbür çocuklar gibi annemizle, babamızla birlikte bir evde oturmuyorduk? Hem Nejad için hem de kendim için öyle üzüldüm ki, ben de gözyaşlarımı tutamayıp hıçkıra hıçkıra ağlamaya başladım. Tren istasyondan dışarı kayarken elimden geldiği kadar pencereden sarkıp, sevdiğim bu insanları biraz daha görmeye çalıştım. Uzaklaştıkça bize salladıkları mendilleri rüzgârla bir o yana bir bu yana eğilen papatya tarlasını andırıyordu. Lokomotif oflaya poflaya bir dönemeci alınca artık görünmez oldular.

Ertesi sabah ilk durağımız Ankara olacaktı. Orada babamı görmeyi umuyordum. İşini kaybettikten sonra babama hükümetten tek bir öneri gelmişti: Anadolu Ajansı'nın başına geçmek. O da, sevgili İstanbul'unu bırakıp, Ankara'ya taşındı. Aynı zamanda Harp Akademisi'nde Fransız edebiyatı dersleri veriyor, geceleri de bazı elçiliklere gidip çeviriler yapıyordu. Bu değişik işler ona şimdiye kadarki yaşam standartlarını aynen sağladığı için hiç yüksünmüyordu. İçi kürklü paltoları ve homburg şapkalarıyla geceleri bir elçilikten bir elçiliğe gidip, az bir paraya da olsa, dokümanlar çeviriyor, ama yine de Sulka'ya ipek pijamalarını ısmarlayabiliyordu.

Tren istasyona girer girmez onu gördüm. Her zamanki gibi şık ve bakımlıydı. Süet eldivenli ellerinde iki tane güzel şeker paketi vardı. Annem kompartımanında kalmayı yeğlemişti. İzzet'i görmek tatsız anılarını deşecekti. Raad'ın uzun boylu, sarışın dadısı güzel Schwester Edith, kardeşim kucağında benimle trenden indi. Babam beni sevgiyle iki yanağımdan öptü, Raad'ın başını okşadı, "Ne şeker bir çocuk bu" dedi ve gülümsedi, "tıpkı Emir Zeyd'e benziyor." Sonra trene doğru bakıp, "Annen nasıl?" diye sordu.

Annemin onu görmek istemeyişinden utanarak, "Çok iyi" dedim.

Yine ayrılık zamanı gelince babam bana uzun uzun sarıldı, gözleri yaşlıydı. "Yaz bana" diye tembih etti, "sık sık yaz. Mektuplarını saklayacağım. Bir gün okuduğunda Irak'ı daha iyi tanıyacaksın." Bütün gözyaşlarımı Nejad, kendim ve Şakir'ler için dökmüştüm, babama kalmamıştı. Sakin sakin yanaklarından öptüm, "Söz veriyorum, babacığım, size yazacağım" diyerek trene bindim.

Üç gün sonra Musul'a geldik. Kuzey Irak'ta, Türk sınırlarına çok yakın, petrolü bol olan bu şehirde tren yolu sona eriyordu. Aslında Almanlar bu yolu Musul'dan Bağdat'a, oradan da Basra'ya kadar uzatmayı çok istemişlerdi. Böylelikle Berlin'i Toros ve Orient Express'le İran Körfezi'ne bağlamış olacaklardı. Her ne kadar Osmanlı sultanı 1880'lerde bu izni kaysere verdiyse de, İngilizler yolun Süveyş Kanalı için bir tehlike olacağını görerek araya girdiler ve yolun Musul'dan sonra devam etmesini engellediler.

Tren durur durmaz, bizi bekleyen Emir Zeyd vagona girdi. Arkasından beyaz kefiye giymiş Arap şoförü, elinde yassı bir paketle geliyordu. Emir Zeyd kompartımanımıza girer girmez annem kendini onun kollarına attı. "Zeyd, sevgilim, seni ne kadar özledim bilemezsin" deyip ağlamaya başladı. Büyükannemin ölümünden sonra sık sık ağlıyordu.

Zeyd de ona sıkı sıkı sarıldı, "Anneni kaybetmene çok üzüldüm canım" dedi. "Pek ani oldu! Bu zor günlerinde yanında olmayı ne kadar isterdim."

Sonra kapının yanında duran beni gördü. Tepesine bir öpücük kondurmam için başını eğdi. "Sevgili kızım, seni gördüğüme sevindim" dedi. Raad'ı dadısının kucağından alıp hoplatmaya başladı; "Üç ayda ne kadar büyümüş maşallah, bayağı da kilo almış."

Atıldım, "Ben ona küçük Budam diyorum" dedim. Bu söz hoşlarına gitti, gülümsediler.

Şoför ilerleyip elindeki paketi Emir Zeyd'e verdi, o da anneme. "Saliha ablam, sana bunu gönderdi" dedi. Annem de bunu görümcesinden bir "hoş geldin" armağanı sandı. Belki ipek bir kumaş, belki bir işleme... Ama açar açmaz ayak bileklerine kadar inen, siyah ipekten yapılmış, başı kukuletalı bir pelerin olduğunu gördü.

İncelemek için omuzlarından tutup kaldırmasıyla, yine siyah ama bu kez ince jorjetten yapılmış uzun bir peçe yere kaydı.

Emir Zeyd peçeyi yerden kaldırırken, "İlk 'abayeh'ini Saliha ablam vermek istedi" dedi. Kendisi de, Nisa daha trenden inmeden ona bu kapalı kıyafeti giydirmekten utanıyor gibiydi. Ama Emir Zeyd'in eşi abayehsiz insan içine nasıl çıkardı? Şöyle kenara çekildi, "Şirin sana yardım etsin" dedi.

İkimiz de kara kumaş yığınıyla bir süre cebelleştik; başı neresiydi, eteği neresiydi. Sonunda peçenin iyice kukuletanın altına gireceğini anladık. Böylece peçe beline kadar inecekti. Annem simsiyah kıyafeti ile trenden inmeye çalışırken, "Allah'tan bunu giyecek yaşta değilim de, cadılar gibi gezmeye mecbur olmayacağım" diye şükrettim!

İstanbul'un bütün kalburüstü ailelerindeki kadınlar gibi Nisa da, peçeyi 1919'da atmıştı. Bu, Atatürk'ün peçeden küçümseyerek söz etmesinden çok önceydi. Kaderin cilvesine bakın ki, kaç yıl sonra, daha da umacı gibi bir kıyafetle gezmek zorunda kalacaktı. Ama o, abayehi yeni yaşamının bir parçası olarak kabul ediyor ve *"Il faut faire ce qu'on doit faire"* (gerekeni gerektiği gibi yapmalı) diyordu.

Zeyd, arabayla Bağdat'a hareket etmemizden önce, gece Musul'da belediye başkanının evinde kalmamızı planlamıştı. Konuk olacağımız eve geldiğimizde hizmetkârlar bizi Dicle Nehri'nin üzerinde nefis bir bahçeye aldılar ve mis gibi çaylar ikram ettiler. Güzel bir eylül öğleden sonrasıydı, katmerli güllerin kokusu bütün çevreyi sarmıştı. Musul baharı iki kez yaşarmış, biz ikincisine rastlamışız.

Akşam yemeğinde sofra özenle hazırlanmış ve çeşit çeşit yemeklerle donanmıştı. Hizmetkârlar etrafımızda pervane oluyorlardı. Annem hayretle, "Ev sahiplerimiz nerede, hâlâ görünmediler" diye sordu.

"Bizi perde arkasından ağırlıyorlar" diye yanıt verdi Emir Zeyd. "Biz henüz erkek-kadın bir arada yaşamayan bir toplumuz. Kadınlar, eğer aileden değilse, erkeklerin yanına çıkamazlar." Annem çok şaşırmıştı, "Demek sosyal yaşamımızda, akraban olmayan bir erkeği göremeyeceğim?"

"Evet" dedi Emir Zeyd, "Maalesef, âdet böyle." Annem omuzlarını silkerek filozofça, "Doğrusu bu kadarını tahmin etmemiştim" diyerek durumu kabullendi. Zaten yapılacak başka ne vardı?

Ertesi sabah erkenden Emir Zeyd, annem, Raad, schwester'i Edith, şoför ve ben, Emir Zeyd'in yeğeni Kral Gazi'nin hediye ettiği Nash marka mavi arabaya doluştuk. Annem, yol boyunca belki bir iki Bedevi'den başka kimsenin bizi görmeyeceğini tahmin ettiği halde abayehini çıkarmadı. Çöldeki uzun yolculuğumuz sırasında giderken annemin siyah giysisi beyaza, schwester'in de özenle kolalanmış beyaz forması ve kepi, sürekli silkelemesine karşın, tozdan kahverengiye dönüştü.

Kerkük yakınlarında birdenbire, çölün ortasında gerçeküstü biçimleriyle insanı ürküten makineler gördük. Bazıları gökyüzüne alev püskürtüyordu. Emir Zeyd bunların petrol kuyuları olduğunu söyledi. "Tanrı'ya şükürler olsun, ülkemizde muazzam petrol damarları var. Bu da tabii çok iyi bir şey" dedi.

Savaştan sonra, İngilizler gibi Irak'ın yeraltı zenginliğini bilen Türkler, Musul üzerinde Irak'la hayli çekiştiler. Ama İngilizlerin ısrarıyla, 1922 Lozan Konferansı'nda, Irak petrollerinin yönetimi İngiliz mandası altında olan Irak'a verilmişti.

Annemin bu konuya sinirlendiği sesinden belli oluyordu: "Türkler Musul'u kaybettiklerine hâlâ inanamazlar. Belli ki İngilizler ağır bastı." Zeyd çok mantıklı bir yanıt verdi: "Savaşı onlar kazandı, kazanan parsayı toplar." "Olsun, gene de haksızlık bu. Lozan Antlaşması'nı imzalamakla ölüm belgemizi imzalamış olduk." Zeyd artık üstelemedi.

Bağdat'a girer girmez ayağımızın ve tabii üstümüzün de tozuyla doğruca kral ailesinin bizi karşılamak için toplandığı Kasr ez-Zuhur'a gittik. Bu adın anlamı, "Çiçekler Sarayı" imiş. Bu, Emir Zeyd'in onuruna, eşinin ülkeye ilk gelişini kutlamak amacıyla yapılan bir toplantıydı. Kral ailesi Nisa hakkında çok şey duymuş, merakla onu görmeyi bekliyordu.

Tozlu arabamız, gıcır gıcır haki renkte üniformalar giymiş, başları kefiyeli koruyucuların açtığı oymalı demir kapıdan içeri girdi. İki yanına palmiyeler ve güller dikilmiş uzun bir yolda ilerlemeye

Kral Gazi'nin uçağı Mavi Kuş'un önünde Nefise, Aliye ve Zeyn, emire ve şerifeler. En sağda Şirin Devrim.

başladık. Uzakta, mimari tarzı pek anlaşılamayan pembe bir köşk görünüyordu. İki katlı binanın dört tarafında balkonlu çıkıntılar vardı. Parlak gökyüzüne doğru yükselen mavi çini kaplı iki kubbe, binaya güzel bir bütünlük sağlamıştı. Giriş kapısının önünde, beyaz mermerden yarım daire şeklinde dikilmiş Korinthos üslubu sütunlar tepedeki yuvarlak damı tutuyor, kapının üstünü de Haşimi arması süslüyordu.

Burası yirmi yedi yaşındaki Kral Gazi'nin karısı Kraliçe Aliye ve üç yaşındaki oğlu Faysal ile oturduğu saraydı. Aliye aynı zamanda Kral'ın kuzini oluyordu. Emir Zeyd'in üç erkek kardeşinin en büyüğü olan Emir Ali'nin kızıydı. Emir Ali kısa bir süre Hicaz'a kral olmuştu. Gazi, yirmi bir yaşındayken, babası ilk Irak kralı Faysal'dan sonra tahta çıktı. Ağabeyine çok yakın olan Emir Zeyd, o zamana kadar çocuğu olmadığı için Gazi'yi kendi oğlu gibi severdi. Gazi de amcasına çok düşkündü.

Araba ön kapıya gelince yakışıklı melez bir kâhya bizi karşıladı. Elimizi yüzümüzü yıkayıp çöl kumlarından arındıktan sonra, yine aynı kâhyanın peşinden giderek uzun, pembe mermer bir holden geçtik. En sondaki kapı açıldı, bir iki basamak inip iç bahçeye çıktık.

O andaki aydınlık gözlerimi kamaştırdı. İlk izlenimim güllerin, çiçeklerin bolluğu ve onlardan gelen kuvvetli, mis gibi kokuydu. İkincisi de orada oturmuş bizi bekleyenlerin çokluğuydu. Emir Zeyd ilerledi ve sevimli yüzlü genç bir adama içtenlikle sarıldı. Onun Kral Gazi olduğunu tahmin ettim. Haşimilerin çoğu gibi kısa boyluydu ve küçük bir çocuğunki gibi sıcak, insanı etkileyen bir gülümsemesi vardı. Amcasının kızı olan karısı Kraliçe Aliye ondan uzun boyluydu ve endamı genç kız gibiydi. Güzel bir yüzü, büyük yuvarlak gözleri vardı. Sade giyinmişti, yüzünde makyaj yoktu. Onun da üç kız kardeşi oradaydı. En büyükleri, fazla güzel olmayan evlenmemiş yaşlı bir kızdı. Öbür iki kardeşse ufak yapılı, ince ve narindi. Ütülü keten tayyörler giymişlerdi. Saçları güzel yapılmış, dudaklarına ruj, gözlerine de far sürmüşlerdi. Böylelikle gözleri daha bir ortaya çıkmıştı.

Hiç durmadan cıvıldayan bir çift kuş gibiydiler, bıcır bıcır sürekli konuşuyorlardı. Kraliçenin beyaz tenli annesi dindar bir kadına benziyordu; çünkü içlerinde yalnız o başını örtmüştü. Aralarında bir de zayıf, koyu siyah saçlı, kocaman gaga burunlu, ince oval yüzlü, gözleri fıldır fıldır bir hanım daha vardı. Şerif Hüseyin'in Çerkez ikinci karısından olan Emir Zeyd'in baba bir anne ayrı ablası Emire Saliha imiş.

Tanıştırma sona erince çay servisi başladı. Bu arada kral anneme bir isteği olup olmadığını sordu. Annem, genç adamın spora ve yarış arabalarına düşkünlüğünü duymuştu. Uçak kullandığını da biliyordu, o yüzden, "Bağdat'ı uçaktan görmeyi çok arzu ederim" yanıtını verdi. Kral memnun oldu ve "Mavi Kuş" adlı yeni uçağıyla annemi ilk fırsatta gezdireceğine söz verdi.

Resmi ziyaret sona erince, Emir Zeyd'in yeni bir semt olan Veziriye'de kiraladığı eve gittik. Burayı elinden geldiği kadar döşemişti. Çoğu parçalar Berlin yoluyla Büyükdere'den gelmişti. Bazıları antikaydı. Masa, yatak, sandalye gibi şeyleri de satın almıştı. Evin hiçbir özelliği yoktu. Çölün ortasına oturtulmuş, gri taştan kocaman bir kutuyu andırıyordu. Etrafında onun gibi taştan birkaç ev, çamurdan birkaç kulübe, Bedevi çadırları ve keçi sürüleri görülüyordu. Bağdat'ın bütün evleri gibi bunun da sıcak günlerde yatabileceğimiz dümdüz bir damı ve günün sıcak saatlerinde oturabileceğimiz bir bodrumu vardı. Ama daha sonraları annem, Dicle kıyısındaki o canım eski evleri görünce, Emir Zeyd'in bu modern tercihine üzülmedi değil.

O evlerin hepsinin kocaman palmiyelerle gölgelenen serin iç avluları vardı. Bütün odaların kafesli pencereleri ve balkonları o serin avlulara bakıyordu. Sonra, damlara konmuş kepçe gibi kapaklar, esen rüzgârın yönünü değiştirip evin içine girmesini, böylelikle bütün evde serin havanın dolaşmasını sağlıyorlardı. Annem, Emir Zeyd'in de böyle bir ev tutmuş olmasını isterdi.

Geldiğimizden birkaç gün sonra annem, Bağdat'ın üzerinde birlikte uçmak için kraldan davet aldı. Kararlaştırılan günün öğleden sonrası annem siyah ipek satenden uzun etekle ona uygun bir üst giyerek beni de yanına aldı ve Kasr ez-Zuhur'a geldik. Ama koca sarayı bomboş, bütün kapıları da kilitli bulduk. Şoförümüz indi, zili uzun uzun çaldı. Neden sonra melez kâhya kapıya geldi ve bizi Kraliyet hangarında beklediklerini söyledi. Tabii saray hangara epey uzak olduğu için bir hayli geciktik. Kraliyet ailesinin tüm hanımları bizi bekliyorlardı. Hanımların hepsi keten tayyörler ve ipek emprime elbiseler giymişlerdi. Annem arabadan gece davetine gider gibi siyah satenler içinde çıkınca herkes çok şaşırdı, ama onun eksantrik hallerini o kadar duymuşlardı ki şaşkınlıklarını saklamayı başardılar.

Limonatalar ve başka alkolsüz içkilerle büyük bir sofra donatılmıştı. Kral ailesinin Ermeni fotoğrafçısı Arşak Efendi de oradaydı. Herhalde bu kadar prensesi kraliçe ile bir arada tekrar göremeyeceğinden emindi ki, hepimizi Mavi Kuş'un önüne dizdi ve fotoğrafımızı çekti. Şimdi baktıkça ne kadar tarihi bir resim olduğunu daha iyi görüyorum.

Pilotumuz kral, annemi yanındaki koltuğa aldı. Kraliçenin en küçük kardeşiyle ben yolcu koltuklarına oturduk. Annem de, ben de ilk kez uçağa biniyorduk ve zevkten uçuyorduk. Bağdat üzerinde turlar atarken, Gazi bize şehrin göze çarpan yerlerini gösterip bilgi verdi. En etkileyicisi, Müslümanlığın en önemli mabetlerinden biri olan altın kaplama kubbeli Kâzımeyn Camii idi.

Gazi, "Bakın, burası Bilat, devlet sarayı" dedi ve bize büyük, beyaz kubbeli, bahçesinde çapraz dikilmiş palmiye ağaçları olan bir binayı gösterdi. Gülümseyerek, "Benim çalışma mekânım" diye ekledi.

Aşağıda, anacadde Harun er-Reşid'in ve Kral Faysal Köprüsü'nün üzerinde trafik yoğundu. Otomobiller, atlı arabalar, insanlar kum gibi kaynıyordu. Bağdat, yukarıdan bakılınca, ortasından akan Dicle Nehri, sıra sıra dikilmiş uzun hurma ağaçları ve çoğu turkuvaz renkli, çini kubbeli camileriyle çok cazip görünüyordu. Ama bir kez daha bakınca onun ne kadar geri kalmış, çöl rüzgârlarıyla hırpalanmış, renksiz, tozlu bir şehir olduğunu görmemek olanaksızdı. Yolların pek azı asfaltlanmıştı. Sarı ya da gri taşlardan yapılmış binalar, kutu gibi ilkel şeylerdi. Öteki evlerse kerpiç kulübelerden başka bir şey değildi.

Ülke kargaşa içindeydi.[38] Emir Zeyd yeni ve sağlam bir hükümet kurmak için canla başla çalışıyordu. Siyasal kriz kabinenin düşmesine neden olmuştu. Belediye işleri görülüyordu, ama hükümetsiz kalınmıştı. Kral Gazi'nin çok sevdiği, inandığı amcası Emir Zeyd de herkes tarafından sevilip sayılıyordu. Bağdat'a geldiğimizin ilk haftasında kendisinden beklenen bu hizmeti vermek için nasıl çalıştığına tanık olduk. Bakan adayları gece vakti bile arabalarla gelip, Emir Zeyd'in giriş katındaki çalışma odasında sabahlara kadar gizli toplantılar yapıyorlardı. Bunların arasında Irak'ın en önemli politikacılarından Nuri Paşa[39] da vardı; o da sık sık geliyordu. Sonunda Emir Zeyd'in zekâsı, kendini bu işe içtenlikle adaması ve insanları bir araya getirmedeki eşsiz yeteneğiyle, Nuri Paşa başbakan seçildi, kabineyi o kuracaktı. Ama gariptir ki, Nuri Paşa Emir Zeyd'e hiçbir resmi görev vermedi.

Annem fena halde kızmıştı. Bu kadar çalışsın, bütün gücünü, kudretini onu başbakan yapmak için kullansın sonra Nuri Paşa onu tümüyle göz ardı etsin, akıl alacak gibi değildi. "Peki sen ne

38. İngilizlerin 1932'de manda rejimine son vermesinden sonra, İngiliz çıkarlarını koruyan 25 yıllık bir anlaşma imzalanmıştı. Ülkede İngiliz aleyhtarlığı giderek büyüyor, kabile çatışmaları ve ordu kanalıyla darbe yapmak isteyen siyasal çevrelerin çekişmeleri sürüyordu.

39. Nuri Said Paşa.

olacaksın?" diye protesto etti. "Yeni hükümette ne bir mevkiin ne de bir unvanın var. Nuri Paşa sana hiç olmazsa bir unvan verebilirdi."

Zeyd her zamanki gibi omuzlarını silkip, "Ben mevki ya da unvan aramıyorum ki... Ben neysem oyum" diye yanıt verdi.

Annem sonra bana şikâyet etti, "Keşke biraz hırslı olsa! Daima kendinden veriyor, kendisi için hiçbir şey istemiyor. İnsanlar da ondan hep faydalanıyor".

Ama tabii ki kızgınlığını Zeyd'den çıkaramayacaktı; onu değiştirmesi olanaksızdı. Hırsını evin dekorasyonunu değiştirmekten alacaktı. Bundan sonraki birkaç ay, o soğuk taş binayı sıcak bir yuvaya dönüştürmek, annemin yaşam amacı oldu. Floransa'dan getirttiği top top ipek kadifelerle perdeler yaptırttı. Eşyaların yüzünü değiştirtti. Marangozlara masalar, kitaplıklar ve raflar ısmarladı. Yerlere Buhara halıları serdirdi. Kimi yere ipek işlemeli örtüler yayıldı, kimi yere koleksiyonundan kıymetli parçalar yerleştirildi. Hemen her yere konan vazolardan mis gibi gül kokuları yükselmeye başladı. Sonuçta, o kasvetli taş binaya can geldi, zarif ve görkemli bir ev oldu.

Hizmetkârlara sarı metal düğmeli gri üniformalar da yaptırılıp her şey tamamlandıktan sonra, bir gece bütün personel beyaz eldivenlerini de giyerek kapıda dizildi; çünkü annem Kraliyet ailesine dillere destan yemek davetlerinden birini veriyordu. Misafirleri geldikten sonra annem, her ne kadar erkeklerle kadınları bir arada bulundurmak için çırpındıysa da, yılların verdiği alışkanlıkları kıramadı. Yağla su gibi, kadınlar ve erkekler ayrı gruplara ayrıldılar. Erkekler odanın bir köşesinde viski ve sigara içiyor, politika konuşuyor ya da fıkralar anlatıyorlardı. Kadınlarsa odanın başka bir köşesinde, büzülmüş oturuyorlar, çocuklarının ve kendilerinin sağlıklarından başka bir şey bulup konuşamıyorlardı.

Kendilerinden daha yaşlı hanımların önünde bacak bacak üstüne atmak, sigara içmek, bir konuyu açmak ya da konuşmaya başlamak ayıp sayıldığından, gençler de öyle suspus duruyor, ancak kendilerine bir şey sorulduğunda nezaketle yanıt veriyorlardı.

Annem her ne kadar hanımları rahat ettirmek için hikâyeler, fıkralar anlatıyorsa da boşuna, hepsi dut yemiş bülbül gibi susuyorlardı. İçlerinde en genci ben olduğum için koca salonun bir ucunda kraliçenin küçük kardeşleri Prenses Bedia ve Prenses Celile ile oturuyor, onları eğlendirmek amacıyla Berlin anılarımı, çocukluğumu ve renkli ailemi anlatıp duruyordum. Büyüklerinin aksine onlar bazen gülümsüyor, bazen de kıkırdıyorlardı. Ama yine de eğlendiklerini belli etmemek için elleriyle hemen, ağızlarını kapatıyorlardı.

Şirin kolej öğrencisiyken.

Annem Bağdat'ta iyi bir Fransız okulu olduğunu öğrenince beni hemen gündüz öğrencisi olarak yazdırdı. Soluk yüzlü rahibeler beyaz kolalı, geniş kanatlı başlıklarıyla melekler gibi aramızda yürüdükçe, onların Berlin'de "Heil Hitler" diye bas bas bağıran erkek öğretmenlerimizden ne kadar farklı olduklarını düşünmekten kendimi alamadım. Okulun sessiz, huzur verici bir havası vardı. Yemekte, koridorlarda ve nakış derslerinde konuşmamız yasaktı; ama bu yasaklar bile bana, odalarda daima yakılan günlük kokusu kadar dinginlik veriyordu. Huşu içindeydim ve annemin Dame de Sion'u niçin bu kadar çok sevdiğini anlıyordum.

Bir gün annem, "Yarın okula gitmeyeceksin" dedi. "İran veliahtı Rıza Pehlevi, nişanlısı Mısır Kralı Faruk'un kız kardeşi Prenses Fevziye'yi alıp Tahran'a götürmek için Kahire'ye giderken Bağdat'a uğrayacakmış. Kral Gazi, Zeyd'in onu karşılamasını istiyor, biz de geçit törenini seydereceğiz."

Ertesi gün yirmi bir yaşındaki İran veliahtı ile Emir Zeyd, Haşimi hanedanının armasını taşıyan krem rengi resmi otomobille şehri dolaştılar. Her yer İran ve Irak bayraklarıyla donanmıştı. Ünlü bir işadamı, korteji seyretmemiz için bizi Harun er-Reşid Caddesi'ndeki binasının kapalı balkonuna davet etmişti. Adamcağız rahatımızı sağlamak için balkona deri koltuklar koymuştu. Karısı ve kızları bize limonatalar, çaylar, kahveler ikram ettiler. Bu arada, iki buçuk yaşındaki Raad görülecek şeydi. O gün ona başındaki kefiyesiyle tam bir Arap kıyafeti giydirmişlerdi. Bir turistin hediyelik eşya dükkânlarından hatıra diye almak isteyeceği, dünya tatlısı bir oyuncak bebeğe benziyordu.

Caddenin iki yanına birikmiş insanlar, İran veliahtını görmek ve korteji seyretmek için can atıyorlardı. Kalabalığın içinden bir kadın, balkonda abayehli hanımların arasında, Alman bakıcısı Edith'in kucağında oturan Raad'ı gördü. Hemen etrafa Raad'ı göstermeye ve ona el sallamaya başladı. Edith de Raad'a el sallamasını söyledi. Yavaş yavaş insanlar birbirlerini dürtüp, Raad'ı göstermeye ve el sallamaya başladılar.

Onu Veliaht Faysal sanmışlardı; çünkü Faysal, Raad'dan yalnızca dokuz ay büyüktü. Böylece halk, küçük prensleri için bir sevgi gösterisine başladı. "Çok yaşa, çok yaşa! Allah seni korusun!" diye bağırıyorlardı. O gün sokaktaki insanlar bir veliaht beklerken iki veliaht gördüklerini sanarak mutlu oldular.

Annem oğluna gösterilen bu coşkulu sevgiden son derece mutlu oldu: "Bakın, bakın Raad'ı nasıl selamlıyorlar!" İçimizden biri cesaretini toplayıp da onu Veliaht Faysal sandıklarını söyleyince bunu kesinlikle kabul etmedi; "Hayır efendim, yanılıyorsun. Raad'ı alkışlıyorlar. Duymuyor musun, 'Raad, Raad' diye bağırıyorlar" dedi. Nisa arzuladığı şeylere kolaylıkla inanırdı.

Üstü açık araba balkonun altından geçerken, Zeyd yukarı baktı. Bizim heyecanlı el sallamalarımıza karşılık gülümsedi ve bizi selamladı. Yanında İran veliahtı oturuyordu. Pırıl pırıl üniformasının içinde ne kadar da yakışıklıydı... Onu seyrederken içimden gizlice, inşallah büyüklerim beni de böyle bir prense verirler diye umut ettim. Tanrı'ya şükürler olsun ki vermediler.

Geçit töreni bitince gitmek istedik. Ama Faysal sandıkları Raad'ı daha yakından görmek isteyenler bizi sardılar ve çocuğun üstünü başını çekiştirmeye başladılar. Ne yapacağımızı şaşırmışken polis imdadımıza yetişti ve bizi güç bela arabamıza eriştirdi. Arabanın içinde olmamıza rağmen kalabalığın bir kısmı hâlâ cama yapışmış, küçük prensi daha yakından görmek istiyordu.

Her zaman olduğu gibi annem evi dekore etmek ve büyük daveti için yine kendini fazla yormuştu. Her şeyden yüzünün akıyla çıktıktan sonra yatağına yattı ve kendi dünyasına çekildi. Elde işlenmiş ipek geceliklerinin içinde, değişik tonlarda şeftali rengi saten yastıkların üzerinde yüzen bir nilüfer çiçeği gibi yatıyor, anılarını yazıyor, eskizler ve resimler yapıyor bir yandan da Dvorak'ın keman konçertolarını ve Çaykovski'nin *Patetik* senfonisini dinliyordu.

Babamla yaşadığı yıllarda İstanbul ve Paris salonlarında yazarlar ve entelektüellerle ahbaplık etmiş, Berlin'de renkli ve aktif bir sosyal yaşamı olmuştu. Üstelik aile üyelerinin canlı, yaratıcı, duygusal kişiliklerine alışkındı... Ama şimdi, kadınların cahil bırakıldığı, ancak ailelerine bakıp günlerini alışveriş ya da birbirlerini ziyaretle geçirdiği, erkekleriyle kaynaşmadığı bu sınırlı toplumda bunalıyordu. Yaşamındaki boşluğu sanatıyla doldurmaya çalışıyordu. Gerçi evde bir odayı kendine atölye yapmıştı ama oraya gittikçe daha az uğruyor, barınağı olarak düşündüğü yatağında çalışmayı yeğliyordu.

Bedevi kadınlar en sevdiği temaydı. Onların her şekil ve pozda eskizlerini çiziyor, resimlerini yapıyordu. Sabahın erken saatlerinde, göz alabildiğince dümdüz uzanan kırmızı ufuktan, yarasa sürüleri gibi belirirlerdi. Kollarını iki yana açarak başlarında taşıdıkları yükü dengelemeye çalışırlardı. Yükleri birbirinin üstüne konmuş süt ve yoğurt kaplarıydı. Önden açılmış siyah abayehleri iki yanlarında kanat gibi çarpardı. Mallarını pazara götüren bu kadınların vücutlarının üst kısmı yürürken hiç kıpırdamazdı. Bütün hareket inip çıkan kalçalarıyla başlar, hızlı yürüyen ayaklarına inerdi.

Annemin ikinci favori konusu, heykel gibi bir vücut yapısına sahip olan Ermeni hizmetçi kadındı. Vigeland'ın granitten yapılmış bir heykelini anımsatıyordu. Emir Zeyd'in erkek konuklarını kabul ettiği salon dışında, bu eskizlerin bazıları çerçevelenip evin duvarlarına asılıyordu.

Emir Zeyd hizmetkâr olarak Kuzey Irak'tan Türkçe bilen Ermenileri işe almıştı. Annemin onlarla rahat edeceğini biliyordu. Çünkü Ermeni hizmetkârlar İstanbul'da her zaman evimizin bir parçası olmuşlardı. Ayrıca benim Miss Tina'ya ne kadar düşkün olduğumu da unutmamıştı. Tabii ne annem ne de ben Arapça biliyorduk. Bu son derece zor dili öğrenmemiz söz konusu değildi.

Türkçe ve İngilizceyle durumu idare ediyorduk. Bazen ikisini de bilmeyen Iraklı hanımlar ziyarete geliyordu; o zaman gülücük, kaş göz ve el hareketleriyle anlaşmaya çalışıyorduk; ama ne komik hallere girdiğimizin farkındaydık.

Annem Babil, Ninova gibi tarihsel yöreleri de gezmekten zevk alıyordu. Ama bunların en önemlisi, Bağdat'a arabayla beş saat uzaklıktaki kutsal kent Kerbela'ya yaptığımız yolculuktu. Şii Müslümanlara göre Kerbela, kutsallıkta Mekke'den hemen sonra gelir. O nedenle, on iki yaşında olmama karşın, yine de abayeh giyip yüzüme peçe takmam gerekti.

Şoför arabayı biraz geride bırakmak zorunda olduğu için annemle şehre yürüyerek girdik. Ortalık siyahlar içinde binlerce insanın katıldığı büyük bir cenaze törenini andırıyordu. İnsanlar, ölülerini şehitliğe yakın gömmek için, ölülerini ya da ölülerinin kutulara doldurulmuş kemiklerini eşek yahut katır sırtlarına yüklemişler, kalabalığı yara yara şehitliğe varmaya çalışıyorlardı. Bazıları yüksüzdü ama ya çok yaşlı ya da hastaydı. Onlar da bastonlarına ya da koltuk değneklerine dayana dayana yürüyor, şehitliğe yakın bir yerlerde ölmeyi umuyorlardı.

Bütün bunları siyah bir peçenin arkasından görmek daha da kasvetliydi. İmam Hüseyin'in gömüldüğü altın kubbeli türbeye varabilmek için kalabalığı itişe kakışa geçmek zorunda kaldık.

Caminin içindeki türbe gümüşten yapılmış, büyük süslü bir kuş kafesine benziyordu. Çepeçevre etrafına doluşan insanlar dualar ediyor, kadınların bazıları da kafesin çubuklarını öpüyorlardı. Oradaki mermer merdivenler gibi, gümüş kafes çubuklarının da hayli aşınmış olduğunu gördük. Annem çubuklardan birini okşarken, "Bak" dedi, "milyonlarca dudağın dokunmasından olan bu aşınma gümüşü nasıl ipek gibi yapmış, okşaması ne güzel oluyor!" Şehidin huzurunda ikimiz de derin bir huşu duyduk. Annem gördüğü her şeyden o kadar etkilenmişti ki, Bağdat'a döndükten sonra günlerce Kerbela'nın eskizlerini yaptı. Ama siyah çini mürekkebi ve siyah guvaş dışında bir damla renk kullanmadan...

Annem Irak'taki bütün tarihi yerleri gördükten sonra yapacak fazla bir şey olmadığı için günlerini hep yatakta geçirmeye, hemen

hemen odasından hiç çıkmamaya başladı. Yatağı onun kendisiyle baş başa kaldığı yerdi, sığınağıydı ama şimdi de tahtı olmuştu. Ev halkını oradan idare ediyor, çatısının altında olan biten her şeyi duymak, bilmek istiyordu. Emir Zeyd'le beraber öğle yemeğini yemek odasında alelacele yiyor, soluğu annemin yanında alıyorduk. Akşamları da odasında bizim için küçük bir masa kuruluyordu, çünkü yalnız kalmayı hiç sevmiyordu.

Otuz yedi yaşındaydı ama bir sürü sağlık sorunu vardı. Nefes darlığından, göğüs ağrılarından, baygınlık geçirmekten, depresyondan ve katotoniden şikâyet ediyordu. Rahatsızlıklarını dışa vuruş şekilleri, sıkıldığı ya da hoşuna gitmeyen bir şeyle karşılaştığında şiddetleniyordu. Onun bu ruhsal değişimlerinden biz de çok acı çekiyorduk. Herhangi bir şeye kızdığında etrafı kasıp kavuruyor, bizler daha o üzüntüyü yaşarken öfkesi geçen annem, bizden hem anlayışlı olmamızı hem de yaptıklarını hoş görmemizi istiyordu. Böylece bütün ev halkı annemin sağlığına ve ruh durumuna göre mutlu ya da mutsuz günler geçiriyorduk. Onun keyifliliği yahut keyifsizliği bizim yaşantımızı etkileyen barometreydi. Okuldan döner dönmez Ermeni uşak Artin'e "Annem nasıl?" diye sorardım.

Eğer Artin gülümseyip de, "Prenses hazretleri bugün iyi" derse, hemen odasına koşardım; çünkü canı gönülden gülerek bana kollarını açacağını ve beni öpücüklere boğacağını bilirdim. Sonra yatağının kenarına oturur, o gün okulda geçen olayları en ince ayrıntılarına kadar anlatırdım.

Ama Artin o akşamki soruma üzgün bir baş sallamasıyla yanıt verirse sessizce yukarı çıkar, kapısını usulca aralayıp bakardım. Kaç kez onu yatağında nefes almak için çırpınırken görmüşümdür. Yüzü bembeyaz olur, ölümün eşiğindeymiş gibi inlerdi. O zaman odama koşar, kendimi yatağa atar, ağlamaya başlar ve "Tanrım, ne olur annemi iyileştir, onun ölmesine izin verme. Onu ancak sen iyileştirebilirsin" diye dua ederdim.

Sanki Tanrı da dualarımı işitir, onu iyileştirirdi. İçinde bulunduğu depresyondan kurtulmak için bir hamle yapıp yataktan kalkar, "Gel Şirinaki" derdi, "azıcık alışverişe çıkalım, belki biraz kendime gelirim". Soluğu *"souk"* denilen o büyüleyici çarşıda alırdık. Burası, labirent gibi dükkânlarıyla, bağıran çağıran kalabalığıyla ne kadar hoşuma giderdi... Bakır dövücülerinin sesleri kahvelerde sonuna kadar açılmış radyolardan gelen Arap şarkıcıların feryat figan dolu nağmelerine karışırdı. Bir ayaklarını altlarına alıp kahvedeki sedire oturan erkekler nargilelerini fokurdatırlardı. Birbirine karışan sesler "souk"un kubbelerinde yankılanırdı. Başlarında taşıdıkları, tahtadan büyük tablaların içinde parlak yeşil marul satan adamlar kalabalığın içinde kıvrıla kıvrıla yollarını bulurlar, küçük kahveci çırakları askılı tepsilerini sallaya sallaya kapısız dükkânlara girip çıkar, minik fincanlar içinde çay ve kahve taşırlardı.

Annem böyle günlerde bir şeye ihtiyacı olduğu için değil, iş olsun, sıkıntısı geçsin diye alışveriş ederdi. Ama hem alışveriş hem de peçesini idare etmek ona zor geliyordu. Yerli kadınların peçelerini kullanmakta ne kadar usta olduklarını gördükçe ikimiz de hayretler içinde kalıyorduk. Bir mala yakından bakarken ya da para verirken kimi peçesini kaldırıyor, kimi de perde gibi sağa sola çekiyordu. Bazı zavallılar da peçelerini burunlarına kadar indirip, Yunan efsanelerindeki tek gözlü "Kyklops"lar gibi, işlerini bir gözle idare etmeye çalışıyordu.

Annem alışverişini bitirince atlı bir araba durdurup eve onunla giderdik. Atların nal sesleri bize Büyükada'yı anımsatırdı.

Ama zamanla annem odasından hiç çıkamaz oldu. Esrarengiz hastalığı ve depresyonu arttıkça, huysuzluğu da artıyordu. Etrafında hepimiz davranışlarımıza, söylediğimiz sözlere son derece dikkat ediyorduk; çünkü en ufak bir şeye kızdı mı, kıyameti koparıyordu. Onu denize benzetiyordum, bir an güneşli sakin bir koy, öbür an kasırgaların estiği bir okyanus! Bizler de, yani hizmetkârlar, ben, hatta Emir Zeyd, o kasırgaya tutulmuş küçük tekneler gibi neye uğradığımızı şaşırıyorduk.

Doktorlar gelip gidiyor, ama hiçbiri bir teşhis koyamıyordu. Zavallı Emir Zeyd ne yapacağını bilmez haldeydi. Sonunda, Nazilerin Avusturya'yı almalarından az önce, Viyana'dan kaçan ünlü psikiyatrist Profesör Hans Hoff'u çağırdı. Geldiği vakit yardımcı olmak için tabii ben de odadaydım. Ama adam hasta bir kadın beklerken, pembe şifon gecelikler içinde, saten yastıklar ve çiçekler arasında güzel bir kadın buldu. Saçları yapılmış, pembe saten bir kurdeleyle tutturulmuştu. Yanaklarına allık sürmüş, parlak yeşil gözlerine kalem çekmiş, kirpiklerini de rimellemişti. Eskizlerinin, suluboyalarının, yağlıboya resimlerinin kimi çerçevelenip duvarlara asılmış, kimi yerlerde, kimi de yatağın yanındaki masanın ve sandalyenin üzerinde yığılmıştı.

Annem manikürlü elini uzatarak, "Hoş geldiniz" dedi. Doktor zarif bir hareketle elini öptü, etrafına bakındı ve "Bu resimleri siz mi yaptınız?" diye sordu. Annemin yanıtı: "Evet, ressamım, ama artık canım resim yapmak istemiyor."

Profesör bir koltuğa kuruldu ve Nisa'nın sayıp döktüğü bütün sıkıntılarını sabırla dinledi. Annem sonunda, "Canım hiçbir şey çekmiyor. Burada gözlerim kapalı, öylece yatmak istiyorum. Güneşi bile görmek istemiyorum" diye durumu özetledi.

"Bana kalırsa size bir değişiklik gerek" dedi profesör. "Mutlaka buradan başka bir yere gitmelisiniz. Düşündüğünüz bir yer var mı? Neresini düşünürsünüz?"

Annem, sanki çok uzaklarda bir yeri hatırlamak istiyormuş gibi bir an düşündü, "Paris!" dedi, "evet, evet Paris. Paris'e gitmek isterim".

O zaman doktor, "Öyleyse gidin" diye zorladı. "Bu değişiklik size çok iyi gelecektir. Bir an önce valizlerinizi toplayıp yola çıkın ve sakın resim yapmaktan vazgeçmeyin. Çok yeteneklisiniz. Sanatınız her zaman sizin kurtarıcınız olacaktır." Doktor ne kadar haklıydı! Bütün bunalımlarına rağmen resim yapmak annemi uzun yaşamı boyunca ayakta tuttu.

O gün öğleden sonra Profesör Hoff, Emir Zeyd'e annemin depresyonda olduğunu ve bir değişikliğin gerektiğini söyledi. (O günlerde bu tedavi tarzı çok uygulanırdı.) Paris'e gitmesini salık verince, hem evin hem de iki çocuğun sorumluluğunu almak Zeyd'in pek hoşuna gitmedi, ama kaderine rıza gösterip, "Ne yapalım, başa gelen çekilir" diyerek kabul etti. Ardından, hiç vakit kaybetmeden Paris'teki Irak Elçiliği'yle görüştü ve annemin yolculuğu için gerekli hazırlıkları yaptı.

Birkaç gün sonra annem, altı bavul ve iki şapka kutusuyla

Paris'e gidip Ritz Otel'e yerleşti. İlk işi ünlü bir Fransız kalp uzmanı çağırmak oldu. Adam muayene sonunda, "Sizde anjin var sanıyorum" dedi. Elektrokardiyogram istedi. Yapılınca da Nisa düş kırıklığına uğradı, çünkü hiçbir şey çıkmadı. Anjini olduğu tanısına dört elle sarılmıştı, çektiği bütün sıkıntıları ve Bağdat'tan Paris'e geliş nedenini anjine yükleyecekti.

Irak elçisi, Emir Zeyd'in telefonundan sonra Nisa ile ilgilenmeyi borç bilmişti. Çok uygun bir grupla birlikte onu Maxim'e yemeğe davet etti. Yemekte, "Sevgili Prenses, test sonuçları gösteriyor ki maşallah hiçbir şeyiniz yok" dedi ve şampanya kadehini kaldırarak, "sağlığınıza içiyorum" diye ekledi. Bu Nisa'nın hiç hoşuna gitmedi. Demek kimse ona inanmıyor, onu hastalık hastası sanıyordu. Herkese yanıldıklarını kanıtlayacaktı. Ertesi gün oteli terk edip Paris'teki Amerikan Hastanesi'ne yattı ve yanına Aliye'yi çağırdı. Kardeşi, "Uncle Karl"ı ve İstanbul'u bırakarak acele ablasının yanına koştu.

1939 yılının 4 Nisan gecesi, annemin bıraktığı *Rüzgâr Gibi Geçti* kitabını okumaya dalmıştım ki, telefon yatak odamın dışındaki mermer holde acı acı çalmaya başladı. Saat gece yarısını geçmişti. Hizmetkârlar yatmıştı. Emir Zeyd'in oda kapısını açtığını ve terlikleriyle telefona koştuğunu duydum. Hemen yatağımdan fırlayıp kapımı araladım ve dinlemeye koyuldum. Emir Zeyd hızlı hızlı Arapça konuşuyordu. Acaba anneme bir şey mi oldu diye içimi bir korku sardı; çünkü sesinden büyük bir terslik olduğunu anlamıştım. Telefonu kapayıp hızla odasına dönerken kapıda beni gördü: "Şirinaki, bu saatte ayakta ne arıyorsun?" Yanıtımı beklemeden devam etti: "Saraydan telefon ettiler, kralın başına bir kaza gelmiş. Ben hemen oraya gidiyorum."

Birkaç dakika sonra önü çakıl taşı döşenmiş garajdan hızla çıkan arabanın lastik seslerini duydum. Beni avutacakmış gibi kitabıma sarılıp yorganı iyice başıma çektim. Mermer holün soğukluğu sanki odamın kapısının altından içeri sızıyordu.

Uykuya daldığım an, dönen arabanın sesiyle uyandım. Penceremden alabildiğine düz ufkun kırmızılığını görüyordum. Hemen sabahlığımı giyip merdiven başına koştum. Emir, aşağıda gri bir yığın halinde, perişan duruyordu. Donuk bir sesle, "Gazi öldü" dedi. "Yeni arabasına binmiş, saraydan Hartiya'daki villasına hızla iniyormuş. Kontrolü kaybetmiş, elektrik direğine toslamış. Direk de yerinden çıkıp Gazi'nin kafasına düşmüş. Gittiğimde ölmüştü" dedi ve merdivenleri ağır ağır çıkmaya başladı.

Şaşırmıştım, "Gecenin o saatinde kral neden villasına gitmek istemiş" diye sordum.

"Birkaç erkek arkadaşına davet vermiş. Geceyi de sarayda bir film göstererek bitirmek istemiş. Aksi gibi filmin ondaki kopyası villadaymış. Sanki niye birini yollayıp aldırtmadı? Ne diye gece geç vakit arabayı kendi kullanmak istedi? Üstelik şoförü de arabadaymış, ama direksiyona o geçmiş." Emir Zeyd yeis içinde başını salladı, "Ne korkunç şey, Ya Rabbim! Ne felaket!" Konuşurken iki koca damla gözyaşı, rengi uçmuş yanaklarından süzüldü. Onu ağlarken ilk ve son kez görüyordum.

O sabah üvey halam Prenses Saliha arabasıyla gelip beni aldı. Giymem için bir de abayeh getirmişti. Birlikte Kasr ez-Zuhur'a başsağlığına gittik. Aşağı kattaki bir salonda siyahlar giymiş kadınlar ağlayıp dövünüyorlardı. Bunların bir kısmı parayla tutulmuş profesyonel ağlayıcılardı. Hem ağlıyorlar, hem de feryat figan ediyorlardı.

Bizi, kraliçenin özel dairesine çıkardılar. Kraliçenin annesi, üç kız kardeş ve öteki prensesler küçük bir odada toplanmış oturuyorlardı. Hepsinin de yüzleri bembeyaz ve şaşkındı. Kraliçe Aliye yatak odasından çıkıp yanımıza geldi. Prenses Saliha'nın elini saygıyla öpüp başına koydu. Benim de yanağıma bir öpücük kondurdu.

Bir yerde, insanların saçlarının üzüntüden bir anda ağardığını okumuştum ama inanmamıştım. Şimdi hayret içinde bunun ne kadar doğru olduğunu görüyordum. Genç kraliçenin saçları sevgili kocasının ölümünden sonra birkaç saat içinde beyazlaşmıştı. Dış odada, dört yaşındaki çelimsiz ve astımlı veliaht Prens Faysal, yerde oturmuş kırmızı itfaiye arabasıyla oynuyor, İngiliz bakıcısı da yanında oturuyordu.

Kral Faysal'ın bu çocukluk devrinde atılacak en mantıklı adım, Emir Zeyd'in naip olarak atanmasıydı. Hem ailenin en yaşlısıydı hem de Arap isyanında kardeşleriyle savaşmıştı. Irak'ın politikasını iyi biliyordu; I. Faysal döneminde de birçok kez naiplik yapmıştı. Üstelik halkı, Kuzey Irak Kürtleri de dahil, onu çok seviyorlardı. O zamanın karizmatik Kürt lideri Barzani,[40] Emir Zeyd'in Kürtlere karşı insanca tutumunu saygıyla karşılardı. Zaten krallığın ilk kurulduğu günlerde onların istekleriyle ilgili davayı ustaca idare ettiği için Barzani, Zeyd'e "Musul Emiri" unvanını vermişti.

Bu nedenlerle, Kral Gazi dahil, birçok Iraklı, Emir Zeyd'in naip olmasını istiyordu.

1987'nin Ağustos ayında *Afakı Arabiye* adlı dergide bir makale çıktı. Yazarı, Kral Gazi'nin dönemindeki Saray haznedarı Said Hakkı, şöyle diyordu: "Kral Gazi'nin Nuri Paşa ve Prens Abdülillah'la bulunduğu odada ben de vardım. Onların huzurunda, 'Bana bir şey olursa, oğlumun çocukluk devresinde amcam Emir Zeyd'in naip olmasını istiyorum' dediğine tanık oldum."

Ama Kraliçe Aliye kudretini kaybetmekten korktuğu için küçük kardeşi Prens Abdülillah'ın naip olmasını istedi. Hatta kocasına, son nefesini vermeden önce, bunu sağlayacak bir kâğıt imzalatabilmek istedi. Kralın doktoru olan Sir Henry Sinderson kral ölürken yanındaydı ve bu gerçeği *Onbir Gece Masalları* adlı kitabında aynen şöyle yazdı:

"Kraliçe Aliye çok sakindi ve ona doğruyu söylememi istiyordu. 'Bana söylemelisiniz' diye yalvarıyordu, 'Gazi ölecekse bir naip atamak gerekecek.' Yaralarının ölümcül olduğunu zaten tahmin etmişti. Ben de bunu onaylayınca, Abdülillah'ın tam yetkili naip olmasını sağlayacak kadar yaşayabilmesi için kocasına bir iğne yapmamı istedi. İsteneni yaptım ama durum umutsuzdu. Kraliçe bunda başarılı olamayınca Kral Gazi'nin kardeşi Prenses Rajiha'ya başvurdu ve görümcesinin şöyle demesini sağladı: 'Kardeşim Gazi dedi ki, bana bir şey olursa Abdülillah'ın naip olmasını istiyorum.'"

Kabine, Prenses Rajiha'nın beyanatını kabul etti. Bu, tahtın arkasındaki güçlü adam Nuri Paşa'nın da çok işine geldi. Kuşkusuz, Abdülillah'ı Emir Zeyd'den daha kolay idare edebilecekti. Yirmi altı yaşındaki genç prens, Mısır'daki Victoria Koleji'nden mezun,

40. Molla Mustafa Barzani.

sevimli, İngiliz yandaşı ve hayranı, ata binmeyi seven bir gençti. Ama o kadar! Tabii buna ek olarak İngilizler de, Nisa gibi Berlin'de Nazi liderlerinden hayli ilgi toplamış, İngilizlerin kuşkusuna odak olmuş bir "naip karısı" yerine, tamamen deneyimsiz, toy prensi yeğlediler ve o sabah Prens Abdülillah Irak kral naibi atandı.[41]

Tabii aşırı duyarlı bir insan olan Nisa, felaket haberini Paris'te alınca genç kralın ölümüne ve ailesinin duyduğu acıya çok üzüldü. Ama Emir Zeyd'in naip olmadığını öğrenince, bu haksızlık karşısında, üzüntüsü öfkeye dönüştü.

Göğsüne vura vura Aliye'ye hitaben, "Benim yüzümden" diyordu. "Beni istemiyorlar. Kraliçe de prensesler de benim yanımda kendilerini küçük görüyorlar. Benim naibin eşi olmamı istemiyorlar. Amcalarına karşı bir düşmanlıkları yok. Zeyd'i kim sevmez? Korktukları benim!" Belki de haklıydı.

Her ne kadar Emir Zeyd itiraf etmeyecek kadar gururluysa da, ailesi tarafından naip olarak istenmemesi onu derinden yaralamıştı. Gazi ölmüştü. Nisa Paris'teydi, Bağdat'ta kalması için hiçbir neden yoktu. O yüzden Mayıs sonlarında, okulum kapanır kapanmaz, beni, Raad'ı ve Schwester Edith'i trene bindirdiği gibi İstanbul'a yolladı. O da evi kapamak, hizmetkârlara yol vermek ve eşyaları tasfiye etmek gibi bütün zor işleri yüklendi.

Üç günlük bir yolculuktan sonra Haydarpaşa'ya vardığımızda Nejad ve bütün aile bizi bekliyordu. Doğru Büyükada'ya gittik. Bu kez evde büyük değişiklikler gördüm. Büyükannemin ölümünden sonra ailenin en büyükleri olarak Hakiye teyzem ile Emin eniştem evin idaresini üstlenmişlerdi. Yemekleri onlar tertip ediyor, hesapları onlar görüyordu. Bu düzenlemeden memnun olmayan Ayşe teyzem, bir aşçı tutmuş, bahçede küçük yuvarlak bir masada ailesiyle ayrı yemek yiyordu. Bu ayrılık o büyük sofranın birliğini bozmuştu; çünkü ailemizin can damarı, hepimizin, çevresinde oturduğu o büyük sofraydı.

---

41. Abdulillah'ın kral naipliği döneminde başbakanlığı sürdüren Nuri Said Paşa, İkinci Dünya Savaşı'nda Irak'ın tarafsızlığını koruduysa da Almanya ile diplomatik ilişkileri kesti.

15

İkinci Dünya Savaşı

Annem Paris'ten temmuzda döndü. Bütün rahatsızlıklarını geride bırakmışa benziyordu. Kısa bir süre sonra da Emir Zeyd Bağdat'tan adaya geldi.

1939 yılının 1 Eylül günüydü, hepimiz adadaki evde, çardağın altında öğle yemeği yerken, Hitler'in Polonya'yı istila ettiğini duyduk.

Emin eniştem, "İnşallah, baştakiler 1914'te yaptıkları yanlışı tekrarlayıp savaşa katılmazlar. Katılmak zorunda olunsa bile Müttefikler'in tarafını tutarlar" diye fikir yürüttü. Sofrada herkes bu yaşlı generali dikkatle dinledi.

Aynı gün öğleden sonra annemle Ayşe teyzem bahçede yaseminlerin yanında otururken Ayşe teyzem, "Mademki Bağdat'taki evi kapattın, Avrupa da savaş içinde olduğuna göre, herhalde artık burada, İstanbul'da oturursun" dedi.

Annem neşesiz görünüyordu, "Başka seçeneğim yok ki" diye cevap verdi. "Ama her halükârda Büyükdere'deki köşkü açacak değilim. Biraz bekleyelim, bakalım ne olacak? Her şey o kadar çabuk değişiyor ki..." Derken aklına Ayşe teyzemin Şakir Paşa Apartmanı'ndaki katı geldi; orası boştu. "Sizin katınızı niye kiralamıyorum, abla?"

Ahmet eniştemin Birinci Dünya Savaşı'nda karşılaştığı zorluklar, Malta'da geçirdiği sıkıntılı tutsaklık günleri, oradan Samsun'a kaçışı onu devlet işlerinden bezdirmişti; istifa edip sivil yaşama geçmişti. Bu arada Samsun'da, Cohen adlı bir tütün tüccarı, eniştemi birlikte Arjantin'de sigara fabrikası kurmaya ikna etmiş, eniştem de ailesini toparladığı gibi Buenos Aires yolunu tutmuştu. Ama birkaç yıl sonra tütün tekelini elinde tutan Arjantin hükümetinin haksız rekabetine dayanamayıp tersyüzü Türkiye'ye dönmüşlerdi. Devletten aldığı emekli maaşıyla geçinmek güç olduğu için Anadolu yakasında daha ucuz bir semte taşınıp Ayşe'nin Şakir Paşa Apartmanı'ndaki katını kiraya vermişlerdi.

Annemin sorusuna Ayşe teyzem, "Her şeyden önce sen Şirin'i Amerikan Kız Koleji'ne yazdır" diye cevap verdi. "Biliyorsun orası Robert Kolej'in kız bölümü; böylelikle bir sömestr kaybetmemiş olur. Bak, Nermidil bir yıldır gidiyor, hepimiz de memnunuz. Çok iyi bir okul!"

Her ne kadar kardeşinin kimsenin sözüne aldırmadığını, kendi başına buyruk olduğunu biliyorsa da yine de abla olarak öğüt vermekten kendini alamamıştı. Ama Ayşe teyzem çok şaşırdı. Çünkü Nisa ablasının çok doğru düşündüğünü söyledi ve derhal harekete geçti. Bana hemen lacivert gabardinden bir üniforma, yarım düzine de beyaz poplin bluz ısmarladı. Yatak çarşafları, iç çamaşırları aldı, her şeyin üzerine adımın yazılı olduğu etiketler diktirdi. Varşova'nın Alman bombalarıyla yerle bir edildiği gün, beni yeni okuluma yolladı.

Ayşe teyzemin apartmanına taşınan annem orayı rastgele eşyalarla döşedi. Bunların bazıları Berlin'e giderken Büyükdere'deki köşkte bırakılanlardı. Bolulu bir aşçı, Beyaz Rus bir uşak (Devrimden önce çarın süvari alayında görev yapmış bu adamı hepimiz çok seviyorduk), Ermeni bir orta hizmetçisi ve Raad'a Rum bir mürebbiye tuttu. (Raad'ın schwester'i Edith'i hiç sevmezdim, Allah'tan Almanya'ya döndü.) Raad ile mürebbiyesinin, Emir Zeyd'in ve benim birer odamız vardı. Nejad hafta sonları yatılı okuduğu Galatasaray'dan eve geliyordu.

Nisa, bütün iyi niyetiyle, normal bir aile yaşamına girmek istedi. Ama İstanbul'da her şey ona sıkıcı gelmeye başlamıştı. Sosyal etkinliklerde eğlenemiyordu. Eski arkadaşları artık onu ilgilendirmiyordu. Her şey aynıydı. Üstelik ailesinin geleninden gideninden üstüne fenalık geliyordu. Binada odaları olan, büyükannemin iki erkek kardeşinin gelip gitmeleri de onu tedirgin ediyordu. Kendini ailesi tarafından kapana kıstırılmış hissediyor ve Bağdat'ta yaptığı gibi yine yatağından çıkmıyordu. Doktorlar, içinde bulunduğu depresyonu bir tür nevrasteni olarak nitelendirdiler. O günlerde vücuttaki kimyevi bozuklukların bu şekilde dışa vurduğu duyulmamıştı. Psikiyatri bile kuşkuyla karşılanan bir konuydu. Hele ailesi ve arkadaşları, "Bir şeyin yok, seninkisi sadece sinir" dediklerinde annem büsbütün çileden çıkıyordu. Onların anlayışsızlığı annemi daha beter ediyordu. Yatağında öylece yatıyor ve sanki Godot'yu bekliyordu.

Dayanılmaz durumlardan kendini sıyırabilmek için, belki de bilinçsizce, bozuk sağlığını bahane ediyor ve Bağdat'ta olduğu gibi, ondan medet umarak hastalığını müzmin bir hale getiriyordu. Bu yüzden, bayılmalar, göğüs ağrıları, kalp çarpıntıları ve şiddetli asabiyet onu perişan ediyordu.

Ayşe teyzemin katına taşındıktan hemen hemen altı ay sonra onu iyi edecek tek şeyin bir değişiklik olduğuna inandı ve şimdiye kadar hiç görmediği Budapeşte'ye gitmeye karar verdi. Ünlü kaplıca oteli St. Gellert'de yer ayırtıldı. Emir Zeyd de her zaman olduğu gibi hiç sesini çıkarmadı.

Tabii Aliye teyzem başımızda bir büyük bulunması için bize taşındı. Büyükannemin ölümünden beri en üst katta Suat dayım ve Mizu yengemle oturuyordu. Onun için ötesini berisini kutulara koyup birinci kata inmesi zor olmadı. Aliye teyzemin odası her zaman içinden kasırga geçmiş gibiydi. Aralık duran konsol çekmecelerinden her türlü giyim eşyası sarkar, zaten bir sürü ıvır zıvırla dolu masaların üstünde, bir de kitaplar, mecmualar, notalar dururdu. Bütün bu dağınıklığın içinden öğlene doğru bol bol makyaj yapmış, farbelalı etekler giymiş bir halde, karnavala katılacakmış gibi ortaya çıkardı. Berger'i ziyarete gideceği zaman kocaman siyah deri çantasına evde yapılmış bir kavanoz gül reçeli, bir şişe limon kolonyası, biraz Fransız *paté*'si ya da Suat dayımın verdiği iyi cins bir şişe konyak atardı. Herkes Aliye'ye verilen hediyelerin Berger'e gideceğini bildiği için, onun hoşlanacağı şeyleri seçerdi.

1940'ta Fransa'nın düşüşünden hemen sonra, Hitler'in Doğu Avrupa'ya yöneleceğinden korkan Emir Zeyd, derhal Nisa'ya telgraf çekti ve ilk kez olarak eve dönmesini adeta emretti. Annem trenden indiğinde soluk ve neşesizdi. Kaplıca ona hiç yaramamıştı.

O döndükten sonra hep beraber yazı geçirmek üzere Büyükada'ya geçtik. 1940 yazından aklımda kalan tek anı annemin ya odasında benzi uçmuş halde hasta yatışı ya da bahçede şezlonga uzanmış, halsiz bir halde ara sıra resim yapmasıdır. Sonbaharda hâlâ ona aman vermeyen "cinleri"yle boğuşurken, hepimizi şaşırtan bir karar aldı: Budapeşte'ye geri dönecekti! Emir Zeyd'in buna nasıl izin verdiğine hâlâ akıl erdirememişimdir. Ama annem aklına koyduğu şeyi yapmak için onun ağzından girer burnundan çıkar, sonunda isteğine ulaşırdı. Kaç kez Zeyd'in, "Nisa seninle baş edilmez, inan ki baş edilmez" dediğini duymuşumdur. Öyle sanıyorum ki Emir Zeyd'in hiç karşı koymadan her şeye evet demesinin nedeni, daha kolayına geldiği içindi. Üstelik, annemin içinde bulunduğu durumla nasıl başa çıkacağını da bilemiyordu.

Annem sözde bu kez Budapeşte'ye ciddi şekilde resim yapmak için gidecekti. Onu sıkıntılarından ancak resim yapmak kurtaracaktı. Orada bir daire kiraladı, yeni boyalar, tuvaller aldı ve ressam yaşantısına başladı. Sonunda bütün aile sorumluluğundan uzaklaşmış olarak kendini sanatına verecekti. Hiç durmamacasına bir seri yağlıboya resim yaptı. Bunlar şehir yaşamından görüntülerdi: Kilise merdivenlerinde bir grup insan, buzda patinaj yapan çocuklar, kahvede oturan erkekler. Her tuval yeni yaşamını haklı çıkarmak ya da yeni yaşam biçimine özür bulma isteğini yansıtıyordu. Ama yine de işler umduğu gibi yürümedi. Resim yaptığı zamanlarda bir şey yaratmanın zevki ve coşkusu içinde bunalımlarını unutuyordu, fakat onun dışında yalnızlık duygusu ve gurbet hüznü Nisa'yı yine pençesine alıyordu. Suçluluk duygusuysa onu her şeyden fazla kemiriyordu. Öyle ya savaş alabildiğine sürerken yabancı bir ülkede tek başına ne arıyordu? Kocasını, evlatlarını nasıl terk edebilmişti? Bana bir gün, "Sokakta ne zaman bir çocuk görsem hemen Raad'ı, seni ve Nejad'ı düşünürdüm ve hüngür hüngür ağlamaya başlardım" demişti. Yavaş yavaş içindeki bunalımın fiziksel yansımaları arttı; artık ne resim yapabiliyordu, ne başka bir şey...

Durumunun kötüye gittiğini gören Nisa, dairesini terk edip Budapeşte'deki Siesta Sanatoryumu'na yattı. Yıllar sonra bana oraya gidişini gülerek, "İki dirhem bir çekirdek giyindim. Şapkamdaki tüy, görüp görebileceğin en uzun sülün tüyüydü. Altı bavulum, resim sehpam, boya kutularım ve tuvallerim kabul salonuna yığılmıştı. Masadaki hastabakıcıya sanki bir otele giriyormuşum gibi, 'Odamı görebilir miyim?' diye sorduğumda zavallının yüzündeki ifadeyi hiç unutamam, herhalde 'Bu deli karı burada ne arıyor?' demiştir" diye anlatırdı.

Sanatoryumda annemin depresyonu gittikçe arttı. Doktor da, "Size burada yapabileceğimiz bir şey yok" deyince, çektiği işkenceye son vermek için bir kutu uyku ilacı (Phanadorm) yuttu. Koltuğa oturmuş ölümü beklerken Emir Zeyd'e bir vasiyet mektubu yazdı.

"Beni affet Zeyd, lütfen affet! Ama artık bu çektiğim ağrılara ve ıstıraba dayanamıyorum. Bunu yapmaya mecburdum. En çok küçük Raad için üzülüyorum. Ona iyi bak. Şirin'e bütün mücevherlerimi verirsin; Nejad'a yeşim taşı koleksiyonumu; kürkümü Ayşe ablama..."

Mektubunu bitirmeden uyku hapları etkisini göstermeye başlamış ve kendini kaybetmiş. Allah'tan hastabakıcı tam zamanında yetişmiş, onu düştüğü koltuktan kaldırıp doktoru çağırmış. Tabii midesini yıkamışlar. O gün öğleden sonra, geç vakit uyandığında, yüzünün gözünün tırmık içinde olduğunu görmüş. Doktor, "Çok şiddetli debeleniyor, yüzünüzü gözünüzü tırmalıyordunuz. Büyük bir fırtına atlattınız, ama şimdi dinlenmeniz gerek. Göreceksiniz yakında her şey düzelecek" demiş.

Macar doktor derhal İstanbul'u aramış, Emir Zeyd'e karısının kendini öldürmek istediğini söylemiş ve hemen gelip almasını önermiş. "Ailesinin yanında olması gerekli" demiş. "Aslında fiziksel bir sıkıntısı yok. Problemleri psikolojik ve burada ona yapabileceğimiz bir şey yok" diye eklemiş.

Hepimiz Emir Zeyd'in gidip annemi almasını beklerken o,

Mizu yengemi gönderdi. Sanırım o da birçok kişi gibi annemin ölmeye kalkışmasını, öteki sinirsel hırçınlıklarından biri olarak görmüştü. Kendisi gitmeyerek bu tutumunu onaylamadığını belirtti. Çok sonraları o da annemin şiddetli klinik depresyon içinde olduğunu öğrenecekti.

O zamanlar bu olayı bana söylemediler. Bütün bildiğim, annemin Mizu ve Budapeşte'de yapmış olduğu bir sürü resimle döndüğüydü. Oturduğumuz apartmana gelmek istemedi. Beyoğlu'ndaki Tokatlıyan Oteli'nde, İstiklal Caddesi'ne bakan büyük bir daire tuttu. Dairede çocukları için fazladan bir oda vardı. Son yıllardaki konuşmalarımızdan birinde, kendisine niçin evimize gelmeyip otele gittiğini sordum. Bana şu yanıtı verdi: "İnanamayacaksın ama tren Sirkeci'ye gelip de bizim bütün familyayı orada beni bekler görünce, vücudumdan buz gibi bir ter boşandı. Şakir Paşa Apartmanı'na gitmek demek, yeniden onların kapanına kısılmak demekti. Birden dehşete düştüm, Zeyd'e yalvardım: 'Aman beni kaçtığım yere geri götürme. Bırak bir otelde aile sorumluluğundan, bireylerinden uzak kendime geleyim.' Allah razı olsun Zeyd çok anlayışlı davrandı. Ne bulunmaz bir insandı o!"

Evimiz yine dağıldı. Eşyalar Büyükdere'ye gitti. Hizmetkârlara yol verildi. Aliye teyzem yine öteberisini kutulara doldurup en üst kata Suat dayımlara çıktı. Raad'la mürebbiyesine de orada bir oda verildi. O zamanlar Raad beş yaşına gelmişti ve Suat dayımın küçük oğlu Toto'yla oynamaya bayılıyordu (Toto'nun asıl adı Tarık'tı). O nedenle yukarı katta kalacağı için seviniyordu. Benim için ev, artık herhangi bir teyzemin evinde bir yatak, Tokatlıyan'da bir oda, bir de okula gidip gelirken bindiğim tramvaydı. Nelerle karşılaşacağımı hiç bilmediğim hafta sonlarından sonra Amerikan Kız Koleji'nin insana güven ve huzur veren düzenli dünyası beni sıcak, yumuşak bir battaniye gibi sarardı.

Kısa bir süre sonra Emir Zeyd, Bağdat'ta Nazi yanlısı bir darbe yapıldığı haberini aldı. Birinci Dünya Savaşı'ndan bu yana Araplar, savaşta birlik oldukları İngilizlerin onlara ikiyüzlü davrandıklarını unutmamışlardı. Irak'taki İngiliz aleyhtarlığı 1939'da Kral Gazi'nin ölümüyle büsbütün alevlendi. Birçok Iraklı, belki de haksız olarak, Gazi'yi öldüren kazayı İngilizlerin düzenlediğini düşünüyordu. Arapların bir atasözü vardır: "Düşmanımın düşmanı benim dostumdur." O nedenle, İngilizlere karşı olan Araplar, Almanya'yı dost edindiler. Aynı zamanda, Almanya'nın liderliği, askeri rejimi ve aşırı milliyetçiliği onları çok etkiliyordu. Hele 1941'de Nazilerin gücü ve kazandıkları zaferler iyice gözlerini kamaştırmıştı. Bu Nazi yanlısı akımın başını çekenler, Filistin'den Bağdat'a kaçan Kudüs müftüsü[42] Hüseyni ile Irak Başbakanı Raşit Ali idi. İngilizler, Nazilerin yararına olan etkinliklerinden dolayı Raşit Ali'yi azledip yerine kendilerine bağlı olan Nuri Paşa'yı geçirince, Raşit Ali ve onun gibi Alman taraftarı birkaç albay arkadaşı Nuri Paşa'ya ve naip Abdülillah'a karşı darbe yaptılar. Altı yaşındaki küçük kral için bir tehlike yoktu; ama Nuri Paşa'yla Emir Abdülillah Bağdat'tan kaçmak zorunda kaldılar.

Raşit Ali[43] yeni rejimini meşru kılmak için halkın sevdiği ve saydığı Emir Zeyd'den faydalanmak istedi. Kral Gazi ölünce onu naip atamamalarından gocunduğunu bildiği için, bu görevi kendisine önerdiğini, İstanbul'a yolladığı bir haberciyle bildirdi. Ama Emir Zeyd, Raşit Ali'nin böyle bir öneride bulunmasına hem hayret etti, hem de derhal reddetti.

Suat dayıma içini döktüğünde, "Raşit Ali böyle bir öneriyi kabul edeceğimi nasıl düşünebilir? Onlarla birlik olabileceğime nasıl ihtimal verebilir? Aileme ihanet edeceğimi mi sanıyor? Üstelik bu durumda Raşit Ali üç hafta bile dayanamaz, belki de daha önce gereken yapılır" dedi.

Genellikle olduğu gibi, Emir Zeyd'in dedikleri yine doğru çıktı. Bir aya varmadan İngilizler,[44] Ürdün Kralı Abdullah ve onun

---

42. Hacı Emin el-Hüseyni Filistin Ulusal Hareketi'nin kurucusu ve Filistin konusunu İslam dünyasının gündemine sokan kişi olarak bilinir. Filistin sorununun çözümü için İngiltere'nin karşısındaki en büyük güç olan Nazi Almanyası'yla yakınlaşmayı çıkar yol görmüştü.

43. Nuri Sait Paşa'nın aksine Raşit Ali, Arap milliyetçiliğinin de etkisiyle İngilizlere karşı bir tutum içindeydi ve Mihver Devletleri'yle gizlice görüşmelere başladı.

44. İngiltere Nisan 1941'de Irak'a takviye birlikler gönderdi. Irak ordusu bir ay içinde teslim oldu. Emir Abdülillah ve Nuri Sait Paşa'nın dönüşüyle İngiliz yanlısı bir hükümet kuruldu. Irak, 1942'nin Ocak ayında Mihver Devletleri'ne savaş açtı. Irak'ta muhalefetin büyük ölçüde sindirildiği bir baskı ortamı başladı.

Arap lejyonu sayesinde asileri yendiler. Emir Abdülillah ile Nuri Paşa Bağdat'a döndü ve düzen yerine geldi. Darbe bastırılınca Emir Zeyd Bağdat'a gitti; kral ailesine daima onlarla birlikte olduğunu söyledi ve onlara destek oldu... Emir Abdülillah ile Nuri Paşa da asilere yüz vermediği için Emir Zeyd'e minnettar kaldılar.

Annem de artık otelde yalnız başına sıkıldığı ve ailesiyle beraber olmak istediği için Suat dayımla Mizu'nun Şakir Paşa Apartmanı'ndaki dairesine taşındı. Bu kez, hafta sonlarında eve geldiğimde annemin odasındaki bir divanda yatıyordum. Doğrusu pek arzulanacak bir düzen değildi, ama aldırmıyordum. Dayımla Mizu yengemi çok severdim. Onlarla birlikte yaşamak benim için büyük zevkti. Adadaki gibi yine hep birlikte olmak çok güzeldi. Her ne kadar ev adadaki gibi büyük değilse de, hepimiz mutluyduk! Artık annem ailesi tarafından kuşatıldığı halde hiç şikâyet etmiyordu. İstekleri ve ruh durumu ne kadar sık ve çabuk değişebiliyordu...

Türkiye'nin stratejik konumu ve tarafsızlığı nedeniyle İstanbul, İkinci Dünya Savaşı'nda casusluk ve entrika arenası haline gelmişti. İki tarafın ajanları burada aynı otellerde, aynı barlarda yan yana masalarda oturarak birbirlerine kulak misafiri oluyorlardı. Özellikle Tokatlıyan Oteli'nin barı bu gibi yerlerin başında geliyordu. Bar casusların uğrak yeri olmuştu. Casuslar sanki birbirlerinin farkında değilmiş gibi oturup içkilerini içiyorlar, aslında öbür masada konuşulanların kelimesini kaçırmamaya özen gösteriyorlardı. Bağdat'tan dönen Emir Zeyd, akşamları bu otelin barında viskisini yudumlarken Amerikan ve İngiliz arkadaşlarıyla yârenlik etmeyi pek severdi. En iyi arkadaşı kır saçlı, kırmızı yüzlü John Way'di. Way, Socony Vacuum Petrol şirketinde çalışıyor görünürdü, ama bence o da patronu Archibald Walker gibi OSS ajanıydı. Gariptir ki, Emir Zeyd Amerika'ya ayak basmadığı halde en sevdiği iki arkadaşı, John Way ve St. Louis'de avukatlık yapan İsrael Treiman Amerikalıydı. İsrael ile arkadaşlıkları Oxford'dayken başlamış.

Ailemizde çok kişi, Suat dayımın MİT'te (Milli İstihbarat Teşkilatı) çalıştığını bilmezdi. Onun görevi Alman kaynaklarından haber alıp Türk sorumlularına bildirmekti. Büyük bir olasılıkla onlar da bu haberleri Müttefikler'e aktarıyorlardı. Suat'ın en önemli kaynağı zengin bir ailenin iyi yetişmiş oğlu, yirmi beş yaşındaki Wilhelm Hamburger'di. Viyana Üniversitesi'nde Ortadoğu üzerine doktora tezi hazırlarken faşist bir talebe grubuna katılmış, Alman istihbarat servisi Abwehr tarafından İstanbul'a gönderilmişti. İstanbul'daki görevi, sözümona, kenevir satın almaktı. İnsancıl, çocuk yüzlü, cazip bir genç adam olan Willi (herkes onu Willi diye çağırıyordu), İstanbul sosyetesine Suat dayımın sayesinde girdi ve her yere davet edilmeye başlandı. Türk yetkilileriyle olan ilişkisinden dolayı Suat Willi için ne kadar önemliyse Willi de Suat için o derece önemli bir kaynaktı. Üstelik ikisi arasında yakın bir dostluk bağı kurulmuştu. Willi artık Şakir Paşa Apartmanı'nın gediklilerinden olmuştu. Öyle bir zaman geldi ki, hemen hemen her gün evimizde olan Willi'ye Willi amca demeye başladım. Ailemizde herkes Müttefikler'in yanını tuttuğu halde sevimli, terbiyeli yol iz bilen bu Avusturyalıyı seviyordu. Gariptir ama Suat'ın etkisi ve yüreklendirmesiyle Willi de yavaş yavaş Nazi rejimine bağlılığını yitirdi.

1944'ün ilk aylarında Suat dayım Willi Hamburger'in Almanlar tarafından tutuklanmasını önleyen ve Müttefikler'e katılmasını sağlayan çok önemli ve enteresan bir manevra yaptı. Türkiye'deki Abwehr ajanlarından biri Müttefikler'e iltica etmişti. Buna çok kızan Hitler, tüm ajanlarını Berlin'e geri çağırdı. Bir sabah iki Gestapo subayı Willi'nin kapısını çaldılar ve ona tutuklandığını, ilk trenle Almanya'ya yollanacağını bildirdiler. Willi gayet sakin, "Peki" deyip Türk kaynağına telefon etmesi gerektiğini söyledi, böylelikle kimse durup dururken yok oluşundan kuşkulanmayacaktı. Gestapolar buna izin verir vermez Willi, Suat dayımı aradı, İngilizce, "Ben bir haftalığına Viyana'ya ailemi görmeye gidiyorum, hemen döneceğim" dedi. Sonra, *"Tell it to the Marines"* diye ekledi. Bu, Suat'ın Amerika gezilerinde öğrendiği bir tür deyimdi: "Söylediklerimin bir kelimesine bile inanma" anlamında...

Suat mesajı alır almaz durumu kavradı ve hemen Amerikan gizli servisi OSS'yi aradı. Bu arada Willi eşyalarını topluyormuş gibi yapıp vakit kazanıyor ve Suat'tan haber bekliyordu. Hatta radyosunu satmak için Alman Gestapolarla pazarlığa bile girmişti. Derken telefon çaldı, Willi ahizeyi hemen kaptı. Arayan Suat dayımdı, "Seni kapıda bir araba bekliyor, fırla" dedi. İki Gestapo neye uğradıklarını anlamadan Willi telefonu kapadığı gibi kapıyı açıp apartmandan fırladı ve onu bekleyen arabaya daldı. Doğru İngiliz Konsolosluğu'na gittiler. Yirmi dört saat içinde gizlice Türkiye'den Kahire'ye kaçırıldı, orada İngilizlere çok kıymetli bilgiler aktardı.

Kocam Bob'la 1980'lerin ortalarında Viyana'ya, Türkiye Büyükelçisi olan kuzenim Erdem'i ziyarete gittiğimizde Willi amcaya rastladık. O şimdi başka ad kullanan bir işadamıydı. Elçiliğe elinde kocaman bir çiçek buketi ve kolunda kendinden hayli genç Macar karısıyla gelmişti. Yüzünü gerdirmiş olduğunu fark ettim, çünkü bir zamanlar yuvarlak olan mavi gözleri şimdi Çinlilerinki gibi çekikti ve yetmiş yaşından çok daha genç görünüyordu. İstanbul'daki eski günlerimizden bahsettik. Suat dayımı ve ailenin her bireyini ayrı ayrı sordu. "Biliyor musunuz, Suat benim hayatımı kurtardı" dedi, "Yaşamımı ona borçluyum." Sonra da 1941 yılının yazında Alman-Suriye askeri birliğinin temsilcisi olarak Emir Zeyd'e Suriye krallığını önermek için nasıl Büyükdere'deki köşke geldiğini anlattı.

Doğrusu bu ziyaretten hiç haberim olmamıştı. Almanlar Fransa'yı istila ettikten sonra Suriye ve Lübnan gibi Fransız sömürgelerinin kontrolü de onlara geçmişti. Düşündüler ki, 1918'de ağabeyi Faysal'ın yanında zaferle Şam'a girmiş, hem Ürdün Kralı Abdullah'ın kardeşi, hem de küçük Irak Kralı II. Faysal'ın büyük amcası olan Emir Zeyd, Alman denetimi altındaki Suriye için en uygun kral adayıdır. Berlin otoriteleri Willi'nin Emir Zeyd'i çok iyi tanıdığını bildikleri için onu bu göreve atamışlar. Willi bize o günü çok güzel anlattı. Elinde annem için büyük bir kutu çikolatayla gelmiş. Çaydan sonra usul usul konuya girince Emir Zeyd kahkahalarla gülmüş ve böyle saçma bir öneriyi kabul etmesinin olanaksız olduğunu söylemiş.

Bu durumda Zeyd, bir kez daha politikada ne kadar yanılmaz olduğunu kanıtlamıştı. Çünkü bir aya varmadan İngilizler, Suriye'yi ve Lübnan'ı zapt etmiş ve özgür devletler olarak ilan etmişlerdi.

1941'in yazında annem Büyükada'ya gitmek istemedi. Orada geçirdiği son yaz annesinin sağlığındaki ahengi aratmış ve yeni düzenden tedirgin olmuştu. Büyükdere'deki köşkü açtı, ahırların bir kısmını kendine atölye yaptı. Rahatsız edilmek istemediği için telefonu da kapattırdı. Bize erişmek isteyenler telgraf çekmek, postacılar da o yokuşu tırmanmak zorundaydılar. (Tabii posta dağıtıcılarının yorgunluğu iyi bir bahşişle karşılanıyordu.) Her şeyden ve herkesten uzak kalan annem, kendini istediği gibi sanatına verebiliyordu.

Köşk her zamandan daha erişilmez olmuştu. Savaşın getirdiği yokluklar hemen her şeyi kısıtlamıştı. Mesela, benzin olmadığı için arabamız da yoktu. Annem çarpık bacaklı bir Ermeni'nin kullandığı tek atlı bir araba almıştı. O küçük arabayla, bizim gibi adaya gitmeyip Tarabya'da ev tutan Suat dayımla Mizu yengemi ziyarete gidiyorduk. Alman Büyükelçiliği'nin yazlık mekânı da Tarabya'da, Boğaz'a bakan yemyeşil ağaçlıklı bir parkın içindeydi. Orada yaşamakla Suat dayım, Büyükelçi Von Papen ve öteki Alman diplomatlarla ahbaplık kurabilir, onların gidip gelişlerini izleyebilirdi.

Çoğu zaman insanların yazgısı başkalarının yaşamından etkilenir. Annemin kaderini etkileyen olay da şu oldu: baba bir anne ayrı ablam Remide, veremli sevgilisi ölünce, ünlü bir sanat eleştirmeni ve gazeteci olan Fikret Adil ile evlendi. Yeni damat babamızın beğendiği bir adamdı. O yüzden İzzet Melih kızını bağışlayıp bağrına bastı. Fikret Adil'in evi, sanatçıların, entelektüellerin ve yazarların uğrağıydı. Babam da bu atmosferden çok hoşlandığı için onları sık sık ziyaret ediyordu. Bu arada Güzel Sanatlar Akademisi'nde öğrenci olan Nejad'la ben, ablamızı sık sık görür olmuştuk.

O sıralar Remide bir kız okulunda İngilizce ve Fransızca dersleri veriyordu. Kırmızı saçlı, güzel vücutlu, seksapeli olan bir kızdı. Kuşkusuz annesinin dişiliğinden, babamızın da kuş uçurtmayan çapkınlığından çok şey almıştı. O nedenle kocası Fikret Adil'in arkadaşlarıyla ilişkileri oldu. Neticede onlardan biri olan Abidin Dino'nun ağabeyi Ahmet Dino'yla kaçtı. Remide'yle fazla bir yakınlığım olmadı. Onun birçok yönü bana ters gelirdi.

Ama her zaman için zekâsına ve daima çalışıp hiçbir kocasına (sanırım altı kocası oldu) maddeten muhtaç olmamasına hayran olmuşumdur.

Annem ile babamın ayrılmalarından sonra annem üvey kızıyla ilişkisini hiç kesmedi. Her ne kadar çocukluğunda anneme hayatı dar ettiyse de, büyüyünce Remide onun değerini anladı. 1941 yazının sonlarına doğru Remide sanat eleştirmeni kocasıyla Büyükdere'deki köşke annemi ziyarete geldi. Fikret Adil o zamana kadar Nisa'nın resimlerini hiç görmemişti. Tabii salonun bütün duvarları, ahırdan bozma atölyesi, öbek öbek yaptığı resimlerle doluydu. Bayıldı, hayran oldu, ağzı açık kaldı! Nasıl olmuştu da Fikret Adil gibi bir sanatçının şimdiye kadar Fahrünnisa gibi bir ressamın varlığından haberi olmamıştı.

"Bunlar harikulade çalışmalar! Sanat dünyası resimlerinizden yoksun kalmamalı. Ortaya çıkmalısınız" diye ısrar etti.

İşte böylelikle Fikret Adil anneme, Türkiye'de varlığından haberli olmadığı bir sanat dünyasının kapılarını açtı. Annem, onun aracılığıyla, ülkenin önde gelen ressamlarıyla tanıştı. Bunların çoğu Nisa'nın da bir zamanlar gitmiş olduğu Güzel Sanatlar Akademisi'nde hocaydılar. Aynı zamanda İstanbul'un ileri gelen şairleri, yazarları ve entelektüelleriyle de tanıştı. Gerçi eski kuşak sanatçılarının çoğunu babamın zamanından tanıyordu ama şimdi tanıdıkları yepyeni bir kuşaktı. Annem, bu değerli insanlar için, yeni bulunmuş hazineydi. Resimlerine, olağanüstü kişiliğine ve misafir ağırlamasına hayrandılar. İlk grup sanatçıyı Büyükdere'ye davet ettiğinde Boğaz'ın manzarası akıllarını başlarından almıştı ama yine de annemin resimleri manzaraya galebe çaldı. Bahçede çam ağaçlarının altında güzel bir halının üstünde oturmuşlar, hem şarap içmişler hem de kuzu çevrilmesini seyretmişlerdi. Bu gerçek bir cennetti!

Az bir süre sonra anneme D Grubu ressamlarıyla bir sergiye katılması için davetiye geldi. O da buna gerçekten sevindi. Çünkü bu grup, Türkiye'nin en önde gelen ressamlarından oluşuyordu. Modern Türk resmine etkisi sonsuzdu ve ulusal bir sanat okulunun kurulmasında rol oynamıştı. 1957'de Edinburgh'da açılan modern Türk sanatı sergisinin kataloğunda, Derek Patmore şöyle yazar:

Fahrünnisa, Londra'da Cehennemim adlı en ünlü tablosunun üzerinde çalışırken.

"Türkiye'de birçok sergi açan D grubu ressamları,[45] kübist ve soyut resimlerden aldıkları dersleri göz ardı etmeksizin, çağdaş Türk resmini geleneksel, klasik sınırlar içinde tutmayı amaçlıyorlar. Bazıları Anadolu'nun köy sanatında kullanılan renklerden, motif ve biçimlerden yararlanmış, bazıları da eski Türk minyatürlerinden ve Osmanlı döneminde büyük yeri olan hat sanatından esinlenmiş... Amaç ne olursa olsun, kuşku yok ki Türkler, soyut resmin ortaya koyduğu problemlere hayli başarıyla yaklaşmışlar. Fahrünnisa Zeyd'in geliştirdiği teknik, soyut resimlerine adeta mücevherle işlenmiş gibi görünen bir vitray görünümü veriyor."

Artık bir ressam olarak tanınan annemin yaşaması için bir amacı, bir nedeni vardı. Sağlığı en kısa zamanda düzeldi. Coşkuyla, İstanbul'a yerleşip sanat dünyasının bir parçası olmaya karar verdi. O yıllarda çok moda ve gözde bir semt olan Maçka'da ünlü bir Rum banker ailesine ait Ralli Apartmanı'nda on iki odalı bir daire tuttu. Ralli'nin aşağısındaki Beşiktaş yokuşunda, Kiraz Sokağı'nda

45. 1933'te İstanbul'da Nurullah Berk, Cemal Tollu, Zeki Faik İzer, Elif Naci, Abidin Dino ve heykelci Zühtü Müridoğlu'nun kurduğu sanatçı topluluğu, Türkiye'de kurulan dördüncü sanat topluluğu olduklarından adlarını alfabenin dördüncü harfinden aldılar.

ufak bir apartman katı kiralayıp kendine atölye yaptı. Her Allah'ın günü oraya gidiyor, akşamlara kadar resim yapıyordu.

Maçka'da oturduğumuz günlerden konuşulduğunda, "Ah! Kiraz Sokağı'ndaki atölyemi ne çok severdim! Orada resim yapmaya bayılırdım" derdi. Oysa, orası üç küçük odadan oluşan, eğri büğrü bir daireydi.

O küçük atölyede durmadan çalıştı. Her yeri çeşitli boyutlarda tuvallerle doldurdu. İki metre on santim büyüklüğünde bir tuval iki oda arasına zorla sıkıştırıldı. Bu kocaman tuvale varlığın üç evresini resmetti: doğum, yaşam ve ölüm! Gerçeküstücü anlamda yaptığı birkaç resimden biriydi bu. Öğleyin aşçıyı elinde sefertasıyla yokuştan aşağı yemeğini getirirken gördüğünde çocuk gibi sevinirdi. Bir keresinde bana, "O öğle yemekleri tüm yaşamımda yediğim en lezzetli yemeklerdi" demişti.

Geniş Ralli Apartmanı'na ise annem, haftada bir, zamanın yazarlarını, entelektüellerini ve sanatçılarını davet ediyordu. Salondaki canım koltuklara rağbet etmeyen konuklar, yerde, yastıklar üzerinde oturuyorlardı. Bu davetlerde şairler son şiirlerini okurlar, filozoflar son fikirleri açıklarlar, benden de illa okulda oynadığım *Kraliçe Klytaimnestra*'dan bir parça okumamı isterlerdi. O zaman beyaz ve sarı yaldızlı Yunan kostümümü giyer, üzerine annemin koyu kırmızı Schiaparelli pelerinini alır ve tiradımı söylerdim.

Kolejde okul müsameresinde Sophokles'in *Elektra*'sını oynamıştık. Piyesi Avni Dilligil sahneye koymuş, sahne dekorlarını da Nejad yapmıştı. Oyun o kadar beğenildi ki Tepebaşı Tiyatrosu'nda bir vakıf yararına oynamamız istendi. O gün soyunma odasında makyajımı yaparken aynayı okşadığımı anımsıyorum. Ancak o zaman Harbiye'deki Şehir Tiyatrosu'na bir gün profesyonel olarak döneceğimi tahmin bile edemezdim.

Savaşın çevremizi kasıp kavurmasına karşın, ailem sonunda dingin bir ortama kavuşmuştu. Annem yaşamından memnun resimlerini yapıyor, D Grubu ile sergilere katılıyor, haftada bir, sanatseverleri evine davet ediyordu. Ben de okulda çok aktif görevler üstlenmiştim, bundan sonsuz bir mutluluk duyuyordum. Tartışma ve tiyatro topluluklarının etkin üyesi, sınıfın ve talebe birliğinin başkanı, voleybol takımının da kaptanıydım. Nejad, Güzel Sanatlar Akademisi'nde, Cézanne hayranı Léopold Levy'nin atölyesindeki çalışmalarından son derece memnundu. Aliye teyzeme bizim apartmanda bir oda verilmişti. O da sevgili ablasıyla birlikte yaşamaktan pek mutluydu, tabii Berger'i ziyaretlerine ara vermiyordu. Zeyd, savaş haberlerini yakından izliyor, akşamları Tokatlıyan'ın barında ahbaplarıyla politikadan konuşuyor ve böylelikle hemen her şeyden haberi oluyordu. Harika bir Bolulu aşçımız vardı. Daha önce Hakiye teyzemde çalışmıştı ve bizim aileye çok bağlıydı. Annemin Tokatlıyan Oteli'nden ayarttığı gayet sevimli, iyi bir uşağımız ve pürtelaş oradan oraya koşuşan, güler yüzlü bir Rum hizmetçimiz vardı. Raad'ın matmazeli hayat dolu bir Rum kadındı ve çok güzel iskambil falı bakardı.

1938'de Atatürk'ün ölümünden sonra eniştemiz Kılıç Ali Meclis'teki yerini ve nüfuzunu kaybetmişti. Kuzinimiz Füreya ile Erenköy'de büyük bir ahşap köşkte oturuyorlardı. Kılıç Ali'yi çok insan sevdiği için, evleri akraba olsun, dost, ahbap olsun, daima dolup taşardı.

Girişimci Ahmet enişte, Boğaz'ın Anadolu yakasında oturuyordu. Küçük ahşap evinin çevresindeki boş arsaları parselleyip satmış, epeyce kâr elde etmişti. Bu, onu ilerde çok zengin edecek emlak ticaretinin başlangıcı oldu.

1942'lerin sonuna doğruydu, savaşın soğuk rüzgârı bana da dokundu ve mutlu yaşantımı sarstı. Almanya'dan ayrıldıktan sonra Bavyeralı arkadaşım Joachim Cyliax bana aşk mektupları göndermeye devam ediyordu. Savaş başladıktan sonra mektuplar sansürden geçmeye başladı. Hele bir tanesi öyle kesilmiş, kuşa dönmüştü ki, ne başı anlaşılıyordu ne sonu... Acaba Almanlar bunu ne diye göndermek zahmetine katlandılar diye düşünmüştüm. Bir gün okulda müdirenin odasının yanındaki karatahtada "Şirin Devrim, odama gelin" diye bir yazı gördüm. Korkudan titremeye başladım, çünkü Miss Neille Summers yaman bir kadındı. Kimi odasına çağırsa korkudan titrerdi.

Odaya girdiğimde masanın üzerinde Joachim'den gelen açılmış iki mektup gördüm. Onları aldığı gibi burnuma dayadı.

"Utanmıyor musun? Bu yaşta, bu rezil aşk mektupları! Üstelik de Almanya'dan geliyor! Yoksa savaşta olduğumuzu unuttun mu? Bunları bir notla annene gönderiyorum" diye beni azarladı. Oysa mektuplar annemin eline geçince o hiç aldırmadı. Ben de Joachim'e bundan sonra okula değil, eve yazmasını bildirdim.

1942'nin başlarındaydı, Almanya'dan bir mektup aldım. Zarfın üzeri farklı bir el yazısıyla yazılmıştı. Açınca, Joachim'in ablası Ursula'dan geldiğini gördüm. Ursula kardeşinin on sekiz yaşına girdiği gün askere alındığını yazıyordu. Vatanı için (sansür) de savaştığını ve coğrafi yönden (sansür) bulunduğundan kendini bana daha yakın hissettiğini yazıyor, "Mektuplarınız ona çok şey ifade ediyor, lütfen yazmaya devam edin ve evimizin adresine gönderin. Herhalde bir süre daha size doğrudan doğruya yazma olanağı bulamayacaktır" diyordu.

Bir hafta sonu okuldan eve geldiğimde annem, kendisine gerekli olan bir şey almam için beni çarşıya yollamak istedi, para çantasının da siyah süet torbasının içinde olduğunu söyledi. Annem o torba şeklindeki çantasına neler tıkmazdı ki... Aranırken, kenarı siyah bantla çevrili, üzerinde adım yazılı buruşuk bir zarf gördüm. Zarf açılmıştı. İlk duygum kızgınlık oldu. Herkes benim mektuplarımı açıyordu. Elime alınca içinden Joachim'in küçük bir resmi düştü. Üniformasının ve sivri kepinin içinde çok yakışıklıydı. Resim içten sözcüklerle bana yazılmıştı. Mektubu açınca siyah kocaman harflerle "Joachim, Stalingrad'da şehit düştü" yazısını okudum. Mektubun etkisi bir anda kendini gösterdi; mideme şiddetli bir yumruk yemiş gibi oldum, kusmaya ve hıçkıra hıçkıra ağlamaya başladım. Bütün hafta sonunu perdeleri kapalı odamda genç arkadaşımı ve onun kötü kaderini düşünerek geçirdim.

Savaş ikinci kez bize şöyle dokundu: Emin enişte bir gece telefon etti ve "Üst düzeydeki yetkililerden aldığım habere göre Almanlar bize karşı saldırıya geçeceklermiş" dedi. Emir Zeyd Bağdat'taydı. Annem de İstanbul dışında bir tepenin şehir içinden daha güvenli olacağı düşüncesiyle hemen o gece Büyükdere'ye taşınmamıza karar verdi. Orası yazdan beri kapalıydı. Hepimiz acele valizlere giyecek bir şeyler tıktık. Hizmetkârlar sepetlere erzakla, gerekli şeyleri doldurdular ve fırtınanın uğuldadığı buz gibi bir kış gecesinde apar topar Büyükdere'ye taşındık.

Hizmetkârlar yatakları yapmaya, sobaları yakmaya, bizler de yerleşmeye uğraşırken, annemin odasından bağırtılar, çağırtılar gelmeye başladı. Ne oluyor diye gittiğimde, annem ile Nejad'ın şiddetle kavga ettiklerini gördüm. Nejad'ın elinde küçük bir tabure vardı, anneme atmaya hazırlanıyor gibiydi. Bir yandan da, "Neden sanki her şeyin en iyisini siz bilirmişsiniz?" diye öfkeyle bağırıyordu. Nejad'ın bu öfke gösterisi bombayı patlattı. Annem yanında duran iskemleyi kaptığı gibi Nejad'ın üstüne fırlattı. "Sen ne cesaretle bana eğriyi doğruyu öğretebilirmişsin bakayım" diye bağırdı. "Annene yardım edeceğine, orada durmuş, avaz avaz sizleri buraya ne demeye getirdiğimi soruyorsun. Burayı beğenmiyorsan şimdi defolur gidersin. Hadi git! Hemen defol git."

Öfkeden yüzü kıpkırmızı olmuş Nejad, ağlayarak ağzında, "Affedersin" diye bir laf geveledi ve hızla odadan çıktı. Gecenin sinir bozucu olayları annemi perişan etmişti. Bitkin bir halde yatağına yığıldı. O geceki çatışma, sonraki yıllarda annem ile Nejad'ın arasında geçecek olan kavgaların en kötüsüydü.

Ben ne oluyor diye annemin odasına koşarken küçük Raad da beni izlemişti. Annem sandalyeyi Nejad'a fırlatırken öyle korktu ki ciyak ciyak ağlamaya başladı. Bugün bile o soğuk kış gecesinde sandalyenin havada uçuşunu, öfkeli bağırtıların dışardaki fırtınanın uğultusuna nasıl karıştığını anımsar.

Ertesi gün, Emin eniştemin aldığı haberin aslı olmadığı öğrenildi. Yok yere geçirdiğimiz korku ve tedirginlik yanımıza kâr kaldı ve Ralli Apartmanı'na döndük.

16

İki Bağdat ziyareti daha

1944'ün ilkbaharında bir okul piyesinin provalarına başlamak üzereyken annem Bağdat'a gideceğimizi haber verdi. Doğrusu çok üzüldüm ama ne yapabilirdim? Amcalarına yakınlıklarını göstermek amacıyla kral naibi Emir Abdülillah ile kız kardeşi ana kraliçe, annem ile Emir Zeyd'i resmen Bağdat'a davet ediyorlardı. Annem de bana sormaya bile gerek duymadan, yanına sırdaş ve yoldaş olarak beni götürmeye karar vermişti.

Bağdat'tan ayrılalı altı yıl olmuştu. Annemin rahatsızlanıp apar topar Paris'e gitmesi, Kral Gazi'nin zamansız ölümü üzücü olaylardı. Bakalım bu seferki gidişimizde kader bize neler gösterecekti?

Beyaz Saray denilen Kasr el-Abiad'da misafir edildik. Burası Irak'ın resmi konukeviydi. Büyük bir gül bahçesinin ortasına yarım daire şeklinde inşa edilmiş yan yana bir sürü oda olan motele benzer bir binaydı. Bütün bu odalar bir kubbenin altında toplanmıştı. Bağdat'ta yaşamın nasıl olduğunu bilen annem, zamanını İstanbul'da açılacak olan sergisi için "Bağdat Çizgileri" adı altında bir seri resim yaparak geçirmeye karar verdi. Tabii oraya gidince kraliyet ailesinin hanımlarını ziyaret etti, onların ziyaretlerini kabul etti. Sonra da şöyle bir haber uçurdu: "Bağdat'ın havası dokunduğu için prenses kendini iyi hissetmiyor, o nedenle ziyaret kabul etmiyor." Böylelikle, ziyaretine gelecek kadın sürüsünden kurtuldu.

Irak'ta kadınların resmi olaylara, sosyal etkinliklere katılmaları yasak olduğundan birbirlerine misafirliğe gitmek başlıca eğlencelerini oluşturuyordu. O nedenle her kadın haftanın bir gününü kendine kabul günü olarak saptamıştı. Bazen kadınlar bir günde iki üç hanımın kabulüne giderlerdi.

Bu sıkıcı günlerde çay ya da limonata içerler ve ancak yanlarına oturana hal hatır sorabilirlerdi. Çünkü devamlı gelen giden konuklardan doğru dürüst konuşma imkânı olmazdı. Hele annemle benim gibi Arapça bilmeyenler için bu toplantılar tam bir işkenceydi.

Nisa, güller ve diğer bahar çiçekleriyle dolu olan yatak odasında müzik dinler, anılarını yazardı. Yıllar sonra onları okurken sayfaların arasında güllerin ve öteki çiçeklerin suluboyayla yapılmış nefis resimlerini buldum. Bu onun çiçek devriydi. Bir sabah İngiliz büyükelçisinin eşi Lady Cornwallis anneme bahçesinden kopardığı bahar çiçeklerinden kova içinde büyük bir buket yollamıştı. Bunlardan esinlenen Nisa, o güzel çiçekleri suluboya ve çini mürekkebiyle aynen resimledi, çerçeveledi ve bir teşekkür notu ile Lady Cornwallis'e gönderdi. O kadar güzel bir resimdi ki, hâlâ aklıma geldikçe, "Çiçekler çabuk soldular, ama onları olduklarından daha güzel gösteren o resim sonsuza dek yaşayacak" diye düşünürüm.

Artık on sekiz yaşına geldiğime göre aba-peçeyle gezmem gerekiyordu. İstanbul'da geçirdiğim kaygısız ilkgençlik yıllarımdan, kızlı erkekli çay partilerimizde yanak yanağa dans edişlerimizden sonra Bağdat'taki yaşam beni sıkabilirdi. Ama annem gibi, *"Il faut faire ce qu'il faut faire"* (Gereken gerektiği gibi yapılacak) diyerek kendime seveceğim bir dünya yarattım.

Her sabah erkenden ata biniyordum. Süvari subaylarınınki gibi hâki renkte bir binici pantolonum ve naip Abdülillah'ın hediye ettiği, İngiltere'de ısmarlama yapılmış çizmelerim vardı. Evi terk etmeden önce abayehime sarınıyor, peçemi yüzüme örtüyordum. Bu acayip kıyafetle kraliyet ahırlarına kadar otomobille götürülüyordum. Orada peçemle abayehimi bir kenara atıyor, kısa kollu bluzumla peçesiz olarak doru kısrağa atladığım gibi dere tepe düz gidiyordum. Beni naibin yaveriyle ordunun binicilik hocalarından biri izliyordu. Çölde rastladığımız birkaç Bedevi ise beni İngiliz kızlardan biri sanıyordu. Böyle kıyafet onlar için geçerliydi.

Kahvaltıdan sonra İngilizce öğretmenim geliyordu. Shakespeare'in oyunlarını ve sonelerini bana öyle güzel yorumlatıyordu ki, İngiliz dilinin güzelliğini ve inceliğini öğreniyordum. Sonraki yıllarda, Shakespeare'den yönettiğim ve oynadığım piyeslerde bu temel bilgiler için hocama minnet duymuşumdur.

Sonra hemen hemen her gün Kabul Sarayı demek olan Kasr Rihab'a gidiyordum. Burası, damı teras şeklinde, dört köşe, sevimsiz, sarı bir binaydı. Orada sevgili arkadaşlarım Prenses Bedia ve Prenses Celile ile öğle yemeği yiyordum. Prensesler orada anneleri ve o sıralarda Mısırlı ilk karısından ayrılmış olan ağabeyleri naip Emir Abdülillah ile yaşıyorlardı. Öğle yemeklerinde beni hep Abdülillah'ın yanında oturtuyorlardı, ben de bu yakışıklı prense fena âşık olmuştum.

Emir Abdülillah otuz bir yaşındaydı ve Haşimilerin en uzun boylusu olmakla övünüyordu. Açık bir teni, dalgalı kestane rengi saçları, parlak ela gözleri vardı. Sivri burnu, yukarı doğru çekik gözleri ve kaşları yüzüne daima hayret ediyormuş gibi bir ifade veriyordu. Londra'nın en iyi terzilerinin elinden çıkmış elbiseleri, her zaman yakasına taktığı koyu kırmızı karanfili ve değerli taşlardan kol düğmeleriyle iki dirhem bir çekirdek İngiliz lordlarına benziyordu. Hem emire âşık olduğumu hissediyor, hem de ailesinin beni ona ikinci eş olarak düşündüklerini sanıyordum. O nedenle saraya her davet edilişim ya da ailesinin ve kendisinin bana ilgi gösterdiği her an, benim için önemli bir anlam taşıyordu.

Devamlı saray hanımlarıyla birlikte olduğumdan Bağdat'ta herkes naibin ikinci eşi olacağımdan söz ediyordu. Elçilerin eşleri bile bana kral ailesindenmişim gibi reverans yapmaya başlamışlardı. Tabii bütün bunlar hayallerimi körüklüyordu. Annem de naiple evlenmeme sıcak bakıyordu. Onun güçlü hayal dünyası ve bu işe olan hevesi beni gelinlikle hayal edecek kadar ileri gidiyordu. Her öğleden sonra gül bahçesinde çayını içerken benden Kasr Rihab'da geçirdiğim saatlerin ayrıntısını öğrenmek istiyordu. Beni görünce emir nasıl tebessüm etti? Bana ne dedi? Ben ona ne yanıt verdim? Bütün bunlar hayalimizde olup bitiyordu; ama yaşamımızın da odak noktasını oluşturmaktan geri kalmıyordu. Bu, benim için bir bakıma iyiydi, çünkü ne zaman saraya davet edilsem annem sesini çıkarmıyor, kendisiyle kalmam için ısrar etmiyordu.

Nisa'nın bütün heyecanının aksine, Emir Zeyd prensle aramdaki söylentilerden hiç hoşlanmıyordu. Annemin, fol yok yumurta yokken beni körüklemesine de kızıyordu. Ona göre bu davranışımız, yapacak fazla bir şeyimiz olmadığından kendimize heyecan yaratma isteğinden ibaretti. Hele benim emire karşı duygularımı tam bir gençlik aşkı olarak görüyor, Bağdat'tan ayrılır ayrılmaz saman alevi gibi söneceğine inanıyordu. Daha önemlisi, böyle bir evliliğin yapılmasını istemiyordu. Çünkü bu evliliğin çok kısa ömürlü olacağına ve aile ilişkilerini hırpalayacağına inanıyordu.

Bir mayıs sabahı annem beni yanına çağırarak yatağında şu haberi verdi: "Emir Zeyd'in ağabeyi Ürdün Kralı Abdullah Bağdat'a geliyor. Zeyd onun şerefine bahçede yalnızca erkeklere bir yemek verecek. Lütfen o gün her şeyle ilgilen Şirin. Sofraya nezaret et, bu Bedevi hizmetkârlara hiç güvenmiyorum."

Bu, annemin, ünlü kayınbiraderiyle ilk karşılaşması olacaktı. Kendini iyi hissetmediği için kralı yatağında kabul etti. Uzun kollu, pembe satenden bir yatak ceketi giymişti. Etrafında vazolar içinde güller vardı. Kral odaya bir ışık huzmesi gibi girdi. Beyaz ham ipekten bir Arap entarisi giymiş, başına beyaz türban takmıştı. Belinde harika bir altın kemer ve hançer vardı. Tıpkı *Binbir Gece Masalları*'ndaki halifelere benziyordu. Kısaca boylu ve tıknazdı, tatlı gülüşlü yuvarlak bir yüzü ve ustaca kesilmiş bir sakalı vardı. Yatağa yaklaşınca annem yanaklarından öpmesi için başını ona doğru uzattı. "Sizi yatağımda karşıladığım için beni affediniz, efendimiz" dedi. Sonra elini kalbine koyup ıstıraplı bir ifadeyle, "Anjinim var" diye ekledi. Kral endişeyle, "Allah şifa versin" dedi. "Acı çekmek ve yatakta yatmak için daha çok gençsiniz." Sonra başucundaki masanın üzerindeki duvara asılmış suluboya bir gül resmi gözüne ilişti. "Ne güzel bir gül bu" dedi, "Siz bunu aslından da güzel yapmışsınız." Annem pek sevindi.

Bu hal hatır konuşmaları bitince, ilerleyip kralın elini öperek başıma koydum. Yanağımı okşadı ve beni hafiften azarladı. "Küçük hanım" dedi, "bir daha erkek hizmetkârların önünde öyle kısa kollu kıyafetle dolaşmayın." Önce ne demek istediğini anlayamadım, sonra kral açıkladı. Beklenildiği saatten biraz erken gelmişti. Ev halkını rahatsız etmemek için sessizce kubbenin önündeki balkona geçip oturmuştu. Oradan da beni yemek masasının üzerindeki çiçekleri düzenlerken görmüştü. Bu davet için bir sürü erkek hizmetkâr tutulmuştu. Adamlar bahçede koşuşup duruyorlardı. Her zaman olduğu gibi yabancı erkeklerin yanında başımı bir eşarpla örtmüştüm, ama kollarımı kapatmayı unutmuştum. Kralın eleştirisini nezaketle kabul ettim, çünkü bu bir dindar Müslüman tutumuydu. Ama içimden böyle şeylere gerek olmayan Türkiye'de yaşadığım için Tanrı'ya şükrettim.

Derken kral aniden, bir sihirbaz gibi entarisinden altın bir saat çıkardı. Kadranın üzerindeki rakamlar yakuttandı. Bileğime taktı. Sonra yine aynı maharetle entarisinden pırlanta taşlı altın bir broş çıkarıp annemin yatak ceketine iliştirdi. O sırada Emir Zeyd ağa beyini bahçeye götürmek için odaya gelmişti. Bütün misafirler, naip, Nuri Paşa ve öteki devlet erkânı bahçede kralı bekliyorlardı.

Bu, annemin de, benim de, kralı ilk ve son görüşümüz oldu, çünkü 1951 yılında Kudüs'te, Mescid-i Aksa'da hunharca öldürüldü.[46]

Haziran başlarında sıcaklar başlayınca (Bağdat'ın sıcağı da gerçekten korkunçtur) annem İstanbul'a dönmek için çok güzel bir sebep buldu. Kaldığımız Beyaz Saray'da klima tesisatı ve diğer evlerde olduğu gibi, çok sıcak havalarda yatabilmek için teras dam bile yoktu. Zaten üç ay kalmıştık, ziyaret için yeterliydi. Bana gelince, her ne kadar Bağdat'tan ve emirimden ayrılmayı istemiyorsam da Boğaz'ın serin rüzgârları daha cazip geliyordu.

Büyükdere'ye döner dönmez annem ahırdan bozma atölyesine kavuşmaktan çok mutlu oldu. Hemen resim yapmaya ve sanatçı arkadaşlarını davet etmeye başladı. Ben ise henüz okumuş oldu-

---

46. 1950'de Filistin'in Ürdün'e ilhakı nedeniyle Ürdün Kralı Abdullah'a yönelik büyük bir muhalefet başlamıştı. Ancak Abdullah, Filistinli seçkinlerin ve aşiret şeyhlerinin desteğini almıştı. Başını Hacı Emin el-Hüseyni'nin çektiği muhalifler Abdullah'ı Filistin'in siyasi bağımsızlığının engellenmesinden ve yüz binlerce sığınmacının durumundan sorumlu tutuyordu. 1951'de Mescid-i Aksa'ya cuma namazını kılmak için giderken bir Filistinli milliyetçi tarafından öldürüldü.

ğum *Rüzgârlı Tepeler*'in *(Wuthering Heights)* etkisi altındaydım. Sert Boğaz rüzgârlarının uğuldayarak estiği kalın duvarlı büyük bahçede, "Heathcliff, Heathcliff, nerelerdesin?" diyerek dolaşıyordum, aslında hep emiri düşünüyordum. Ama deniz ve dans partileri gibi yaz etkinlikleri başlar başlamaz Abdülillah'ın hayalimdeki yüzü de yavaş yavaş silindi. Emir Zeyd haklıydı, benim prense olan sevgim yalnızca gençliğin saman alevi aşklarından biriydi.

O kış şehirdeki apartmana dönünce annem evin az ötesinde Kiraz Sokağı'ndaki küçük stüdyosunda şevkle çalışmaya devam etti. Yine haftada bir sanatçı konuklarını kabul ediyordu. Ben ise arkadaşlarımdan bir sınıf geride olmamak için Amerikan Koleji'ne dönmedim. Aslında aptalca bir karardı bu! Annem o yaz vakit geçirmek için yaptığım bir iki resmi görmüş ve büyük bir yeteneğim olduğunu söylemişti. O nedenle beni resim çalışmam için Güzel Sanatlar Akademisi'ne, meslektaşı ve yakın arkadaşı Bedri Rahmi'nin atölyesine göndermeye karar verdi. Doğrusu ressam olmak istemiyordum. Ama yapacak daha başka bir şey düşünemediğim için razı oldum. Kendi kendime, olaylar döner dolaşır belki kaderimi değiştirir diye umut ediyordum. Nitekim çok dolambaçlı şekilde olsa da kaderimi Amerika Birleşik Devletleri Başkanı Roosevelt değiştirdi.

1945'in baharında Amerikan başkanı, Irak kral naibini resmi bir ziyaret için Birleşik Devletler'e davet etti. Buna çok sevinen Abdülillah, yokluğunda naipliği Emir Zeyd'e önerdi. O da kabul etti. Ağabeyleri Bağdat'ta olamayacağı için Prenses Celile ile Prenses Bedia da Kasr Rihab'da kalmam için beni Bağdat'a davet ettiler.

O sırada annem harıl harıl kişisel sergisini açmaya hazırlanıyordu. Bağdat'a gitmesi söz konusu olamazdı. Ama, benim Güzel Sanatlar Akademisi'ne gitmeyip Bağdat'ta naibin ailesiyle kalmama razı oldu. Bu davet yine annem ile benim hayal gücümüzü kamçıladı ve kral ailesinin beni hâlâ müstakbel bir gelin olarak düşündüklerine inandırdı.

Ana Kraliçe Aliye, o sıralarda dokuz yaşında olan Raad'ı da küçük kuzeni Kral Faysal'la kalması için Kasr ez-Zuhur'a davet etti.

Annem çok sevinmişti. Ailesinden üç kişinin Bağdat'a gitmesiyle aile sorumluluklarından kurtulup kendini iyice resim yapmaya verecekti. Özgürlüğünün her anının tadına varacak, sanatçı arkadaşlarını ağırlayacak, sergisine hazırlanacaktı.

Bağdat'a geldiğimde kral ailesi beni sevinçle karşıladı. Her iki prenses de uzun zamandır görmedikleri kız kardeşlerine kavuşmuş gibi beni bağırlarına bastılar. Tabii Emir Abdülillah'ı tekrar görmekten büyük mutluluk duydum ama o, Birleşik Devletler'e gideceği için o kadar heyecanlıydı ki yapacağı yolculuktan başka laf etmiyordu. Ama bütün hazırlıklar bitmek üzereyken, 12 Nisan 1945 günü Başkan Roosevelt öldü ve yolculuk bir ay ertelendi. Bu erteleme, naiple bir ay aynı evde kalmamız demekti. Oysa plan böyle yapılmamıştı. Hele aşırı dindar bir Müslüman topluluğunda olacak iş değildi.

Kabul günlerindeki dedikodu çarkları hızla dönüyordu.

Aynı çatı altında olduğumuz için onu devamlı görüyordum. Bu yakınlık bir yıl önceki saman alevinin tekrar parlamasına neden oldu. Artık her hareketi, eve girişi çıkışı, yaşamımın odak noktası olmuştu. Anı defterim onun hakkında burada tekrarlayamayacağım kadar iç burkucu duygusal notlarla doludur.

Mayısın sonlarına doğru Bağdat Askeri Havaalanı'na az görülmüş gümüş renkli bir kuş indi. Bu, Emir Abdülillah ile maiyetindeki grubu Washington'a götürecek olan Amerika Birleşik Devletleri'ne ait Skymaster tipi bir uçaktı. San Francisco'daki Birleşmiş Milletler toplantısından dönen Rus Dışişleri Bakanı Molotov'u Moskova'ya bıraktıktan sonra Amerika'ya dönerken naibi götürmek için Bağdat'a gelmişti.

Emir Abdülillah kız kardeşleriyle bana bu olağanüstü uçağı görmemizi önerdi. Gerçekten, içine girdiğimiz zaman karşılaştığımız lüks ve zarafet biz çok etkiledi. Uçağın bir yataklı kabini ve on altı adet yatar koltuğu vardı. Hemen bir tanesine kurulup gözlerimi kapadım ve kendimi Birleşik Devletler'e uçuyormuş farz ettim. Amerikan Koleji'nde okuduğum için, orası hakkında her şey beni ilgilendiriyor, bana cazip geliyordu.

Naibin gidişinden bir hafta sonraydı. Geldiğimizden beri kraliyet ofislerinin binası olan Bilat'ta kalan Emir Zeyd, bir akşam yemeğine Kasr Rihab'a geldi. Yemekten önce bahçede Emir Zeyd viskisini, biz kızlar da taze yapılmış buz gibi limonatalarımızı içerken laf olsun diye, Amerika'yı ne kadar çok görmek istediğimizi söyledim. Emir Zeyd'in beni ciddiye aldığını görünce çok şaşırdım. "Sahi Birleşik Devletler'e gitmek ister misin?" diye sordu. "Ah, tabii" diye yanıtladım. "Dünyada her şeyden çok orada tahsilime devam etmeyi ve üniversiteye gitmeyi isterdim. Amerikan Koleji'ne gittiğimden beri hep mezun olunca beni Amerika'da bir üniversiteye göndereceğinizi umut etmiştim."

Emir Zeyd, koleji bitirmeden Bağdat'a götürülmemin, okumamı baltaladığını biliyordu. Güzel Sanatlar Akademisi'ne gitmem de annem tarafından ortaya atılan geçici bir çözümdü. Emir, boşlukta kaldığımı görünce, yaşamıma bir yön çizmeye karar verdi. Ama şimdi eminim ki her şeyden önce beni Emir Abdülillah'tan uzaklaştırmak istiyordu. Ertesi sabah Amerikan Elçiliği'yle görüştü ve Barnard College'e kabul edilmemi sağladı. Yalnızca bir tek sorun vardı: Pasifik'te savaş devam ettiği için ne Bağdat'tan, ne de İstanbul'dan Amerika'ya gidiş olanağı vardı! Yolculuğa ne zaman çıkabilecektim?

Annemin bu plandan henüz haberi yoktu. Sağı solu hiç belli olmadığı için onunla kendim konuşup izin almak istiyordum. Olmaz derse ne yapacaktım?

17

Eksodos (Çıkış)

Emir Zeyd ile Raad'ı Bağdat'ta bırakıp İstanbul'a döndüğümde annemi çok keyifli buldum. Sergisi İstanbul'da hem sanatsal hem de sosyal bir olay olmuş, büyük başarı kazanmış ve övgüler almıştı. Sevinçten uçuyordu. Uzun yıllar sonra onunla yapılan bir röportajda bu ilk kişisel sergisi hakkında şöyle konuştu: "Küçük atölyem her boyutta yaptığım resimlerle dolup taşıyordu. Değil adım atacak, kımıldayacak yer bile yoktu. Kendimi sıkışmış ve sınırlanmış hissediyordum. Resimlerin bazısı bitmiş, bazısı yarım kalmıştı. Öyle bir hale gelmiştim ki hiçbir şey yapamıyordum. Nereye varacaktım? Bir ara resimlerimin iyi olduklarından bile kuşku duymaya başladım. Belki de bütün yaptıklarım beş para etmezdi! Nasıl bilebilirdim?

Derken bir gün sanat eleştirmeni Fikret Adil atölyeme geldi. Resimlerimin çokluğunu görünce kişisel bir sergi açmamı önerdi. 'Sanatçı, çalışmalarını halka göstermelidir. Halktan tepki, eleştiri, beğeni almalıdır. Ancak açacağınız sergi size sanatınızı tanıtabilir' dedi. Ben de, 'Peki ama ne yapayım? İstanbul'da galeri yok ki' diye söylendim. (Şimdi çok sayıda var.) O zaman Fikret Adil Güzel Sanatlar Akademisi'ni önerdi. Orada zaten D Grubu ile karma sergilere katılmıştım. Birden aklıma şahane bir fikir geldi. 'Niye evimde sergilemeyeyim?' diye sordum. Fikret Adil karşı çıktı, 'Deli misiniz?' 'Niye olmasın?' diye direttim. 'Her şeyden önce evinizin semti buna müsait değil, üstelik tramvay hattının son durağında. Giriş katı bile değil, kim gelir ki?' Verdiğim yanıta kendim bile şaşırdım, 'Eğer yapıtlarım iyiyse herkes gelir ve ben resme devam ederim. İyi değilse en azından durumumu anlar bu işe bir son veririm' deyince Fikret Adil verecek cevap bulamadı.

Elimde yüz yetmiş tane tamamlanmış, sergiye hazır parça vardı. Ralli Apartmanı'nın dört büyük salonunu tamamen boşalttım, yalnızca avizeler kaldı. Bütün eşyaları depoya yolladım ve sanki ömrümce hep bunu yapmışım gibi, sergiyi en ufak ayrıntısına kadar ben hazırladım. İnsanlara Fahrünnisa Zeyd amatördür dedirtmemek için resimlerime fiyat koydum ve hepsini satışa çıkardım. Bu hareketim, duvarlarda asılı çıplak resimlerim kadar sosyeteden arkadaşlarımı da şoke etti; ama ben hiç aldırmadım.

Açılış günü öğleden sonra dörtte, giyinmiş olarak yatak odamdaydım. Gözlerim aynaya ilişti, korkudan betim benzim atmıştı. Aynadaki aksime dedim ki: 'Halka açılıyorsun, seni paralayabilirler. Hazırlıklı ol!' Sonra aklıma Molière'den bir söz geldi: *'Tu l'a voulu, Georges Dandin, et tu l'a eu!'* (Bunu sen istedin Georges Dandin, al işte!)

Yatak odamın güven veren havasını terk edip dışarı çıktım ve bir de baktım ki salonlar resimlerimi görmeye gelenlerle dolu. Rahat bir nefes aldım. Hayatımın en heyecanlı günüydü. Fikret Adil yanılmıştı, çünkü insanlar akın akın geldiler. Buna öğretmenleriyle gelen okul çocuklarını da katmalıyım. En çok da, o çocuklara resimlerim hakkında bilgi verirken mutlu oldum."

Sergi kapandıktan sonra bizler Bağdat'ta olduğumuz için annem Büyükdere'deki evi açmaya gerek görmemiş. Onun yerine Tarabya'daki ahşap Tokatlıyan Oteli'ne yerleşmiş, bir de kayık kiralayıp bütün yaz her gün çok sevdiği Boğaz sularında yüzmüş. Aklına estiğinde de, o yaz yine Tarabya'da ev tutmuş olan Suat dayımla Mizu yengemi ziyarete gidiyormuş. Tabii İstanbul'a dönünce ben de doğru Tokatlıyan'a gittim.

Annem sergisi hakkında bütün ayrıntıları anlattıktan ve sergiden önce, sergi sırasında, sergi bitince çektirttiği bir sürü fotoğrafı gösterdikten sonra bütün dikkatini bana çevirdi. "Şimdi Bağdat'ı anlat" dedi. "Emirle aranda neler geçti? Son gelişmeler nedir?" "Hiçbir şey olmadı" diye yanıtladım. "Sanırım emir, benimle kadın olarak ilgilenmiyor. Beni yalnızca bir kuzin olarak seviyor, işte o kadar."

Düş kırıklığına uğramıştı! Ama ona evlenmekten daha çok istediğim şeyin Amerika'da bir üniversiteye gitmek olduğunu söyledim. Emir Zeyd'in bana yardım sözü verdiğini ve eğer (eğer kelimesinin üstüne iyice basarak) o da uygun görürse Amerika'ya gitmekten çok mutlu olacağımı ekledim.

Annem hemen kraliyet, evlilik hikâyelerini falan unuttu ve yeni planıma son derece olumlu yaklaştı. Annemin en iyi yanlarından biri, bir konunun üzerinde uzun uzun durmamasıydı. Hele o konu hoşuna giden bir şey değilse, hemen aklından çıkarıp kafasını başka yönde çalıştırırdı. Şimdi artık beni *Binbir Gece Masalları*'ndaki prenses olarak düşlemeyi bırakmış, 20. yüzyılın başarılı iş kadını olarak görmeye başlamıştı.

Heyecanla, "Derslerine iyi çalış, kişilik kazan" dedi. "Meslek çok önemli. Kadın kısmı kocasıyla mutlu olamadığı vakit, ona tekmeyi vurup kendi hayatını kazanabilmelidir." Emir motosikletli Türk koruma görevlileri refakatinde evimize gelince çevrede herkes şaşırdı. Çünkü bu, oturduğumuz semtte pek görülen bir olay değildi. Gelen geçenler bu önemli kişinin kim olduğunu merak edip apartmanın önünde biriktiler. Kim olduğu öğrenilince de haber bir anda İstanbul'a yayıldı! Emirin annemi ve beni ziyarete gelmesi çeşitli yorumlara yol açmıştı. Artık onun şerefine verilen her davette ve baloda daha önce hiç görmediğim bir itibar görüyordum.

Emir Abdülillah bizi görmekten ne derece mutlu olduysa, biz de onu görmekten o derece mutlu olduk! Sevinçle birbirimize sarılıştık, öpüştük. Anneme ve bana güzel birer hediye verdikten sonra bize kısaca, Amerika'yı anlattı. Ülkenin büyüklüğüne, güzelliğine ve sonsuz olanaklarına hayran olmuş, etkilenmişti. Kahvesini içtikten sonra oturduğu koltuğun arkasına rahatça yaslandı. Yüzü gülüyor, gözleri parlıyordu, "Size çok güzel bir haberim var" dedi. "Zeyd amca, Irak'ın ilk büyükelçisi olarak Londra'ya atandı."

Annem yerinden fırladığı gibi Abdülillah'ı kucakladı. "Ne güzel, ne güzel bir haber bu!" diyerek sevincini gösterdi.

Gerçi bu haber onun için büyük bir sürpriz değildi. İstanbul'da sergisinin kazandığı büyük başarıdan sonra kendine uluslararası bir ad yapmanın zamanı geldiğini anlamış ve Bağdat'a yazıp, Emir Zeyd'e, savaş sona erdiğine göre Avrupa'ya dönüp yaşamalarını önermişti. Artık İstanbul'daki sınırlı sanat arenası, ressamların arasındaki kıskançlıklar, birbirini çekememeler onu bezdirmişti. İstanbul'dan ayrılmak istiyordu, ama Londra'da sefire olmayı hiç düşünmemişti! Bu ona ummadığı bir sevinç kaynağı olmuştu. Biliyordu ki İngiltere büyükelçiliği Irak için çok önemliydi. Irak'ın İngiltere ile siyasal ve ekonomik bağları öteki ülkelerden çok daha fazlaydı. Bu, Irak Krallığı'nın dünya haritasında açtığı ilk büyükelçilikti. Emir Zeyd de ilk büyükelçi olacaktı. (O zamana kadar Irak'ın yalnız elçileri vardı.) Annem kendisi için olduğu kadar Emir Zeyd için de çok sevindi.

Ertesi gün belediye başkanı Lütfü Kırdar'ın verdiği öğle yemeğinde Emir Abdülillah'ın yanına oturtuldum. Yeni atılımım için ne düşündüğünü merak ettiğimden, Amerika'da üniversiteye gideceğimden söz ettim. Yüzünde gerçekten şaşkın ve endişeli bir ifade belirdi. "Anneniz babanız Londra'ya giderken siz niçin Amerika'ya gidiyorsunuz ki?" diye sordu. "İngiltere'de en az Amerika'daki kadar iyi bir öğrenim görebilirsiniz, belki de daha iyi."

Naibin bu tepkisi içime kuşku düşürdü, ya annem de böyle düşünüp beni yanında Londra'ya götürmek isterse? Allah'tan kendi yapacağı işlerin o kadar telaşına düşmüştü ki (çünkü işe iki yönden bakıyordu, kendini yalnızca sefire olarak görmüyor, önemli Avrupa başkentlerinde sergiler açarak uluslararası ad yapacak bir ressam olarak düşünüyordu), beni yanında götürmeyi aklına bile getirmedi.

Her ne kadar Amerikan konsolosu, İstanbul'dan Amerika'ya gidecek ilk on kişilik listenin başında olduğumu tekrar tekrar söylediyse de, sıram gelip de Birleşik Devletler'e hareket ettiğim vakit, Barnard'ın ilk sömestrini kaçırmıştım. Gidişim sonunda şöyle oldu:

1946'nın Şubat sonlarına doğru konsolosluktan beni aradılar ve dediler ki "Romanya'nın Varna Limanı'ndan bir gemi kalkarak İstanbul'a gelecek ve üç gün içinde New York'a hareket edecek.

Bu kadar kısa zamanda hazır olabilir misiniz?" Sevinerek, "Tabii olurum" dedim. "Aylar önce toplandım, hazır bekliyorum." Telefonu kapar kapamaz tanıdığım herkese bu güzel haberi verdim. Sonra, bütün kış onu rahatsız eden bademciklerini aldırmak için hastanede yatan annemi aradım. Ona veda etmek için hastaneye gittiğimde yatağından kalktı ve beni kapıya kadar geçirdi. Odadan çıkarken bana sıkı sıkı sarıldı ve "Git evlatçığım" dedi. "Kanatlarını aç, yükseklere uç. Yanımda daima kanatlarımın altında küçük bir yavru olarak kalacaktın."

Beni götürecek gemi limanda demirlemişti. Bütün Şakir Paşa ailesi bir motor kiralayarak beni geçirmeye geldi. Küçük gemiyi iyice inceledikten, getirdikleri hediyeleri verdikten ve öpüşüp sarıldıktan sonra motora döndüler. Artık gözden epey uzaklaşmışlardı, salladıkları mendilleri göremez olmuştum, derken Nejad paltosunu çıkardı ve sallamaya başladı. Rıhtıma yanaşırlarken Nejad'ın paltosu, İstanbul'un minareli ve kubbeli şahane siluetinin önünde küçük siyah bir nokta gibi kalmıştı. İstanbul'u sekiz uzun yıl göremeyecektim!

New York'a deniz yolculuğu tam otuz iki gün sürdü. Yolda birçok kez fırtınaya yakalandık. Gemide denge ayar sistemi de olmadığından, her seferinde, açık denizde ceviz kabuğu gibi çalkalandık durduk. Sonunda 27 Mart sabahı New York Limanı'na vardık. Manhattan'ın gökdelenleri, alçaklarda uçuşan pembe bulutların arasında, pamuk helvasına sarılmış bir masal şehrini andırıyordu.

Hareketimden kısa bir süre sonra annemle Emir Zeyd, hiç tahmin etmedikleri kadar uzun yıllar yaşayacakları Londra'ya gittiler. Nejad, ailesinin iznini almadan İstanbul Güzel Sanatlar Akademisi'ni terk edip Seine Nehri'nin sol kıyısına yerleşmiş, orada diğer ressamlar gibi bohem hayatına dalmıştı. Ondan sonra annem, Nejad ve ben, hep ayrı ülkelerde, tamamen farklı biçimde yaşadık. Ama annem ile ben, kırk beş yıl boyunca sürekli mektuplaşarak ve her fırsatta, dünyanın neresinde olursak olalım, birbirimizi ziyaret ederek, aramızdaki sıkı bağı hep koruduk.

18

Londra'da buluşmalar

Bir yıl, Barnard'da uluslararası ilişkiler okuduktan ve New York şehrinin sağladığı imkânların çoğundan (özellikle tiyatro) yararlandıktan sonra, yaz tatilimi geçirmek üzere Londra'ya gittim. Annem ile Emir Zeyd, Albert Hall'a yakın, Queen's Gate 22 numaradaki elçilik binasında oturuyorlardı. Bütün tatilimi onlarla geçireceğim için çok sevindiler! Annem, beni gezdirmek konusunda hemen planlar yapmaya başladı. Kraliçenin garden partisine, Wimbledon tenis maçlarına, Ascot'taki at yarışlarına ve Stratford'a Shakespeare oyunlarını seyretmeye götürecekti.

Üçüncü kattaki odayı küçük bulduğu için kendi odasına bir karyola koydurttu, böylelikle beni yanından ayırmayacaktı. Geceleri geç vakte kadar konuşuyorduk. O bana İngilizler hakkındaki düşüncelerini, Londra'daki yaşamını anlatıyor, ben de onu, New York hikâyelerimle eğlendiriyordum.

Annem ile emir Londra'da Berlin'de olduklarından çok daha etkindiler. Bir kez, buradaki kordiplomatik Almanya'dakinden iki kat fazlaydı; çünkü İkinci Dünya Savaşı'ndan sonra yeni ülkeler oluşmuştu. Her gün en az üç dört yabancı elçilikte "ulusal günler" kutlanıyordu. Üstelik buradaki Irak Sefareti'nin personeli Berlin'dekinin on katıydı. Bütün bu diplomatik yükümlülüklere karşın annem resim yapmaya daha fazla zaman ayırmıştı. Günün hangi saati olursa olsun, ne zaman boş bir vakit bulsa önceden hizmetçi odası olarak kullanılan üçüncü kattaki atölyesine kapanıyor ve çalışıyordu. Hele pazar günleri hiç durmadan resim yapıyordu. Uşak Mr. Hooper öğle yemeğini haber vermek için oda kapısını tıklatmaya ürküyordu. Çekinerek bunu yaptığında annem, "Sen de nereden çıktın?" gibilerden boş gözlerle bakıyor, sonra, "Görmüyor musun burada resim yapıyorum, beni ne diye rahatsız ediyorsun?" ya da "Yemek mi? Yemekten bana ne, çabuk beni yalnız bırak" diye azarlıyormuş. Bir defasında boyaya yeni batırmış olduğu bir fırçayı adamın kafasına atmış. Annem ressam gömleğini giyer giymez bambaşka bir insan olurdu. Konsantrasyonu en yüksek noktaya çıkar, kimse tarafından rahatsız edilmeye dayanamazdı! Mr. Hooper kısa süre içinde annemin öğle yemeğini bir tepside oda kapısının önüne sessizce bırakmayı öğrenmişti.

St. George Galerisi'nin Viyanalı sahibesi Mrs. Jaray, elçiliğe gelip de Nisa'nın resimlerini görünce çok etkilendi ve hemen galerisinde bir sergi açmasını önerdi. Annemin Londra'daki ilk sergisi hem sanatsal hem de diplomatik bir olay oldu. Bir gazete ondan "Ressam Prenses" diye söz etti. Bir başkası, "Ressam Fahrünnisa Zeyd, aynı zamanda Irak büyükelçisinin eşidir" diye yazdı. Kraliçe Elizabeth sergiyi görmeye geldi. Nisa'nın, kraliçeyi galerinin önünde karşıladığı resim, odasının başköşesindedir. Nisa'nın, *Kent Mağaraları* adlı büyük boyutlu resmini kraliçe o kadar beğendi ki, Davencote'ta o desende bir goblen dokuttu. O goblen şimdi İskoçya'da, Edinburgh Müzesi'nde asılıdır.

Sanki Londra'daki sosyal ve sanatsal etkinlikler azmış gibi Nisa yine de her fırsatta Paris'e gidiyordu. Paris hâlâ en sevdiği kentti. Fransız dili ve kültürü ona daha yakın geliyordu. Paris'te alışverişini yapar, nehrin sol kıyısında oturan, resim yapan ve sanat çevrelerinde tanınan oğlu Nejad'ı ziyaret ederdi. 1946'da Cernuschi Müzesi'nde yer alan Türk ressamlarının sergisinde, Parisliler ilk kez Nisa'nın resimlerini gördüler. Fransız sanat eleştirmeni Jean Guichard-Meili 6 Aralık 1946 tarihli haftalık *Temps présent* adlı dergide özellikle Nisa'nın iki resmini ele aldı ve "Prenses Fahrünnisa Zeyd'in *Bir Kadın Figürü* ve *Haliç* adlı resimleri Doğu'ya özgü sihirli renkler, olağanüstü bir zenginlik ve duygusallık yansıtıyor. Bu iki resim bir Matisse ve bir Dufy çağrışımı yapıyor. Bunların

Kraliçe Elizabeth, Fahrünnisa Zeyd'in St. George's Galerisi'ndeki sergisine geliyor.

egzotizmi edimsel olmayıp, bir halkın iç dünyasının dışa vuruşunda, tutkunun güç, renginse çağların dili olmasıdır" diye yazdı.

6 Aralık onun kırk beşinci yaş gününe rastladığı için annem, "Bu, şimdiye kadar aldığım en güzel doğum günü armağanı" diye sevinçle bağırdı.

Babam İzzet Melih artık Anadolu Ajansı'ndan emekli olmuştu. Uzun süredir beraber olduğu ufak tefek, cevval bir kadın olan Fatma Hanımefendi ile evlendi ve tekrar İstanbul'da eski apartmanında yaşamaya başladı. 1947'de yaz tatili için Londra'da bulunduğumu duyunca beni görmek umuduyla Paris'e geldi.

Çekine çekine babamın beni bir haftalığına Paris'e davet ettiğini söylediğimde, annem, tahmin ettiğim gibi kızdı köpürdü, "Baban seni bu kadar görmek istiyorsa Amerika'dan getirtseydi. Hayır efendim, bir yere gitmiyorsun! Seni burada, yanımda istiyorum. Zaten dünyanın öbür ucundasın" diye bağırdı çağırdı. Ama birkaç gün sonra yumuşadı. "Peki" dedi, "Paris'e git. Ama sakın bir haftadan fazla kalma. Senin de katılmanı istediğim bir resepsiyon var." Elime bir avuç frank ve oradan istediği şeylerin uzun bir listesini verip beni vapurlu trene bindirdi ve Paris'e yolladı. Annemin listesindekileri tamamlamak için herhalde orada kalacağım zamanın yarısını alışveriş yaparak geçirecektim.

Sonunda annem ile babamın taparcasına sevdikleri ve annemin bana hamile kaldığı bu şehri görecektim. Paris'i umduğumdan daha fazla beğendim. Babamla kavuştuğumuz için son derece mutluyduk. Babamın beni ne kadar sevdiğini görünce gözlerim doluyordu. Bütün isteği benimle beraber olmaktı. Küçükken bile sabahları tıraş olurken (ki o epey zaman alan bir işti, yüzünü fırçayla uzun uzun sabunlar, tıraştan sonra sıcak kompresler yapar, losyonlar sürerdi) tuvaletin kapağını kapatır, beni üstüne oturtur, yanından ayırmazdı. Şimdi de Paris'te bu sokak kahvesinde otururken benimle birlikte olmaktan duyduğu mutluluğu hissedebiliyordum.

Nejad, Seine Nehri'nin sol kıyısında Cité Falquière'de (şimdi yıkıldı) tipik bir stüdyoda yaşıyordu. Babamla onu ziyaret ettiğimiz gün bize çay ikram etti, sonra da bir bir resimlerini göstermeye başladı. L'Ecole de Paris'nin savaş sonrası sanat etkinliklerinden örnekler olan yapıtları galerilerde ve müzelerde gördüklerim kadar güzeldi. Başka bir gün Nejad'ın stüdyosuna gittiğimde Gertrude Stein'ın sevgilisi Miss Alice Toklas ile karşılaştım. Nejad'ı çok seviyordu, onu koruması altına almıştı. Son resimlerini görmek için köpeği Basket ile ziyaretine gelmişti. Onun sayesinde Nejad zamanın çok önemli ve ünlü kişileriyle tanışmıştı. Örneğin, ressam Sonia Delaunay, Madam Kandinsky, Amerikalı besteci Virgil Thomson gibi... Ve tabii kısa sürede Paris'in sanat arenasında kendine yer edinmişti. Birkaç gün sonra hafif bıyıklı Miss Toklas beni Gertrude Stein'la yaşadığı meşhur apartmanına çaya davet etti. Duvarlarda asılı Picasso'ları, Braque'ları, Léger'leri, Picabia'ları görünce doğrusu müthiş etkilendim. Dün gibi anımsıyorum, Alice Toklas'ın ünlü çikolatalı bisküvilerinden doya doya yerken tam karşımda asılı duran, Picasso'nun 1905'te yaptığı Gertrude Stein'ın büyük portresini seyrediyordum. Allah'tan Miss Toklas o gün bisküvilerine haşhaş koymamıştı. (Yazdığı bir yemek kitabında ünlü bisküvilerin tarifini verirken içine haşhaş koyduğunu açıklamıştı.)

Şansıma, ablam gibi sevdiğim kuzinim Füreya ile kocası Kılıç Ali o günlerde Plaza Atheneé'de kalıyorlardı. Beni de birkaç kez davet ettiler. Canım dayıcığım Suat da bir iş için Paris'teydi. Bir gün Fouquet'de birlikte öğle yemeği yerken, onun zayıflamış ve solgun olduğunu gördüm. İçindeki yaşama sevinci sönmüş gibiydi. Champs Élysées'nin göbeğindeki restorandan çıkarken dayanamadı, patladı: "Şangrila, aklımı kaçıracağım. Bilirsin Mizu yengene ne kadar bağlıyımdır; buna karşın Yvette'siz edemiyorum." İki yıl önce dayım, Yvette'e deli gibi âşık olmuştu, o günden beri müthiş tutkulu bir aşk ilişkisi içindeydi. Bunu bütün aile, İstanbul'un da en az yarısı biliyordu. Herkes Mizu için üzülüyordu, çünkü o zavallıcık da biliyor ve kimseye bir şey demeden sessiz sedasız acı çekiyordu.

Yvette Matalon'u on yaşındayken Cumhuriyet Apartmanı'nda tanımıştım. Alt katımızda annesi ve babasıyla oturuyordu. Halleri vakitleri çok yerinde Sefardim bir Yahudi ailesiydiler. Sık sık ziyaretlerine giderdim. O zamanlar Yvette çok genç bir kızdı. Siyah saçlarını sıkı sıkı arkaya tarayıp topuz yapardı. Ağırbaşlıydı ve annemin de okulu olan Dame de Sion'a giderdi. Uzun yıllar sonra Suat dayımın metresi olarak karşıma çıkınca hayretten ağzım açık kaldı. Saçlarını sarıya boyamış, kısacık kesmiş ve dağınık bırakmıştı. Dudaklarını nar çiçeği renginde parlak kırmızı bir rujla kalınlaştırmıştı. Suat dayımın motoruyla denize çıktığında bikinilerin en minisini giyiyordu. Aynı kız olduğuna bir türlü inanamıyordum. Suat'ın da tanıdığı bir Yahudi işadamıyla evliydi. İki karıkoca birbirlerinden ayrılmaz olmuşlardı. Genellikle böyle nazik durumlarda hep olduğu gibi her ikisinin de eşleri bir şeyin farkında değilmiş gibi görünüyorlardı. O arada Suat'la Yvette de ilişkilerini sürdürüp gidiyorlardı.

O gün Fouquet'de dayımın çektiği acıyı görünce, sanki bu ilişkileri çok bilirmişim gibi ona öğüt verdim: "Bana tutkunun bir hastalık olduğunu ve insanlara olmadık şeyler yaptırabileceğini siz söylemiştiniz. Neden Mizu yengemden ayrılıp Yvette'le evlenmiyorsunuz? Onunla evlendiğiniz vakit, duyduğunuz aşk ve ihtiras er geç sönecek, böylelikle yakalandığınız illetten kurtulmuş olacaksınız. Eminim eninde sonunda Mizu yengeme döneceksiniz. Yine eminim ki Mizu yengemi sizi bekler bulacaksınız. O da pekâlâ sizin onu ebediyen bırakmayacağınızı biliyordur. Zaten böyle bir şey yaparsanız suçluluk duygusundan ölürsünüz. Yengem de büyük bir olasılıkla canına kıyar."

Anlaşılan verdiğim öğütlerin bir etkisi olmuş ki Türkiye'ye döner dönmez Suat, Mizu'ya acıklı durumunu anlatmış, onu çok sevdiğini ama Yvette'siz de yapamadığını, Yvette'e olan tutkusunun onu yakıp kül ettiğini, çalışamadığını, yiyemediğini, uyuyamadığını söylemiş. Bütün bu yanıp yakılmalar sonucu, Mizu anlayış göstermiş. O, kocasını seven ve her cefaya sadakatle katlanan bir eşti. Bu kez de Suat'ın tutkusunun geçeceğine inandı ve sabırla beklemeye başladı.

Paris'ten Londra'ya döndüğümde fırsat buldukça tiyatroya gittim. Ve oradaki ekip oyunculuğuna hayran kaldım. New York tiyatrolarından çok üstündüler. Old Vic'de izlediğim Çehov'un *Vişne Bahçesi* yaşamımın dönüm noktası oldu. Dame Edith Evans, Madam Ranevskaya'yı, Sir Cedric Hardwick de ağabeyi Gaev'i oynuyordu. Bu eser beni öylesine etkiledi ki içtenlikle aktris olmak istediğimi anladım ve o gece kararımı verdim.

Anneme yeni tutkumu, Barnard'da okuduğum konuyu bırakıp bir tiyatro okuluna yazılmak istediğimi söyledim. Annem acele karar vermememi önerdi. "Şimdi Barnard'a dön, bak bakalım bir süre nasıl hissedeceksin. Yaşamına bir yol çizmek için kendine zaman tanı" diye öğüt verdi.

Eylülde Emir Zeyd beni Southampton'dan Queen Mary transatlantiğine bindirdi. Irak'ın Birleşmiş Milletler delegeleri Genel Kurul'a gittikleri için gemideydiler. Emir Zeyd onlara bana göz kulak olmalarını tembih etti. O seferinde Queen Mary birçok ünlü ve önemli kişiyi taşıyordu. On altı yaşındaki Elizabeth Taylor, Christian Dior'un "new look" (yeni moda) elbiseleri içinde, sarışın bir Güney Amerikalı ile her gece sabahlara kadar dans ediyordu. Öteki ünlülerin arasında Merle Oberon, Cary Grant, Betsy Drake, Robert Coote ve Robert Ryan vardı. Emir Zeyd'in tembihini görev sayan Irak delegeleri vapurda beni gölge gibi izliyorlar, nereye gitsem yanımda bitiveriyorlardı. Merle Oberon'a kapalı yüzme havuzunda nasıl kulaç atılacağını öğretirken bile beni bir dakika yalnız bırakmadılar. Hele bir tanesi havuzun demirden korkuluğuna dayandı ve bizi dersin sonuna kadar izledi. Yemekte kaptanın masasında oturuyordum. İşlemeli Türk ya da Arap kaftanları giydiğim ve yanımda daima Iraklı bir delege olduğu için yolcular beni egzotik bir Arap prensesi sandılar. Bir gün Robert Ryan, "Sizi bu gemide yalnız görmek olanağı yok mu?" diye sorunca, hemen, "Hayır" diye yanıtladım, "bu adamlar benim korumalarımdır". Ne yapayım, sanıldığım kişinin rolünü oynuyordum. Oysa, yalnızca okuluna dönen bir öğrenciydim.

Barnard'a dönünce hemen okulun tiyatro kulübüne yazıldım. Aynı zamanda sokağın karşısındaki Columbia Üniversitesi'nin oyuncularıyla birlikte temsillere katılıyordum. Tiyatro yavaş yavaş beni siyaset konularından uzaklaştırıp mıknatıs gibi kendine çekmeye başladı. İnsan akıntıya karşı ne kadar kürek çekebilir? Ben de pes edip Yale Üniversitesi'nin Tiyatro Okulu'na başvurdum. Kabul edilir edilmez de anneme telefon ettim. "Eğer gerçekten istediğin buysa, pekâlâ" dedi.

Annem zor bir kadındı. Hatta bazen dayanılması pek güçtü. Ama gariptir, yaşamımda verdiğim önemli kararlarda hiç bana karşı çıkmadı. Mutlu ve başarılı olduğum sürece, o da mutluydu.

İkinci kez Londra'ya gittiğimde 1949'un Noel tatiliydi. Aynı tatil için Paris'ten gelen Nejad'la annemi havaalanında beni bekler buldum.

Annem, yerlere kadar vizon mantosu ve başında taşlı bir iğneyle süslenmiş vizon şapkasıyla Rus çariçelerine benziyordu. Sevinçten bağrışarak birbirimizin kollarına atılınca muhafazakâr İngilizler bize yan yan baktılar.

Havaalanından yeni Irak Elçiliği'ne giderken, savaşta bombalanmış binaların tamamen temizlendiğini ve şehrin her yerinde yeni yapıların yükseldiğini gördüm. Şehir, ilk gelişimde gördüğümden çok farklıydı.

22 Queen's Gate'teki bina, elçilik personeli ve büyükelçinin evi olarak küçüktü. Annem Kensington Palace Gardens'taki Rus

Sefareti'nin yanında V. George stili bir konak bulmuş, Irak hükümeti de onu satın almıştı. Burası, iki tarafı ağaçlı özel yolu, Kensington High Street'le Notting Hill Gate'e açılan demir kapıları ve her iki kapının yanında bekçi evleri olan çok güzel bir konaktı. Bu, büyükelçinin evi olarak kullanılacak, 22 Queen's Gate de kançılarya olarak kalacaktı.

Limuzinimiz çakıl taşlarıyla döşenmiş yuvarlak araba yolundan bahçeye girdiğinde bizi elçiliğin açık kapıları önünde bekleyen uşağımız Mr. Hooper'ı gördüm. Ellerinde beyaz eldiven, üstünde ince çizgili bir pantolon ve jaketatay vardı. Annemin verdiği emre göre hiçbir konuk elçiliğin kapısını çalıp açılmasını beklemeyecekti. Zavallı adamın nasıl olup da zatürreeye yakalanmadan, her misafir gelişinde orada durabildiğini bir türlü anlayamadım. Binadan içeri girince iki yanında sütunlar yükselen birkaç merdiven çıkıp duvarları yaldızlı kabartmalarla süslü mermer bir hole geldik.

Geldiğimizi duyan Aliye teyzem hole açılan küçük oturma odasından dışarı fırladı. Onu hemen hemen üç yıl önce İstanbul'dan ayrıldığım o soğuk şubat sabahından beri görmemiştim. Ne kadar değişmişti! Kollarıma atılıp da beni kucakladığında zayıf, solgun ve sarsıntı geçirmiş gibi buldum. Belli ki bir yıl önce kaybettiği eşinin acısı onu çok yıpratmıştı. Menekşe renkli iri gözleri yaşlarla doldu. "Şirinaki! Şirinaki!" dedi, "seni son gördüğümden beri neler oldu neler, değil mi?"

Yirmi üç yıl süren ilişkiden sonra Karl Berger sonunda sanatsal özgürlüğünden vazgeçip teyzemle evlenmiş, aileyi de memnun etmek için Müslüman olmuştu. Büyükada'da tepede küçük pembe bir eve taşınmışlardı. Bana Yale Üniversitesi'ne yazdığı bir mektupta kısacık evliliğinden şöyle söz etmişti:

"Burada manzara nefes kesiyor! O derece ki, insan uyuyamıyor bile. Hele o çamların mis gibi kokusu! Sabahın erken saatlerinde çam iğnelerinin üzerindeki çiyler pırlanta gibi parlıyorlar. 'Uncle Karl' çamlığın bu güzelliğinden, ıssızlığından ve o nefis kokusundan öyle esinleniyor ki ağaçların arasında yürüyerek kemanını çalıyor. İnanılmaz bir mutluluk içindeyim, bitecek diye ödüm kopuyor."

Evlendiklerinden altı ay sonra bir yaz günü, şehirdeki randevularına yetişmek için iskeleye iniyorlarmış. Her zaman olduğu gibi Aliye teyzem oyalanmış, vapura yetişmek için tepeden iskeleye kadar koşmak zorunda kalmışlar. İskeleye vardıklarında Berger nefes nefeseymiş. Elini kalbine bastırıp, uzaklaşan vapura bakarak "Ah, vapuru kaçırdık!" deyip oradaki kahvelerden birinin sandalyesine çöküvermiş. Aniden gelen bir kalp krizi sonucu iki üç dakika içinde Aliye'nin kollarında can vermiş.

Civardaki adalılar onu yukarı, Şakir Paşa Köşkü'ne taşımışlar. Eylül sonu olduğundan, ev kış için kapatılmış durumdaymış. Ufak tefek, narin Aliye teyzem insanüstü bir güçle o koca demir asma kilidin zincirini eliyle koparmış. Berger'i aşağı kattaki oturma odasında sedefli divanın üstüne yatırmışlar. O akşam ailenin yakın dostu, adada yaşayan, *Vatan* gazetesinin sahibi Ahmet Emin Yalman'ın eşi Rezzan Hanım, haberi alır almaz köşke koşmuş. Uzun yıllar sonra bir gün New York'ta ondan o gece ne olup bittiğini yazmasını rica ettim. İşte tanık olduğu gecenin öyküsü:

"Eski büyük köşk kapkaranlıktı. Herhalde elektrik faturası ödenmemişti. Aşağıdaki mağaralı salonun her yerinde mumlar yanıyordu. Berger'i odanın ortasındaki divana yatırmışlardı. Beyaz ipek gömleğinin üzerine yaseminler serpilmişti. Uzun parmaklı beyaz elleri aşağı sarkıyordu. Gadre uğramış bir aziz gibiydi. Gece boyunca Aliye yerde yanında oturdu. İkide bir elindeki aynayı Berger'in ağzına tutuyor, acaba nefes alıyor mu diye bakıyordu. Tabii ayna hiç buğulanmadı.

Felaketi duyan aile bireyleri teker teker şehirden gelmeye başladılar. İnsanlar açık duran kapıdan doğrudan odaya giriyor ve anlattığım sahneyle karşılaşıyorlardı. Bir ara sanki işleri büsbütün karıştırmak ister gibi, komşu kilisenin Katolik papazı da göründü. Berger'in Müslüman olduğunu, cenazesinin Müslüman âdetlerine göre kaldırılacağı söylendi. Az sonra, sokağın karşısındaki caminin imamı geldi ve Berger'in Müslüman olduğuna dair resmi kâğıtları görmeden tepedeki Müslüman mezarlığına gömülmesine izin veremeyeceğini belirtti. Lala, kâğıtların durduğu Hakiye'nin dairesine gidip evrakı ertesi sabah getireceğini söyledi. Şehre giden son vapura yetişti ve ertesi sabah ilk vapurla adaya döndü.

Cenaze hazırlıkları yapılırken Aliye'yi de altı aylık kocasının gerçekten öldüğüne inandırmak gerekiyordu. O sırada veremden hasta olan Füreya, sanatoryumun yakınında çamlıkta bir evde yaşıyordu. Olayın olduğu gece epey bir zaman Aliye'nin yanında kalmış, sonra biraz dinlenmek ve kahvaltı etmek için bizim eve gelmişti. Güneş doğarken köşke döndüğümüzde, Aliye'yi eski kuyuya doğru koşarken gördük. Kendini kuyuya atmak istiyordu, çünkü Berger'in öldüğüne artık inanmıştı. Füreya ile arkasından koşup onu güçbela eteğinden yakaladık, zorla eve soktuk. Doktor ona sakinleştirici bir iğne yaptı, ondan sonra cenaze merasiminde hiçbir heyecan belirtisi göstermedi."

Nisa haberi alır almaz Aliye'yi yalnızca kendisinin kurtarabileceğinden emin olarak İstanbul'a giden ilk uçağa atladı ve yarı ölü, perişan kardeşini alıp yeniden Londra'ya döndü. Üçüncü katta, kendi atölyesine yakın bir odayı onun için düzenledi ve kardeşini hasta bir çocuğa bakar gibi tedavi etmeye başladı. Aliye gece gündüz bakılmaya muhtaçtı. Yavaş yavaş ama çok yavaş, kendine gelmeye başladı. Hasta yatağından kalktığından hayalet gibiydi. Sürekli ağlıyor, inliyor ve acısını içkiyle unutmaya çalışıyordu.

Londra'ya geldiğim gün Aliye teyzem beni karşıladıktan sonra, annem elimden tutup, "Gel, bak ne güzel bir elçiliğimiz var, sana göstereyim" dedi. Kocaman bir salona girdik. Boyutları ve görkemi nedeniyle burası bende balo salonu duygusu uyandırdı. İki uçta yaldızlı başlıkları olan Korinthos üslubunda sütunlar vardı ve iki şahane avize odayı aydınlatıyordu.

Salondan, perdelerle süslü geniş kemerin altından geçip bir iki basamakla verandaya indiğimizde Hakiye teyzem karşıma çıktı. Çok şaşırmıştım. "Şirinciğim, Londra'da karşılaşmamız ne güzel bir rastlantı" diyerek bana sarıldı.

Hakiye, İsviçre'nin Leysin şehrindeki sanatoryumda verem sonrası nekahet devresini geçiren kızı Füreya'yı ziyaret etmiş, sonra da kardeşlerini görmeye Londra'ya gelmişti. Tabii ki general kocasının emekli maaşıyla İsviçre'ye gidip hasta kızıyla uzun süre kalamayacağı için aileyi, köşkteki antikaları satmaya razı etmişti. Herkes Füreya'yı çok sevdiğinden Hakiye'nin gereksinimine saygı duydu. İsteseler de istemeseler de mezattan sonra kimse boşalmış bir evde yaşamak istemediği için köşk kiraya verildi.

Elçilikteki verandanın duvarları annemin resimleriyle süslenmişti. Çoğunu biliyordum. (Onlara kardeşlerim derdim.) Ortada renkli bir kilim, etrafında da rahat hasır takımlar vardı. Hasır kanepenin yanındaki sehpanın bir tarafında bir Henry Moore, öbür tarafında da bir César heykeli duruyordu. Odanın tam ortasında tavandan kocaman tahta bir Lynn Chadwick "mobil"i sarkıyordu. Annem onu iyi tanıyordu çünkü İstanbul'da yaptığı gibi Londra'da da evini sanatçılara ve yazarlara açmıştı. Ben de annemin bu toplantılarında ünlü heykeltıraşlar Chadwick, César ve Armitridge; sanat eleştirmeni Penrose, tekerlekli sandalyesinden kalkamayan yazar John Haywood, eleştirmen Maurice Collis, şair Kathleen Raine ve Pearl Buck'ın *İyi Toprak* adlı filminde hayran olduğum aktris Louise Rainer ile tanıştım.

Aliye ile Nejad da verandada bize katılınca, Füreya'nın son yaptığı turkuvaz renkli seramik sehpanın etrafında toplandık. Annem onu sanatoryumda ziyaret etmek için her İsviçre'ye gittiğinde ona kil götürür ve kil ile uğraşmasının ona iyi geleceğini söylermiş. Onun bu düşünceli hareketi Füreya'nın içinde uyuyan büyük yeteneği uyandırmıştı. Artık Füreya için seramik tedavi amaçlı bir uğraş olmaktan çıkmış, tutku halini almıştı. Nekahet devresini Leysin'de seramik sanatı kurslarına devam etmekle geçirdi.

Mr. Hooper'ın gezdirdiği tepsiden *sherry* alırken annem, "Şirinaki, bu siyah tayyörünün içinde ne kadar ince ve güzel görünüyorsun. Makyajını da çok iyi yapmışsın" dedi. Annem son zamanlarda epey kilo aldığı için benim görünüşümle ilgileniyordu. "Hadi şimdi Amerika'yı anlat" diye devam etti. Aliye teyzem atıldı, "Suat Amerika'ya bayılırdı, sen de seviyor musun? Onun Amerikalı karısı Sayida ile görüşme olanağın oldu mu?" Yanıt vermeme fırsat kalmadan Hakiye teyzem, hesap sorar gibi, "Niçin Barnard'dan ayrıldın? Ben senin uluslararası ilişkiler okuyup diplomat olacağını ya da politikaya atılacağını sanıyordum. Bana bir gün mebus olmak istediğini söylemiştin. Şimdi duyduğuma göre bir tiyatro okuluna yazılmışsın, aktris olmak istiyormuşsun" diye söze karıştı.

Ablasının sesinde eleştiren bir ton sezdiği için Aliye teyzem atıldı, "Ah, ne iyi ettin! Şirin'i bir an önce sahnede görmeye can atıyorum. Okul piyesinde Klytaimnestra rolünde ne kadar başarılı olduğunu hâlâ unutamıyorum." Annem ona katıldı, "Doğrusunu isterseniz Şirin'in siyasete atılmasını hiç istemiyordum. Siyaset kirli bir oyundur. Kadına göre bir meslek değildir. Beni New York'tan arayıp da aktris olmak istediğini söylediğinde çok sevindim. Sonra unutmayın ki doğduğu gün Kont Bonarelli onun aktris olacağını öngörmüştü. Bu onun kaderi" dedi.

Nejad artık iyiden iyiye Fransızların Amerikalılara karşı duyduğu üstünlük kompleksini benimsemişti. Anneme sordu, "Şirin madem tiyatro okuyor, niçin Londra'daki daha iyi okullara gitmiyor? Örneğin, Kraliyet Akademisi Tiyatro Sanatları'na?"

Onu oracıkta öldürebilirdim! Ya annem Nejad'a uyup da bana, "Öyle ya, Nejad'ın hakkı var. Kraliyet Akademisi'ne yazılıp bizlerle Londra'da kal. Amerika'da ne diye tek başına yaşayasın?" deseydi, ne yapardım?

Her ne kadar Nejad'la aynı fikirde olması daha mantıklı görünüyorsa da, annem öyle düşünmemeyi tercih etti; o dönemde yaşamı çok dolu, aktif ve sanata yönelikti; bana ayıracak zamanı yoktu. Görünürde yerine gelmiş, kendini bulmuştu. Sağlığı da çok düzelmişti, ama kendini fazla yoruyordu. Her gün öğle yemeği davetlerinden, sergilerden ve kabul törenlerinden döndükten sonra soyunup dökünüp, pestil gibi kendini yatağa atıyordu.

Şimdi geriye baktığımda sanıyorum ki annemde hiç teşhis edilmemiş hipoglisemi hastalığı vardı. Sürekli şekere gereksinimi (odası kutu kutu şeker ve çikolata doluydu, bunları büyük bir iştahla yerdi), aşırı yorgunlukları, depresyonları, baygınlıkları bence hep bu hastalığın belirtileriydi. Nitekim sonra bu durum da tamamen tersine döndü ve şeker hastası oldu.

Tabii bütün bu etkinlikler ve yorgunluklar arasında annemin bana ne ihtiyacı ne de ayıracak vakti vardı. Üstelik artık çocuk da değildim. Daima başrolde olmak istediği için belki de yirmi iki yaşında, filizlenmeye çalışan bir aktrisle yarışmak istemiyordu. O nedenle korktuğuma uğramadım ve Londra'ya transfer olmadım.

Derken içeri Emir Zeyd girdi. Her zamankinden daha dinç ve kendinden emin görünüyordu. Hemen fırlayıp onu karşıladım. Sarılıştık, tepesini öptüm ve tıpkı onu ilk kez Büyükada'da öptüğüm günkü hafif tütün ve kolonya kokusunu duydum. Sevdiklerime kavuşmak çok güzel bir duyguydu!

O sırada Mister Hooper davudi sesiyle, "Prens ve prenses hazretleri, öğle yemeği hazır" diye haber verdi. Annem önde biz arkada yemek odasına yöneldik. Buranın havası insana rahatlık veriyordu. Güzel kartonpiyerlerle süslü krem rengi duvarlar, deri kaplı Chippendale sandalyelerin rengine uygun gri-mavi kalın saten perdelerle pek güzel uyum sağlamıştı.

Enfes bir öğle yemeğinden sonra kahvelerimizi küçük oturma odasında içtik. Emir Zeyd özür dileyip çalışma odasına döndü. Aliye teyzem hafif bir sesle Mr. Hooper'dan bir konyak isteyince annemin sinirlendiğini gördüm. Hemen, "Ayşe teyzem, Suat dayım ve zavallı Mizu yengem nasıllar?" diye sordum.

Hakiye teyzem hakir gören bir ses tonuyla, "Meğer Ahmet Bey'in iyi bir iş kafası varmış. Emlak alım satımıyla her gün daha çok para kazanıyor. Ayşe şimdi Moda'da deniz gören pembe kâgir bir evde oturuyor. Bağdat Caddesi'ndeki eski ahşap evi yıkıldı, arsası parsellendi ve iyi bir fiyatla satıldı. Şehrin o kısmı şimdi çok gözde. Nermidil İstanbul Üniversitesi'ne gidiyor, kimyager olacak. Erdem de Ankara'da Siyasal Bilgiler Fakültesi'nde. Eminim o da iyi bir hariciyeci olacak" diye bilgi verdi.

Aliye teyzem atıldı, "Hariciyeci değil, müzisyen olmalıydı. Çok güzel keman çalıyor".

Annem, "Saçmalama Aliye" dedi. "Hem iyi bir diplomat olur hem de keman çalmaya devam eder. Baksana bana, resim de yapıyorum, diplomat eşi olarak sorumluluklarımı da yerine getiriyorum. İnsan istedi mi her şeyi yapar."

Çekinerek, "Peki Suat dayım nasıl?" diye sordum. "Yeni eşiyle mutlu mu?"

Hakiye teyzemin yüzü değişti. "Yeni eşi sözünü kullanma" dedi. "Onun karısı Mizu'dur ve hep öyle kalacak." Buna annem de katıldı, "Evet abla, ben de senden yanayım. Benim için de Suat'ın karısı olarak yalnız Mizu var".

Aliye sesini yükseltti, "Nasıl böyle konuşuyorsunuz, hiç anlamıyorum. İsteseniz de istemeseniz de Suat Yvette'le evli".

Gene kapışacaklar, içimden, keşke konuyu açmasaydım diye geçirdim.

Aliye bana dönerek, "Suat Yvette'e hâlâ deli gibi âşık. Ama devamlı Mizu'yu görmeye gidiyor. O arada Mizu, iki oğluyla apartmanında oturuyor ve sessiz sedasız Suat'ı bekliyor. Zavallı Suat, Yvette'e olan tutkusu ve Mizu'ya olan derin bağlılığı arasında perişan!"

Hakiye onu azarladı, "Sen Suat'a acıyacağına, Mizu'ya acı". Sonra ayağa kalktı. "Burada bütün gün oturup çene çalamayız. Benim Harrods'tan alacaklarım var" diyerek verandadan ayrıldı.

Böylece hepimiz bir yöne dağıldık. Ben valizlerimi açmak üzere odama çıktım.

Her ziyaretimde yaptığım gibi ilk gece annemin odasına gittim. Onunla oturur geç vakitlere kadar konuşurduk. O gece, "Aliye çok içiyor" diye üzüntüsünü dile getirdi. "Ne yapacağımı bilemiyorum. Utanılacak durumlar oluyor. Boş şişeleri yatağının altına saklıyormuş, tabii hizmetçiler buluyor. Ne düşünürler, değil mi? Ne de olsa burası elçilik. Daha da fenası, onun alkolik olmasından korkuyorum. Başına gelen felaketten sonra onu iyi edeyim diye buraya getirdim, ama sanki içe içe ölmek istiyor."

"Uncle Karl'ı unutması kolay olmayacak" dedim. Annem, "Bak sana nasıl unutabileceğini söyleyeyim" diye yanıt verdi. "Kendisine bir uğraş bulmalı." Meraklandım, "Nasıl bir uğraştan söz ediyorsunuz, anne?" "O ancak çalışmakla esenliğe kavuşabilir. Bir sabah şövalemin başına çağırdım, bir resim yap diye adeta emrettim. Aliye de yaptı. Sonra düşündüm ki oymabaskı yapması sağlığı için daha iyi olacak, çünkü bakır levha üzerine desen çizmek kuvvet işidir. Ona gayret vermek için yapacağı oymabaskıları Karl Berger'in kitabına resim olarak koyabileceğini söyledim, çünkü

Berger'in şiirlerini yayımlamak istiyor. Fikir Aliye'ye cazip geldi, olumlu karşıladı. Şimdi kederini çalışarak yenmesi için dua ediyorum, yoksa içmekle bir yere varamaz."

The Golden Horn adlı derginin Haziran 1963 tarihli sayısında Godfrey Goodwin, "Bir Sanatçı: Aliye Berger" adlı makalesinde şöyle yazıyor:

"Kalbi paramparçayken, kız kardeşi Prenses Fahrünnissa Zeyd onu oymabaskı yapmaya yöneltti. Eğer o zaman oymabaskı yerine resim yapsaydı perişanlığı ve disiplinsizliği onu mutlak bir karmaşaya götürecekti. Ama metal, insanları denetim altında tutuyor. Oymabaskı yapmak onu kederinden kurtarıp kaçınılmaz bir kadere ulaştırdı. Karl Berger'in ölümünden sonra ona olan tutkulu aşkı, yaratıcı bir güce dönüştü."

Aliye Londra'da John Wright adında ünlü bir gravür hocasıyla iki yıl çalıştı. Amerika'ya yazdığı mektuplarda şöyle diyordu: "Çalıştıkça yaşama yeniden bağlandığımı hissediyorum. Goodwin, Aliye'nin oymabaskıları hakkında şöyle diyor: İlk oymabaskıları yumuşak ışıklı bahçeler, tomurcuklanan ağaçlardı... Samuel Palmer'in çalışmalarını anımsatıyordu ve her oymabaskıda ağaçların arasında devamlı olarak Berger'in hayali şekli yer alıyordu."

Tabii yas sonsuza dek aynı yoğunlukla devam edemez. Zamanla Berger'in hayali bahçelerde görünmez oldu, yerini kubbeler, minareler aldı. Bunlar Aliye'nin, İstanbul'a duyduğu gitgide artan özlemini yansıtıyordu. 1950'de yüz kırk tane oymabaskıyla İstanbul'a döndü ve Berger'in Tünel'deki eski apartmanına yerleşti.

Bir yıl sonra ilk kişisel sergisini açtı ve çok beğenildi. Goodwin şöyle dedi: "Oymabaskılar o kadar romantik ki, içlerinde ay ışığı olanlar bile var. Ama onları basitlikten kurtarıp bu denli güzel yapan sanatçının yeteneği ve ustalığıdır."

Londra'ya geldiğimden üç gün sonra annem ile Aliye büyük bir kavga ettiler. Hizmetçi yine Aliye'nin yatağının altında bir sürü boş konyak şişesi bulmuş. Annem ona çattığında, "Aman Nisa, ne kadar burjuvasın... Hizmetçinin ne diyeceği kimin umurunda..." diye cevap verince annemin tepesi iyice attı. Aliye'ye iki tokat attığı gibi saçlarını çekip kafasını yumruklamaya başladı. Aliye ağlıyordu, "Yapma Nisa, lütfen yapma, canımı yakıyorsun" diyordu. Orada donmuş kalmıştım. Yapabileceğim hiçbir şey yoktu. Annem kızdığı zaman kasırga gibiydi, önüne çıkan her şeyi yıkar geçerdi.

Olaydan sonra Aliye iki gün odasından çıkmadı. Tabii annem çok pişman olmuştu. Her öğün odasına sevdiği şeylerle donatılmış tepsiler, ayrıca hoşuna giden çiçeklerden yapılmış buketler yolluyordu. Hatta Napoléon marka bir şişe konyak bile yolladı. Annem fazla ileri gittiğini anladığında hemen böyle düşünceli hareketlerle kendini bağışlatmaya çalışırdı. Herkes de onun aslında iyi kalpli, cömert ve sevecen bir insan olduğunu bildiği için patlamalarını er geç bağışlardı.

Bu tatsız olay dışında tatilim harika geçti. Nejad'la müzelere gittik, bana resim ve heykel sanatı hakkında bilgiler verdi. Fırsat buldukça sık sık tiyatroya da gittim. Tatilimin en önemli anısı annemin Gimpel Fils Galerisi'nde açtığı sergi oldu. Onu Londra'da

Kral II. Faysal, Fahrünnisa'yla Londra'da, Iraklı sanatçıların resim sergisinin açılışında.

son gördüğüm bir buçuk yıldan beri ne çok resim yapmıştı. Empresyonist üslubu tümüyle terk etmişti; yeni resimleri soyuttu. Parlak renklerden oluşan büyük lekeler siyah çizgilerle sınırlanmış, sanki güneşin vurduğu vitray bir pencerenin tirizlerinden geçip binbir parçaya ayrılmıştı.

O sırada on üç yaşında olan ve Harrow'da okuyan Kral II. Faysal, serginin açılışına geldi. Sanata merakı olduğunu bilen annem, onun koluna girdi ve bütün resimlerini nasıl bir teknikle yaptığını anlattı. Faysal beni galeride görünce okuluna davet etti. Elim kolum bisküvi ve pasta dolu olarak Harrow'a gittim. Öğrencilerin çizgili pantolon ve frak ceketi giydiklerini görünce içimden çok güldüm. Hele başlarına giydikleri saçma hasır şapka büsbütün tuhafıma gitti. Öğrenciler bana penguen sürülerini hatırlattılar. Kral beni odasına götürdü ve gururla duvardan indirdiği dar, sert yatağını gösterdi. Yatak inince odanın hemen hemen tümünü kapladı. "Aman Faysal" dedim. "Sen bir kralsın, sana daha iyi, daha geniş bir oda veremezler miydi?" O kocaman, tatlı kahverengi gözlerini açarak, "Sevgili Şirin, bu oda, bu yatak bizim kişiliğimizi güçlendirmemize yarıyor" dedi.

Yılbaşı gecesi bütün aile elçilikte, Fransız aşçının hazırladığı nefis yemekleri yedik ve bol bol şampanya içtik. Yatmaya çıktığımızda annemin arkasından odasına gittim, sırrımı onunla paylaşmaya can atıyordum. Kapıyı kapatır kapatmaz, "Anneciğim âşığım, âşığım! İlk kez olarak âşığım! O da bana bayılıyor!" dedim.

Annem, "Aman ne iyi, adı ne" diye sordu. "Adı Wesley Lau! Yale'de sınıf arkadaşım, ama o benim gibi aktris değil, piyes yazarı olmak istiyor. Sarışın, uzun boylu, ne kadar yakışıklı bilemezsiniz. Gary Cooper'a benziyor. Benden dört yaş büyük. Savaş sırasında Amerikan ordusundaymış." Annemin hoşuna gideceğini bildiğim için hemen, "Çok entelektüel ve bilgili" diye ekledim.

Annem, "Lau, ne garip isim, Çinliye benziyor" dedi. "Alman asıllı" dedim. "Wisconsin eyaletinin Sheboygan şehrinden." Annemin hemen, babasının ne iş yaptığını soracağından korktuğum için, "Annesi, babası basit insanlar" diye ekledim. O yine sorusunu sordu: "Babası ne iş yapıyor?"

Bu debdebeli ortamda babasının cahil bir itfaiyeci olduğunu nasıl söylerdim? Yutkunarak, "Babası belediye memuru, Wesley nispeten parasız bir aileden geliyor. Yale'deki okul masraflarını da savaş sırasında orduda görev yaptığı için Amerikan hükümeti karşılıyor" dedim.

Annem bu ayrıntılara pek ilgi göstermedi. Ben orada durmuş bütün gücümle Wesley'i onun gözünde yüceltmek isterken, onu bütün ilgilendiren benim âşık ve mutlu olmamdı. "Âşık olmak insanın başına gelebilecek en güzel şeydir" dedi. "Sevmek ve karşılığında sevilmek... İşte en önemli şey!.. Şanslı kızsın Şirinaki!"

Üstümden büyük bir yük kalkmıştı, annemin bu derece anlayış göstermesi beni duygulandırmıştı. Onu kucakladım ve sevinç içinde, "Evet anneciğim, çok şanslıyım. Sizi çok seviyorum. Yaşayasınız! Mutlu yıllar! 1949 mutlu geçsin!" dedim.

19

Evlilik

Yirmi üçüncü yaş günümün ertesi, 4 Mart 1949'da, Wesley Lau ile New Haven Belediye Dairesi'nde evlendik. Kısacık törene okuldan birkaç arkadaş geldi, o kadar. İkimizin de ailesinden kimseler yoktu.

O gece evliliğimizi kutlamak için sınıf arkadaşlarımıza ve öğretmenlerimize bir parti verdik. Yale, gotik üsluptaki odalardan birini parti için kullanmamıza izin verdi. Civardaki eski küçük otellerin birinde bir gecelik balayı geçirdikten sonra ertesi gün kolumuzda kitaplar, el ele derse girdik.

Bir ay sonra annem damadıyla tanışmak için Amerika'ya ilk seyahatini yapmaya karar verdi. İki amacı daha vardı: Birincisi New York'taki Hugo Galerisi'yle anlaşıp resimlerini sergilemek, ikincisi de kendine bir işitme cihazı almak. Paskalya tatilinden bir hafta önce New Haven'a geldi.

Dairemiz üniversiteye yakın binalardan birinin bodrum katındaydı. Annemi de karşımızdaki pansiyona yerleştirdik. Bu düzenlemeden çok memnun kalmıştı, sevinçle, "Kendimi talebe gibi hissediyorum" dedi. Zemin katındaki iki odalı dairemizi görünce şöyle bir etrafına baktı ve "Ne şirin bir yer, gerekli olan her şeyi var. Burayı nasıl bu kadar çabuk döşeyebildiniz? Ne de çok kitabınız var" diye ekledi.

Vizon mantosunu çıkarmasına yardım ederken gururla, "O kitaplar Wes'in" dedim. Wes de kayınvalidesinin krokodil Gladstone çantasını özenle yere koydu.

Yemekten sonra yatak odamızın bir köşesindeki küçük mutfakta bulaşıkları yıkarken annem beni mucize seyreder gibi izledi. "Hayret edilecek bir şey" dedi. "Kirli tabaklar bol köpüklü bir suya giriyor ve pırıl pırıl olmuş bir şekilde çıkıyor!" Bulaşık faslı bitince, annem, oturma odasındaki divanın üzerine geçip krokodil valizinden sihirbaz gibi hediyeler çıkarmaya başladı. Wes'e çok şık paketlenmiş bir kutu vererek, "Bu size" dedi. Kutunun içinde nefis krokodil bir cüzdan ve ona eş sigara tabakası vardı. Kenarlarına on sekiz ayar altın zırh geçmiş ve adının baş harfleri bir köşesine altınla kakılmıştı. Wes, tüm yaşamında böyle bir şey görmediği için şaşırdı, ne diyeceğini bilemedi. Annem, "Bu da yine sizin" diyerek antika bir kravat iğnesi uzattı. Üzerinde büyük, kusursuz bir incisi olan meşe palamudu şeklindeki iğne, tümüyle pırlantayla işlenmişti. "Bu, Zeyd'in babasına aitmiş, şimdi sizin olmasını istiyoruz."

İçimden, "Wesley bunu nerede takacak?.. Kral Şerif Hüseyin'in iğnesi!.." diye geçirdim. "Raad'a saklamalıydı."

Annem, bana kendi mücevherlerinden bir takım getirmişti. Üstü mine pırlanta ve yakutla işlenmiş fiyonk şeklinde büyük, altın bir broş; üstü yine pırlanta ve yakutla işlenmiş, işçiliği çok güzel, bilezik şeklinde altın bir saat ve ona eş küpeler. (Bunların hepsi zamanla rehine kondu ve satıldı.) Yine Gladstone çantadan bir top brokar kumaşla on iki kişilik keten bir sofra takımı çıktı. Peçetelerin üstüne Haşimi armasıyla annemin adının baş harfleri elde işlenmişti.

Bu hediyelerin maddi ve manevi değerlerini takdir etmiyor değildim ama yine de pratik, işime yarayacak şeyler olmalarını yeğlerdim. Ama hovarda, âlicenap ve pratik şeylerle hiçbir ilgisi olmayan annemden başka türlü hareket etmesini nasıl bekleyebilirdim?

Annem New York'ta Harikalar Diyarı'ndaki Alis gibiydi. Her şey ona zevk veriyor, mutlu ediyordu. Onu "Commons" denen meşe lambrili büyük gotik salona yemeğe götürdük.

Öğrencilerin yemek yediği bu görkemli salon, dekoruyla, havasıyla onu o kadar etkiledi ki, yemek yemeyi unutup bu dekorun içinde Wes'le benim çini mürekkebi resmimizi yaptı. Tabii o eskizi çerçevelettim, hâlâ Princeton'daki evimin çalışma odasında asılıdır.

Şirin Devrim.

Annemin ziyareti sırasında Yale'in tiyatro okulu Goethe'nin *Faust*'unu büyük sahnesinde muhteşem bir şekilde hazırlıyordu. Öğretmenler, öğrenciler, herkes bu büyük prodüksiyonda az ya da çok çalışıyordu. Yeni evlendiğimiz için dekan, Wes'le bana görev vermedi. Faust, olağanüstü dekorları ve ışıklandırma tekniğiyle tiyatro dünyasında büyük ilgi uyandırdı ve *Life* dergisinde sayfalarca resimleri çıktı. Annem, yine bu harikulade görüntülerin etkisinde kalarak bütün geceyi *Faust*'u seyretmek yerine dekorun ve oyuncuların resmini yapmakla geçirdi. Sahnede konuşulanların bir tek kelimesini duyduğunu sanmıyorum.

Camus'nün *Caligula* oyununda ben Casonia rolündeydim. Bir gün annemi okula, oyunu seyretmeye götürdüm. Bir akış provası yapacaktık. Her ne kadar beni İstanbul'daki kolej piyesimizde görüp beğendiyse de, o gün *Caligula*'da gerçek bir aktris olduğumun hayretle farkına vardı. Caligula'nın beni, yani Casonia'yı boğduğu sahneyi oynuyorduk. Ben de elimden geldiği kadar gerçek bir şekilde boğuldum ve öldüm. Annemin korkuyla soluğunu tuttuğunu yan gözle görünce çok sevindim!

Paskalya tatilimizi, annemin misafiri olarak New York'ta geçirecektik. Gideceğimiz günün sabahı hazırlanırken, evde kirli çamaşır bırakmamak için yatağın çarşaflarını çıkarıp yere yaydım. Kirli çamaşırları da çarşafın içine boşaltıp bir bohça yaptım. Bohçayı sırtıma vurup, beni seyreden anneme, "Şunları yolun aşağısındaki Çinli çamaşırcıya bırakayım, hemen dönerim" dedim. Yıllar sonra tanınmış bir aktris olduğumda annem o günü hatırlamış ve "New Haven'da o sabah sırtında koca bohça, uzun bacaklarınla, başın yukarıda, bir kraliçe gibi yürürken küçük pencereden seni seyrettim ve içimden, 'Benim kızım hayatta çok ilerleyecek' diye geçirdim" demişti.

Annemi New York'ta en etkileyen şey gökyüzü oldu. "Bu kentte gece yok, karanlık yok" dedi. "Binalar gökyüzüne yükselmiş, ışıkları yıldızlara karışıyor. İnsan kendini burada ışıkla sarılmış gibi hissediyor. Yalnızlık duymaya olanak yok."

Kaldığımız Plaza Otel'deki kuzeye bakan odasından annem, Central Park'ın Dufy'yi anımsatan bir suluboya resmini yaptı. Wes ona bulutları niçin sarıya boyadığını sorunca sanki en mantıklı yanıtı veriyormuş gibi, "Taksiler sarı da ondan" dedi.

Annemi çok gezdirdik; Empire State binasından Edith Piaf'ın şarkı söylediği Versailles adlı gece kulübüne kadar her yeri gösterdik. New York'taki Hugo Galerisi'nin sahibi Yunanlı Mr. İolas ile birkaç kez görüştü ve sonbaharda sergisini açmak için bütün hazırlıklarını yaptı. Tüm ayrıntılarla ben uğraşacak ve açılışta onu temsil edecektim.

Annem üç amacını da gerçekleştirdi; işitme cihazını aldı, New York'taki sergisini ayarladı, kocamla tanıştı ve onu son derece cazip buldu.

Wes ise, annemin çekici olmasıyla birlikte, çok güçlü bir kişiliği de olduğunu söyledi. O Londra'ya, biz de New Haven'a döndükten sonra Wes, annem hakkında şöyle dedi: "Harikulade bir hanımefendi, ama kişiliği aşırı kuvvetli. Doğrusu onunla ters düşmek istemem. Biliyor musun sevgilim, böyle bir annenin elinde senin pısırık, utangaç, içine kapalı, kendine güvensiz bir kız olman beklenirdi, oysa birçok yönden ona benziyorsun. Ayrıca ona kendini beğendirmek için elinden geleni yapıyorsun. Ondan adeta çekiniyorsun!" Wes'in bu sözlerine, kendimi savunmak için "Abartıyorsun" diye yanıt verdim.

Mesleğimizin ilk profesyonel oyunu için o haziran Wes'le Beloit, Wisconsin'deki Court Tiyatrosu'na gittik. Beloit'e giderken de Sheboygan'a uğradık. Sonunda kayınvalidemle kayınpederimi görecektim. Gittiğimizde Mr. Lau, itfaiye istasyonunda nöbetçiydi, biz de doğru onu görmeye gittik. Giriş katında durmuş beklerken tepeden bir delik açıldı ve pirinç direkten şiş yüzlü, iriyarı bir adam aşağı kaydı. Wesley adamın kocaman kırmızı elini sıkarak, "Merhaba baba" dedi. Ben de, "Merhaba baba" diyerek ona sarıldım, içimden, 'Kayınpederiyle böyle tanışmak her geline nasip olmaz' diye geçirdim.

Lau'lar ufak, ahşaptan, tipik bir işçi evinde oturuyorlardı. Evin arkasında küçük bir bahçeleri vardı. Wes'in annesi, babası, kız kardeşi ve kız kardeşinin araba satıcısı olan kocasıyla orada birkaç kez barbekü partisi yaptık.

Court Tiyatrosu mevsimi *Gaslight* oyunuyla açıyordu. Wes ile ben Mr. ve Mrs. Mannigham'ı oynayacaktık. (Bu oyun filme alınmış, Mannigham'ları Charles Boyer ile İngrid Bergman, İrlandalı hizmetçi kızı da Angela Lansbury oynamıştı.) Kuzenim Erdem o sıralarda Chicago'da konsolos yardımcısıydı. Oyunu izlemeye Beloit'a geldi. Oyunun ortaoyunu tarzında sahneye konulmasını pek beğendi. Oyun bitince artistlerin dinlenme odasına girerek, "Şirin, deli taklidi yapıp da o usturayı kocanın yüzüne tuttuğunda inan ki korktum, seni gerçekten deli sandım" dedi.

Bir yıl sonra Yale'den mezun olduk ve New York'a taşındık. Greenwich Village'in ara sokaklarında tek odalı, bir zamanlar ahır olan bir daire tuttuk. Wesley artist acentalarını gezip iş ararken ben de mankenlik yapıp evi geçindiriyordum. Sonuçta Wes televizyonda roller almaya başladı. Onun bir oyundan aldığı para, benim mankenlik yaparak bir ayda kazandığım kadardı. Kıt kanaat geçiniyorduk, ama sevişiyorduk ve mutluyduk.

Evleneli beş yıl olmuştu, artık bir çocuğumuz olmasını istiyorduk. Hamile kalır kalmaz bebek için hazırlıklara başladım. Odanın bir köşesinde küçük bir girinti vardı. Oranın duvarlarını kâğıtlayıp beşiği koymak üzere düzenledik. Hemen küçük mavi patikler, başlıklar örmeye başladım. Bir yandan da, "Ne olur Allahım bana babasına benzeyen gür sarı saçlı, büyük mavi gözlü bir erkek çocuk ver" diye dua ediyordum. Ne yazık ki hamileliğim problemli oldu. Sürekli kanamam olduğundan, ilk haftalarda doktorum yatmamı önerdi. Ama paraya ihtiyacımız vardı, o nedenle mankenliğe devam etmek zorundaydım.

O sıralarda babam gazete muhabiri olarak cumhurbaşkanımız Celal Bayar'la New York'a geldi. Bayar Birleşik Devletler'e hem resmi bir ziyaret hem de bir Amerika turu yapmak için gelmişti. *Yeni Sabah* gazetesinin sahibi de, gazetede köşe yazarı olan babamı, ziyareti izlemesi, ayrıntılarıyla yazması için New York'a yollamış. Hiç muhabirlik yapmamış olan babam da sırf beni görmek için işi kabul etmiş; çünkü en son Paris'te görüştüğümüzden bu yana yedi yıl geçmişti.

Babamı gördüğümde çok şaşırdım. Ne kadar yaşlanmıştı! O canlı yürüyüşü kalmamıştı, neredeyse ayaklarını sürüyecekti.

Babamı arkadaşlarımla tanıştırmak için tek odalı dairemde partiler verdim. Onun için alışverişlere çıktım. Ona New York'u gezdirdim. Tabii bütün bu koşuşturmalar hamileliğimi kötü biçimde etkiledi. Babam New York'tan ayrıldığı zaman bende şiddetli bir kanama başladı. Doktorum derhal yatmamı ve kesinlikle yataktan çıkmamamı söyledi. Ben de mecburen mankenliği bıraktım ve Dr. Spock'ın kitabını alıp yatağa girdim.

İşsizlik sigortası çekimi imzalayıp almak için gideceğim gün kendimi hiç iyi hissetmiyordum. Paraya ihtiyacımız vardı, ama yataktan çıkmaya korkuyordum. Ne yapmam gerektiğini Wes'e sordum. Beni gitmekten alıkoymasını umuyordum. "Sakın kımıldama, ben bir şey satarım, gerekirse hırsızlık yaparım, yeter ki sen yat" demesini bekliyordum. Ama hayır, o her zamanki gibi sorumluluğu üzerine almamayı yeğledi ve "Nasıl istersen öyle yap sevgilim" dedi.

Yataktan kalktım, giyindim, metroya bindim, otuz dolarlık çekimi alabilmek için bir de dik merdiven tırmandım. O gece karnıma öyle şiddetli ağrılar girdi ki, sabah Wes beni hastaneye kaldırdı. Bütün bir gün şiddetli sancılar çektikten sonra bebeği düşürdüm. Dört buçuk aylık cenin içimden kaymış. Doktorumun birlikte çalıştığı arkadaşı (ki şimdiye kadar hiç görmemiştim) yetişti ve cenini bacaklarımın arasından alırken kese patladı. Ben, "N'olur, göreyim" diye bağırınca düşüncesiz doktor, tümüyle oluşmuş cenini bana gösterdi. Çığlık atıp ağlamaya başladım. Oğlan olduğunu da öğrenince sanki içimde bir şey patladı ve ölecekmişim gibi geldi bana! Wes'i bir şeyler almak için eve göndermiştim, hemen telefon ettim ve boğulur gibi, "Oğlumuz öldü, onu kim bilir nereye attılar" dedim ve hıçkıra hıçkıra ağlamaya devam ettim.

Çocuğumu kaybetmek beni derin bir ruh çöküntüsüne itti. Bu felaketin nedenini Wes'te aramaya başlamıştım. "O gün yataktan kalkmasaydım, o dik merdivenleri tırmanmasaydım, sokağa çıkmama izin vermeseydi bebeğimi kaybetmeyebilirdim" diye düşündüm.

Ama şimdi bebeği aslında niye kaybettiğimi biliyorum. Benim kan grubum RH negatifti. 1954'te ise, tıp bilimi gebelikte kan grubunun ne kadar önemli olduğunu bilmiyordu. Doktorum benden bir defa bile kan alıp kan grubumu saptamayı akıl etmedi. Sonunda hastanede bu konuyu, "Çocuk zaten yaşamazdı" diye haince kapadılar.

Çocuğumu kaybetmem evliliğimin de bitmesine neden oldu. O zamana kadar Türkiye'ye dönmeye, ailemi görmeye pek gerek duymamıştım. Şimdiyse ailemle olmaktan başka bir şey düşünemiyordum. Durumu babama yazınca, o, bir gemiyle İstanbul'a dönmem için bana bilet gönderdi. Wes de gitmemi destekledi. "Ülkene dönmen, ailenle olman sana iyi gelecek. Beni merak etme, kendime bakarım, sana da her gün yazarım" dedi.

Yolculuk üç hafta sürdü. Mis gibi deniz havası ve dinlenmek beni manen, maddeten tedavi etti. Bir haziran sabahı erkenden limana girdik. O saatlerin buğusu arasından İstanbul'un minareleriyle, kubbeleriyle görünen şahane silueti, özlem dolu gözlerimden yaşlar akıttı.

Şilep, rıhtıma yanaşmak ve yükünü boşaltmak için açıkta sırasını beklerken, ailem liman müdürünün motoruyla şilebe yanaştı. Müdür, Galatasaray'dan babamın sınıf arkadaşıymış. Bütün aile oradaydı; gülüyorlar ve bana el sallıyorlardı. Babam yeni eşi Fatma'yla, ablam Remide, entelektüel bir banker olan dördüncü kocasıyla, Hakiye teyzem, Aliye teyzem ve sevgili Suat dayım eşi Mizu ile (Yvette'le olan evliliği bir yıldan biraz fazla sürdü, ayrıldılar. Dayım hemen Mizu ile birleşti, ama artık yeniden nikâha gerek görmeyip sonuna kadar beraber yaşadılar), hepsi oradaydılar.

Karaya çıktığımda üvey annemin bütün aileyi öğle yemeğine davet ettiğini duyunca çok sevindim. Sofrada tabağımdaki balığı görünce hayretle sordum: "En sevdiğim balığın barbunya olduğunu nereden bildiniz?" Üvey annem eşine hayran hayran bakıp, "Baban söyledi" dedi. Babam şarap kadehini kaldırarak, "Hoş geldin kızım, seni tekrar aramızda görmek büyük mutluluk" diyerek sevincini belirtti. Şakir'ler de kadehlerini kaldırıp, "Hoş geldin, Şirinaki! Hoş geldin!" diye katıldılar. Ah! Eve dönmek ne güzeldi! Suat dayım, "Şangrila!.. Şangrila!.." diyerek şakımaya başladı.

O yaz kirada olduğu için Büyükada'daki eve gidemedim. Kiracının bizlere sormadan bahçedeki ağaçları kestiğini, açılan boşluklara voleybol kortları, pingpong sahaları ve küçük bir lunapark yaptığını söyledikleri zaman dehşete düştüm. Evet, adam çarpışan arabalarıyla, çocuklar için küçük atlıkarıncasıyla bahçemizi tam bir lunapark yapmıştı. Herkes bu lanet adamı bulduğu için Ahmet enişteyi suçluyordu. O nedenle adaya gideceğime, babam ve Fatma'ya gitmeye karar verdim. Fatma, Kızıltoprak'ta annesinin muhteşem, beyaz ahşap köşkünde oturuyordu. Köşkün büyük bahçesi kocaman ağaçlar ve rengârenk ortancalarla kaplıydı.

New York'taki tek odalı dairemden, mankenlik yaparak iki kuruş kazanmaya çalışmaktan, o koca puroları dişlerinin arasından düşmeyen ve biz mankenleri sadece beyinsiz birer vücut gibi gören kaba patronlardan sonra, periler diyarına gelmiş gibiydim! Yaşamın bu kadar güzel olabileceğine inanmıyordum, doğrusu böyle karşılanmayı da beklemiyordum. Üstelik de kendimi, yeni bir ailenin gözbebeği olmuş buldum. Hizmetçilere varana kadar bütün ev halkı gözümün içine bakıyor, bir dediğimi iki etmiyordu.

Evin arka tarafında, bahçedeki mor salkımlara ve meyve ağaçlarına bakan birinci kattaki odayı bana vermişlerdi. İlk gece masif maundan yapılmış geniş karyolada, serin keten çarşaflar arasında, yeşil panjurlardan sızıp odama gelen manolya kokuları içinde uyudum. Bu durumu Greenwich Village'deki tek odalı dairemle kıyaslamadan edemedim.

Fatma'nın hayatta en büyük isteği, babamı memnun etmek olduğundan, bana iyi bir annelik yapmak için çırpınıyordu. O nedenle üstüme esvaplar mı dikmedi, mendiller mi işlemedi, elbiselerimi ütüleyip Fransız hizmetçiler gibi yatağımın üzerine mi sermedi, hatta ayakkabılarımı parlattığı bile oluyordu. Odamdaki vazolarda daima taze çiçek bulunduruyordu. Sabahları kahvaltı tepsimdeki kızarmış ekmeklerin sıcak ve gevrek olmalarına dikkat ediyordu. Bunlar, kendi annemin ömrünce bana yapmadığı şeylerdi.

Annem yalnızca bizim sanatsal, entelektüel ve ahlaki bakımdan iyi yetişmemize özen gösterdi. Yoksa anneliğin asıl görevleri onu hiç ilgilendirmezdi. Dolayısıyla Fatma'nın bana yaptığı anneliğin keyfini yudum yudum çıkarıyordum. Aynı zamanda görüyordum ki, böyle yetişmiş olsaydım şımarık mı şımarık, yazıya çiziye pek ilgi duymayan bir tip olacaktım. Anneme minnettardım; ama Fatma'yı olduğu gibi seviyor ve bana yaptıklarının da kadrini fazlasıyla biliyordum.

Bu sihirli yaz, ailemin ve arkadaşlarımın gösterdiği aşırı ilgiyle, rüya gibi geçiyordu. Beni evlerine davet ediyorlar, şerefime partiler veriyorlar, Boğaz'daki ünlü restoranlara balık yemeye götürüyorlardı. Kapalıçarşı gezilerini Hakiye teyzemle yapıyorduk, çünkü Hakiye teyzem oranın girdisini çıktısını iyi biliyordu. Oralardan topladığı antika kemer tokalarını eski Türk işlemelerinden yaptığı el çantalarının üzerine fermuar olarak kullanıyordu. Bu konuda öncüydü, yaptığı çantalar eşsizdi. Ondan önce hiç kimse ülkenin her yöresinde bulunan bu şahane eski işlemelerden yararlanmayı düşünmemişti. Çay partileri düzenliyor, yaptığı nadir çantaları arkadaşlarına gösteriyor, hepsi de bayıla bayıla satın alıyorlardı. Kazandığı parayla Anadolu köylerine gidip çeyiz sandıklarından eski işlemeler bulup alıyordu. Hakiye de kardeşleri ve kızı Füreya gibi sanatçıydı ve sanatını bu yolla sergiliyordu.

Kapalıçarşı gezintilerimizden sonra Hakiye teyzemle Mısırçarşısı'nda yemek yerdik. Sonra da Füreya'yı ziyarete giderdik. Veremden kurtulup İsviçre'den dönen Füreya, seramikçi olmuştu.

Her zaman nazik Füreya, bizi koton bir pantolon ve bol bir gömlekle karşılar, Harbiye'deki büyük apartmanının arka tarafındaki atölyesine götürürdü. Buraya Paris'ten kocaman bir fırın getirtip kurmuştu. Bu yarım tonluk canavar, apartmandan içeri, ancak bir pencerenin kasasıyla birlikte sökülmesiyle girebilmişti. Füreya'nın yapmış olduğu seramik fincanlardan kahvemizi içerken etraftaki öbür yapıtlarını seyretmekten zevk alırdım. Her gittiğimde hayran olduğum yeni bir parça olurdu, çünkü Füreya durmadan çalışıp yeni teknikler, yeni biçimler arardı.

Leysin'de, sanatoryumda tedavi görürken ilgilendiği bu sanat dalını keşfedince, Füreya bambaşka bir kadın oldu. Sosyetenin şık bir üyesinden sanat dünyasının ciddi bir ustasına dönüştü. Değerleri değişince yaşam tarzı ve arkadaşları da değişti. Kocası Kılıç Ali durumdan hiç memnun değildi. O, karısının eskisi gibi güzel bir ev sahibesi olmasını istiyordu. Yemek davetleri vermesini, şimdiye kadar olduğu gibi yemekten sonra iskambil oyunları oynamasını, yani "kil çılgınlığına" (Füreya'nın sanatını böyle nitelendiriyordu) kapılmadan önceki gibi yaşamasını istiyordu. Karısının atölyesine kapanıp bütün gün çalışmasını istemiyor ve yeni edindiği arkadaşlarını hiç beğenmiyordu. O yaz ikisinin arasında müthiş bir gerginlik sezdim. Birkaç ay sonra da Kılıç Ali eniştem, on dokuz yıllık evliliğini ve Füreya'yı yazı masasına bıraktığı kısa bir notla terk etti.

Füreya da her şeyini haraç mezat satıp Şakir Paşa Apartmanı'nın zemin katında kendine bir seramik atölyesi kurdu. O gün bugündür hep çok çalışıp yaşamını sürdürdü. Türkiye'de ve Avrupa'da birçok sergiler açtı. Türkiye'nin en önde gelen seramikçisi olarak uluslararası ödüller aldı.

Kızıltoprak'tan şehre indiğim zaman hâlâ Berger'in eski apartmanında yaşayan Aliye teyzemi ziyaret ediyordum. Orasını, Christian Berard'ın *Chaillot'nun Deli Kadını* oyununun dekorunu anımsatan inanılmaz bir atölye haline getirmişti. İnsanlar onun yaptığı sarı votkadan içmek için günün her saatinde geliyordu. Godfrey Goodwin'in dediği gibi, "Olağanüstü mutfağına girildiğinde bir büyücünün kaplarını andıran kavanozları, konserve kutuları ve orada yaşayan ruhsal dengeleri bozulmuş güvercinler..."

Kapısını birkaç kez vurduktan sonra (çünkü zili hiç işlemezdi) teyzem kapıda görünürdü. Her zaman olduğu gibi aşırı makyajlı, darmadağınık saçları da kumaş kırpıntılarıyla tutturulmuş olurdu. "Gel, benim Şirinakim" diye beni oturma odasına çekerdi. Aliye teyzeme, hem ünlü hem yeni filizlenen aktörler, aktrisler hem de Robert Kolej'den profesörler ziyarete gelirdi. Onun sanatı, kişiliği, hafif uçukluğu, bohem yaşam tarzı bütün bu değerli insanları etkiliyordu. Örneğin, aynı zamanda İngilizce hocaları olan yazar Goodwin ile Sumner-Boyd, Aliye hakkında sık sık yazarlardı.

1974'te yayımladığı *İstanbul'da Dolaşırken* adlı kitabında Hilary Sumner-Boyd şöyle yazar:

"Aliye'nin evi, yerel sanat arenasının en civcivli, en delişmen merkeziydi. O inanılmaz apartman dairesi her zaman kitabı hiç yayımlanmamış edebiyatçılar, piyesleri sahne yüzü görmemiş oyun yazarları, bir tek resmi bile sergilenmemiş ressamlarla dolup taşardı. Çoğumuz Aliye'nin evinin ulusal bir anıt olarak ilan edilmesini ve Aliye'nin eski Beyoğlu'nun kraliçesi olarak sonsuza dek hüküm sürmesini isterdik."

Oturma odasına vardığımızda Aliye teyzem, orada bulunan başka bir misafirin yardımıyla, bana Berger'in piyanosunun yanındaki tahta sandığın üstünde duran yirmi litrelik damacanadan, kendi yapmış olduğu sarı votkayı ikram ederdi. Koca şişenin üstü çiçek ve hayvan çıkartmalarıyla, boğazı da çingene pembesi taftadan bir kurdeleyle süslenmişti. Piyanonun üzerinde, Berger'in "stradivarius"unu çalarken gösteren bir boy portresi vardı.

Her tarafta içleri dolu sigara tablaları, yarı içilmiş bira ve konyak şişeleri dururdu. Her zaman olduğu gibi Aliye teyzem çok içki ve sigara içerek karmaşa içinde yaşıyor ve saat denen buluşun yaşamına hükmetmesine kesinlikle izin vermiyordu. Avlunun öbür yanında yaşayan komşuların dediğine göre, gecenin üçünde incecik bir gecelikle, elinde içki şişesi küçük mutfağına geliyor ve eski zamanın demir ütülerine gravür yapıyormuş. O ütüler bana Bağdat'ta gördüğüm kuyrukları havada siyah akrepleri anımsatırdı.

Zaten bütün yaşamı bir kargaşa içinde geçmişti. Ama önde gelen Avrupalı eleştirmenler tarafından da beğenildiğini öğrenince daha bir rahatlamıştı. 1954'ün kışında, benim İstanbul'a gelişimden az önce, Yapı ve Kredi Bankası halkla ilişkiler amaçlı sanatsal bir yarışma düzenledi. Jüri olarak sanat dünyasının en parlak adları olan Sir Herbert Read, Lionel Venturi ve Paul Fierens seçildi. Yarışmaya katılmaya karar veren Aliye, büyük bir tuval, fırçalar ve yağlıboya aldı. Onun ilk yağlıboya çalışması olan bu tabloda, büyük bir güneş, dünyanın geniş bir arazi parçası üzerinde, etrafındaki halelerle adeta dönüyor, yuvarlanıyor ve doğaüstü bir şiddetle patlıyordu. Teyzemin resminin yarışmada birinciliği kazanması, sanat dünyasında, resmin konusuna benzer bir patlama yaptı! Yarışmaya katılan kendilerini kanıtlamış ressamlar buna fena halde bozuldular, öfkelendiler. Aldatıldıklarını ve jüri üyeleri tarafından aşağılandıklarını öne sürdüler. Ünlü ressam Bedri Rahmi, "Aliye, yerini bil" diye bir eleştiri yazısı yazdı. Her ne kadar Aliye'yi iyi bir oymabaskıcı olarak kabul ediyorlarsa da, haklı olarak, onun ressam olduğunu düşünmüyorlardı. Bu olağanüstü olay, Aliye'nin ününe ün kattı ve onu sanat dünyasında zirveye çıkardı.

O yaz sevgili Suat dayıcığımı da Boğaz'a gidip gördüm. Kandilli'de bir yalıda oturan Karadenizli bir armatörün yanında çalışıyordu. Suat dayım kimin yanında çalışırsa çalışsın, patronunun daima yakın arkadaşı, sırdaşı, kadeh tokuşturduğu dostu ve danışmanı olurdu. Onlara davranış ve görgü kurallarını öğretir, hayatın hakkını vererek dolu dolu yaşamanın felsefesini yapardı. Suat dayımı yanında çalıştıranlar onun bağımlısı olurlar, onsuz yapamazlar, onu hep yanlarında isterlerdi. Vakitlerini hep onunla geçirmek istediklerinden zavallı Suat'ın kendine ayıracak zamanı kalmazdı. Viyana'da eski bir Abwehr ajanı olan Willi Hamburger, Suat dayımı çok iyi tanırdı. Bana bir gün, "Suat ender bulunur bir insandı, başkalarına kendinden çok şey verirdi. Dostlarının, ahbaplarının dertleriyle, kendi problemi gibi içtenlikle ilgilenirdi. Arkadaşları genellikle onun bu aşırı iyiliğinden, cömertliğinden yararlanır, onu istismar ederdi, çalışmasının karşılığını tam olarak almasa bile, bunu patronlarına belli etmeyecek kadar centilmendi. Daima aldığından çok daha fazlasını vermiştir" dedi.

Ayşe teyzemin adadaki Şakir Paşa Köşkü'ne gidemediği için üzüldüğünü gören Ahmet eniştem, yine Büyükada'da iskeleye yakın, tam denizin üstünde kâgir, sevimsiz bir evi ucuza düşürüp satın aldı. Bence evin yalnız iki iyi tarafı vardı. Birincisi hemen önündeki rıhtımdan denize giriyorduk. İkincisi de eve giden yol, iki tarafı ağaçlıklı, şirin, güzel bir çarşıdan geçiyordu. Karşılıklı manavlarda rengârenk meyve ve sebze sergileri görülecek şeydi. İnsanın içini açıyordu. Adada gidecek bir yerim olduğu için memnundum ve tabii Ayşe teyzemde de birkaç gece kaldım. Oğlu Erdem hâlâ Chicago'daydı. Ama kızı Nermidil ile beraber olduk. O da bir profesörle evlenmiş ve pek tatlı bir oğlu olmuştu. Ah! benimki de yaşasaydı ne olurdu!.. O yaz evli olmama karşın erkekler etrafımda dört dönüyorlardı. Dönemin sosyete haberleri yazarı Adalet Cimcoz,[47] yazacak yeni bir konu bulmuştu. Kendine özgü tarzıyla benim hakkımda "İstanbul semalarında bir kuyrukluyıldız göründü. Kuyruğunun değdiği her şeyi yıldız tozuna buluyor" diye yazmıştı. Bir gece Moda Kulübü'nde bir akşam yemeğinde dans ederken, lame sandaletlerimi çıkartıp Marmara Denizi'ne fırlattım. Cimcoz, hemen ertesi günkü yazısında benden "Çıplak Ayaklı Kontes" diye söz etti. Yaşamımın hiçbir devresinde o yazki kadar arandığımı, beğenildiğimi ve şımartıldığımı anımsamıyorum.

Yaşadığım bu peri masalında elbette beyaz atlı bir şehzade olacaktı! O şehzade, sıcak bir temmuz gecesi, verdiğim danslı bir davete bir arkadaşım tarafından getirildi. Esmer, iri yapılı, kırk yaşlarında yakışıklı bir bekârdı.

Bu bey ya da şehzade, birkaç kez benimle dans etmek istedi; ama dansa başlar başlamaz başka erkekler gelip dansımızı kesiyorlar ve beni kapıp dansa devam ediyorlardı. Bozulduğunu anladım, çünkü dans pistinin kenarında durdu ve siyah büyülü gözlerini hiç üstümden ayırmadan bütün gece beni seyretti.

Parti hemen hemen sona eriyordu, misafirlerimin çoğu gitmişti. Yanıma gelip, "Kalan misafirlerinizle benim deniz kenarındaki evime buyurmaz mısınız, mehtapta yüzer, sonra da bir şeyler içerdik" diye önerince, henüz gitmemiş olan arkadaşlarım el çırparak sevinçle kabul ettiler. Bahçe kapısına, arabaların durduğu yere doğru yürüdük. Şehzade elimden tuttuğu gibi kimsenin arabaya binmesine fırsat vermeden, beni, üstü açık Jaguar'ına attı ve hızla uzaklaştık. Öbür arabalar bizi epey arkadan izliyordu. Meşhur Çamlıca Tepesi'ne çıktık. Bütün İstanbul ayaklarımızın altındaydı. Boğaz, mehtabın altında gümüş bir kurdele gibi parlıyor, minareler ve kubbeler şehrin inanılmaz güzellikteki siluetini sergiliyor-

47. Çevirmen ve dublaj sanatçısı Adalet Cimcoz, öykü ve şiirlerinin yanı sıra gazetelere sosyete ve toplum haberleri de yazıyordu.

du. Manzara karşısında soluğum kesildi; teatral bir tonda, "Bu anı sonsuza dek götürmek için şu anda ölmek istiyorum" dedim.

Şehzade hiçbir şey söylemeden beni hoyratça kendine çekti ve öyle ateşle öpmeye başladı ki, nefes alabilmek için onu itmek zorunda kaldım.

"Özür dilerim" dedi, "kendime hâkim olamadım." Siyah, ateşli gözlerine bakarak, "Affedersiniz ama isminiz nedir?" diye sordum.

"İsmim Şehsuvar" diye yanıtladı.

"Şehsuvar mı?" diye mırıldandım. "Ne demek?"

"Süvari komutanı" diyerek gülümsedi ve kusursuz bembeyaz dişleri göründü.

Merakla, "Ama siz kimsiniz? Ne iş yaparsınız?" diye sordum.

"Elektrik mühendisi ve müteahhidim, Anadolu köylerine elektrik götürüyorum."

"Köylüler ilk kez yanan ampulleri gördükleri zaman herhalde kendinizi sihirbaz gibi hissediyorsunuzdur."

"Elbette! O an, insana büyük mutluluk veriyor. Nasıl el çırpıp sevindiklerini görmelisiniz" dedi.

Şehsuvar'ın Erenköy'deki evinin önünden denize girip uzun uzun yüzdük, mehtaplı terasta içkiler içtikten sonra, Şehsuvar beni sabaha karşı eve getirdiğinde, babamı, beni bekler buldum. Öyle kızmıştı ki, sanki ilk partisinden evine geç dönen küçük bir kızmışım gibi beni azarladı.

O yaz, babamdan gizli Şehsuvar'la birkaç kez daha buluştum. Fatma bu gizli buluşmalarımızı destekliyordu. Çünkü Şehsuvar'a âşık olup onunla evlenirsem, İstanbul'a yerleşirim, babam da mutlu olur diye düşünüyordu. Ancak böylelikle Wes'i ve Amerika'yı bırakıp Türkiye'ye gelebilirdim.

Ağustos ortalarına doğru ne yazık ki gitme zamanı geldi. Annem New York'a dönmeden önce, bir iki haftayı onunla Londra'da geçirmemi istemişti. Ona İstanbul'da kalmayı yeğlediğimi söyleyemedim, çünkü beni kesinlikle bağışlamazdı! Güzel rüya bitmiş, gerçek, bütün kasvetiyle karşıma çıkmıştı. Kendimi zorla, ayaklarım geri geri giderek gemiye attım. Daha İstanbul'dan ayrılırken bile, geride bıraktığım her şeyi özlemeye başlamıştım.

Annemle Londra'daki beraberliğimiz hiç iyi geçmedi. Önce beni gördüğüne çok sevindi, aile hakkındaki bütün havadisleri can kulağıyla dinledi. Ona geçirdiğim yazın güzelliklerini anlatırken bütün çabalarıma karşın, tatilimin geri kalan kısmında, onunla olmaktansa, üvey annemin yazlık köşkünde olmayı yeğlediğimin farkına vardı. Kırıldı, canı sıkıldı, hatta kıskandı. Artık birlikte olduğumuz günlerin tadı kaçmıştı. Öyle sanıyorum ki Amerika'ya döndüğüm gün adeta ferahladı.

New York'a vardığımda, Türkiye'ye tekrar dönebilmek için çareler aramaktan başka bir şey düşünmez olmuştum. Geçirdiğim yazın tadı hâlâ damağımdaydı, devam ettirmek istiyordum. Ama Türkiye'ye gidersem bir daha Amerika'ya dönmeyeceğimi biliyordum. Bu da beni korkutuyordu. Gerçekten Wes'i bırakmak, Türkiye'de babamla yaşamak istiyor muydum? Amerika'da bir aktris olarak çalışmak isteğinden vaz mı geçmiştim? Güzel bir tatil başka, insanın tüm yaşamını değiştirmesi başkaydı. Bir psikiyatra bile giderek, bütün bu karmaşık duygularımı, düşüncelerimi tartıştım. Hiçbir işe yaramadı. Wes, bir çıkmazda olduğumu biliyordu, ama her zamanki gibi beni şu ya da bu şekilde etkilemek istemiyordu.

Bütün kış, fikrimi yüz kez değiştirdikten sonra, İstanbul'a dönmemeye ve New York'ta kalmaya karar verdim. Kararımın kesin olduğunu ispat etmem için hemen manken olarak iş aramak üzere Yedinci Cadde'deki moda firmalarına gittim. İlk başvurduğum firmada, yeni birine ihtiyaç yoktu. İkinci firmada beni uzun boylu buldular. Üçüncü firmaya gittiğimde bir satıcı, üstüme doğru bir elbise fırlattı, "Bunu giy" diyerek soyunma odasını işaret etti. Sonra "Patrona göster" diye ekledi. Giyinip patronun bulunduğu dört bir yanı aynalı salona girdiğimde, kısa boylu, tıknaz, kır saçlı bir adamın koltukta oturmuş ayakkabılarını boyattığını gördüm. Tombul parmaklarının arasında bir puro, dalmış, gazetesini okuyordu. Girdiğimde kılı kıpırdamadı. Yürüyüp önünde durdum. Bana yıllar gibi uzun gelen bir süreden sonra lütfedip başını kaldırdı ve yüzüme bakmaya tenezzül etmeden belimden aşağı bir göz attı, "Kalçalar fazla geniş" diye mırıldandı. Yine yüzüme bakmadan eliyle sinek kovar gibi bir hareketle odadan çıkmamı işaret etti.

O an kendimi ayak altında ezilmiş bir böcek gibi hissettim. Gözlerim yaşlı, soyunma odasına koştum. Elbiseyi yırtarcasına üstümden çıkarıp fırlattım. Alelacele giyindim ve kapıyı arkamdan olanca kuvvetimle çarparak kendimi sokağa dar attım.

Kararsızlık içinde olduğum bu devrede, o adamın kabalığı, bardağı taşıran son damla oldu. Bazen insanların yaşamında küçük bir olay, ne büyük değişikliklere yol açabiliyor... Aslında bunun farkına varmak ürkütücü. Ara sıra aklıma gelir de düşünürüm, acaba o firmaların birinde iş bulsaydım, hayatım bambaşka bir yönde gelişir miydi?

O gece Wes'e Türkiye'ye gitmem gerektiğini söyledim. Sonra da "Bak sevgilim" dedim, "bu kez geri dönmeyebilirim." Tehdidimi duymazlıktan geldi; "İstediğin buysa git canım" dedi; "ben yaz tiyatrolarının birinde bir iş bulurum. Eylülde yine beraber oluruz." Sonra da kucaklayarak, "Biliyorsun seni ne kadar seviyorum; beni, daima seni bekler bulacaksın" diye ekledi.

Neden bu kadar anlayış gösterdi? Neden ağırlığını koyup da bana, "Hayır efendim, gitmeyeceksin" demedi? Neden, "Cehenneme kadar yolun var" demedi?..

20

Nerede çokluk, orada...

İstanbul'a döndüğümde yine herkes tarafından aşırı ilgi ve muhabbet görmeye başladım. Hele Şehsuvar'ın bu derece sevinmesi beni çok şaşırttı, çünkü bir yıl önceki ilişkimizin yalnızca bir yaz kaçamağı olduğunu sanmıştım. Hiç mektuplaşmadığımız için de, üzerinde böyle bir etki bıraktığımı bilmiyordum. Bana gelince, doğrusu bu yıl onu daha da çekici bulmuştum, dokunduğu anda bütün vücudum elektrikleniyordu. Bu herhalde babamın söylediği "ten anlaşması" olacaktı. Bütün çevremize ve dünyaya boş vererek çılgınlar gibi bir aşk macerasına girdik.

Diller durur mu? Derhal teoriler üretildi. "Belli ki Şirin İstanbul'a Şehsuvar için geldi, ama bakalım Şehsuvar onu alacak mı?" Ya da, "Bakalım Şirin film yıldızı gibi kocasını ve Amerika'yı bırakır mı?"

Babam bunları duymazlıktan geliyordu. Ama üvey annem Fatma beni çok destekliyordu. İşlerin kıvama geldiğine karar verince, o güzel köşkünde, mehtapta bir yemek daveti düzenledi. Şehsuvar'ı ve onun çok bağlı olduğu, eşinden ayrılmış olan ablası Reyan'ı da davet etti. Ailem tarafından ilk kez resmen davet ediliyorlardı. Şehsuvar harika bir hediye getirmişti. İki adet kelebek şeklinde üstü pırlantalarla işlenmiş kırmızı mineli iğne. Herkes biliyordu ki Türkiye'de evlenmeye niyeti olmayan bir erkek, kızın ve kendi ailesinin yanında, ilgilendiği kıza böyle değerli bir hediye vermez. O nedenle biz kelebekleri evlilik teklifi olarak değerlendirdik.

İstanbul'a geldiğimden beri Wes'e defalarca evliliğimizin bittiğini ve artık Türkiye'de ailemle, kendi insanlarımla birlikte yaşamak istediğimi yazdım. O ise bana inanmamakta ısrar ediyordu. Benim karmaşık bir devreden geçtiğime ve er geç kendime gelip ona döneceğime inanmıştı. Ona telefon edip beni boşaması için yalvardığım zaman bile böyle bir şeye yanaşmıyordu. Sonunda onu inciteceğimi bile bile her şeyi açıkça söylemek zorunda kaldım. "Başka birine âşığım" diye telefonda ağladım. "Onunla evlenmek istiyorum. Ne olursun, boşanalım!"

Uzun bir sessizlik oldu, sonra Wes telefonu kapadı. O zaman onun duyduğu acıyı ben de hissettim, hıçkırmaya başladım. Babam odadaydı, şaşırdı. "Niçin ağlıyorsun kızım. Ondan ayrılmayı sen istemedin mi?" Ben daha da kuvvetli hıçkırmaya başlayınca, o bembeyaz, gür saçlı başını salladı, "Şu kadınlar! Ben de onları anladığımı sanırdım" dedi.

Wes boşanmaya itiraz etmeyeceği konusunda gerekli kâğıdı gönderince, çocuk ve nafaka derdi de olmadığından, Türk mahkemesinde bir celsede boşandık.

Ocak 1956'da Şehsuvar'la nikâhımız kıyılır kıyılmaz, aile ziyaretlerinden oluşan balayımıza çıktık. İlk durağımız Londra oldu. Emir Zeyd bizi elçilikte nefis bir şekilde ağırladı. Oradan annem yeni kocamı görsün diye Paris'e gittik. Kısa bir süre için Rue de Grenelle'deki stüdyosunda kalıyordu. Poliakoff ve Pichette adlı ressamlarla Dina Vierny Galerisi'nde çok başarılı bir sergi açmıştı. Bize stüdyosunda bir akşam yemeği verdi. Yemek Fauchon'dan ısmarlanmıştı. Nejad'la Polonyalı karısını da davet etmişti. Anne ile oğulun arası artık iyi olmadığından aile yemeğimiz biraz gergin geçti. Üstelik de annemin Şehsuvar'dan pek hazzetmediğini hissettim. Zengin bir işadamı olan Şehsuvar, entelektüellerden hoşlanan annemin pek tipi değildi. Akşamın sona ermesini güç bekledim. Paris'ten Floransa'ya, Şehsuvar'ın sanat tarihi okuyan yeğeni Esra'yı görmeye gittik. Sonra da İstanbul'a dönüp onun Ayaspaşa'daki dairesine yerleştik.

Müteahhidin verdiği söze rağmen Şehsuvar'la ablası Reyan'ın Erenköy'de deniz kıyısında yaptırdıkları villa bir türlü bitmek bilmiyordu. O nedenle ilk yazımızı villanın bahçesindeki iki yatak odalı, tek banyolu küçük misafir evinde geçirdik. Eğer Esra Floransa'dan yaz tatilini geçirmeye gelmeseydi, bir de on yaşındaki kardeşi Mehmet olmasaydı, problem olmayacaktı. Ama iki odanın birini Esra ile Mehmet işgal ediyordu. Ev yarı yarıya Şehsuvar'la Reyan'a ait olduğu için Reyan, yazı Avrupa'da arkadaşlarıyla geçirirken, çocuklarının da dayılarıyla, deniz kıyısındaki küçük evde kalmalarını uygun görmüştü. Şehsuvar çocukları kendi çocukları gibi seviyordu ve aynı evde olmalarını normal karşılıyordu. Ben de onları seviyordum ama daha beş aylık gelinken, cicianne rolünü oynamak bana garip geliyordu. Ayrıca böyle küçük bir yerde tıkış tıkış yaşamak da sıkıcıydı. Sevişirken ses çıkarmamaya çok dikkat ediyorduk. Bir defasında küçük oğlan dışardan panjurları açıp içeri bakınca bizi uygunsuz durumda yakaladı.

O yazın asıl tadını kaçıran olay benim ikinci çocuğumu da düşürmem oldu! Amerika'daki doktorum gibi Türk doktor da kan grubumu kontrol etmeyi düşünmemişti. Böylelikle çocuk düşürmem yine esrarını korudu. Evlat sahibi olmak için çırpınan Şehsuvar da ben de büyük bir düş kırıklığına uğradık.

Sonbaharda yine küçük apartmana döndük. İstanbul'da yaşamanın en büyük zevklerinden biri, günün hangi saatinde olursa olsun, ailenin bireylerini çat kapı ziyaret edebilmekti. Öğle yemeğine babama, bir çay içmek için Füreya'nın atölyesine, sarı votka saatinde Aliye teyzemin dağınık evine veya bir kadeh viski için sevgili Suat dayıma... Onlarla günlük haberleri, sevinçleri, üzüntüleri paylaşmak ne büyük zevkti. Bu zevki, bu lüksü Amerika'da hiç bulamamıştım.

Kısa bir süre sonra gördüm ki Şehsuvar kıskanç ve karısına sahip çıkan bir erkek! O derece ki iş için kısa seyahatlere gittiğinde benim gece çıkmama, arkadaş grubuyla bile olsa, izin vermiyordu... Şimdi geriye baktığımda bu kısıtlamalara nasıl katlanmışım, nasıl aldırmamışım hayretler ediyorum.

1957'nin yazında Şehsuvar'ın kardeşi Reyan, çocukları ve dört yardımcı, büyük eve taşındık. İşte orada anlaşmazlıklar iyice su

Şirin Devrim, kısrağıyla sık sık gezintiler yapardı.

yüzüne çıktı. O yazı bir karabasan gibi anımsıyorum. Bütün ev halkı (özellikle ben) ne düşünmeden, aptalca ve yıkıcı şekilde hareket ettik!..

Koca ev, iki aile için ayrı mutfaklı, ayrı giriş kapılı olacağına, büyük tek bir aile için inşa ettirilmişti. Şehsuvar ve ablası için iki ayrı yatak odası bölümü yapılmıştı. Bunlar katedral tarzındaki tavanın altında, elde oyulmuş ahşap bir balkonla birleşiyordu. Daha önce Şehsuvar evlenmeyi düşünmediği için, evin planı ona uygun gelmişti. Ablası evi idare edecek ve evin hanımı olacaktı. Ama şimdi araya ben girince kimin ev hanımı olacağı konusunda problem çıktı. Üçümüz oturup, açık açık konuşarak problemi mantıklı bir şekilde halledeceğimize, işi gizli yarışmaya yönelttik.

Bolulu aşçımız bile kimden emir alacağını bilemez olmuştu. Reyan'dan mı, benden mi? Bir gün bağırdı: "Bu evin hanımı kim, bilemiyorum ki? Kimden emir alacağım? Bir ipte iki cambaz oynamaz!"

Sonunda Şehsuvar dedi ki: "Bırak evi Reyan idare etsin. Güzel kafanı ev işleriyle mi yoracaksın? Yazın keyfini çıkar, hiçbir şeyi kendine dert etme!" Oysa evi idare etmek hoşuma gidiyordu. Çarşıya çıkıp taze sebzeler, meyveler almak benim için bir zevkti. Ama evde huzur olsun diye peki dedim.

Ama huzur, o yaz bana hiç nasip olmadı. Evin içi ve bahçesi insanlarla dolup taşıyordu. Benim akrabalarım, Şehsuvar'ın, Reyan'ın, Esra'nın ve Mehmet'in akrabaları, arkadaşlarımız... Öğle yemeğine gelenler çaya, çaydan sonra da akşam yemeğine kalıyorlardı. Kimi yüzmeye, kimi yatmadan önce mehtapta bir içki içmeye geliyordu. O zaman anladım ki, İstanbul'da deniz kenarında evin varsa bir an bile yalnız kalıp başını dinleyemezsin!

Ev halkı, Irak Kralı II. Faysal'ın kardeşim Raad'la İstanbul'a gelmesiyle büsbütün arttı. Ailesinin en yakın bireyleriyle İstanbul'a tatile gelen Faysal'ın beş yüz tonluk yatı Aliye, Boğaz'a demirledi. Yat, kralın vefat etmiş olan annesinin adını taşıyordu. Cambridge'den yaz tatilini geçirmeye gelen kardeşim Raad, kral ve ailesi yatta kalıyorlardı. Bu ara Emir Zeyd Londra'dan, kralın yokluğunda naiplik etmek için, Bağdat'a gitti.

İstanbul'a gelir gelmez kral ile Raad'ı günü birlikte geçirmek üzere bize davet ettim. Bir Chris-Craft ile geldiler. Kralın korumaları ve Türk emniyet görevlileri iki ayrı motorla onları izlediler. Evin önündeki terasta çam ağaçlarının altında sofra hazırladık. Esra'nın arkadaşlarından birkaç da genç kız davet ettik. Güneşli tatlı bir yaz günüydü, hafif meltem esiyordu. İkisi de yirmilerinde olan Faysal ile Raad su kayağı yaptılar, yüzdüler ve güzel Türk kızlarıyla birlikte olmaktan çok mutlu oldular. Gerçekten başarılı bir davetti ve genç kral nefis bir gün geçirdi. Ben, o zavallı genç adamın dört yaşından beri kral olma nedeniyle nasıl baskı altında yetiştiğini çok yakından biliyordum; onun için Faysal eğlendikçe ben mutlu oldum.

Faysal beni de aileden sayardı; onun için hemen her aklına estiğinde, hangi saat olursa olsun, mayosuyla Chris-Craft'ına atladığı gibi on beş dakikada soluğu bizde alıyordu.

O olağanüstü yaz, evimizin devamlı misafirlerinden biri de Haydarabad nizamının torunu Bereket idi. O da İngiltere'deki okulundan annesi ve erkek kardeşiyle İstanbul'a tatilini geçirmeye gelmişti. Annesi, Halife Abdülmecid Efendi'nin kızı, atmacayı andıran Osmanlı burnuyla heybetli bir kadın olan, Dürrüşehvar Sultan idi. Bereket, Kral Faysal'ın yakın arkadaşıydı. O da Faysal gibi su kayağını seviyordu ve kız arkadaşıyla bize sık sık geliyordu. Yeğenimiz Esra, Bereket'i bir davette tanımış ve ona vurulmuştu. Buna rağmen Bereket ile kız arkadaşını büyük bir zarafetle karşılıyor, onları ağırlıyor ve daha sık gelmeleri için ısrar ediyordu.

Zaten kalabalık olan ev bir de bu gençlerin istilasına uğramıştı. Buna emniyet görevlilerini ve korumaları da eklerseniz, mutfağın, ev halkından başka, en az yirmi kişi daha doyurmak için her an hazır olması gerekiyordu. Ama görümcem Reyan, kralın öbür davetleri reddederek devamlı bize gelmesinden son derece gurur duyuyordu. Üstelik Faysal'ın kızı Esra ile ilgilendiğini gördükçe, doğrusu ya, fazla işten hiç yüksünmüyordu.

Esra, Faysal'dan daha uzun boyluydu. Vücudu mütenasip, bacakları çok güzel ve uzundu. Dalgalı kumral saçları, yuvarlakça bir siması ve çıkık elmacık kemikleri vardı. Candan gülümsemesi insanın içini ısıtırdı. Ama benim en beğendiğim tarafı nazik ve uyumlu kişiliğiydi. Bizim terastaki söğüt gibi o da rüzgâr nereden eserse o tarafa yönelirdi. Faysal'ın ona hayranlığı açıkça görünüyordu. Reyan tabii fevkalade mutluydu. Kralın Esra ile evlenip onu Irak kraliçesi yapacağını umuyordu. Reyan'ı hayalleriyle baş başa bırakıp olayların akışını bekleyeceğime, hayatımın en büyük gafını yaptım ve boş yere umutlanmaması için onu uyarıp, "Faysal kesinlikle Esra ile evlenmez" dedim.

Kral Faysal'ın Mısır Prensesi Fazıla ile evlenmesi bekleniyordu ve ben bunu biliyordum. Fazıla, Prens Mehmed Ali ile ondan çok genç karısı Osmanlı Prensesi Hanzade Sultan'ın kızıydı. Hanzade birçok kişi tarafından dünyanın en güzel kadını olarak nitelendirilirdi. Yazın sonuna doğru Fazıla, ailesi ile İstanbul'a gelecek ve Kral Faysal ile nişanları ilan edilecekti.

Faysal'ın yirmi bir yaşında kral olması üzerine Emir Abdülillah naiplikten çıkarak kendini veliaht ilan ettirmişti. Kral Gazi'nin vefatından ve Ana Kraliçe Aliye'nin kansere yenilmesinden sonra Emir Abdülillah Faysal'a tam anlamıyla babalık ediyordu. Faysal'ın evleneceği ve Irak kraliçesi yapacağı kız olarak büyük bir titizlikle Fazıla'yı seçmişti. Amcasının öğütlerini kulak arkası etmediği için, genç kralın amcasının uygun gördüğü kızla evlenmeyip Esra ile evlenmesi pek düşünülemezdi.

Bütün bunları Reyan'a anlatmama karşın o umudunu yitirmiyor, kral, Esra'ya âşık olursa onunla evlenir diye düşünüyordu. Belki de haklıydı. Benim de kralın ailesiyle yakınlığımı bildiği için, onların yanında Esra'yı övmemi istiyordu. Ama ben onun hayal ve umutlarını paylaşmadığım için aynı heyecanı gösteremiyordum.

O zaman da Esra'nın kraliçe olmasını istemediğimi sandı. Hatta, kral ailesine Esra'nın aleyhinde bulunduğumu düşünecek kadar ileri gitti. Bunu kardeşi Şehsuvar'a bile söyledi. Artık Reyan da Esra da evde beni düşman gibi görür olmuştu. Evin içindeki entrikalar ve suçlamalar dayanılmaz bir hal almıştı. Bu arada gençlerin terastaki mehtap partileri bütün hızıyla devam ediyordu. Ben ise kendimi kapana kısılmış hissediyordum.

O ara bütün bu hengâme içinde annem Londra'dan geldi ve Kilyos'ta bir otele yerleşti. Evden annemin oteline gidiş, araba vapuru ve yol, bir buçuk saat alıyordu. Evin içindeki sıkıntılar yetmiyormuş gibi bir de karşıma annemin talepleri çıktı.

14 Temmuz[48] Bastil günü annemin şerefine bahçede büyük bir öğle yemeği verdik. Kralı, teyzelerini, Bereket'i, annesi Dürrüşehvar Sultan'ı (annem onu Londra'dan iyi tanırdı), Bereket'in kız arkadaşını, Şakir'lerden bazılarını ve Esra'nın kız arkadaşlarını davet ettik. İstanbul'da bir yazlık evde verilen her öğle yemeği gibi bu da bütün gün sürdü.

Eğer o gün yemekte bir falcı olsaydı, inanılmayacak bazı olayları önceden haber verirdi.

Örneğin bana, "Sen Şirin, gelecek yıl bu tarihte Beloit, Wisconsin'deki Court Tiyatrosu'nda sahneye çıkacaksın" derdi. Ben de ona, "Olamaz!" diye yanıt verirdim. "Sevdiğim erkekle evliyim. İstanbul'da güzel bir evde oturuyorum. Beloit'te ne işim var? O eski bir olaydı, geçmişte kaldı!"

Falcı sonra anneme dönüp, "Nisa, seneye bugün, seni Ischia'daki villanda görüyorum" diyerek annemi şaşırtırdı. Annemse, "Ischia mı, orası da neresi? Varlığından bile haberim olmadığı bir yerde nasıl yaşarım?" derdi. Falcı, "Biliyor musun Nisa, şimdi Bağdat'ta naip olan kocan oradan döndükten sonra Irak topraklarına bir daha adım atmayacak" diye devam etseydi, annem, "Saçmalamayın!" der, geçerdi.

Falcı eğilip Esra'nın kulağına, "Bereket'in kız arkadaşı var diye üzülme. O seninle evlenecek ve sen Haydarabad nizamının karı-

48. Fransızların ulusal bayramı.

sı olacaksın!" dediğinde, tabii Esra ona şöyle yanıt verirdi: "Nasıl olur? Yaz sonunda Floransa'ya okula dönüyorum. Bereket de İngiltere'ye okuluna gidecek. Belki de birbirimizi bir daha hiç görmeyeceğiz."

Sonra kuzenim Erdem ve nişanlısı Gökçen'e dönen falcı, "Londra'ya atanacaksın Erdem! Gökçen'le Türk Büyükelçiliği'ne ikinci kâtip olarak gidiyorsun, bir de oğlunuz olacak ve adını Ahmet koyacaksınız" derdi.

En sonunda Kral Faysal'a dönerdi ve üzgün bir sesle, "Sen ise genç adam, gelecek sene bugün, ölümcül yaralar alacaksın" derdi...

O zaman aklımızdan bile geçmeyen bütün bu şeyler bir bir gerçekleşti.

26 Temmuz'da Erdem'in düğününde meydana gelen anlamsız bir olay bir sürü başka olaylara ve evliliğimin sona ermesine yol açtı. Şehsuvar'ın rüküş ve kaçık diye nitelendirdiği Aliye teyzem o gece içkiyi biraz kaçırmıştı. Küçük bir nezaketsizliğinden ötürü başkalarının yanında Şehsuvar'ı azarladı. Onun bu düşüncesiz hareketi Şehsuvar'ı son derece öfkelendirdi. O gece düğünden sonra yatak odamızda kendi ilişkimizle hiç ilgisi olmayan bir tartışmaya girdik. Birbirimizi hâlâ çok seviyorduk, ama sanki ailelerimizin savunma avukatı gibi onlar adına karşılıklı hakaretlerde ve suçlamalarda bulunduk. Hele Şehsuvar, benim, Esra'nın Kral Faysal ile evlenmesini engellemeye çalıştığımı söyleyince isyan ettim.

Ertesi sabah şoföre beni anneme götürmesini söyledim. Onu gördüğüm vakit de sinirlerimin son derece bozulduğunu, artık bana kâbus gibi gelen ev halkını görmeye katlanamayacağımı anlattım. Annem beni böyle çılgın gibi görünce çok üzüldü. Sonucun neye varacağını hiç düşünmeden planlarını değiştirdi ve kendime gelmem için beni İtalyan Rivierası'na götürmeye karar verdi. Yazın geri kalan bölümünü orada geçirip her şeyden uzak, kafamı dinleyecektim.

Bu gibi durumlarda aileler genellikle işleri yatıştırmak isterler. Oturup konuşarak iki tarafın barışmasını sağlamaya çalışırlar. Benim ailem bunun tam aksini yaptı. "Şirin ne diye bunlara katlanacakmış" dediler. Benim için neyin iyi olacağını doğru dürüst düşünmeden annemin kararını alkışladılar. Tabii benim ilk başta anneme gitmemem en akıllıca hareket olurdu, çünkü annem sevdiği insanı mutsuz görmeye dayanamazdı. Ben, evden kısa bir süre için ayrılmalıydım. Sakinleşip olayları enine boyuna tarttıktan sonra evime dönmeliydim. Oysa, annemle böyle aniden gidişimiz kocama savaş açmak gibi oldu. Dedikodu yazarları, Şehsuvar'ı terk ettiğimi yazdılar. Sözde, vereceğimiz yemekli bir dans partisini iptal etmişim ve prenses annem beni İtalya'ya götürüyormuş. Göründüğü kadarıyla, boşanma kaçınılmazmış.

Hareket etmeden az önce, işleri büsbütün berbat etmek için, annem kral ile Raad'a o eve bir daha ayak basmamalarını tembihledi. Reyan ile Esra fena halde kızdılar. Şehsuvar ise bu gidişim karşısında çok kırıldı, hepimiz de aptalca davrandık! En başta ben!..

Ağustosun başlarında annemle yola çıktığımızda, her zaman olduğu gibi Şakir Paşa ailesi bizi geçirmeye geldi. Roma'daki Irak Elçiliği'ne vardığımızda İtalyan Rivierası'ndaki en iyi sayfiye yerlerinin dolu olduğunu öğrendik. O sırada aklımıza, Suat dayımın uçağa binerken bize uzaktan seslenerek, "İtalyan Rivierası'nda yer bulamazsanız Ischia'ya gidin, Kapri Adası'na yakın pek şirin bir yerdir" dediği geldi. Birkaç telefondan sonra Ischia'da ikinci sınıf bir otelde yer bulduk. Napoli'den bindiğimiz vapur bizi kısa bir yolculuktan sonra Ischia'ya bıraktı. Burası turkuvaz rengi koylarıyla, iki yanı zakkum ağaçlı parke taşlı yollarıyla, at arabalarıyla, bize Büyükada'yı anımsattı.

Ruhumun sıkıntısından adanın güzelliklerini görecek durumda değildim. Son derece pişmandım; yaptığım hatanın büyüklüğünü görüyor, üzülüyor ve geleceğimden korkuyordum. Annem, perişanlığımı fark ettikçe ne yapacağını bilemiyordu. Öyle sanıyorum ki, o da düşünmeden, fazla acele hareket ettiğimizi anlamıştı. Hatta bir gece elinde makas banyoya gitti, tuvaletin kapağını kapayıp üstüne oturdu, hem öfkeyle aynaya bile bakmadan saçlarını kesiyor hem de "Mademki kocanı bu kadar seviyordun, ne diye öyle çılgınlar gibi bana geldin? Benden ne bekliyordun? Ne yapmamı istiyordun? Bütün isteğin evden uzaklaşmaktı. Ben de senin istediğin şeyi yaptım. Neredeyse seni İtalya'ya getirdiğim için beni sorumlu tutacaksın" diye beni azarlıyordu.

Ben de ağlaya ağlaya, "Beni affedin anne, çok üzgünüm" deyip duruyordum. Kaderin cilvesine bakın ki o günlerde Ischia'ya gitmemiz benim evliliğimi sona erdirdi; ama Emir Zeyd'in hayatını kurtardı.

Ağustos sonuna doğru beklendiği gibi Kral Faysal ile Prenses Fazıla İstanbul'da nişanlandılar. Faysal Bağdat'ta eşiyle yaşayacağı bir saray inşa ettiriyordu. O biter bitmez düğün bir yıl içinde yapılacaktı. Emir Abdülillah, kraliçe olacak Fazıla'nın bu bir yıl içinde Londra'da bir "finishing school"a (etiket okulu) gitmesini önerdi. Annesi Prenses Hanzade de onu hemen istenilen okula yazdırdı.

Ischia'dan İstanbul'a döndüğümde, barışmanın söz konusu olamayacağını anladım. Gerçi Şehsuvar'la hâlâ birbirimizi seviyorduk, ikimiz de ayrılmak istemiyorduk; ama çok tatsız şeyler olmuş, ok yaydan çıkmıştı. Geriye dönüş yoktu. Eşyalarımı almak için Erenköy'deki eve gittiğimde Şehsuvar'ı son kez gördüm. Yatak odamızın kapısında durmuş, büyük siyah gözlerinden yaşlar akıyordu. "Seni bırakmakla sanki kolumu kesiyorum" dedi. Ben de ağlayarak merdivenlerden inerken, düşüp ayağım kırılsa da gidemesem diye dua ediyordum.

Şehsuvar'a boşanmak için gerekli vekâleti verdikten sonra Londra'daki Irak Elçiliği'ne yerleşmek üzere yola çıktım. Orada bir sefir kızı olarak yaşamımı sürdürecek, davetlere, kabul törenlerine gidecek, anneme de konuk ağırlama konusunda yardım edecektim. Ama bütün kış, evliliğim böyle aniden sona erdiği ve Şehsuvar'ı hâlâ sevdiğim için kendimi mutsuz ve perişan hissettim. Allah'tan sevineceğim bir şey oldu; Erdem ile Gökçen Londra'daki Türk Elçiliği'ne atandılar; Erdem elçilikte sekreterdi. Onlara içimi dökebiliyordum. Anneme bu konuyu açamazdım, sızlandığımı görürse sinirlenip beni azarlardı. Pisi pisine sona eren evliliğimin yasını tutamamak ve annemin karşısında hiçbir sıkıntım yokmuş gibi davranmak çok zordu. O günler yaşamımda geçirdiğim en mutsuz devredir.

Zavallı anneciğim başarısız da olsa, beni oyalamak için çaba sarfediyordu. Bir sabah, beni Buckingham Sarayı'nda diplomatlar için verilen yıllık resmi kabule götüreceğini ve kraliçeye takdim edeceğini söyledi. Sonra terzisine o gün giymem için beyaz kalın satenden uzun kuyruklu, askısız bir tuvalet diktirdi. Beyaz saten ayakkabılar, uzun süet eldivenler aldı. O gece takmam için bana kendisininkilerden bir sıra inci verdi. Beyazlar içinde sosyeteye ilk tanıştırılan bir genç kıza benzemiştim. Kabul resmi sırasında elçiler, aileleri, elçiliklerin önde gelen memurları gruplar halinde kocaman salonun bir duvarı boyunca ayakta bekliyorlardı. Kraliçe Elizabeth de arkasında ailesinden birkaç kişiyle yavaş yavaş, el sıkarak, hal hatır sorarak önümüzden geçti. Konukların kimi reverans yaptı, kimi de yalnızca başını eğdi. Annem beni Gloucester düküne tanıştırdığı zaman dük, "Ama sevgili Prenses, kızınızı şimdiye kadar nerede saklıyordunuz?" diye sordu. Annem ile Emir Zeyd Londra'ya geleli on bir yıl olmuştu. Annem ne yanıt vereceğini bilemedi, güldü, "Hah, hah, hah, kızım seyahat ediyordu" dedi. Nasıl, "Sürekli evlenip boşanıyordu" diyebilirdi. Her şeyden önce boşanmış kadınların saraya takdim edilmeleri kurallara aykırıydı.

Tören bitip de konuklar öbür kabul salonuna dağıldığında, Emir Zeyd'in bir köşede Başbakan Harold Macmillan ile konuştuğunu gördüm. Beni uzaktan görünce yanına çağırdı. Annesi Amerikalı olan Macmillan'a "Bu benim Amerikalı kızım" diye tanıttı. "Amerikan aksanlarını çok iyi taklit eder. Hadi Şirin, başbakana bir iki yörenin aksanını taklit et." Ben de ona bir cümleyi Güney, Orta Batı ve New York aksanıyla söyleyince pek hoşuna gitti. O sırada Macmillan'ın tam arkasında bir kanepede Winston Churchill'in oturduğunu gördüm. Az sonra Churchill'in yanına Clement Attlee de gelmez mi! O an üç İngiliz başbakan arasında duruyordum. "Hey, fotoğrafçılar, neredesiniz?" diye düşündüm. Doğrusu bu tarihi anı, gelecek için belgelemeyi çok isterdim!

O sonbahar Londra'da bir sürü konuğumuz oldu. Prenses Hanzade, kraliçe olacak kızı Fazıla'yı okulunda ziyaret etmek için geldi ve elçilikte kaldı. Veliaht Prens Emir Abdülillah da siyasi bir toplantıya katılmak ve Savile Row'daki terzisine uğramak için konuğumuz oldu. O sıralarda emir, ünlü bir Irak şeyhinin kızı olan üçüncü karısıyla evliydi. Karısına ve kız kardeşlerine hediyeler alması için onunla alışverişe çıktım. Emir ile ben birbirine bağlı iki kuzen olarak kalmıştık.

Bir sabah Emir Zeyd'in giriş katındaki yazı odasının önünden geçerken sesler duydum. Hayretler içinde, Emir Zeyd'in, Emir Abdülillah'ı Türkçe azarladığını işittim. Türkçe konuşması çok garibime gitti. Genellikle yeğeniyle Arapça konuşurdu. Üvey babamın böyle sert çıkışını da hiç duymamıştım, adeta bağırıyordu. Mermer holde kalakaldım. Tabii ister istemez söylenenleri duyuyordum. Emir Zeyd kızgın bir sesle, "Müstakbel kraliçemiz ne diye bir İngiliz 'finishing school'a gidiyormuş? Bu Irak halkının hiç de hoşuna gitmez" diyordu. Emir Abdülillah konuya fazla önem vermiyormuş gibi bir ses tonuyla, "Kraliçe olarak nasıl hareket edeceğini ancak İngiliz okullarında öğrenebilir. Hangi ülkenin İngiltere kadar çok kraliçesi oldu?" diye karşılık veriyordu. "Arap dünyasındaki korkunç İngiliz aleyhtarlığını unutuyorsun galiba" diye Emir Zeyd devam etti. "Nasır'ın her radyo istasyonundan bizim aleyhimize nasıl atıp tuttuğunu, biz Haşimilerin, nasıl emperyalistlerin dalkavukları olduğumuza dair söylediklerini duymuyor musun?"

Abdülillah kızgın bir sesle, "Amca, lütfen bana o demagogdan bahsetme" diye yanıt verdi.

"Senin, niçin bu kadar İngiliz dostu bir politika izlediğini hiç anlamıyorum. Şunu bil ki bizim onlara ihtiyacımız yok. Onların bize var. Onlar bizim petrolümüze muhtaç!" Emir Abdülillah susuyordu, Zeyd devam etti, "Çatışmaya yol açacak bir yöne girme oğlum. Eğer dikkatli olmazsan bir albay elinde silahıyla karşına çıkabilir."

Abdülillah soğuk ve kontrollü bir sesle, "Aman amca!" dedi, "Abartıyorsun. Üstelik bir kızın hangi okula gittiği kimin umurunda?"

Bir iskemle gıcırtısı duyunca, kulak misafiri olarak yakalanmamak için hemen kaçtım.

Annem, beni oyalamak amacıyla, bir başka öneride daha bulundu. Otuz ikinci yaş günümde elçilikte büyük bir parti vermemi ve şimdiye kadar Londra'da beni davet eden herkesi davet etmemi istedi. Konuklarımdan biri sokağımızın karşısındaki Haydarabad Evi'nde oturan Prenses Dürrüşehvar idi. Bana Esra'nın Floransa'ya dönmediğini, Londra'da sanat tarihi okuduğunu ve oğlunun da onu sık sık gördüğünü söyleyince Esra için çok memnun oldum. "İstediğini elde etti, akıllı kız" diye düşündüm. Kısa bir süre sonra Esra Bereket'le evlendi ve Haydarabad nizamının karısı oldu.

Asık suratımdan bıkan ve yaşama sevincimi yitirdiğimi gören annem, beni Amerika'ya yollarsa Şehsuvar'ı unutabileceğimi düşündü. Eski arkadaşlarımı görmek, eski uğraklarımı ziyaret etmek bana belki yarayabilirdi. Böylece bana bir vizon etol bir de uçak bileti vererek Amerika'ya yolcu etti.

New York'ta çok sevdiğim arkadaşlarım Sara ve Sinan Korle ile kalırken (Sinan sonradan Birleşmiş Milletler'de protokol şefi oldu), Beloit'teki Court Tiyatrosu'nun yöneticisi, Kirk Denmark'tan bir telefon geldi. Yedi yıl önce o tiyatroda sanat yaşamıma ilk adımımı atmıştım. Denmark 1958 yazında tiyatrosunun baş kadın oyuncusu olmamı istiyordu. Bu öneriyi derhal kabul ettim, biliyordum ki çalışmak bana en iyi gelecek şeydi.

Ben Amerika'ya gittikten sonra o ilkbahar annem de Londra'dan Ischia'ya döndü. Orayı o kadar sevmişti ki orada yazlık bir ev aldı ve adını "Villa Fahrünnisa" koydu. Londra'ya döndüğünde de Emir Zeyd'e, "Artık yeter!" dedi. "Her yaz Bağdat'a gider o öldürücü sıcaklarda naiplik yaparsın. Yeğenlerin de en güzel tatil yerlerinde fink atarlar. Ailen için şimdiye kadar gereğinden çok fazlasını yaptın. Bu yaz onları incitmeden 'hayır' de ve yeni evimizin zevkine birlikte varalım. Bak, Raad da tatilini bizimle geçirmeyi vaat etti."

Emir Zeyd, annemin bu önerisini kabul etti. Kral Faysal'ın yirmi üçüncü yaş günü şerefine elçilikte muhteşem bir kabul resmi düzenlediler. Sonra annem, Emir Zeyd ve Raad yeni villalarında Akdeniz'in mavi gökyüzü ve altın güneşi altında güzel bir yaz geçirmek üzere Ischia'ya hareket ettiler. Ama o yaz, kanlı bir mevsim olacaktı!

21

Oyun devam etmeli

14 Temmuz 1958 sabahında pencere camıma vurulmasıyla uyandım. Uykumun arasında hızlı hızlı vuruşları duyuyordum, ama uyanamıyordum. Dün, bütün gün yetmiyormuş gibi, gece de geç saatlere kadar Charles Morgan'ın *The River Line* (Nehir Hattı) piyesinin kıyafetli provasını yapmıştık. İkinci Dünya Savaşı'nda geçen oyunda Fransız direniş örgütlerinden birinin lideri rolündeydim. Öyle yorulmuştum ki yatağa kendimi zor atmıştım. Nihayet gözümü açabildiğimde camın dışında Court Tiyatrosu idarecilerinden Mrs. Gage'i gördüm. Bana telaşla pencereyi açmamı işaret ediyordu. Camı kaldırınca, "Irak'ta askeri darbe olmuş. Veliaht prens[49] ile kral ailesinden birçok kişiyi öldürmüşler. Sabah haberlerinde duydum" dedi.

Sanki biri göğsüme süngü saplamış gibi bir acı duydum. Bir şeyler söylemek istedim, ağzımdan ses çıkmadı. Kendimi tekrar yatağa attım, ana rahmindeki çocuk gibi kıvrılıp örtüleri başıma çektim. Mrs. Gage, "Üzgünüm, kötü haber vermek istemezdim ama bilmen gerekli diye düşündüm" gibi bir şeyler mırıldandı, sonra baktı ki yapabileceği hiçbir şey yok, gitti.

Bu haber benim için uzak bir ülkede yapılmış bir darbe ve hü-

---

49. Irak yönetimi ABD'nin bölgedeki çıkarları doğrultusunda oluşturulan Bağdat Paktı'nda yer almış ve Birleşik Arap Cumhuriyeti'ne karşı bir tutum izlemişti. Bunlar krallığın ülkedeki konumunun sarsılmasına, ordunun güçlenmesine ve sosyal muhalefetin orduya yönelmesine yol açtı. Abdülkerim Kasım'ın önderliğindeki Hür Subaylar Hareketi 1958'de Bağdat'ta yönetime el koydu. Kral II. Faysal, Emir Abdülillah ve Nuri Said Paşa öldürüldü.

kümet erkânının ölümü anlamını taşımıyordu. Bu insanlar benim kardeşlerim, teyzelerim, amcalarım gibi sevdiğim insanlardı, genç kızken âşık olduğum prensti. Gözyaşlarım yatağı sırılsıklam etti.

Birdenbire aklıma Kral Faysal geldi. "Aman Allahım, acaba Faysal'a ne oldu? Mrs. Gage onun hakkında bir şey söylemedi, öğrenmeliyim" diye yataktan fırladım. Acele ayağıma bir blucin çekip üstüme de bir tişört giydim. Benim kaldığım binada yalnızca, holde jetonla kullanılabilen bir telefon vardı. Ischia'yı aramak için başrejisörün evine koşarken, "Allah'tan ki Emir Zeyd'le Raad Bağdat'ta değiller" diye düşündüm. Onlar da ölecekti. İyi ki annem Ischia'da o evi almış. Kısmet işte! Rejisörün evine vardığımda bana, "Gel, gel. İçeri gir, korkunç haberi duydum" dedi. "Kim bilir ne haldesindir? İstersen bu sabahki provalara gelme, öbür aktörlerle çalışabilirim."

"Nasıl çalışabilirsin ki, hemen hemen her sahnede varım. Hayır, her şeyi programladığımız gibi yapalım. Yalnız lütfen bana transistorlu radyonu ver, onu dinlenme odasına koyalım, prova aralarında orada haberleri dinlerim. Yalnızca bana biraz daha sık ara ver, yeter" diye yanıtladım. Hemen radyoyu açtım. Spiker, "Nerede olduğu bilinmiyor" diyordu. "Yaşadığına dair rivayetler var. Resmi olmayan bir kaynaktan öğrenildiğine göre, askerler tarafından yaralı olarak bir halıya sarılmış ve olay yerinden uzaklaştırılmış."

"Bu Faysal olmalı" dedim. "Tanrım ne olur onu yaşat!" Telefonda uluslararası santral memurunu arayıp Ischia'da Forio adlı küçük köyde Café Maria'yı bulmasını istedim. Bu ara kendi kendime, "Hey Allahım! Niçin annem herkes gibi değil? Niçin herkes gibi o da telefon almaz?" diye söyleniyordum. Büyükdere'de de öyle olmamış mıydı? Resim yaparken rahatsız edilmesin diye telefon sökülmüştü. Çok önemli bir şey olursa Café Maria'ya telefon ediyorduk, onlar da villaya birini yolluyorlardı.

Café Maria ile irtibat kurunca yarım yamalak İtalyancamla derdimi anlattım. Kahvenin sahibi, "Evet, evet sinyora" dedi, "Prens Raad bir saat sonra buraya gelecek, o zaman arayınız". Telefonu kapadım ve bir saatin geçmesini beklemeye başladım.

Rejisör Kirk bana büyük bir fincan kahve uzatarak, "Al şunu iç" dedi ve "Bu durum aileni etkiler mi?" diye sordu. İçimden şu Amerikalılar ne saf oluyorlar, nasıl böyle bir soru sorar diye düşündüm. "Tabii!" diye hayretle yanıtladım, "Kral ailesinin öldürülmesi bir yana, eğer ihtilal başarılı olursa ordu yönetime elkoyar, ortada Irak Krallığı diye bir şey kalmaz. Bu da, kraliyet ailesinden olduğu için, üvey babamın işsiz, ülkesiz ve evsiz olarak sürgünde kalması demektir. Büyük bir olasılıkla Irak'taki mal varlığını kaybedecektir. Yeni hükümet her şeye elkoyacaktır!" Kirk sonunda durumu anlamıştı. "Doğrusu durum tehlikeli, peki sezon sonunda ne yapacaksın?" diye endişeyle sordu. "Bilmiyorum" dedim. "Sahi nereye gideceğim?" diye düşündüm. Gözümün önüne Londra'da elçilikteki odam geldi. Belki de orayı bir daha hiç göremeyecektim. Nitekim de görmedim.

Saat dolmuştu. Ischia'yı tekrar aradım. Kahvenin sahibi, *"Si, signora, il principe é qui"* (Evet bayan, prens burada) deyip telefonu Raad'a verdi. Üzüntüden ağlamaklı bir sesle, "Raad, sevgili kardeşim, hepiniz nasılsınız?" diye sordum. Sonra onu azıcık rahatlatmak için, "Radyo Faysal'ın hayatta olabileceğini söyledi" dedim. Raad sanki telefonda bana bir devlet sırrı veriyormuş gibi gayet alçak bir sesle, "Hiç sanmıyorum. Durum çok fena abla, çok çok fena" dedi. "Sizler nasıl öğrendiniz?" diye sordum. Yine aynı alçak sesle, "Komşularımızdan biri gelip babama Irak'ta ihtilal olduğunu söyledi. Babam önce pek önemsemedi; daha önce de böyle şeyler olmuştu. Hemen radyoyu ve televizyonu açtık, olanları öğrenince annem bir çığlık attı ve bayıldı. O saat bu saat hiç durmadan ağlıyor. Faysal'ın yaşaması için dua ediyor. 'Yaşayacaksın Faysal, yaşayacaksın' diyor. Babam zombi gibi. Hiç konuşmuyor. Ne korkunç, ne büyük felaket abla! Onları öldürecek ne vardı? Bütün o suçsuz insanları! Zavallıcıklar tatil için Türkiye'ye gidiyorlardı. Uçak bekliyordu. Madem ihtilalciler onları istemiyordu, Türkiye'ye yollasalardı ya!"

Gözlerimden akan yaşlar dinmek bilmiyordu. Aileme çok üzülüyordum. İçim kan ağlıyordu. "Raadcığım, kontrolden çıkmış bir güruh en vahşi canavardan beterdir. Lütfen anneme söyle, derhal uçağa atlar gelirdim ama şu an buradan ayrılmam imkânsız. Belki anlamayacak, kızacaktır ama sen ona anlat, emi! Oyunu bırakamam, oyun devam etmeli. Unutma, ikisi de şimdi şoktalar. Ama zaman geçip de kendilerine geldiklerinde felaketin büyüklüğünü anlayacaklar, büsbütün perişan olacaklardır. Orada onlara yalnız sen yardım edebilirsin. Kuvvetli ol!"

Sesi titreyerek, "Elimden geleni yaparım abla, söz veriyorum" dedi.

"Seni seviyorum Raad, kendine iyi bak. Yarın bu saatte yine ararım" deyip telefonu kapattım.

Öğleden sonra tiyatroda dinlenme odamızdaki radyodan ihtilalcilerin Emir Abdülillah'ın kollarını, bacaklarını kesip cesedini Bağdat sokaklarında sürüklediklerini duyunca öyle şiddetle sarsıldım ki, elimde olmadan kusmaya başladım. Kirk koştu, "Hadi Şirin, eve git ve istirahat et. Sana artık prova yok" deyip beni çıkış kapısına yöneltti.

Birkaç saat sonra gözlerim ağlamaktan kan çanağına dönmüş, midem öğürmekten ağrıyorken, *The River Line*'ın açılışını yaptık. Ama oynadığımız trajedi Bağdat sokaklarında oynanan trajediye oranla çok daha hafifti.

İki gün sonra, darbeyi yapan askerlerin son dakikada onu yaşatmaya çalışmalarına rağmen, Kral II. Faysal'ın aldığı yaralardan yirmi üç yaşında öldüğü bildirildi.

Darbenin[50] liderleri General Kasım ile Albay Arif bir devrim hükümeti kurdular ve Irak Cumhuriyeti'ni ilan ettiler. Kasım ilk cumhurbaşkanı, Arif de başbakandı. Nedense anlaşamadılar. 1963'te yapılan ikinci bir askeri darbede, Arif, Kasım'ı öldürterek kendisi cumhurbaşkanı oldu. Üç yıl sonra Arif de bir helikopter kazasında öldü. Artık bu Allah'ın işi miydi, başka bir kulun mu, onu hiç öğrenemeyeceğiz.

50. Abdülkerim Kasım, Kürtler ve komünistler gibi radikal muhalefet çevrelerini de bir araya getiren bağımsız bir Irak politikasından yanaydı. Albay Arif ise Arapların birliğini ve Birleşik Arap Cumhuriyeti'yle birleşmeyi savunuyordu. Kasım, Arif'i yönetimden uzaklaştırdıysa da büyük sorunlarla yüz yüze kaldı. Özellikle yabancı petrol şirketleri ve İngilizler, Kasım'ın bağımsızlıkçı politikasına karşı bir tutum benimsediler. Ordu içinde, Arap Sosyalist Baas Partisi'nin Irak kanadını destekleyen bir grup tarafından gerçekleştirilen darbe sonucunda Kasım öldürüldü (1963). Devlet başkanlığına General Abdüsselam Arif getirildiyse de Irak'ta askeri darbeler başlamıştı.

İlk darbeden az sonra Ischia'ya Emir Zeyd'e bir ziyaretçi geldi. Bu, Roma'daki Irak büyükelçisiydi. Ona Londra'ya gidip elçiliği boşaltmasını ve kişisel eşyalarını almasını söyledi. Yeni hükümet işi bitirmesi için ona yirmi dört saat tanıyordu. Zeyd hemen helikopterle Napoli'ye, oradan da uçakla Londra'ya gitti. Elçiliğe varır varmaz eşyalarımızı sandıklara, valizlere, kutulara doldurmaya başlamış. Bazı elçilik personeli de ona yardım edeceklerine, "kral öldü, yaşasın kral" anlayışıyla, yeni hükümete bağlılıklarını göstermek istemişler ve orada öylece durup onu seyretmişler. Üstelik de devlete ait olan bir şeyi almaması için atmaca gibi bakıyorlarmış. Emir Zeyd bunu çok aşağılayıcı bir olay olarak nitelendirmişti. Eşyaları topladıktan sonra anneme yazmış olduğu mektubu her okuyuşumda nefretle irkilirim. Bitirirken şöyle diyordu: "Atölyeni boşaltmak en zor iş oldu, Nisa. O kadar çok boya, fırça, kitap, kâğıt, kupürler, bitmiş bitmemiş tuvaller vardı ki... Neyse elimden geleni yaptım. Ama inan ki her şey bir kâbus gibiydi..."

Annem ile Raad Londra'ya dönünce, Emir Zeyd Oakwood Court'ta yarı döşeli bir daire kiraladı. Annem de mutfak eşyaları, yatak takımları, havlular alarak elinden geldiğince bir ev kurdu. Emir Zeyd için çok üzülüyordu. Arap özgürlüğü için bu kadar savaşmış bir insanın ailesinin hunharca katledilmesi, vatanının asker bir diktatörün eline geçmesi ne acıklıydı! İlk kez olarak Emir Zeyd'in mutluluğunu kendininkinden üstün tuttu. "İyi bir eş olup Zeyd'e çok iyi bakacağım" diye yemin etti. "Bundan sonra kocam her şeyden önce gelecek ve artık resim yapmayacağım." Her zamanki gibi gerekeni yaparak, elli yedi yaşında o kasvetli apartmanın mutfağına girdi ve ilk yemeğini pişirdi.

Aralık ortalarına doğru tiyatrodan ayrıldım; bir sürü küçük armağanlar aldım. Onları şık kâğıtlar ve saten kurdelelerle paketledim (annem kurdeleyi pek severdi) ve Londra'ya hareket ettim. Biliyordum ki Irak felaketinden sonra ailemle ilk karşılaşmam kolay olmayacaktı.

Londra Havaalanı'na gece geç vakit indim. Tabii beni karşılamak için ne araba vardı ne de şoför. Taksi ile Oakwood Court'a gittim. Victoria tarzında, kırmızı tuğladan yapılmış, büyük, iç kapayıcı karanlık bir binaydı. Valizimi yukarı çıkarmak için kapıcı ya da başka kimse olmadığından çantalarımı asansöre koyup en üst katın düğmesine bastım. Bizimkilerin kapısını çaldığımda cevap veren olmadı. Bu kez zili devamlı çalmaya ve kapıya vurmaya başladım. Yine ses seda çıkmayınca, "Herhalde annem işitme cihazını çıkarmış, Emir Zeyd de derin uykuya dalmış olmalı" diye düşündüm. Tekrar aşağı hole indim. Niyetim, bir kapıcı ya da binada görevli birini bulursam, bizimkilere telefon ettirmekti. Ama ortalarda kimsecikler yoktu. Tekrar yukarı çıktım, gene kapıya vurdum, hiç, hiçbir kıpırtı yoktu!

"Ne yapsam?" diye düşündüm; "acaba bir otele gitsem de yarın sabah mı gelsem?" Gecenin bu saatinde taksiyi nerden bulurdum? Apartman anacaddeden epey uzaktı.

Orada durmuş ne yapacağımı düşünürken, sağ tarafımda yangın merdivenlerine doğru açılan bir pencere gördüm. Onu açıp dışarı çıktım, önüme başka bir pencere çıkıncaya kadar yürüdüm. O pencere annemin yatak odasının penceresi değil miymiş? Bütün ışıklar açık, yatağında uyuyordu. Pencereyi vursam acaba beni duyar mıydı? Orada bir süre kaldım, derken annem yatağında döndü ve başucunda duran madensuyu şişesine uzandı ve bir mucize oldu! Gözü bana ilişti. O an yüzündeki sevinç ifadesini tarif edemem. Yatağından fırladığı gibi pencereye geldi, gelirken de gülerekten elini kolunu oynatıyor, bana öpücükler gönderiyordu. Sonra ön kapıya dolaşmamı işaret etti. Kapı açıldığında annem gecelikle, Emir Zeyd de pijamayla girişte beni bekliyorlardı. Annem bana sarılırken, "Ne olur bizi affet, uçağın o kadar gecikti ki uyuyakalmışız" diye özür diliyordu. Üçümüz birbirimizi kucakladık, öpüştük, ağlaştık, birbirimize uzun uzun sarılı kaldık.

Ertesi sabah, yaşamımda şimdiye kadar görmüş olduğum en uzun ve karanlık koridorun ucundaki oturma odasında, onlara getirdiğim armağanları verdim. Oturma odası da sıradan eşyalarla döşenmiş dört köşe bir odaydı. Annem armağanları açarken, "Şirinaki, Şirinaki, Noel Baba gibi hediyelerle geldin, hem de Noel Baba gibi neredeyse bacadan girdin" diye şaka etti.

Öğle yemeğimizi mutfakta yedik. Annem Porto şaraplı sosla nefis bir İskoç rostosu yapmıştı. Bu, bana pişirdiği ilk yemekti. Zevk ve iştahla yedim. Enfesti! Yemekten sonra Emir Zeyd mutfakta bulaşıkları yıkamaya başladı. Ona yardım etmek için yerimden fırladım ama annem oturmamı işaret etti. Bulaşıklar yıkandıktan sonra Emir Zeyd piposunu ve gazetesini alıp odasına geçti. Annem bulaşıkları tekrar yıkadı. "Yardım ettiğini düşünmek hoşuna gidiyor, ben de bırakıyorum yapsın" dedi. Onların emekli yaşamını sessiz sedasız kabullenmeleri bana dokunmuştu. Annem yemek yaparken Emir Zeyd akşamüstü çay tepsisini hazırlıyor, geceleri de annemin sıcak su torbasına su koyup, çöpü dışarı çıkarıyordu.

Başlangıçta temizlikçi kadınlar çağırıyorlardı ama annem hiçbirine tahammül edemedi. Sonunda opera sanatçısı olmak isteyen eşcinsel bir genç çocukta karar kıldılar. O onların hem hizmetkârı, hem de sadık dostları oldu. Bu süre içinde ikisi de pek az insanla görüştüler. Bilmiyorum diplomatik ve sosyetik çevrelerdeki arkadaşları buhar olup havaya mı uçtular? Yoksa bizimkiler mi onlarla görüşmek istemediler? Bütün bildiğim, orada kaldığım bir ay içinde Erdem ile karısından başka kimsenin kapılarını çalmadığıydı. Erdem ile Gökçen, oğulları Ahmet'i de getiriyorlardı. Emir Zeyd küçük bebeğin tekme atışlarına bayılıyordu.

Tabii hafta sonları Raad, Cambridge'den, bir de artık Ürdün veliahtı olan Emir Hasan, Harrow'dan ziyaretlerine geliyordu. Demek istediğim, sakin bir yaşam sürüyorlar, akşamları da televizyon izleyerek vakit geçiriyorlardı.

Geceleri annemin koynuna giriyordum. Irak'ta geçen korkunç olayları konuşuyorduk. Onu en çok üzen genç kralın kaderiydi. Başını inanamıyormuş gibi sallayarak, "Düşün" diyordu, "babasını kaybettiğinde dört yaşındaydı. On dört yaşında annesini kaybetti. Yirmi üç yaşında öldürüldü. Ne korkunç bir alınyazısı Ya Rabbim!"

Derken yakınma sırası bana geliyordu. "Ya Emir Abdülillah'a yaptıkları! Kuduz köpekler gibi, cesedine bile rahat vermediler. Ne zaman düşünsem hiddetleniyorum, nefret duyuyorum, hasta oluyorum. Anne bilmiyorum, bütün bunları nasıl unutacağız?"

"Unutmayacağız" diye filozofça yanıtladı, "ama bu acıyla yaşamayı öğreneceğiz. Zaman da bize yardım edecek." Böyle söyleyerek bana sıkı sıkı sarılırdı. İkimizden biri uyuyuncaya kadar birbirimizin kollarında yatardık.

Bu süre içinde annemin en takdir ettiğim yanı şu oldu: Hiç geçmişten söz edip şikâyet etmedi. Tek bir gün, "Ne idik ne olduk" demedi. "Zeyd hâlâ büyükelçi olsaydı", "Zeyd servetini kaybetmeseydi" ya da "Irak hâlâ krallık olsaydı" gibi laflar hiç etmedi.

Darbeden sonra günlüğünde, 14 Şubat 1959 tarihinde, İngilizce yazılmış şu satırları gördüm, o günkü duygularını açıklayan ve bana çok dokunan şu satırları: "Kendi mutluluğumu kendim yaratmaya karar verdim." O sekiz ay süresince meğer ne kadar mutsuzmuş, kendini yeniden mutlu edebilmek için ne kadar çaba sarfetmiş. Şöyle devam ediyor: "Bu sabah şafak sökerken yeniden mutlu bir insan olmaya karar verdim. Saat altıydı. Yatağımda yatıyor, gözlerimi açıp yeni bir günü ve gelecek olan bütün günleri karşılamaya korkuyordum. Dışarısı soğuktu, kuştüyü yorganımın altında kendimi sıcak ve güven içinde hissediyordum. Karanlıkta yatıyor, kendimi nasıl yenileyebilirim ve nasıl toparlanıp dış dünyaya çıkabilirim diye kafamı yoruyordum. Ayrıca çıkmam için ne sebep var? Kocamı yalnız bırakmaktan korkuyorum. Belki bu yüzden evden çıkamıyorum, o kendini yalnız hissedecek. İşi yok, gücü yok, konuşacak, beraber olacak kimsesi yok. Vatanı bile yok."

Birden değişip devam ediyor:

"Dün gündelikçi kadın pek asık suratlıydı, işini bitirir bitirmez de bir acele etti. Acaba ona kaba mı davrandım? Çok mu azarladım? Ya dönmezse? Aman ne olur dönsün, gelir gelmez onu güler yüzle karşılayacağım, ona nazik davranacağım.

Kalktım, odamdaki ve uzun koridordaki bütün ışıkları yaktım. Sonra mutfağa gidip perdeyi açtım, sabah ışığını eve soktum. Mrs. Springle geldiği vakit de hemen ona sarılıp öptüm.

Suratı yine asıktı ama 'Bu sabah neşelisiniz madam!' dedi.

'Evet Mrs. Springle' diye cevap verdim. 'İyi uyandım ve kendimi çok çok iyi hissediyorum'."

Kararını yineliyor ve devam ediyor:

"Yeniden mutlu bir insan olmaya karar vermedim mi? Şimdi artık her şey bana hoş görünmeli, huzur ve rahat vermeli. Elimde kalanlar için minnet duymalıyım ve de tabii gülümsemeliyim. Saat sekiz, Mrs. Springle elektrik süpürgesiyle ortalığı süpürüyor. Aletin koridordan gelen gürültüsü hoşuma gidiyor, bayılıyorum. Şimdi motoru durdurdu, işte yine sessizlik. Kendimi atomlarımdan başlayarak yeniden yaratmalıyım. Mutlu mutlu mutlu olmalıyım."

Ama bastırmaya, yazmamaya çalıştığı acı duyguları, birdenbire denizin dibinden fırlayan canavar gibi yükselip sert büyük harflerle ve altları siyahla çizilerek kâğıda dökülüyor. Şöyle yazıyor: "Evet, ama zavallı küçük sevgili Faysalımı öldürdüler. ÖLDÜRÜLDÜ, ÖLDÜRÜLDÜ, ÖLDÜRÜLDÜ diyorum size!"

Darbeden sonra Emir Zeyd her bakımdan yıkılmıştı, çünkü Arap dünyasına olan inancını yitirmişti. Bir sabah gazetesini okurken odaya girdiğimde başını kaldırdı ve acı bir sesle, "Göreceksin Şirin" dedi, "Araplar tek bir şeyde birleşeceklerdir, o da 'birleşmemek'! Aralarında birlik olsa oluşturacakları gücü düşünebiliyor musun? Ama bütün yaptıkları birbirlerini çekiştirip birbirlerinin kuyusunu kazmak."

Bir başka sabah da koltuğuna oturmuş öylece duvara bakıyordu. Yüzünde öyle acı bir ifade vardı ki... Tanrı bilir aklından neler geçiyordu. Raad'la o sonuca vardık ki, annem kendi varlığını geri plana atıp, Emir Zeyd'i her yönden muhabbetle kucaklamasaydı, ona sonsuz anlayış göstermeseydi, Emir Zeyd yaşamazdı.

O sıralarda Raad yirmi iki yaşında tombul bir genç adamdı. Her bakımdan babasına benziyordu. Emir Zeyd gibi, hiçbir ihtirası yoktu, son derece mütevazıydı. Öne çıkmaz, maddiyata da kesinlikle önem vermezdi. Bütün istediği ülkesine hizmet, insanlara da iyilik etmekti. Halalarının, kuzenlerinin, özellikle kardeşi gibi sevdiği çocukluk arkadaşı Kral Faysal'ın, hunharca öldürülmeleri onu çok derinden etkilemişti.

Ailesini kaybettiği yetmiyormuş gibi vatanını da kaybetmişti. Bir gün ikimiz yalnız otururken bana sordu: "Abla, vatansız kaldım, vatanım yok, ne yapacağım?" O kadar üzüldüm ki! Sahi ne yapacaktı? Cambridge'de bir meslek öğrenimi yapmamıştı. İyi İngiliz eğitimi gören bütün Arap prensleri gibi hükümette bir görev üstlenecekti.

Onu teselli etmek için, "Türkiye var ya" dedim. "Orayı ülken olarak kabul et. Annen Türk, Emir Zeyd'in de annesi Türk. Kolaylıkla Türk pasaportu alabilirsin".

"Konu pasaport değil" diye yanıt verdi. O zaman bu öneride bulunduğuma üzüldüm, çünkü iş sandığımdan çok daha derindi. Her ne kadar Raad dörtte üç Türk idiyse de, o kendini Arap, hepsinden önemlisi de bir Haşimi olarak görüyordu. Durumunun ve konumunun ağırlığının bilincindeydi.

Hüzün dolu bir sesle, "Bütün isteğim halkıma hizmet etmekti abla" dedi.

Zavallı çocuk diye düşündüm, olmayan halkına nasıl hizmet edeceksin ki...

Annem olanca sevgisiyle Emir Zeyd'e yemek pişirirken, mutfakta eline geçen çeşitli hindi ve tavuk kemikleri ilgisini çekti. Onları yıkayıp, cilalayıp biriktirmeye başladı. Bir gün fırçasını eline alıp bir tanesini çini mürekkebiyle boyadı. Arkadan bir tane daha, bir tane daha. Sonra boyadığı kemikleri renkli plastiğe batırdı. Böylelikle irili ufaklı heykeller oluşturdu. Onlara "paleochrystalos" diyordu. Bunlardan bazılarını dönen "disk"lere oturttu, bazılarına arkadan ışık verdi. Kemikler artık onun oyuncakları ve sevinciydi. Her ne kadar iyi bir eş olmak için yaratıcılığını bastırmaya çalıştıysa da, içindeki o dürtü mutfak yoluyla bile dışarı çıkmayı başarmıştı.

Daha sonraları Emir Zeyd ona, tekrar resim yapması ve Paris'e gitmesi için ısrarda bulundu; ama kocasını Londra'da, apartmanda yalnız bırakmak istemiyordu. O nedenle pek seyrek Paris'e gidiyor, gittiğinde de ünlü sanat eleştirmeni Charles Estienne ve galeri sahibi Dina Vierny ile buluşmak moralini yükseltiyordu. Dina Vierny eskiden heykeltıraş Aristide Maillol'a modellik etmişti. Şimdi Paris dışındaki çiftlik evinde yaşıyordu. Annem onu çok sevdiği için evine ziyarete giderdi. Çiftlik evinin güzel mutfağında oturur, saatlerce sanat konuşurlardı. 1955'te Nisa, Vierny Galerisi'nde sergi açmıştı. Şimdi de Dina onu çok çalışması ve daha büyük bir sergi açması için özendiriyordu.

Irak felaketinden sonra ailemi kurtaran şey Ischia'daki villa oldu. Londra'daki karanlık apartmanda geçirdikleri uzun ve monoton kışlardan sonra Akdeniz'in güneşi, havası ve şirinliği çok hoşlandıkları, hasretle bekledikleri bir değişiklik oluyordu. Ischia'daki villanın damındaki büyük taşlardan yapılmış terastan denize batan güneşle, dağın arkasından çıkan mehtabı aynı anda görebilirdiniz. Çok cazip bir yerdi. Annem, işlerin görülmesi için köyden bir karı koca tuttu. Villanın gayet rahat misafir bölümleri ve bu bölümlerin özel terasları vardı. İkisi de konuksever oldukları için çoğu zaman misafirleri olurdu. Birkaç yıl süreyle Şakir ailesinin hemen hemen bütün bireyleri gidip orada kaldılar. Volkanik adanın bir özelliği olan çamur banyolarından yararlandılar. Emir Zeyd'in yıllardır görmediği Oxford'dan sınıf arkadaşı İsrael Treiman bile St. Louis'den kalkıp onları ziyarete Ischia'ya geldi. Zeyd'in vefatından sonra *Los Angeles Times*'ta "Shalom Zeid" diye onun hakkında uzun bir makale yazmış, bu arada villada geçirdiği mükemmel haftadan da söz etmişti.

Daha sonra annem, kıçtan motorlu bir de kayık aldı. Birlikte çok güzel geziyorlardı. Koylara, mağaralara girip çıkıyorlar, denizden değişik köylere gidiyorlardı. Raad'a da bir küçük Vespa (motosiklet) almışlardı. O da motosikletine atlar, güzel İtalyan kızlarına bakmayı hiç ihmal etmeden, adayı dört dönerdi. Ziyaretlerine gittiğimde bazen Raad'ın arkasına otururdum, birlikte adada tur atardık. Bazen de İtalyan şarkıcıların romantik şarkılarını dinlemek için açık havadaki gece kulüplerine giderdik.

Anlaşılan Raad'ın İtalya'da çıktığı kızlar onu fazla ilgilendirmemişti, çünkü 1963'ün bir bahar günü anneme İsveçli bir kızla evlenmek istediğini söyledi. Kızla Cambridge'de özel bir İngilizce kursu alırken tanışmışlar. Annemin ağzı açık kaldı. Nasıl olur da sevgili oğlu Raad, sıradan bir İsveçli kızla evlenirdi? Onunla evlenmeyi düşleyen sevgili Haşimi kuzinine ne olmuştu? Kendisinin de tanıdığı, iyi ailelerden gelen o güzel Türk kızlarına ne olmuştu? Yalnız annem değil, ben bile ona İstanbul'dan gelin adayları bulmuştum. Annem Raad'ın bu seçiminden ötürü düş kırıklığına uğradı, ama razı oldu.

Böylelikle Margareta Lind ile Raad, İsveç'te kızın babasının evinde evlendiler. Annem ile Emir Zeyd düğüne gidemediler, çünkü Ischia'dan İsveç'e gitmek onlara pek zor göründü.

Bu nedenle yeni evliler de balayına Ischia'ya geldiler. Annem onların şerefine bir parti verdi. Beş yıl önce Londra'da Kral Faysal'ın doğum gününde verdiği partiden sonra bu ilk davetiydi. Her zamanki yaratıcılığıyla villayı süsledi. Balkonlara Buhara seccadeleri serdi. Tepelerden Japon fenerleri sarkıttı. Konukların manzarayı her yönden rahatça seyredebilmeleri için balkonların alçak duvarlarına büyük yastıklar koydu. Annem bu davete prenslerden kontlara, villanın bulunduğu Forio köyünün kasabından fırıncısına kadar herkesi çağırdı.

Irak'taki darbeden sonra Londra'dan İstanbul'a geldiğimde Şehir Tiyatroları'nda aktris ve yönetmen olarak çalışmaya başlamıştım ve artık iyice tanınıyordum. Raad'ın evlendiği yaz, Yunan hükümeti tarafından Atina Festivali'ni izlemek ve Epidauros'u görmek üzere davet edilmiştim. Festival Pire'deydi, o nedenle bir İtalyan gezi vapuruyla Ischia'ya, yeni gelinle tanışmaya gittim. Villaya vardığımda oturma odasının sarı duvarlarına annemin son soyut resimlerinin asılmış olduğunu gördüm ve çok sevindim. Çoğu mavi-yeşil, turkuvazın çeşitli tonları üzerine olan bu resimlerde annem adanın, deniz kıyılarındaki mağaraların ve denizin renginden esinlenmişti. Oturma odası güneş ışığı vurmuş bir mücevher kutusunu andırıyordu. Ischia resimleri onun en iyi resimleri arasında yer alır.

Yeni gelinimizle karşılaşınca ona, Şehsuvar'ın bana verdiği pırlantalı, mineli kelebek iğnelerden birini verdim. Bayıldı, çok mahcup oldu. Doğrusu Margareta utangaç, ufak tefek, gözlüklü, perçemli, dişlek ve annemle benim yanımda adeta dili tutulan bir kızcağızdı. Belli ki bilmeden onu yıldırmıştık. Bizden neredeyse korkuyordu. O gece annemle odasına çekildiğimiz vakit birbirimize Raad'ın bu gösterişsiz kızda ne bulduğunu sorduk.

Oysa ikimiz de yanılmışız. Margareta Müslüman olup Maida adını aldı ve olağanüstü bir kız çıktı. İyi bir eş, kusursuz bir anne oldu. Raad'a beş güzel evlat verdi. Birinci sınıf bir titizlik ve düzenle evini idare etti. Kayınvalidesine saygılı ve ilgili (bu hiç de kolay değildi) bir gelin, bana da dünya şekeri bir yenge oldu. Büyük çabalarla Amman'da sakatlar için bir ev kurdu. Orayı disiplin içinde, günde en az bir kez gitmek suretiyle, hâlâ en iyi şekilde idare eder.

Raad bana, Kral Hüseyin'in ikisini de Amman'a davet edip Ürdün vatandaşı olmalarını önerdiğini söyleyince çok sevindim. Raad'ın yeni bir vatanı ve hizmet edebileceği insanları olacaktı. Dediği ve istediği gibi çok da hizmet etti. Herkesin derdini dinlediği ve onlara yardım ettiği için ona şimdi "Ürdün'ün Ağlama Duvarı", yani bizim tabirimizle, "Marko Paşa" diyorlar.

22

Feleğin çarkı dönüyor...

1964 yılı Shakespeare'in 400'üncü doğum yıldönümüydü. İstanbul'un beş Şehir Tiyatrosu da onun oyunlarını sergileyecekti. Bana Tepebaşı Tiyatrosu'nda, *Venedik Taciri*'ni yönetmek düştü. O yıl benim için iyi bir tiyatro mevsimi olmuştu. *Çöpçatan*'daki Dolly Levy rolünü çok severek oynamıştım. Yazınsa dört aylık bir Rockefeller bursuyla on değişik ülkeye gidecek, çeşit çeşit oyunlar izleyecektim. Kendimi şanslı sayıyor, bunun için de minnet duyuyordum.

Annem beş yıldır İstanbul'a gelmemişti; burada son sergisini açalı da yirmi yıl olmuştu. Londra'dan gelen son mektuplarından yine bir bunalıma girdiği anlaşılıyordu. Yataklara serilmiş, eskiden yaptığı gibi bin türlü dertten yakınmaya başlamıştı. Onu bu durumdan kurtarmalıydım, bir şeyler yapmalıydım. İstanbul'daki Güzel Sanatlar Akademisi'nde ve Ankara'daki Hitit Müzesi'nde onun resimleriyle iki büyük retrospektif sergi düzenlemeye karar verdim. O ilkbahar bu anlaşmaları yapıncaya kadar canım çıktı. Müze ve akademi yetkilileriyle görüşüyor, her ayrıntıyı anneme rapor ediyordum. Bu arada olan biten her şeyi bilmek isteyen ve bütün düzenlemelere karışan, Aliye teyzeme de bildirmek zorundaydım. Bir yandan da geceleri tiyatroda oynuyor, gündüzleri piyes yönetiyor ve gezimi planlıyordum.

Annem İstanbul'a gelince Nişantaşı'ndaki ufak dairemde kaldı. Tabii yatak odamı ona verip oturma odasındaki kanepede yattım. Kocaman resim ambalajlarını gümrükten çıkarmak işin en zor yanı oldu. Rıhtıma gidince oradakilerin çıkardığı binbir güçlükten rüşvet beklediklerini anladım, ama ben bağırıp çağırıp tepindim, tehditler savurdum ve bir kuruş vermeden işimi halledip ambalajları kamyona yüklettim. Akademideki düzenlemeyi ayarlamak için Şehir Tiyatroları'ndaki dekoratörlerden, ışıkçılardan ve marangozlardan faydalandım. Elektrikçiler akademinin yetersiz ışık düzenini güçlendirecek spot lambaları getirdiler. Özellikle set dekoratörü Duygu Sağıroğlu çok yaratıcıydı. Akademinin Boğaz'a bakan uzun dar mermer terasına, Boğaz'a arkasını veren iki tane üç buçuk metre boyunda soyut tuvali tahta iskelelerle uzunlamasına yerleştirdi. Öyle ki, sergiyi gezenler o iki yapıtı cam kapılar arkasından, Boğaz'ın mavi sularının önünde göreceklerdi.

Sergi sosyal ve kültürel bir olay oldu. Yeni yetişen nesil ilk kez resim dünyasında ileri gelen bir Türk ressamının eserlerini görecekti. Açılışta bütün Şakir'ler oradaydı. Raad ile Maida Amman'dan, Cevat dayım da İzmir'den gelmişti. Annesi babası Türkiye'den olan Ermeni asıllı, ünlü Amerikalı yazar William Saroyan da oradaydı. Birkaç akşam önce bana yemeğe gelmiş, annem de onun bir resmini yapmıştı. O resim ertesi gün Ermeni gazetesinde basıldı. Açılışta kalabalığın ortasında Saroyan beni yakalayarak, "Şirin, bu resimler fevkalade. Annen gerçekten büyük bir sanatçı. Onunla tanışmış olmak benim için bir onur" dedi.

Annem başarısından dolayı sevinç içindeydi. Ona bu mutluluğu sağlayabildiğim için ben de çok mutluydum.

Ama artık Rockefeller bursuyla yola çıkma vaktim gelmişti. Annemle Ankara'ya gidemeyeceğim için kuzinim Füreya ona refakat etti. Türk hükümeti ilk kez olarak bütün Hitit Müzesi'ni tek bir sanatçıya ayırmıştı.

Annemin büyük soyut tabloları Hitit Müzesi'nde, akademide olduğundan çok daha güzel sergilenmiş. Sonra fotoğraflarını gördüğümde anladım ki annemin o sergisi bütün sergilerinin içinde en iyisi olmuştu. Sonradan birçok sergi daha açtı ama Hitit Müzesi'ndeki bence her zaman için en iyisidir. Türkiye'de coşkuyla karşılanması annemi son derece duygulandırmıştı; sevinç içinde

Londra'ya döndü, yazın geri kalan kısmını da Emir Zeyd ile birlikte Ischia'daki villasında geçirdi.

Annem ile Emir Zeyd sonraki yıllarını üç evlerinin arasında geçirdiler: Londra'daki apartmanları, annemin Paris'teki stüdyosu ve Ischia'daki villaları. Her zaman olduğu gibi Nisa'nın ruhi durumundaki iniş çıkışlar devam ediyordu. Ama bu yıllarda Katia Granoff ile dostluğu ona her yönden yararlı oldu. Katia Granoff'un Paris'te birçok sanat galerisi vardı ve Nisa'nın büyük bir ressam olduğuna inanıyordu. Granoff'un sürekli desteği, bazen uluslararası sanat arenasında hak ettiği yere yerleştirilmediği duygusuna kapılan Nisa'ya güç veriyordu, onu hep daha çok çalışmaya özendiriyordu. Granoff'un Paris'te Place Conti'deki galerisinde Nisa, 1969 yılında son birkaç soyut resmini, hindi ve tavuk kemiklerinden yapıp, "paleochrystalos" adını verdiği heykellerini sergiledi. Hindi ve tavuk kemiklerinin plastiğe batırılmasıyla meydana gelen bu heykeller sergide olağanüstü ilgi topladı. Bir gün Nisa bir hindinin göğüs kemiğini aldı, siyah çini mürekkebi ile boyadı, sonra yeşil bir şifon mendile sararak Fransız Kültür Bakanı Mösyö Malraux'ya götürdü. Malraux[51] "İşte sanat budur" diyerek onu uygun bir tahta ayağın üstüne yerleştirdi ve yazı masasının üzerine koydu. Fransız basını meraklanmıştı. "Mösyö Malraux, masanızı süsleyen, kırkayağa benzer bu garip görünüşlü heykel nedir?" diye sorduklarında, Malraux hindinin göğüs kemiğinin resmini göstererek onlara açıkladı.

Bu arada Emir Zeyd'in kalbinde rahatsızlıklar başlamıştı. O yüzden Nisa'nın onu Londra'da yalnız bırakıp Paris'e gitmesi güçleşmişti. Emir Zeyd bunu biliyordu. Paris'e gitmenin Nisa'ya ne kadar iyi geldiğini de biliyordu. Hiç kendini düşünmeden Paris'e gidip annemin stüdyosunda yaşamaya karar verdi. Londra'daki daireyi boşalttılar, eşyaların çoğunu elden çıkardılar. Hep hayret etmişimdir, Emir Zeyd Paris'teki o, bir sürü resim ve öteberi dolu, küçük karanlık odada nasıl uyuyabiliyor diye... Bir iki kez orada yatmam gerekmişti de, ciddi klostrofobi krizleri geçirmiştim. Emir

---

51. André Malraux.

Zeyd o kadar uyumlu bir insandı ki, gerektiğinde küçük bir çadırda bile yaşar, her yerde mutlu olmanın yolunu bulurdu. Paris'te, o küçük atölyede, birlikte yaşamak annem ile Emir Zeyd'i daha da birbirine bağlamıştı. Annem resim yaptığı ya da sanatçı arkadaşlarını çağırdığı zaman Emir Zeyd onu rahatsız etmemek için usulca ortadan kaybolurdu. Fransızca bilmediği ve sağlığı da yerinde olmadığı için tek başına pek sokağa çıkmazdı. Ama evde daima piposunu tüttürecek ve gazetesini okuyacak bir köşe bulurdu. Nisa'nın ömrünce Paris'te yaşamak istediğini bildiği için yanına gelerek ona bu şansı vermiş olmaktan mutluydu.

Sekiz yıl Türk tiyatrosunda ömrümün en mutlu, en verimli, en heyecan dolu yıllarını yaşadım. Ama 1966'da arka arkaya yer alan üç olay bu mutluluğumu sarstı.

Önce, babam "Alzheimer" hastalığından vefat etti. Yaşamı boyunca bir tiyatro âşığı olduğu için, beni sahnede seyretmek en büyük zevkiydi. Son kez Şehir Tiyatrosu'na, *Dövme Gül* (Rose Tattoo) oyununda Serafina rolünde beni seyretmeye geldiğinde çok hastaydı, artık yürüyemiyordu. Tiyatroda çalışan işçi arkadaşlarımız onu bir locaya taşıdılar. Beni tanıdı mı ya da oyundan bir şey anladı mı, bilmiyorum. Ama bildiğim bir şey varsa, orada olmaktan çok mutluydu.

İkinci olay, babamın vefatından az sonra geçirdiğim safrakesesi ameliyatıydı. Ameliyat sonrası komplikasyonlardan dolayı neredeyse hayatımı kaybediyordum. Üçüncüsü de Türk tiyatrosunun kurucusu, hocam, yol göstericim Muhsin Ertuğrul'un belediyenin saçma ve kirli politik manevraları yüzünden tiyatrodan uzaklaştırılmasıydı. Ben ve üç sanatçı daha bu olayı protesto amacıyla istifa ettik. O kadar sevdiğim tiyatrodan ayrılmak beni fevkalade üzmüştü. Ama protesto etmeseydim, kendimle yaşayamazdım.

İstifamdan sonra düş kırıklığına uğramış olarak, kırk yaşında, Türkiye'yi terk edip yeni bir meslek hayatına başlamak üzere Amerika'ya gittim. Ondan sonraki dört yılımı Carnegie-Mellon Üniversitesi'nde tiyatro eğitimi vermekle, Stanford Repertuvar Tiyatrosu'nda da oyuncu ve yönetmen olarak çalışmakla geçirdim.

1970'in sonbaharında Milwaukee Repertuvar Tiyatrosu'nun sanat yönetmeni Tunç Yalman, açılış oyunu olarak hazırladığı *Medea* piyesinde başrolü ve ikinci oyunu olan, *You Can't Take It With You*'da (Beraberinde Götüremezsin) Grandüşes Olga'yı oynamamı teklif etti. Bu sırada ben yaz tatilimi geçirmek için İstanbul'da bulunuyordum. Milwaukee'ye giderken de bir iki haftalığına Ischia'ya annem ile Emir Zeyd'i görmek için uğradım.

Annemi hayli kilo almış buldum. Görünüşü hakkında çok hassas olduğu için, ne rejim ne yemek ne de jimnastik üzerine söz duymak istiyordu. Ben de tabii üstüne gitmedim. Ama keyfi yerindeydi, resim yapıyor ve Ischia'nın tadını çıkarıyordu; özellikle de spagetti, ravioli ve kalamarını bol bol yiyordu. Öbür yandan Emir Zeyd'i çok zayıflamış buldum. Kuş kadar yiyor, terasta oturup dağları seyretmekten başka da bir şey yapmak istemiyordu.

Annem benim Medea rolünü ezberlemek için çabaladığımı ve oyundan ötürü heyecanlandığımı görünce çamur banyoları yapmamda ısrar etti. "Seni rahatlatır" diyordu. Haklıydı, banyoları çok dinlendirici ve rahatlatıcı buldum. Annemle Emir Zeyd villadan pek çıkmadıklarından ben de vaktimin çoğunu onlarla evde geçirdim. Akşamları İtalyan aşçı Anna ile kocası da bizlere katılıyordu. Anlamamakla beraber onlarla İtalyan televizyonu seyrediyordum.

Tabii zaman zaman galeyana geliyor, içimden fırlayıp yolun karşısındaki mehtaplı plaja koşmak, doyasıya yüzmek ya da köyün meydanına koşup kalabalığa karışmak, kahvelerde oturmak, akşamın güzel havasından yararlanmak geliyordu, ama yine de dişimi sıkıp televizyonun karşısında, o karanlık odada oturuyordum. Böylece Ischia ziyaretim çok sakin geçti.

Yola çıktığım sabah annem yatağından çıkmadı. Ama Emir Zeyd, kendini iyi hissetmemesine karşın, erkenden kalktı ve beni helikopter alanına kadar geçirdi. Medea rolü konusunda tasalandığımı biliyordu. Veda etmek için "Üzülme Şirin" dedi. "Sen çok iyi bir Medea olacaksın, buna eminim." Sonra elini omzuma koydu, "İyi bir kızsın yavrum, çok iyi bir evlat oldun" diye ekledi. Bana böyle şeyler hiç söylemezdi, kim bilir belki de o sabah beni bir daha görmeyeceği içine doğmuştu.

Sahnenin üzerinde, gökyüzündeki eski bir yarış arabasını simgeleyen yuvarlak tümsekte, aşağıda Jason'a bakarak Medea'nın son sözlerini söylerken tiyatronun altımdan kaydığını hissettim. Sahneye düşmemek için bütün irademi kullandım. Dişimi sıktım, sözlerim bitince salınarak hızla dönüp helezoni merdivenden indim. Sahne arkasında yere basar basmaz da hıçkıra hıçkıra ağlayarak yüzükoyun kapaklandım. Seyirci alkışlıyor, çıkıp selam vermemi bekliyordu ama kıpırdayamıyordum.

Işıklar yanar yanmaz sahne amiri ne oldu diye yanıma koştu. Yüzükoyun yerde yattığımı görünce beni hemen arabasına taşıtıp Columbia Hastanesi'ne götürdü. Üzerimde hâlâ eski Yunan kıyafetim, başımda peruğum, yüzümde de sahne makyajım vardı. Acil servisteki genç doktor bu garip yaratığın, eline sarılıp yabancı bir aksanla hem ağlayıp hem de, "Oğullarımı öldürdüm, ama yeğenlerim ölü" diye saçmaladığını görünce beni her tarafı demir parmaklıklı beşik gibi bir karyolaya yatırdı. Öyle sanıyorum ki o tarz yatakları deliler için kullanıyorlardı. Sonra düştüğümde beyin sarsıntısı geçirip geçirmediğimi saptayacak testler yapmak için yatağımı başka bir odaya ittiler, teskin edici bir iğne yaptılar. Kendimi serin mavi bir denizin dibine iniyor gibi hissettim. Dibe varınca kumun üzerine yatıverdim. Dünyanın farkında değildim ve mutluydum.

Haftada sekiz kez Medea'yı oynamak bir aktris için bir kudret gösterisidir. Ama benim yıkılmamın nedeni rolün insafsızlığıyla ilgili değildi. Dünyanın öbür ucunda yaşanan bazı politik olaylarla ilgiliydi.

1967 Arap-İsrail Savaşı'ndan yenik çıkan Filistinlilerin çoğu savaş sonrasında Ürdün'e gitmişlerdi. Silahlı ve saldırgandılar; hemen hemen devlet içinde devlet kurmuşlar, ülkenin yasal otoritelerini tehdit ediyorlardı. Amaçları krallığı devirip Ürdün'ü ele geçirmekti. Kral Hüseyin her ne kadar onlara karşı harekete geçmek için tereddüt ediyorsa da, genelkurmay başkanı ve Bedevi bölükleri onu durumun artık dayanılmaz olduğuna ve harekete geçme zamanı geldiğine inandırdılar. Hüseyin, eylül ortalarında, ordusuna militan Filistinlilerin bastırılmaları emrini verdi. Tam bir iç savaş başlamıştı. Amman'ın her tarafında silahlar patlıyor, tanklar dolaşıyordu. Bu ara, Suriye Ürdün'ü işgal etti. Irak'ın da gelip Filistinli gerillalara yardım edeceğinden korkuluyordu. Ürdün hiçbir zaman bu kadar tehlike altında olmamıştı. Hüseyin ülkesini kaybedeceğe benziyordu. İç savaş öyle bir alevlendi ki, kral, ailesinin bütün kadın ve çocuklarının Kızıldeniz'de bir liman olan Akabe'ye gitmelerini emretti. Maida kardeşim Raad'ı Amman'da bırakıp altı ve yedi yaşındaki oğullarını alarak Akabe'ye gitti. Medea'yı oynarken sonradan öldüreceğim iki küçük oğlan çocuğuna sarılıyor ve küçük yeğenlerimi düşünüyordum. Sevgili kardeşim ve ailesi için duyduğum endişe beni yiyip bitiriyordu. Ne de olsa durum Irak'ta daha önce yaşadığımız gibi değil miydi? On iki yıl önce yine Wisconsin eyaletinin başka bir şehrinde başka bir tiyatroda oynarken Irak kraliyet ailesi hunharca öldürülmemiş miydi? Şimdi de Ürdün'de aynı şeyin olmasından korkuyordum. Cinayet ve suikast görüntüleri gözümün önünden gitmiyor ve kahroluyordum. Gecelerim uykusuz ve huzursuz geçiyordu.

Yere kapaklanışımın ertesi sabahı tanıdık bir sesle uyandım: "Şirinaki, Şirinaki, hadi kalk." Tunç Yalman yatağımın başında duruyor, endişeli bir halde bana sesleniyordu.

"Saat kaç?" diye sordum. "On bir" dedi. Ürdün'de akşamın yedisi diye düşündüm. Bir savaş günü daha bitti.

Tunç'a sordum: "Haberleri dinledin mi? Yeni gelişmeler var mı?"

"Hayır, yeni bir şey yok, savaşa devam ediyorlar. Ama çok rica ederim, şimdi Ürdün'ü aklından çıkar. Unutma, bugün iki oyunun var!" Sesi çaresizdi.

"Aman Tanrım" dedim. "Demek bugün çarşamba!" Kendimi toparladım ve iki oyunu da oynadım. Bunu nasıl yapabildim, hiç bilmiyorum. Ama demek ki insan yapması gereken bir şey oldu mu yapıyor!

Kral Hüseyin'in, kendisine çok bağlı olan 55.000 kişilik ordusu Filistinli zorbaları bastırdı. 23 Eylül'e doğru Suriye de çekildi. Kral artık tüm dikkatini Amman'daki duruma verebilirdi. Bütün Arap liderleri 27 Eylül'de Kahire'de toplandılar. Filistin lideri Yaser Arafat ile Kral Hüseyin arasında barış sağlandı. Böylelikle iç savaş sona erdi. Arafat ile gerillalar Lübnan'a çekildiler. Ürdün'de yaşam normale döndü, ben de rahat bir nefes alabildim.

Paris'te olan annem ile Emir Zeyd'i, Ürdün krizi başladığından beri altı kez aramıştım. Annem, krizden ötürü Raad'ı ve ailesini çok merak ettiği için, Emir Zeyd'in kalbinin büsbütün kötüye gittiğini ve sonunda hastaneye kaldırıldığını söyledi. Kendisi de son haftalar içinde bitmiş tükenmişti. "Allah'a şükür, bir trajedi yaşanmadan olaylar duruldu. Yoksa ikinci bir Irak felaketi yaşayabilirdik, ne kadar şükretsek yeridir" dedi. "Annemin her şeyi iyi tarafından alması ne güzel bir şey" diye düşündüm.

Telefonumdan bir hafta sonra, tiyatronun kapalı olduğu pazartesi günü, *Medea*'nın korosunda olan Milwaukee'li bir hanım oyunda rol alan bütün kadınları öğle yemeğine davet etmişti. Son haftalarda yaşadığım stresten sonra bu hanımlar partisine gideceğim için seviniyordum. Davete giderken tiyatroya uğrayıp mektuplarımı almak istedim. Tunç Yalman görevlilere beni görür görmez ona haber vermelerini tembih etmiş olmalıydı ki, binaya adımımı atmamla Tunç'un yanıma gelmesi bir oldu. Ciddi bir sesle, "Lütfen odama gel Şirin, sana söyleyeceklerim var" deyince kalbim duracak sandım. Ürdün'de işler yeniden çıkmaza mı girmişti? Tunç yazı masasının üzerindeki gazeteyi alıp bana uzattı. "Bu sabah gazete okudun mu?"

"Hayır" dedim.

Milwaukee *Sentinel* gazetesinin baş sayfasında, "Kral Hüseyin'in amcası Paris'te öldü" haberi vardı. O an bir şok geçirdim, çünkü Emir Zeyd'i çok severdim. İçimden, "Zavallı adam" dedim. "Son haftaların olaylarını zayıf kalbi kaldıramadı, tükendi."

Tunç'un ofisinden çıkıp küçük apartmanıma koştum ve Paris'i aradım. Annem acı haberi bu kadar çabuk duymuş olmama şaşırdı. Ama ikimiz de hıçkırıklara boğulduğumuz için doğru dürüst konuşamadık. Annem telefonu Raad'a uzattı. Kral Hüseyin'in verdiği uçakla Raad Paris'e gelmişti. Emir Zeyd'in naaşını alarak Amman'a götürecekti. Emir Zeyd orada bir devlet töreniyle, Kral Hüseyin'in büyükbabası olan kardeşi Kral Abdullah'ın yanına,

Kraliyet Mezarlığı'na gömülecekti. Bu haber beni memnun etti, çünkü 1958'de Irak'ta yaşanan faciadan sonra Emir Zeyd bana bir gün şöyle demişti: "Artık vatanım yok, Şirin. Öldüğüm vakit beni nereye gömecekler?" O nedenle ben de Kral Hüseyin'e bu asil ve sevecen jesti için daima minnettar olacağım!

Aralık ayının başlarında *You Can't Take It With You* (Beraberinde Götüremezsin) oyununun son iki haftası için tiyatrodan yerime başkalarını koymalarını rica ettim. Niyetim, Paris'e uçup annemin doğum gününde onunla birlikte olmaktı. Beni gördüğüne tabii ki çok sevindi, geldiğim için minnet duydu. Ama onun için yapabileceğim pek bir şey yoktu. Emir Zeyd'in ölümü onu o kadar perişan etmişti ki, ne desem ne yapsam teselli bulamıyordu. Zaman, onun tek yardımcısı olacaktı.

Annem Emir Zeyd'i yitirince, kendisini öyle yalnız hissetmeye başladı ki, stüdyosuna kapanıp soyut resimler yapacağına, portreler yapmaya koyuldu. "İnsanların sıcaklığına ihtiyacım var" diyordu. Yaptığı kocaman gözlü stilize portrelerde, insanların benzerliklerinden ziyade ruhlarını yansıtmak istiyordu. Bu, portreler sanatında yeni ve önemli bir aşama oldu.

Milwaukee'ye gitmek için izinle ayrılmış olduğum Carnegie-Mellon Üniversitesi'ne ocak başlarında öğretim üyesi olarak dönmem gerekiyordu. Çünkü ikinci sömestre yetişmeliydim. Valizimi hazırlarken, annem de beni seyrediyordu. "Şirinaki, Şehir Tiyatroları'nda oynarken, yönetirken ne mutluydun... İstediğin her şeye sahiptin. Keşke bunu bir prensip meselesi yapıp istifa etmeseydin" dedi. Yanlış bir karar vermiş olmam fikri onu üzüyordu.

Canım sıkılmıştı, "Biliyorsunuz anne, yapmak zorundaydım" diye cevap verdim.

Pittsburgh'a döndüğüm zaman geçirmiş olduğum son ayların üzüntüsü, stresi beni tüketmişti. Sıla hasreti çekiyordum, kendimi yalnız hissediyordum. Ayrıca, 1960'ların sonuna doğru Amerikan üniversitelerinde başlayan öğrenci olayları, biz öğretmenlere çok zorluk çıkarıyordu; hırpalanıp üzülüyorduk. O aşamada İstanbul'a dönmem gerektiğini hissettim. Ders yılı sona erince, sonrasını hiç düşünmeden, eşyalarımı toplayıp memleketin yolunu tuttum. Şansım varmış, çünkü boşanmış olduğum üçüncü eşim Mücap Ofluoğlu'nun Nişantaşı'nda özel bir tiyatrosu vardı. Bana *Satılık Kat* adlı Fransız komedisinde karşısında başrolü oynamamı önerdi. Mücap ile 1960'ın başlarında evlenmiştim. O sıralarda ikimiz de Şehir Tiyatroları'nda çalışıyorduk. Fazla düşünmeden yaptığımız bu evlilik sadece iki ay sürmüştü; ama her zaman meslektaş ve arkadaş kaldık. Şansım yine iyi gitti, Nişantaşı'ndaki eski dairem boştu, onu hemen kiraladım. Eşyalarımı depodan çıkartıp yerleştim. Sevdiğim arkadaşlarım ve ailem arasında mutlu bir şekilde yaşamaya başladım. Ermeni hizmetçim bile bana geri döndü. Eskiden yaptığı gibi yine banyoda sırtımı keseliyordu. Feleğin çarkı bu kez iyiye doğru dönüyordu.

23

Büyük tur

1972'de Şakir Paşa ailesinden dört kadının ayrı ayrı açılışları olacaktı. Nisan sonlarına doğru Füreya seramiklerini Ankara'da; mayısta Aliye teyzem gravürlerini İstanbul'da; haziranda annem son yapıtlarından bir kısmını Paris'te Place Beauveau'daki Katia Granoff Galerisi'nde sergileyecek, ben de Cincinnati, Ohio'daki "Playhouse in the Park"ta *The Play is the Thing* (Şatoda Davet) adlı oyunla açılışımı yapacaktım.

Bu olayların hepsinden önce, o yıl İstanbul'da bahar çok soğuk geçtiği için, güney sahillerine, Side'ye indim. Orada Suat dayımla Mizu yengem yaşıyorlardı. Ben de biraz güneşe kavuşayım, gevşeyeyim istedim. Üç tarafından Akdeniz'le çevrili bu büyüleyici köy, Eski Yunan ve Roma kalıntılarıyla doluydu. Yengem ile dayım da 1960'ların başında ilk geldiklerinde buraya bin can ile vurulmuşlar, emekliliklerini güzel bir restoran açarak orada geçirmeye karar vermişlerdi. Mizu manikürlü uzun tırnaklarını kesti, mutfağa girdi ve Fransız annesinden almış olduğu yemek pişirme yeteneğinden yararlanmaya başladı.

Side'nin eski adı olan Pamfilya adını verdikleri restoran, Akdeniz'in mavi sularına bakan bir Roma kemerinin önündeydi. Bütün dünyadan arkeologlar, yazarlar, gazeteciler, diplomatlar, hatta "hippi"ler, yengem Mizu'nun olağanüstü yemeklerini yemek ve tatlı dilli dayımın öykülerini dinlemek için geliyorlardı.

Nasıl ağabeyi Cevat birkaç yıl önce Bodrum'u Türkiye'ye ve dünyaya tanıttıysa, Suat dayımın da masası uluslararası bir buluşma yeri olmuş, keskin zekâsı, esprisi, kişiliği ve tatlı sohbetiyle, Side denilen yere, Türkiye ve dünya haritasında önem kazandırmıştı. Suat dayımla Mizu yengem ömürlerinin sonuna kadar Side'de yaşadılar. Şimdi ikisi de köyün mezarlığında yan yana yatıyorlar.

Side'den İzmir'e, Cevat dayımı görmeye gittim. Kemik kanseriydi. Hâlâ Halikarnas Balıkçısı diye tanınmasına karşın 1940'ların başlarında çocuklarına iyi bir öğrenim verebilmek için İzmir'e taşınmıştı. Orada, Türkiye'nin ilk resmi rehberi olarak ailesine ek bir gelir sağlıyordu. Okumuş, bilgili, tutkulu, üç dört dili anadili gibi konuşan Cevat dayım, rehberlik mesleğinin en mükemmel örneğiydi. O nedenle devlet, Cevat'tan, önemli konuklarını Efes'te gezdirmesini isterdi. Cevat dayım, Efes'i o kadar güzel anlatıyordu ki, bütün o taşlara, mermerlere adeta hayat veriyordu. Bazen coşar, Zeus, Poseidon ya da Yunan mitolojisinde başka bir karakter olur, onların ağzından eski Yunan ve Latin dillerinde tiradlar okurdu. Bu turlar sırasında özellikle tarihçi Lord Kinross'la, Belçika Başbakanı Henry Spaak'la ve Fransa Cumhurbaşkanı George Pompidou ile tanışmak hoşuna gitmişti... George Pompidou, Cevat'la harabeleri gezdikten sonra, "Nihayet Homeros'u tanıdım" demişti.

Cevat gayet hoşgörülüydü. Mesela, çocuklarının yaptığı hiçbir şey onu kızdırmazdı. Ama siyasi ve felsefi konularda tepesi kolayca atardı. Bir gün çok hasta olduğu bir sırada sevdiği bir arkadaşı ziyaretine gelmişti. Konuşurlarken arkadaşı partisini değiştirip başka bir partiye geçtiğini söyledi ve solcu entelektüeller aleyhinde atıp tutmaya başladı. Cevat buna fena halde öfkelenmişti, "Ne olmuş yani? Ben de solcuyum. Bu şimdi beni fena bir adam mı yapar? Çabuk defol bu evden!" diye bağırarak arkadaşını kovdu.

Bir akşam İzmir'de, bir barda oldukça çakırkeyifken etrafında toplanan insanlara değişik konularda vaaz verir gibi konuşmaya başlamış. Derken laf Türk bayrağının simgesi olan ay-yıldıza gelmiş. Romantik bir efsaneye göre sultanlardan biri yerde yüzlerce askerin cansız yattığı savaş alanına gelir. O sırada gökteki hilal, ortasında bir yıldızla, yerdeki kan birikintisinin üzerine yansır. Sultan da, "Bu bizim bayrağımızın simgesi olsun" der. Cevat dayım efsaneye hemen, "Uydurma" diye karşı çıkmış. "Bu işaretler bizim Türk mirasımız değildir. Bizler bunu İslam'ın simgesi olarak Araplardan bile almış değiliz. Bunlar Romalılardan kalmadır. Ay-yıldız birçok Roma harabesinin üzerinde vardır. İnanmazsanız Side'deki açık hava tiyatrosuna gidin. Orada kocaman bir taş levhanın üzerinde harikulade güzel bir hilal ile ortasında yıldız göreceksiniz" der. Allah bilir daha nice hassas konuları çakırkeyif durumunda hararetle savundu ki, onu bayrağa ve Cumhurbaşkanı İsmet İnönü'ye hakaret ettiği gerekçesiyle tutuklamışlar. Dokuz ay, yargılanmadan hapis yattı. Ama herkes onun renkli ve ünlü kişiliğinden o kadar etkileniyordu ki, hapiste mahpuslar olsun, gardiyanlar olsun etrafını sarıyorlar, mitoloji ve öbür konularda anlattıklarını zevkle dinliyorlardı. Allah'tan sonunda hapishaneye Türk ceza sistemini incelemek için bir grup hukuk öğrencisi geldi. Sevgili Halikarnas Balıkçısı'nı hapiste görünce çok şaşırdılar. Döndüklerinde durumu derhal protesto ettiler. Protestoları işe yaradı ve gecikmeden yargılanmasını sağladı. Cevat dayım suçsuz bulundu ve beraat etti.

Hükümeti açık açık eleştirmesi ona daima sıkıntı kaynağı olmuştur. Sorumlu makamlar Cevat dayıma hiç rahat vermezlerdi. Kuzenim Sina, babası için, "Yazıları hep kontrol edilirdi. Ev sık sık aranır, bu aramalarda yazılarının çoğu yok olurdu. Polis hiç peşini bırakmadı, onu hep izledi. Bazen babam yokuşun yukarısında polislerin durduğunu görünce, keyfi yerindeyse bana 'Gel, sarhoş taklidi yapıp yere yatalım, polisler de bizi eve taşısın' diyerek şaka ederdi" diye anlatır.

Cevat dayımın, devletle yıldızı ömrü boyunca hiç barışmadı. Ölmeden az önce, Bodrum'un anacaddesine onun adını verdiklerini duyunca "Ay!" dedi, "ömrümce devletin bana yaptığını, şimdi eşeklerle develer yapacak."

Son kez İzmir'e gittiğimde hastaydı, çok ıstırap çekiyordu. Onu neşelendirmek için yazmış olduğu kısa öyküleri ona okudum. Teatral tarzımı severdi. Hatta oynadığım piyeslerden de pasajlar söyledim.

"Hiç Shaw'un yazdığı oyunlarda oynadın mı?" diye sordu.

"Hayır dayıcığım maalesef" yanıtını verdim.

"Ne yazık! Yüzyılımızın en büyük tiyatro yazarı. Onun bir oyununda oynamaya mutlak çaba göster. Mesela iyi bir Candida olabilirsin" dedi ve ekledi: "Biliyor musun Şirin, döndüğüne sevindim. Geçen yaz geldiğinde sende bir hüzün olduğunu hissetmiştim. Sen bir Akdenizlisin. Akdenizli olan dünyanın başka yörelerinde yaşayamaz, kurur ve ölür."

"Üzülme dayıcığım, artık İstanbul'a döndüm ve yerleştim, her şey yolunda" diye yanıt verdim.

Veda etmek için öptüğümde onu, son kez gördüğümü biliyordum. Çünkü ihtiyar aslan, başı eğik yatağında yatıyor ve artık kükremiyordu. Ertesi yıl da vefat etti. Ülkesinde o kadar ünlüydü ve o kadar seviliyordu ki cenazesi, babasını öldürmüş, üç kez hapse girmiş bir insanın cenazesi için inanılmayacak kadar kalabalıktı. Gözyaşları içinde uğurlandı. Cevat dayımın Amerikalı damadı, sevgili kuzinim İsmet'in kocası, John Noonan ailemizi iyi tanıyan *Washington Post*'un eski yazı işleri müdürü Alfred Friendly'ye şöyle yazmıştı:

"Pazartesi günü hayatımın en inanılmaz olayını yaşadım. Cevat Bey'i sevgili Bodrum'una konvoy halinde götürdük. Cenaze alayı kendi adını taşıyan Cevat Şakir Caddesi'nden geçerken herkes, ama herkes yolun iki yanına dizilmişti. İnsanların, sevgilerini bu kadar toptan, bu kadar candan göstermeleri inanılır gibi değildi. Yüzlerce okul çocuğu ellerinde çiçeklerle, yüzlerce balıkçı ve köylü törene gönülden katılmıştı. Tabutunu onun çok sevdiği koyu mavi Ege denizinde son yolculuğunu yapması için bir sandala bindirdik. Limana geldiğimizde binlerce kişinin elleri üstünde, Ege'ye yükseklerden bakan kayalık bir tepeye çıkarıp dinleneceği yere götürdük. Muhteşem bir insanın muhteşem mezarına..."

Cevat dayım ulusal bir kahraman oldu. Onun hakkında *Mavi Sürgün* adlı bir film de yapıldı. Yaşamındaki kadınlardan birini ünlü aktris Hanna Schygulla canlandırdı. Geçenlerde Türkiye'den bir mektup aldım, zarfın üzerinde Atatürk pulunun yanında Cevat dayımın da pulu yok mu! Başında hafif yana eğilmiş beresiyle bana gülüyor ve sanki, "Şimdi de bütün millet beni yalayacak" diyordu.

Füreya'nın sergisinin açılışı için İzmir'den Ankara'ya gittim ve kuzenim Erdem ile karısında kaldım. Erdem ilk kez büyükelçi olarak Pakistan'a atanmıştı; yol hazırlıklarının telaşı içindeydiler. O sırada Erdem'in annesi Ayşe teyzem de oradaydı. Ahmet eniştemi bir yıl önce kalp rahatsızlığından kaybetmişti, ama kendisi İstanbul'da yaşamaya devam ediyordu. Kocası ömrünün sonuna kadar ona iyi bir geçim sağlamış, arabasını, şoförünü bile temin etmişti. Haftada bir poker oynar, ileride de bir gün konser vereceği umuduyla hâlâ piyano dersleri alırdı. Bir yıl sonra Erdem onun bu düşünü gerçekleştirdi ve yetmiş beş yaşındaki annesinin İslamabad'da piyano resitali vermesini sağladı.

Hepimiz Füreya'nın açılışına gittik. Artık Türkiye'nin bir numaralı seramik sanatçısı olmuştu. Birçok binaların duvar panoları, birçok evlerin ve otellerin seramik masaları, seladona benzer tabakları Füreya'nın imzasını taşıyordu. Atölyesinden çıkan yapıtlar için büyük bir pazar vardı. Sergisi çok başarılı oldu. Hayli de satış yaptı.

Aliye teyzem kendi sergisinin hazırlığına yardımcı olmam için dört gözle beni bekliyordu. O nedenle Füreya'nın sergisinden sonra acele İstanbul'a döndüm. Apartmanıma girdiğim zaman Aliye'den gelmiş bir sürü not buldum. Telefonum olmadığından, gelen notların hepsi de kapının altından atılmıştı. Bir tanesi, "Ankara'dan gelir gelmez beni ara", diğeri "Derhal gel, sana ihtiyacım var" diyordu. Ben de valizimi bile açmadan soluğu Aliye teyzemin hâlâ oturduğu, Karl Berger'in Beyoğlu'ndaki eski apartmanında aldım. Kapıyı açar açmaz "Nihayet gelebildin Şirinaki! Gel, gel. İçeri gir. Seni bekliyordum" diyerek bir sürü elbisenin altından siyah bir dosya çıkardı ve "Ne olur sergime koyacaklarımı seçmeme yardımcı ol" dedi.

Bir sürü kaba kasap kâğıdına basılmış renkli gravürü yere yaydık ve bir bir inceleyerek sergi için en iyilerini ayırdık. Ama çok iyi biliyordum ki, evine uğrayan herkesten Aliye teyzem aynı şeyi isteyecek, sonuçta karar verilen gravürler, belki bugün hiç üzerinde durmadıklarımız olacaktı. İşim bitti diye düşünüp kapıya yönelirken Aliye teyzem beni sımsıkı kucakladı ve "Ne olur Şirinaki, yarın yine gel, fiyat listelerini hazırla. Biliyorsun, her zaman olduğu gibi bu kez de satışlarla sen ilgileneceksin. O işi öyle güzel yapıyorsun ki..." dedi.

Eve dönerken yolda kendi kendime "Teyzem niçin bu kadar heyecanlı?" diye düşündüm. Bu ilk sergisi değildi ki, birçok sergi açmıştı.

Aliye teyzemin o yıl Taksim Galerisi'ndeki sergisi İstanbul'da büyük bir olay oldu! İnsanlar akın akın geldiler ve sanki son sergisi olduğunu biliyorlarmış gibi bütün gravürlerini kapıştılar. Satışlarla uğraşan ben, fatura yazmaya yetişemiyordum. Gerçekten o sergi Aliye teyzemin son sergisi oldu, iki yıl sonra anfizemden öldü. Vefatından az önce onu, özel bir motorla Büyükada'ya Ayşe teyzemin evine götürdüler. Şimdi o da Tepeköy'deki mezarlıkta yatıyor. Gravürleri koleksiyon meraklıları tarafından aranan ve toplanan parçalar oldu.

Paris'e hareket etmeden önce, Fatma'yı aradım. Uzun süren hastalığı sırasında babama o kadar iyi bakmıştı ki, ona karşı derin bir minnet duyuyordum. Babamın kitapları ve eşyaları arasında yaşıyor, bir an önce ölüp, ömrünce sevdiği babama kavuşmak istiyordu. Nitekim kısa bir süre sonra öldü ve bu isteğine kavuştu.

Paris'te, Katia Granoff Galerisi'nde annem ilk kez yeni yöneldiği portre yapıtlarını sergileyecekti. Bu portrelerin içinde Madam Granoff'un da kocaman siyah gözleriyle, başının üstünde toplanmış mor burma saçlarıyla resmi vardı. Açılış, Paris'in sanat arenasında, gazetecilerin, diplomatların, ahbapların, arkadaşların ve Raad ile Maida gibi aile bireylerinin de katıldığı canlı bir olay oldu.

Ağabeyim Nejad'ın orada olmayışı dikkati çekiyordu. Yıllar boyu bu iki kaprisli sanatçı sürekli çatışmışlardı. Sonunda annem onunla ilişkisini tümüyle kesti. Bir gün bu konuyu açtım ve dedim ki: "Anneannem bile, kocasını öldüren Cevat dayımı bağışladı. Nejad'ın bu derece bağışlanmaz ne suçu vardı?"

Eskiden böyle bir soruyu sormaya kesinlikle cesaret edemezdim. Ama artık seksenlerini epey geçmişti ve yumuşamıştı da ondan yüreklenip sordum. Eskiden Nejad'ın adının geçmesi bile

1970'ler... Şirin ile dayısı Cevat Şakir İzmir'de.

kızıp köpürmesine neden olurdu. Bir defasında annem ile Füreya Boğaz'daki bir restoranda, Şakir Eczacıbaşı'nın davetlisi olarak yemek yiyorlarmış. Şakir nezaketle, "Oğlunuz Nejad nasıl?" diye sorunca, annem hışımla masanın üzerinde bardak, çatal, yemek, ne varsa ittiği gibi Boğaz sularına fırlatmış. "Bana bir daha onun adını anmayın!" diye öfkeyle karşılık vermiş. Tabii Şakir hayretler içinde donakalmış. Bana bu olayı Şakir kendisi anlattı.

Annem Nejad'a karşı düşmanlığını birkaç nedenle anlatmak istedi; ama bunların hiçbiri bence bir evladı reddetmek için geçerli sebep değildi. Nejad onu hep kızdırıp çıldırtıyordu. O da kendini savunmak amacıyla Nejad'la konuşmaz oldu. Biz de, Nejad'la çocukken birbirimize çok yakındık. Ama yıllar geçtikçe uzaklaştık. Gene de resimlerine bayılırım, en güzel yapıtlarından birkaçı duvarlarımı süsler ve onlara bakmaktan büyük zevk alırım.

Nejad 1950'lerde Ecole de Paris'nin üyesi olarak kendine bir isim yaptıktan sonra, şövalesi elinde, bütün dünyayı dolaştı. Mao'nun konuğu olarak Çin'e bile gitti. Gezilerinden esinlenerek yaptığı resimlerle Avrupa'nın birçok başkentinde, hatta New York'ta bile bir sergi açtı. Sonunda, gene Polonyalı olan ikinci karısıyla Polonya'ya yerleşti. İkinci eşinden bir oğlu ve iki kızı daha oldu. Yazık ki kızlarından biri daha yirmi yaşlarında trajik bir şekilde yaşamını yitirdi. Türkiye'nin önde gelen ressamlarından biri olan Nejad'ın da maalesef pek güç ve mutsuz bir yaşamı oldu.

Annemi Paris'te keyfi yerinde olarak bırakıp Cincinnati'ye uçtum. Molnar'ın *The Play is the Thing* (Şatoda Davet) piyesinde, göz kamaştırıcı Viyanalı aktris İlona'yı oynayacaktım. Gerçi oyun bir salon komedisiydi ama yönetmenimiz Mr. Word Baker, Cincinnati Playhouse'un üç yanında seyircilerin oturduğu geniş sahnesinden yararlanarak oyunu kapalı salon yerine, İtalya'da bir villanın terasında geçirtmeye karar verdi. Sahnenin zeminine çini döşetti, gerçek begonviller getirtti, bir de yüzme havuzu koydurttu. Öyle gerçekçi, öyle güzel bir villa terası olmuştu ki, mesela, bir sabah sahnesinde baş erkek oyuncu Sandor, havuzda bir aşağı bir yukarı yüzüyor, ben de elimde telefon ayaklarımı suda çırpıyor ve konuşuyordum.

Bir gece oyundan sonra kaldığım pansiyonda, elimde bir kutu bira, burkulmuş bileğimi dinlendirirken, yaşamımın akışını değiştiren o telefon çaldı. Milwaukee'de tanımış olduğum bir hanım, oyun kapandıktan sonra hafta sonunu geçirmem için beni evine davet ediyordu. Meğer gizli bir niyeti varmış.

Milwaukee'ye geldiğim gece Ogden'lar küçük bir yemek daveti verip Robert Trainer'ı da çağırdılar. Onunla daha önce *Medea*'yı oynadığımız sıralar bir öğle yemeğinde tanışmıştım. Uzun boylu, yakışıklı, çok cazip, Harvard Hukuk Fakültesi mezunu bir New York'lu idi. Jos. Schlitz Brewing Company'nin yöneticilerindendi. Bir buçuk yıl önce karısını kaybetmişti. Karşılaşmamız, tam anlamıyla ilk görüşte aşktı!

Konuşmamız sırasında Bob, "Ben Türkiye'de bulundum çünkü orada bir bira fabrikası kuracaktık, ama ne yazık ki Truva'yı görmedim. Doğrusu görmeyi çok isterdim" dedi. Ben de sevinçle, "Lütfen gelin, sizi gezdirmekten büyük zevk duyarım" diye yanıt verdim.

Bir ay sonra Bob İstanbul'a geldi. Annem de İstanbul'daydı. Napoli'den vapurla gelmişti. Paris'teki başarılı sergisinden sonra iki ay Ischia'da kalmış şimdi de ailesini ziyarete gelmişti ve keyfi çok yerindeydi. Annem de, Bob da Ayaspaşa'daki Park Otel'de kalıyorlardı. Nisa ile Zeyd'in tanıştıkları ve flört ettikleri Hayırlı ile Park apartmanlarının karşısındaki "art deco" üslubundaki Park Otel'de. İstanbul'da kaldığı süre içinde Bob Truva'nın bir tek taşını bile göremedi, ama bütün akrabalarım ve arkadaşlarımla tanıştı ve beni yetiştiğim ortamda gördü. Geldiğinin haftasıydı ki bana evlenme teklif etti. Yıldırım çarpmışa döndüm! Bana âşık olduğunu anlamıştım ama yine de bu derece vakur ve ağırbaşlı bir Anglosakson'un, bu kadar çabuk evlenme teklif edeceğini ummuyordum. Bana, kurallara uygun olarak, "Annenden izin almak istiyorum" dedi.

O gün öğleden sonra annem Füreya'nın atölyesindeydi. Paris'e döneceği için Füreya ona bir veda partisi veriyordu. Anneme telefon edip de Bob'un evlenme teklif ettiğini ve resmen gelip beni ondan isteyeceğini söylediğim zaman, Füreya'nın anlattığına göre annem bayılacak gibi olmuş. "Aman bana bir konyak ver" demiş. "Böyle şeylere alışık değilim, ne diyeceğimi bile bilmiyorum. Şirin her evlendiğinde ben damatları nikâhtan sonra gördüm. 'Anne, seni kocamla tanıştırayım' derdi ve iş biterdi. Öylesi çok daha kolay."

O akşam Füreya'ya geldiğimizde davetlilerin çoğu oradaydı. Annem, Bob ve ben odanın bir köşesine çekildik ve Bob annemden beni resmen istedi. Ne diyeceğini bilemeyen annem o sırada benim mutluluktan ağladığımı görünce "Ne ağlıyorsun Şirin? Bak ne mutlu bir an! N'olur ağlama, dur ağlama" derken kendi gözyaşlarını tutamıyordu.

Füreya'nın annem için verdiği veda partisi bizim için nişan partisine dönüştü. Aliye ve Ayşe teyzelerim (Hakiye teyzeme bir yıl önce inme inmiş ve vefat etmişti), *Milliyet* gazetesinin sahibi Ercüment Karacan, onun gazetesindeki yazarlardan Zeynep Oral ve öteki arkadaşlarımızla çok sıcak bir parti oldu. Ercüment gazeteden bir de fotoğrafçı çağırdı. Ertesi gün baş sayfada kocaman bir resim: Bob'la ben birbirimize sarılmışız, altında bir yazı, "Jet Nişan!"

Bob, birlikte hemen Amerika'ya dönmemizi istiyordu. "Dairemi, eşyalarımı ne yapayım, buraya taşınalı yalnız sekiz ay oldu" dediğimde, "Kapıyı kapat ve benimle gel" diye yanıt verdi.

Annemin gitmesinden iki üç gün sonra biz de Paris'e hareket ettik. Çünkü bir kez olsun, annemin nikâhımda bulunmasını istedim. Türk Elçiliği'nde basit bir nikâhla evlendik. Mutluluğumuzu da 13 Rue des Beaux-Arts Sokağı'ndaki çok sevimli l'Hotel'in restoranında kutladık. Davetlilerimiz arasında iki Türk büyükelçisi, bir bakan ve o sırada Paris'te bulunan arkadaşlarım vardı. Annemi memnun etmek için, içki olarak bütün gece, yalnızca Dom Perignon şampanya ikram ettik. Davetliler ayrıldıktan sonra Bob'la el ele Bulvar St. Germain'deki kilisenin karşısındaki küçük otelimize dönerken, pastırma yazının kadife gibi havasını içimize çekiyor, bizden daha mutlu kimse olamaz diye düşünüyorduk.

Ertesi gün New York'a, oradan da Milwaukee'ye uçtuk. Annem de Vatikan'da bir kadın ressamları toplantısına katılmak üzere Roma'ya gitti.

Aralık ortalarına doğru yeni ailemi ve Milwaukee'deki yeni evimi görmek isteyen annem, kucağı hediyelerle dolu olarak Paris'ten geldi. Noel tatilini bizlerle geçirmek istiyordu. Sayida'dan ötürü San Francisco'yu, ününden dolayı Chicago'yu ve 1949'da ziyaret ettiği için, sadece New York'u biliyordu. Bu yerlerden gayrı Birleşik Devletler'de her yeri uçsuz bucaksız bir taşra sanıyordu. Gölün üzerindeki bira zenginlerinin malikânelerini görünce şaşırdı. "Aman Şirinciğim" dedi, "bu insanlar ne güzel evlerde yaşıyorlar! Hele Mrs. Uihlein'in evi (Bob'un eski kayınvalidesi) tıpkı Londra'daki Irak Elçiliği'ne benziyor. Aynı kalıp, aynı biçim. Georgian üslup değil mi?"

Ama en çok, bizim göl üzerindeki Potrelli tavanlı, eski Amerikan tarzı möbleli ve büyük şömineli evimizin sıcak atmosferini sevdi. Noel için oturma odasının ortasına büyük bir Noel ağacı koymuş, altına küme küme hediyeler yığmıştım. Bu çok hoşuna gitti.

Bob'un üç oğlu eşleriyle gelince, annem, "Bak" dedi, "Bütün ömrünce çocuk istedin. Her düşürdüğün çocuktan sonra perişan oldun, bittin. İşte Allah sana hazır bir aile verdi. İnsan hayatta hiçbir zaman umutsuzluğa kapılmamalı".

Şirin ile eşi Robert Trainer, New York'ta Nejad Devrim'in yaptığı bir tablonun önünde, 1979.

Evin ortamı ve aile bireyleri ona çok ilham verdi. Oturdu herkesin ve her şeyin resmini yaptı. Gölün, ağaçların, evin, hatta köpeğin bile...

Benim evde iş yapmak için koşuşturduğumu görünce (çünkü yardımcımız yoktu) bana acıdı ve "Noel hindisini ben pişireceğim aşçıbaşı" dedi. Noel sabahı mutfağa indi, önlüğünü taktı ve bir aşçıbaşı gibi etrafa emirler yağdırmaya başladı. Hindiyi doldurmak için çok özel bir harç yapmak istiyordu. Bunun için Bob'la beni çamfıstığı ayıklamaya oturttu. Bob'un oğullarından birini kuru eriklerin çekirdeklerini çıkartmakla görevlendirdi. Başka bir oğul kestaneleri haşlayacak, soyacak ve püre haline getirecekti. Gelinlere sebze ve salata sorumluluğunu yükledi. Porto şarabı da isteyince Bob, "Malesef yok" dedi. Annem, "Porto şarabı olmadan, kesinlikle yemek pişiremem" deyince, Bob üçüncü oğlunu Porto şarabı bulmaya gönderdi. Sonunda hindi tam kıvamında pişip nar gibi kızardı. Annem, hindinin ayaklarını, kestiği beyaz fırfırlı kâğıtla sardı. Kâğıtların üzerinde kırmızı mürekkeple "Merry Christmas" (Mutlu Noeller) yazıyordu.

Uzun yemek masasının etrafına yeni ailemizle oturduğumuzda, yıllarca yalnız yaşamış olan annem ve ben, beraberlik duygusunu yeniden tattık. Bu duyguyu Büyükada'daki sofrada duyardık. Annemle göz göze geldik. Annem, "evet" der gibi başını eğdi ve gülümsedi.

24

Amman'da bir doğum günü partisi (1987)

Seksen altıncı yaş günü için annem Amman'daki evinde olağanüstü partilerinden birini verdi. Ben de, Bob bira şirketinden emekli olduğundan beri yaşadığımız Manhattan'dan Amman'a uçtum.

Bundan on iki yıl önce yaşlılığın ve yalnızlığın korkusu içine girince annem Raad'a yakın olmak için Rue Grenelle'deki stüdyosunu satıp Amman'a taşınmıştı. Raad o zaman orada Kral Hüseyin'in mabeyincisiydi.

Verdiği bu alelacele karar Füreya'yı da, beni de endişelendirmişti. Onun gibi hayatının büyük bir kısmını Londra'da, Paris'te geçirmiş bir kadın, Amman'daki kısıtlı yaşamında mutlu olabilir miydi? Ama hepimiz Nisa'nın Amman'da, belki de ömrünün en yaratıcı, en verimli ve bu çalışmalarının en çok karşılığını gördüğü bir aşamasında olduğunu duyunca çok mutlu olduk.

Annem, Raad'ın evine yakın ufak kâgir bir villaya yerleşir yerleşmez, resim hocalığı yapmaya karar verdi. Yaşamı boyunca bunu istemişti ama fırsat eline ancak Amman'da geçti. Her hafta evinde on beş kadar genç kadından oluşan bir sınıfa ders veriyordu. Onlara yalnızca resim tekniği değil, kişiliklerini nasıl geliştireceklerini de öğretiyordu. Dersleri sanat tarihi, felsefe, kendinin yaşam ve sanat hakkındaki görüşleri, dünya ve insan ilişkileri gibi konuları içeriyordu. O, aslında, bir öğretmenden çok, onlara her konuda bilgi ve öğüt veren bir büyüktü. Öğrencileri de onu dikkatle dinliyorlar, onu gönülden takdir ediyorlar ve ona büyük hayranlık duyuyorlardı. Bu güzel duygular karşısında Nisa'nın da şevki artıyordu. Her şeyden çok kendi yaratma tutkusunu gençlere aşılamış olmaktan mutluydu. Bir yandan öğrencileriyle karma sergiler düzenliyor, bir yandan da onları tek başlarına sergi açmaları için yüreklendiriyordu. Nitekim bunda da başarılı oldu, çünkü öğrencileri dünyanın dört bir yanında kişisel sergiler açtılar.

Kral Hüseyin ülkesinin sanatına bulunduğu katkıdan dolayı onu "Ürdün Yıldızı" madalyasıyla onurlandırdı. Fransız hükümeti de sanata genel olarak ve sürekli katkılarından dolayı ona "Commandeur des Arts et des Lettres" unvanını verdi. Evi "Fahrünnisa Zeyd Kraliyet Milli Güzel Sanatlar Enstitüsü" diye adlandırıldı. Ürdün'e gelen önemli kişiler evi özel bir müze gibi ziyaret ediyorlardı.

Eve giren insanlar kendilerini bir anda sihirli bir dünyada buluyorlardı. Seçkin resimlerden oluşan bu renk dünyası bir hayal âlemi gibiydi. Mutfaktan banyoya kadar evin bütün duvarları ve tavanları Nisa'nın yapıtlarıyla kaplıydı. Suluboyalar, guvaş ve çini mürekkebi resimler, litograflar, yetmiş yıl boyunca yaptığı irili ufaklı yağlıboyalar (bunların bazıları figüratif, bazıları empresyonist, çoğu soyut ve son yöneldiği stilize portrelerdi) evin her yerini dolduruyordu.

Uzun oturma odasına Şerif Hüseyin'in zamanından kalma, iki paha biçilmez Buhara halısı serilmişti. Ama şimdi eskilikten delik deşiktiler. Duvarlar boyunca uzanan raflara, tahta altlıklar üzerine konmuş paleochrystalos'lar yerleştirilmişti. Bu heykellerin bazıları vızıldar gibi bir sesle dönüyordu, bazıları da arkadan ışıklandırılmıştı. Odanın muhtelif köşelerinde irili ufaklı taş yığınları vardı. Bu taşları Nisa Britanya ve Akabe plajlarından toplamış ve bir bir boyamıştı. Kralların, kraliçelerin ve devlet bakanlarının ona imzalayarak verdikleri resimler masaların üzerindeki bir sürü ufak tefeğin arasında duruyordu. En çok göze çarpan resimler Cevat Paşa ile Şakir Paşa'nın göğüsleri nişan dolu, askeri üniformalı resimleriydi. Nisa onu ziyarete gelen kraliyet ailesinden herkesin kendi şanlı Osmanlı kökenini bilmesini, görmesini istiyordu.

Ev halkı Cebril ile Ebu Muhammed'den oluşuyordu. Eskiden polis olan Cebril şimdi annemin şoförü, kâhyası ve sırdaşıydı. Bir zamanlar Raad'ın bahçıvanı olan Ebu Muhammed ise şimdi annemin aşçısı, uşağı, çamaşırcısı, terzisi ve bakıcısıydı. Bir de ordunun ona tahsis ettiği ve devamlı kapıda duran nöbetçi asker, onun erkek "triumvir"liğini tamamlıyordu. Annem rahatsızlandığı zaman (ki bu sık sık oluyordu, çünkü kalbi rahatsızdı ve şeker hastasıydı) özel gereksinimlerinin karşılanması daha rahat diye Raad, ona kadın hastabakıcılar tuttu. Fakat annem daima bir sebep uydurup onları kovmanın yolunu bulurdu. Erkek hizmetkârlarla pekâlâ mutluydu. Annem onlara ve ailelerine çok cömert davrandığı için onlar da onun bağırıp çağırmasına göz yumuyorlar, huysuzluklarına katlanıyorlardı.

Doğum günü partisinden bir gün önce, son hazırlıklara yardım etmek için Raad'ın evinden anneme kadar yürüdüm, zaten çok yakındı. Aslında gitmeme gerek yokmuş; çünkü annem her zamanki gibi bütün hazırlıkları günler öncesinden yapmıştı. Dört yuvarlak

Şirin ile Kral Hüseyin Amman'da, 1990.

masa kurmuş ve bunları beş buçuk metre boyundaki *Cehennemim* adını verdiği tablosunun önüne sıralamıştı. Karşı duvarda Kral Hüseyin'in güzel karısı Kraliçe Nur'un henüz bitmemiş bir portresi önünde, konukların çocukları için bir masa hazırlatmış, üstünü de kaynanazırıltıları ve balonlarla donatmıştı.

O sabah ben gelir gelmez annem Ebu Muhammed'in yardımıyla yatak odasından aşağı indi. Siyah bir pantolon takım giymiş ve ona New York'tan getirdiğim Chanel kolye ile küpeleri takmıştı. Öpüştük, annem hemen tahta benzeyen yaldızlı koltuklardan birine çöktü. O koltuklar Büyükada'daki evden İstanbul'a, oradan Berlin'e, Berlin'den Bağdat'a, tekrar İstanbul'a, İstanbul'dan Londra'ya, oradan Paris'e ve sonunda Amman'a getirilmişti.

Atmaca gibi keskin gözleriyle sofralara şöyle bir baktı ve kaşıkları az buldu. Yumruğunu masaya vurarak, "Kaşık eksik. Aman Muhammed çabuk kaşık getir. Kaşık kaşık, çok kaşık, hadi derhal" diye seslenirken, Ebu Muhammed ürkütülmüş bir ceylan gibi zıplayarak mutfağa daldı ve o sırada mutfaktan çıkan şoför Cebril'e çarptı. Annem, "Nerelerdesin Cebril, buraya gel. Seninle işim var" diyerek onu da azarladı. Cebril elindeki son model Polaroid'i kaldırıp gösterdi. "Makineye film takıyordum, efendim."

Annem o kadar aceleci olmuştu ki fotoğrafların bile şipşak çekilmesini istiyordu. Kendi kendime "Annem tam bir şımarık çocuk olmuş! İsteği anında yerine getirilecek. İsteklerini her zaman bu tempoda yerine getirmek kuşkusuz yorucu oluyordur. Tanrı bilir herkesi çileden çıkartıyordu; ama öylesine dayanılmaz tatlı bir tarafı vardı ki, insanlar onu seve seve şımartıyorlar" dedim. Raad'ın eşi Maida bana kaç kez, "Annem böyle büyük bir sanatkâr olmasaydı, böyle renkli ve ilginç kişiliği olmasaydı, dünyada tahammül edemezdim" demişti.

Nisa bağırıyordu: "Cebril iskemle gerekli, daha fazla iskemle istiyorum. İnsanlar rahatça yer bulmalılar. Müzisyenlere de iskemle lazım. Çabuk Raad'ın evine telefon et, iskemle göndersinler."

Cebril, "Tamam, Sitti" diyerek telefona koştu.

O sırada pastaneden birbiri üstüne piramit gibi dizilmiş altı büyük karton kutu geldi. İçleri tatlı tuzlu çeşit çeşit bisküvilerle doluydu. Annem onları küçük gümüş tabaklara doldurup odanın her yanına koymamı istedi. Dediğini yapıp tamamladığım zaman iki kutunun olduğu gibi kaldığını gördüm.

"Bunları ne yapayım?" diye sorduğumda, "Ben fazla fazla ısmarlamayı severim" diye yanıt verdi. "Bolluk olsun. Kalanları Ebu Muhammed'e ver, onları gelen şoförlere ve nöbetçilere dağıtsın. Sen asıl öğleden sonra gelecek pastaları gör. Ayrıca Fas büyükelçisinin eşi çok özel bir tatlı yapacakmış."

Sonra yüzüne yaramaz bir ifade geldi, gülümseyerek, "Bu yılki yaş günü pastam tenis raketi şeklinde olacak" dedi. İnanmadım, "Tenis raketi mi?" diye sordum. Öyle ya, tenis raketinin annemle ne ilgisi vardı? En son elinde raket tuttuğunu, belki elli yıl önce görmüştüm. Annem gayet masum, "Niye şaşırıyorsun ki?" diye sordu. "Tabii tenis raketi olacak. Zeyd ile ilk kez tenis oynarken flört ettik!"

O sırada kapıdan içeri uzun boylu bir İsveçli hanım girdi. Ürdünlü bir doktorun eşiymiş, elinde de güzel sarılmış iki paket vardı. Kadın etrafına baktı, utanarak, "Ah! affedersiniz" dedi. "Ben parti bugün sanmıştım!" Annem hemen, "Girin, girin. Yarın yine gelirsiniz, böylelikle sizi iki kez görmüş oluruz, ne mutlu bize!" dedi ve bana dönerek; "Bakın size kızım Şirin'i tanıtayım, kendisi büyük aktristir. (Annem için daima büyük aktristim.) Ta New York'tan doğum günüm için geldi" dedi ve kadının getirdiği hediyeleri açmaya başladı.

Kutunun üzerindeki saten kurdeleyi çözerek başına tuttu. "Ay, ne kadar güzel bir pembe fiyonk!" Derken kartı okudu: "Yağmurlu bir günde gökkuşağını arayınız." "Ne güzel bir öğüt! Gökkuşağı olmasaydı, ne yapardık?"

İlk kutudan pırlanta taklidi taşlarla süslü siyah bir parfüm şişesi çıktı. Annem, "Aman ne şık bir şişe" diyerek kokuyu üzerine, saçlarına ve odaya sıktı. "Nefis bir koku" dedi.

İkinci kutuyu açarken, "Gel, Şirinaki" diye bana seslendi. "Bize bir şeyler oku. Shakespeare'den olsun. Azıcık eğlenelim!" Odanın içinde dolaşarak küçük tabaklara şamfıstığı koyarken, *Taming of the Shrew*'dan (Hırçın Kız) Kate'in son tiradını söyledim: "Kocan demek, hayatın, sığınağın, devletin, sarayın, sultanın..." Annem, "İşte bu cümleye bayılıyorum" dedi. Onun, bu cümlenin tek bir kelimesine inanmadığını bildiğim için anneme belli etmeden içimden güldüm.

İsveçli hanım gittikten sonra annem partide ne giyeceğimi sordu. "İki kıyafet getirdim, bakın, eski Japon paravanın üzerinde asılı duruyor. Hangisini beğenirseniz onu giyeceğim" dedim. Japon imparatoru, Cevat Paşa'ya hediye olarak, bu paravanlardan altı tane yollamıştı.

Annem ellerini sevinçle çırptı, "Giy bakalım, giy bakalım, bize mankenlik yap, görelim hangisi daha yakışacak?" dedi.

Değişmek için yandaki küçük odaya gittiğimde içerden annemin sesini duyuyordum. Yapmış olduğu Emir Zeyd'in portresi önünde durmuş onunla konuşuyordu. Bu resim olağanüstü bir yapıttı. Müze müdürü Joseph Kelleher onu Faun resimleriyle kıyaslamıştı.

Annem, sıcak bir sesle "Zeyd sevgilim" diyordu. "Bütün bunların olmasını sen sağladın. Şu an burada benimle berabersin, ben de çok mutluyum. Teşekkür ederim Zeyd, teşekkür ederim."

Bu arada ben de, bir Valentino brokar döpiyes giyip, profesyonel bir manken gibi yürüdüm, döndüm ve anneme tayyörü gösterdim.

"Desenini sevmedim, çok kalabalık" diyerek elini salladı, "çıkar çıkar, kahverengi sateni giy" dedi.

"Evet ama kahverengi satenimin üzeri çıplak ve askısız, sabah için fazla olmaz mı?" diye sordum. Annem bir imparatoriçe havasıyla, "Sabah diye bir şey yok! Senin, davette güzel olmanı istiyorum. Kahverengi sateni giyersin, üstüne de kadife bolerosunu" dedi.

Kahverengi kıyafeti de giyip mankenlik yaptım. Beni seyreden Cebril ile Ebu Muhammed'e döndü, "Hangi kıyafeti giysin, dersiniz?" diye sordu. İkisi de başlarını itaatle sallayıp "Kahverengi, Sitti, kahverengi" dediler.

"Görüyor musun, onlar da fikirlerini söylemeyi seviyorlar. Bu adamlar beni öyle eğlendiriyorlar ki... Beni çok da seviyorlar!" Yüzümde pek inanamayan bir ifade gördüğü için hemen, "Anne gibi tabii" diye ekledi.

Aslında annem çevresindeki her erkeğin kendisine âşık olduğuna içtenlikle inanırdı. Son görüşmelerimizin birinde cesaretimi toplayıp, "Neden dünyadaki her erkeğin, çöpçülerin bile, size âşık olduğunu sanırsınız?" diye sordum. Gençliğimde böyle şeyler sormaya kesinlikle cesaret edemezdim, kızar, başıma bir şeyler atardı. Kendinden çok emin bir şekilde, "Öyle de ondan!" dedi.

"Yapmayın anne" dedim. "Bu gibi oyunlar için ikimiz de çok yaşlıyız. Benim öğrenmek istediğim şu; sizi bu fantezilere inandıran nedir? Lütfen söyleyin, çünkü sizi daha iyi anlamam için bunu bilmem gerek."

Zekice bir yanıt bulmak için biraz düşündü, sonra "Âşık olmayı seviyorum" dedi. "Âşık olmak fikri beni mutlu ediyor. Eğer biri bana âşık diye düşünürsem, bütün rastlaşmalar anlamlı oluyor. Yaşama heyecan katıyor."

Böyle bir mantık karşısında bütün söyleyebildiğim, "Eh! Anneciğim madem sizi mutlu ediyor, bu yolda devam edin" oldu. Elini okşadım, "Peki, şimdiki şanslı adam kim?" diye sordum. Birden yüzü aydınlandı, "Ah! Tabii ki yeni Türk büyükelçisi! Ne cazip, ne ince bir adam! Ona bayılıyorum! Portresini henüz bitirdim. Gelsin de gör!"

Parti hazırlıkları bitmiş, kahverengi elbise seçilmişti. Raad'ın evine öğle yemeği için dönüyordum ki, koca bir pasta daha getirdiler. Marriot Oteli'nin müdüründen hediye gelmişti. Kaç tane pasta yiyecektik ki?

Annem öğleden sonraları yorulduğu için parti sabah onda başlayacak ve öğle yemeğinden hemen sonra da bitecekti. Ben, Raad, Maida ve çocukları saat ona çeyrek kala giyinmiş olarak anneme gittiğimizde, onu uzun bej dantel bir elbise giymiş, taht şeklindeki koltuğunda oturuyor bulduk. Saçları yapılmış, mücevherlerini de takmış, konuklarını karşılamaya hazırdı. Az sonra Polonyalılardan oluşan dört kişilik bir bando Marriot Otel'den geldi. Ebu Muhammed onları oturttu ve şampanya ikram etti. "Prensesin şerefine" diyerek kadehlerini anneme kaldırdılar.

Saat tam onda konuklar muhteşem armağanlarla gelmeye başladılar. Elli yıl önce Musul'da ona ilk abayehini gönderen doksan yedi yaşındaki görümcesi Prenses Saliha ilk gelenlerin arasındaydı. Onu Çin, Fransız, Fas ve Türk sefireleri izlediler. Ürdün'ün ilk kadın bakanı, yanında bir kadın gazeteciyle geldi. Müze müdürü Bay Bişarat ile karısı da oradaydılar. Annemi memnun etmek için bütün konuklar gece davetine gidiyorlarmış gibi giyinmişlerdi.

Annem öğrencilerinden para almadığı için onlar takdir ve muhabbetlerini göstermek amacıyla kıymetli hediyelerle geldiler. Onu çok seven öğrencilerden biri olan Süha, şahane bir turkuvaz gerdanlık getirmiş ve bunu ipek bir yastık üzerinde anneme takdim etmişti. Hind adında bir başka öğrencisi ona altın bir yüzük getirdi. Bütün sabah çiçek sepetleri geldi durdu. Bunların içinde Veliaht Prens Hasan'dan, Kral Hüseyin ile karısı Kraliçe Nur'dan da gelen muhteşem buketler vardı. Annem sevinçten uçuyordu.

Bando devamlı çalıyordu. "Jingle Bells", "The Saints Come Marching in", "Sirtaki", "Can-Can" ve Arap şarkılarına kadar her telden çalıyorlardı. Herkes dans etti. Hatta bir ara birbirimizin bellerinden tutup konga sırası oluşturduk ve odadan odaya dolanırken çocuklar da bizi konfeti yağmuruna tuttular. Derken, ağır işlemeli nefis bir kaftan giymiş olan annemin güzel öğrencilerinden biri, kıvrak bir Arap havasıyla tek başına dans etmeye başladı. Ebu Muhammed de coşarak ona katıldı, o da kalçalarını kıvırıyor, kollarını kaldırıp parmaklarını şıklatıyordu. Herkes artık iyice coşmuştu, alkışlamaktan ellerimiz kızarmıştı. "İyi ki Doğdun" (Happy Birthday) şarkısı, eğer yanılmıyorsam, en az otuz kez çalındı, söylendi.

Ben uçakta annemin yaşamını kutlayan bir şiir yazmıştım. Şiiri içtenlikle okurken şu dizesine gelince herkesten büyük alkışlar, aferinler aldım: "Here you are at eighty-six/Full of wisdom and many tricks." Türkçede aşağı yukarı: "İşte nihayet oldun seksen altı yaşında/Dokuz tilki dolaşır akıl dolu başında" anlamına geliyordu.

Konuklar önce somon balıklı, havyarlı kanepeler, tuzlu tatlı ince bisküviler ve şamfıstığı yediler. Çay, kahve, Coca-Cola, portakal suyu, gazoz, viski ve şampanyaya kadar akla gelen her şeyden içtiler. Saat tam birde de öğle yemeği ikram edildi. Fırında kuzu, bol pilav, çeşitli sebzeler ve salatalar, arkadan da Arapların meşhur tatlısı geldi: kesilmiş kaymaklı bal. Doğal olarak yaş günü pastasına yer kalmadı.

Annem gördüğü sevgi, ilgi ve takdirden çok duygulanmıştı. Ayağa kalktı, "Teşekkür ederim, hepinize teşekkür ederim. O kadar mutluyum ki artık burada değil, gökte, yıldızlardayım! Hepiniz de benimle beraber oradasınız. Hepimiz orada yıldızlarla birlikte dönüyoruz" dedi.

Annem, 5 Eylül 1991'de, doksanıncı yaş gününden üç ay önce, vefat etti. Kuşağının en sonuncusuydu. Vefatından bir yıl önce, biri Almanya'da Aachen'da Peter Ludwig Müzesi'nde, öteki de Paris'te Monde Arabe (Arap Dünyası) Enstitüsü'nde iki büyük retrospektif sergi açtı. İkisine de ancak tekerlekli sandalyeyle gelebilmişti. Ürdün Kralı Hüseyin, Nisa'nın cenazesine devlet töreni yaptırdı. Şimdi kuşların durmadan cıvıl cıvıl öttüğü Kraliyet Mezarlığı'nda, Emir Zeyd'in yanında yatıyor.

Sonsöz

Her ne kadar Amerika Birleşik Devletleri'nde yaşıyor ve orada çalışıyorsam da mümkün olduğunca sık İstanbul'a giderim.

Simidin özlediğim gevrek susamlı lezzetini tatmak, deniz kıyısındaki bir kahvede çınarların gölgesinde bir bardak çay içmek ve Haliç'in üzerinde batan güneşin Anadolu kıyısındaki camları nasıl alevlere verdiğini görmek için İstanbul'a giderim.

Tabii her geldiğimde Büyükada'yı ziyaret ederim. Şimdi artık denizotobüsleriyle yirmi dakikada gidiliyor. Şakir Paşa Köşkü'nün bahçesi iki katlı binalarla doldurulmuş ve koca köşkümüz çarpık çurpuk dairelere bölünmüş. Kuzenlerim Nermidil ile Erdem, Ayşe teyzemin yalısının arsasına yan yana iki küçük ev yaptırmışlar. Orada rıhtımdan denize girer, yüzerdik. Ama şimdi yasa, "Deniz kıyısı halka aittir" dediği için kıyılar toprakla dolduruldu. Evleri denizden ayıran küçük parklar, sokaklar oluştu. Aslında bu, o kadar önemli değil, çünkü o güzel Marmara o kadar kirlendi ki, yüzmek zaten imkânsız hale geldi. O zamanlar Büyükada'nın karşısında görünen yerler geceleri kapkaranlık olurdu. Şimdi ise İstanbul'un tepeleri, gittikçe çoğalan insanların evlerindeki milyonlarca ışıkla parlıyor.

Adaya gittiğimde mutlaka faytonla bir tur atarım. Tanrı'ya çok şükür, motorlu araçlara hâlâ izin yok. Değişmeyen bir tek o kaldı! Atların nal seslerini dinleyerek geçtiğim o yollarda arabanın tente saçakları arasından o çok sevdiğim çam ormanlarını, turkuvaz koyları ve mavi Marmara'yı görürüm. Şimdi büyükbabamın adı verilmiş olan bir sokakta gezebiliyorum.

Adaya yaptığım ziyaretlerde genellikle tepedeki küçük mezarlığa tırmanırım. Mezar taşları karmakarışık bir şekilde birbiri üzerine yan yatmış, aile mezarlığımız yeşilliklerle adeta kaynaşmış. Büyükbabamın, büyükannemin, onun kardeşlerinin, Emin eniştem ile Hakiye teyzemin, Ahmet eniştem ile Ayşe teyzemin, "Uncle Karl" ile Aliye teyzemin mezarlarına güller koyarken adadaki köşkte yıllarca önce yaşadığımız beraberliğin hasretini duyarım, gözlerimden yaşlar boşanır. Avucuma doldurduğum yaseminleri havaya savurarak mezarlığın demirden kapısına doğru yönelirim.

NOT: Bu kitap Temmuz 1994'te Londra'da basıldıktan sonra, ne yazık ki ağabeyim ressam Nejad Devrim Polonya'da, kuzenim Büyükelçi Erdem Erner de Ankara'da vefat ettiler. Erdem Büyükada'daki aile mezarlığına gömüldü.

Bense bu kitaba dayanan tek kişilik bir oyun yazdım, onu çeşitli yerlerde oynuyorum. Ayrıca, Princeton'daki evimi satıp Long Island'da patates ve mısır tarlaları arasında, Atlantik Okyanusu'na yakın bir ev aldım. Kendi öykümü yazmaya başladım. Çark dönüyor...